Kritische Studien zur Geschichtswi

V&R

Kritische Studien
zur Geschichtswissenschaft

Herausgegeben von
Helmut Berding, Jürgen Kocka
Hans-Peter Ullmann, Hans-Ulrich Wehler

Band 130
Hannes Siegrist und David Sugarman
Eigentum im internationalen Vergleich

Vandenhoeck & Ruprecht
in Göttingen

Eigentum im internationalen Vergleich

(18. – 20. Jahrhundert)

Herausgegeben von

Hannes Siegrist und David Sugarman

Vandenhoeck & Ruprecht
in Göttingen

Umschlagbild:
Kapitäns-Kabinenkoffer, England um 1860.
Bree Collection GmbH & Co. KG, Isernhagen.

Die Deutsche Bibliothek – CIP-Einheitsaufnahme

Eigentum im internationalen Vergleich :
(18. – 20. Jahrhundert) /
hrsg. von Hannes Siegrist und David Sugarman. –
Göttingen : Vandenhoeck und Ruprecht, 1999
(Kritische Studien zur Geschichtswissenschaft ; 130)
ISBN 3–525–35793–1

Gedruckt mit Unterstützung der Deutschen Forschungsgemeinschaft.

Umschlag: Jürgen Kochinke, Holle.
Satz: Text & Form, Pohle.
Druck und Bindung: Gulde-Druck, Tübingen.
Gedruckt auf säurefreiem und chlorfrei gebleichtem Papier.

Inhalt

Vorwort

Im vorliegenden Band behandeln Historiker, Juristen und Ethnologen zentrale Aspekte der Geschichte der Eigentumsvorstellungen, des Eigentumsrechts und des soziokulturellen Umgangs mit materiellen und geistigen Gütern. Eigentum wird als soziales und kulturelles, rechtliches und politisches Konstrukt thematisiert und als Bündel von Rechten und Berechtigungen begriffen, das die Beziehungen zwischen den Menschen symbolisch darstellt und das soziale Handeln regelt, motiviert und sanktioniert.

Der intertemporale und interkulturelle Vergleich historisiert und kontextualisiert den Eigentumsbegriff. Er schärft indessen nicht nur den Blick für das Besondere, sondern läßt auch das Allgemeine genauer erkennen. Die vergleichende Kultur- und Gesellschaftsgeschichte des Eigentums in der Moderne zeigt die Ausstrahlung des westlich-liberalen Eigentumsbegriffs, verweist jedoch auch auf die Vielfalt seiner Bedeutungen, auf Variationen und Alternativen. Die Beiträge konzentrieren sich auf den Zusammenhang von Eigentums-, Persönlichkeits-, Bürger- und Handlungsrechten vom 18. Jahrhundert bis heute und von den Vereinigten Staaten über West- und Osteuropa bis nach Rußland und China.

Der Band präsentiert ausgewählte Beiträge der internationalen Tagung »Eigentumsrecht in gesellschafts- und kulturgeschichtlicher Perspektive / Property, Personhood and Citizenship in a Comparative Perspective«, die vom 17. bis 19. April 1997 an der Arbeitsstelle für Vergleichende Gesellschaftsgeschichte an der Freien Universität Berlin durchgeführt wurde. Wir danken Jürgen Kocka für die Unterstützung unseres Vorhabens, Eigentum wieder zu einem zentralen Thema der Gesellschafts- und Kulturgeschichte zu machen. Pamela Wolf danken wir für die engagierte und kompetente Mitarbeit bei der Herstellung des Bandes, der Deutschen Forschungsgemeinschaft für die Finanzierung der Tagung und den Druckkostenzuschuß.

Leipzig/Lancaster   Hannes Siegrist, David Sugarman

Hannes Siegrist / David Sugarman

Geschichte als historisch-vergleichende Eigentumswissenschaft

Rechts-, kultur- und gesellschaftsgeschichtliche Perspektiven

Eigentum ist ein Schlüsselthema der modernen Gesellschafts- und Kulturgeschichte. Die Geschichte der letzten zweihundert Jahre bestätigt die These des
englischen Juristen und Politikers William Blackstone (1723–1780), daß »nichts
die Imagination und die Gefühle der Menschheit so sehr bewegt wie das
Eigentumsrecht«.[1] Blackstones Worte treffen in ganz besonderer Weise auch auf
die heutige Zeit zu: Die Transformationsprozesse, die nach dem Ende des Sozialismus in Gang gesetzt wurden und noch nicht abgeschlossen sind, haben
die Funktion und Bedeutung des Eigentums in Mittel-, Ostmitteleuropa und
Rußland erheblich verändert.[2] Diese Prozesse sind, wie die Beiträge von Stephan Merl, Arnd Bauerkämper und Chris Hann zeigen, nur vor dem Hintergrund der langen Vorgeschichte angemessen zu verstehen. In Westeuropa und
den USA vollziehen sich ebenfalls Prozesse der Deregulierung, Umverteilung
und Umbewertung der Rolle des Staats;[3] die klassischen liberalen Eigentumsrechte sowie die historisch jüngeren Vorstellungen über die soziale und kulturelle Bindung des Eigentums geraten unter Druck. Das fordert zu einer historisch fundierten Reflexion heraus. Die Beiträge von Karl Christian Führer
über die Rechte von Hauseigentümern und Mietern in der Zwischenkriegszeit, Winfried Speitkamp über Eigentumsrechte an Kulturdenkmälern, Robert

---

1 *W. Blackstone*, Commentaries on the Laws of England, Bd. 2, zit. nach: K. J. Vandevelde, The
New Property of the Nineteenth Century. The Development of the Modern Concept of Property, in: Buffalo Law Review 29, 1980, H. 2, S. 325–367, bes. S. 325.

2 Vgl. *O. Sievert*, Probleme des Übergangs vom Sozialismus zur Marktwirtschaft – Die Eigen-
tumsfrage, in: W. Dichmann u. G. Fels (Hg.), Gesellschaftliche und ökonomische Funktionen des
Privateigentums, Köln 1993, S. 206–242; *H. Roggemann*, Wandel der Eigentumsordnung in Osteu-
ropa, in: Recht in Ost und West. Zeitschrift für Ostrecht und Rechtsvergleichung 37, 1993, H. 11,
S. 321–331; *ders. u. K. J. Kuss*, Unternehmensumwandlung und Privatisierung in Osteuropa.
Gesetzestexte, Analysen, Vertragsgestaltung, Berlin 1993.

3 Vgl. *I. Harden*, The Contracting State, Buckingham 1992; *C.D. Forster u. F. J. Plowden*, The
State Under Stress. Can the Hollow State be Good Government?, Buckingham 1996; *S. Martin u.
D. Parker*, The Impact of Privatisation, London 1997; *Dichmann u. Fels* (Hg.), Funktionen.

Gordon über das Verhältnis von Eigentums- und Bürgerrechten, Jakob Vogel über Mythen im Eigentumsrecht und Lawrence Friedman über Erbschaften und Schenkungen regen dazu an. Die Globalisierung der Wirtschaft, neue Formen der Arbeitsteilung, die Entstehung neuer Knappheiten, die Verbreitung moderner Informationstechnologien und virtueller Geld- und Eigentumsflüsse,[4] die verstärkte Diffusion des Eigentumsdenkens in das Feld der intellektuellen und künstlerischen Produktion sowie der Pflanzen, Körpergewebe und Gene führen zu einer generellen Umwertung von Dingen und Rechten. Auf die damit verbundene Tendenz zur Verflüssigung und Entmaterialisierung des Eigentums weisen die Beiträge von Morton Horwitz, William Fisher, Robert Gordon und Elmar Wadle hin. Indem sich die Eigentumsrechte wandeln, geraten auch die bisherigen politischen Vorstellungen über den Zusammenhang von Eigentums-, Persönlichkeits- und Bürgerrechten in Fluß.

Während sich in Mittel- und Ostmitteleuropa sowie den Gebieten der ehemaligen Sowjetunion eine Restauration klassisch-liberaler Eigentumsvorstellungen vollzieht, die im jeweiligen Kontext vielfältige Formen annimmt, zeichnen sich weltweit die Konturen einer »neuen Eigentumsrevolution« ab. Vor diesem Hintergrund plädiert der vorliegende Band dafür, die Geschichtswissenschaft wieder stärker zu einer »Eigentumswissenschaft« (Häberle)[5] zu machen. Denn die Geschichte hat, wie der Rechtswissenschaftler Peter Häberle betont, zusammen mit anderen »Eigentumswissenschaften« – wie die Rechtswissenschaft und die Wirtschaftswissenschaft, aber auch die Philosophie und Theologie – eine besondere Verantwortung im Prozeß der Reflexion und sozialen und kulturellen Konstruktion des Eigentums.[6] Wir schließen damit – kritisch – an eine lange Tradition an: In der Vergangenheit entfalteten historische Werke, Geschichtsbilder und Mythen auf der symbolischen und sozialen Ebene bisweilen eine erhebliche Wirkung, indem sie – absichtlich oder ungewollt – zur Konstruktion und Dekonstruktion von Eigentumsvorstellungen beitrugen, Eigentumsordnungen legitimierten und in Frage stellten und die Praktiken von Individuen, Gruppen und Gesellschaften beeinflußten. Die Hi-

---

4 *S. Lash u. J. Urry*, The End of Organized Capitalism, Cambridge 1987: *S. Lash*, Economies of Sign and Space, London 1994; *A. Giddens*, The Consequences of Modernity, Stanford 1990; *U. Beck*, Risikogesellschaft. Auf dem Weg in eine andere Moderne, Frankfurt am Main 1996[12]; *R. Robertson*, Globalization, London 1992; *M. Castells*, The Rise of the Network Society, Oxford 1996.

5 *P. Häberle*, Vielfalt der Property Rights und der verfassungsrechtliche Eigentumsbegriff, in: M. Neumann (Hg.), Ansprüche, Eigentums- und Verfügungsrechte, Berlin 1984, S. 63–102, bes. S. 88f.

6 »Das ihnen spezifisch Gemeinsame besteht in ihrer arbeitsteilig wahrgenommenen Verantwortung in Sachen verfassungsstaatliches Eigentum – auf ihren Ergebnissen basiert der öffentliche Prozeß der Eigentumskonkretisierung. Die Verfassung des Pluralismus sieht sich in der Eigentumsordnung immer neuen besonderen Gefährdungen gegenüber. Macht und Gerechtigkeit kollidieren dabei in großer Schärfe. Das ›Haben-Wollen‹ und Besitzstreben des einen geschieht hier allzu leicht auf Kosten des anderen, die Verteilungskonflikte sind Konflikte unter Mitbürgern.« *Häberle*, Vielfalt, S. 88f.

storiographie prägte das soziale und kulturelle Gedächtnis von Eigentumsgesellschaften, sie war selbst aber auch durch die Entwicklungen im Feld des Eigentums bestimmt.

In unserem einleitenden Essay wollen wir deshalb fragen, unter welchen äußeren Bedingungen, vor welchem intellektuellen Hintergrund und mit welcher Perspektive sich heute ausgewählte »Eigentumswissenschaften« wie die Geschichte, die Rechtswissenschaft und die Sozialanthropologie mit der Rolle und Bedeutung des Eigentums befassen. Die Auswahl der Beiträge des Bandes läßt dann aber auch erkennen, daß wir bestimmte Forschungsrichtungen und Ansätze für besonders anregend und innovativ halten; nämlich die angelsächsische New legal history (Lawrence Friedman, Morton Horwitz, William Fisher und Robert Gordon), die europäische rechtshistorische Forschung über Geistiges Eigentum (Elmar Wadle), die deutsche kultur-, begriffs- und sozialgeschichtliche Eigentumsforschung (Arnd Bauerkämper, Karl Christian Führer, Dieter Gosewinkel, Stephan Merl, Winfried Speitkamp und Jakob Vogel), die englische Sozialanthropologie/Ethnologie (Chris Hann) sowie die Historische Komparatistik,[7] die durch den Vergleich von Gesellschaften und Kulturen auch die Entwicklungen im Feld des Eigentums in ein neues Licht rücken kann.

Im Alltagsverständnis gilt »Eigentum« vielfach als die »Sache« oder das immaterielle »Gut«, worüber man uneingeschänkt verfügt. Wir begreifen indessen »Eigentum« als ein historisches, soziales, rechtliches und kulturelles Konstrukt, das auf der symbolischen und der sozialen Ebene zu untersuchen ist. Unter »Eigentum« verstehen wir ein »Bündel von Rechten und Berechtigungen«. Es handelt sich um eine Kategorie, die die Beziehungen und das Handeln zwischen Personen und korporativen Akteuren symbolisiert, sowie, spezieller, um ein rechtliches Modell für die Zuordnung von Sachen zu Personen.[8]

7 Vgl. *H.-G. Haupt u. J. Kocka* (Hg.), Geschichte und Vergleich. Ansätze und Ergebnisse international vergleichender Geschichtsschreibung, Frankfurt am Main 1996; *H. Siegrist*, Advokat, Bürger und Staat. Sozialgeschichte der Rechtsanwälte in Deutschland, Italien und der Schweiz (18.–20. Jh.), Frankfurt am Main 1996, bes. S. 24–32; *W. Spohn* (Hg.), Kulturanalyse und vergleichende Forschung in Sozialgeschichte und historischer Soziologie, Leipzig 1998.

8 Wir halten es im Falle einer deutschsprachigen Publikation, die auch den Zweck verfolgt, die Kenntnisse über die internationale Forschung zu verbreiten, für legitim, mehr englischsprachige als deutsche Titel anzugeben. *D. Abraham*, Liberty Without Equality. The Property-Rights Connection in a ›Negative Citizenship‹ Regime, in: Law & Social Inquiry 21, 1996, S. 1–66; *G.S. Alexander*, Commodity and Propriety. Competing Visions of Property in American Legal Thought, 1776–1970, Chicago 1997; *J. Brewer u. S. Staves* (Hg.), Early Modern Conceptions of Property, London 1995; *J. Getzler*, Theories of Property and Economic Development, in: Journal of Interdisciplinary History 26, 1996, S. 639–669; *P. Grossi*, An Alternative to Private Property. Collective Property in the Juridical Consciousness of the Nineteenth Century, Chicago 1981; *J. Habakkuk*, Marriage, Debt and the Estates System. English Landownership 1650–1950, Oxford 1994; *H. Hartog*, Public Property and Private Power. The Corporation of the City of New York in American Life, Chapel Hill 1983; *D. Hay*, Property, Authority and the Criminal Law, in: ders. u.a. (Hg.), Albion's Fatal Tree. Crime and Society in 18th-Century England, London 1975, S. 17–63; *A. MacFarlane*, The Origins of English Individualism, Oxford 1978; *C.B. Macpherson* (Hg.), Pro-

Der vorliegende Band behandelt die Geschichte des Eigentums vom 18. Jahrhundert bis heute und von den Vereinigten Staaten über West- und Osteuropa bis nach China. Er präsentiert eine Phänomenologie des Eigentums in der Moderne. Zu erkennen sind – zum einen – die je nach Zeit und Kontext unterschiedlichen Bedeutungen des individualistischen westlich-liberalen Eigentumsbegriffs, d.h. jenes spezifischen »Bündels von Rechten«, das in den vergangenen zwei Jahrhunderten in weiten Gebieten der Welt[9] den Umgang mit Gütern, die sozialen Beziehungen und die wirtschaftlichen, politischen und kulturellen Verhältnisse in der einen oder anderen Form geprägt hat. Sichtbar werden – zum anderen – aber auch vielfältige grundsätzlich andere Vorstellungen über Handlungs-, Verfügungs- und Kontrollrechte: erstens traditionale Eigentumskonzepte, die eine gewisse Autonomie und Eigendynamik behielten, wie das gemeinsame genossenschaftliche und kommunale Eigentum, oder das

perty: Mainstream and Critical Positions, Oxford 1978; *J. Nedelsky*, Private Property and the Limits of American Constitutionalism, Chicago 1990; *J.M. Neeson*, Commoners. Common Right, Enclosure and Social Change in England, 1700–1820, Cambridge 1993; *J.G.A. Pocock*, Virtue, Commerce and History. Essays on Political Thought and History, Chiefly in the Eighteenth Century, Cambridge 1985; *C.M. Rose*, Property and Persuasion. Essays on the History, Theory and Rhetoric of Ownership, Boulder 1994; *M. Rose*, Authors and Owners, The Invention of Copyright, Cambridge 1993; *G.R. Rubin u. D. Sugarman* (Hg.), Law Economy and Society, 1750–1914. Essays in the History of English Law 1750–1914, Abingdon 1984; *E.P. Thompson*, The Grid of Inheritance. A Comment, in: J. Goody u.a., Family and Inheritance. Rural Society in Western Europe 1200–1800, Cambridge 1976, S. 328–360; *F.M.L. Thompson* (Hg.), Landowners, Capitalists and Entrepreneurs. Essays for Sir John Habakkuk, Oxford 1994; *K. J. Vandevelde*, Property; *U. Vogel*, Whose Property? The Double Standard of Adultery in Nineteenth-Century Law, in: C. Smart (Hg.), Regulating Womanhood. Historical Essays on Marriage, Motherhood and Sexuality, London 1992, S. 147–165; *J. Boyle*, Shamans, Software and Spleens. Law and the Construction of the Information Society. Cambridge/Mass. 1996; *J. Brigham u. D.R. Gordon*, Law in Politics. Struggles over Property and Public Space on New York City's Lower East Side, in: Law & Social Inquiry 21, 1996, S. 265–284; *G.A. Cohen*, Self-Ownership, Freedom and Equality, Cambridge 1996; *K. Gray*, Equitable Property, in: M.D.A. Freeman (Hg.), Current Legal Problems, Oxford 1994, S. 157–214; *T.C. Grey*, The Disintegration of Property, in: J.R. Pennock u. J.W. Chapman (Hg.), Nomos XXII. Property, New York 1980, S. 69; *R.E. Epstein*, Takings. Private Property and the Power of Eminent Domain, Cambridge 1985; *M.J. Radin*, Reinterpreting Property, Chicago 1993; *G.S. Alexander u. G. Skapska* (Hg.), A Fourth Way? Privatization, Property and the Emergence of Market Economies, New York 1994.

9 Vgl. für das englische Recht und Imperium: *J.G.A. Pocock* (Hg.), The Varieties of British Political Thought, 1500–1800, Cambridge 1993; *P.J. Cain u. A.G. Hopkins*, British Imperialism, London 1993; *P.A. Howell*, The Judicial Committee of the Privy Council 1833–1876, Cambridge 1979; *J.P.S. McLaren*, The Burdens of Empire and the Legalization of White Supremacy in Canada, 1860–1910, in: W.M. Gordon u. T.D. Fergus (Hg.), Legal History in the Making. Proceedings of the Ninth British Legal History Conference, Glasgow 1989, London 1991, S. 187ff.; *O. Mendelsohn*, The Pathology of the Indian Legal System, in: Modern Asian Studies 15, 1981, S. 823ff.; *D.A. Washbrook*, Law, State and Agrarian Society in Colonial India, in: Modern Asian Studies 15, 1981, S. 649ff.; *S.H. Palmer*, Police and Protest in England and Ireland, 1780–1850, Cambridge 1988; *P. Fitzpatrick*, The Mythology of Modern Law, London 1992; *L.A. Knafla u. S.W.S. Binnie* (Hg.), Law, Society and the State. Essays in Modern Legal History, Toronto 1995.

familiendynastische Eigentum in der Form des kontinentaleuropäischen Fidei-
komisses, des angelsächsischen »strict settlement« und der Stiftung; zweitens
reformistische Eigentumskonzepte, die eine soziale und kulturelle Bindung
des Eigentums vorsahen; drittens das Modell des sozialistischen Staatseigen-
tums.

1. Eigentumsrecht und Gesellschaft

Im Sinne einer Arbeitsdefinition verstehen wir unter »Eigentum« ein »Bündel
von Rechten«, das das Verhältnis zwischen Menschen, Institutionen und Gütern regelt. Die Vorstellungen von »Eigentum« schlagen sich in sozialen, politischen, wirtschaftlichen und kulturellen Konventionen nieder, insbesondere im
formalisierten Recht, das sich im Verlauf der Geschichte in verschiedenste Spe-
zialbereiche differenziert hat. Im Allgemeinen wird der Umgang mit Gütern
und vermögenswerten Dingen durch das Privatrecht, das Verfassungsrecht und
das öffentliche Recht geregelt, im Besonderen durch spezielle Rechtsgebiete
wie das Vertragsrecht, Handels- und Gesellschaftsrecht, Erb-, Schuld- und
Pfandrecht, Personen- und Familienrecht, Arbeits-, Pacht und Sozialrecht,
Mieterrecht, Strafrecht. Der historische und interkulturelle Vergleich zeigt,
daß die Entwicklung und Abgrenzung dieser Bereiche und die zwischen ihnen
bestehenden Über- und Unterordnungsverhältnisse je nach Zeit und Ort variierten.[10]

Das Eigentumsrecht im weiteren Sinne umfaßt alle auf »Eigentum« bezogenen Normen, Richtersprüche, Konventionen, Doktrinen, Verfahren, Vorstellungen und sozio-kulturellen Praktiken. Im Eigentumsrecht kristallisieren Vorstellungen von Allgemeinwohl und Eigeninteresse, öffentlich und privat,
Glück und Gerechtigkeit. Es prägt individuelle und kollektive Wahrnehmungen und Deutungen, Handlungschancen und Erfahrungen, die sozio-kulturel-
le Praxis im Alltag und die großen gesellschaftlichen Strukturen und Prozesse.
Es regelt den Umgang mit materiellen Artefakten und diffundiert in den sozialen Habitus und in Mentalitäten. Es begründet schließlich auch allgemeinere
Rechts-, Staats- und Gesellschaftstheorien sowie Entwicklungstheorien und
Geschichtsphilosophien, die davon ausgehen, daß sich die Stufen des Fort-
schritts anhand des Eigentums identifizieren lassen.

Das Eigentumsrecht ist eine symbolische Realität, die, indem sie das Handeln motiviert, ›reale‹ soziale, politische, kulturelle und wirtschaftliche Folgen
hat. Gleichzeitig ist das Eigentumsrecht durch die Dynamik von Politik, Wirtschaft, Gesellschaft und Kultur bestimmt. Die Entwicklung des Eigentums-

10 Vgl. *H. Coing* (Hg.), Handbuch der Quellen und Literatur der neueren europäischen Privatrechtsgeschichte, Bd. 3: Das 19. Jahrhundert, Teilbde. 1–3, München 1982, 1986.

rechts geht einher mit dem Wandel der Vorstellungen von Körper und Geist, Individuum, Familie und Geschlecht, Bürgerstatus und Person, Arbeit, Betrieb, Unternehmen und Wirtschaftsordnung, Rechtsstaat sowie öffentlicher und staatlicher Ordnung. Diskurse ordnen das soziale und kulturelle Feld des Eigentums jeweils in spezifischer Weise: Die einen sehen Eigentum primär als Quelle individuellen Wohlstands, die anderen vor allem als Mittel und Ausdruck der Freiheit und Autonomie des Individuums. Einmal gilt Eigentum als Grundlage politischer und gesellschaftlicher Partizipationsrechte, das andere Mal als dingliche Grundlage der Erwerbstätigkeit von Individuen und Körperschaften und als Grundlage von Handlungsrechten auf einem durch Wettbewerbs- und Leistungsdenken geprägten Markt. Manche erhoffen sich vom Eigentumsrecht in erster Linie den Schutz des Eigentümers durch die Begrenzung und Abwehr öffentlicher und staatlicher Eingriffe, andere wiederum betrachten Eigentum primär als Mittel zur Förderung des Allgemeinwohls und zur Schaffung einer wohlgeordneten und gerechten Gesellschaft.

Die sich implizit und explizit aufeinander beziehenden Diskurse und Gegendiskurse kreisen um die allgemeinere Frage nach dem Verhältnis von Eigentumsrechten, Bürgerrechten und Persönlichkeitsrechten, und sie befassen sich mit prinzipiellen Problemen der modernen Gesellschaft wie Gleichheit und Ungleichheit, Sicherheit und Risiko, Verantwortung und Unmündigkeit, Gerechtigkeit und Ungerechtigkeit. Seit über zweihundert Jahren drücken sich in den Diskursen die Spannungen und Konflikte zwischen »Konservativ-Liberalen, »Radikal-Demokraten« und »Linken« aus; oder abstrakter: zwischen den Vertretern einer exklusiv-protektionistischen Position und den Anhängern einer inklusiv-distributionistischen Konzeption.[11] Die Konservativ-Liberalen vertreten eine individualistische und primär ökonomische Auffassung von Eigentum, beharren auf der »absoluten« Verfügungsfreiheit und lehnen Einschränkungen durch staatliche Eingriffe, Mieterschutz und Antidiskriminierungsgesetze strikt ab. Radikal-Demokraten und Sozialisten dagegen wollen die Rechte des Eigentums und der Eigentümer aufgrund sozialer, politischer, wirtschaftlicher und kultureller Erwägungen einschränken. Eigentum sei nicht bloß eine ökonomische Kategorie, die Eigentumsverteilung müsse breiter und gerechter werden, das Eigentumsrecht habe sich den Bedürfnissen nach sozialer Integration und politischer und kultureller Vergemeinschaftung anzupassen. Dieser Position schließen sich bisweilen auch national Gesinnte und Nationalisten unterschiedlicher Couleur an.[12]

Im Falle des vorliegenden Bandes haben wir uns entschieden, die Geschichte des Verhältnisses von Eigentumsrecht (»property law«), Persönlichkeitsrecht (»personhood«) und Bürgerrecht (»citizenship«) in den Vordergrund zu stellen.

11 Vgl. hierzu den Beitrag von Robert Gordon in diesem Band.
12 Vgl. etwa die Beiträge von Winfried Speitkamp und Karl Christian Führer in diesem Band.

Dieser Themenkomplex hat nicht nur die Geschichte, Theorie und Praxis des Eigentums, der Eigentümer und der Eigentumslosen ganz entscheidend geprägt, sondern erlaubt uns auch, auf allgemeinere Entwicklungen in den modernen Gesellschaften und Kulturen einzugehen und diese systematisch zu vergleichen – intertemporal, international und interkulturell. Schließlich gewinnen wir damit auch neue Erkenntnisse zur großen historischen und aktuellen Frage nach dem Aufstieg, den Krisen und den Perspektiven der modernen Bürgergesellschaft.[13]

Das Recht beeinflußt die Konstruktion von Eigentum, Persönlichkeit und Bürgerstatus sowie das Bewußtsein und die Mentalität einer Gesellschaft. Auf den ersten Blick erscheint das Recht als eindeutig, neutral und rational, tatsächlich ermöglicht es aber verschiedenste Deutungen und Handlungen. Es begründet politische und kulturelle Macht und durchdringt den Alltag sowie das, was wir als freies persönliches Handeln betrachten. Eigentum und Vertrag sind das Ergebnis individuellen Handelns, sie setzen aber das Recht und rechtsähnliche Konventionen voraus. Wenn Individuen Eigentum erwerben, darüber verfügen und Verträge über die Nutzung abschließen, tun sie das im Rahmen der vorhandenen Eigentumsverfassung bzw. des »Eigentumsregimes«, das die Regeln der Aushandlung, die Verhandlungsmacht der Vertragsparteien sowie die Persönlichkeits- und Bürgerrechte der Eigentümer und Eigentumslosen festlegt.

»Eigentum« im engeren Sinn ist eine Kategorie des Rechts – im Gegensatz zu alltagssprachlichen Begriffen wie »Besitz«, »Haben« und »das, was einem gehört«.[14] Als Schöpfung des Rechts ist Eigentum das Ergebnis von öffentlicher Machtausübung und von Zwang durch Regeln und Normen, womit der Gegenstand und die Verfügungsrechte bestimmt und die Macht des Eigentümers von derjenigen Dritter abgegrenzt wird. »Eigentum« und »freier Wille« sind nicht nur das Gegenteil von Zwang, sondern begründen und rechtfertigen ihn auch. Eigentumsrechte sind somit als Ausdruck politischer Entscheidungen über die Frage, was als Eigentum zu schützen sei, zu begreifen.[15]

13 Zum Forschungsstand und zu den Perspektiven der Forschung über Bürgergesellschaft, Bürgertum und Bürgerlichkeit: *J. Kocka*, Das europäische Muster und der deutsche Fall, in: ders. (Hg.), Bürgertum im 19. Jahrhundert, Bd. 1, Göttingen 1995, S. 9–84; *ders.*, The Difficult Rise of a Civil Society. Societal History of Modern Germany, in: M. Fulbrook u. J. Breuilly (Hg.), German History since 1800, London 1997, S. 493–511. Vgl. auch *B. van der Brink u. W. van Reijen* (Hg.), Bürgergesellschaft, Recht und Demokratie, Frankfurt am Main 1995.

14 Zur Begriffsgeschichte: *D. Schwab*, Eigentum, in: O. Brunner, W. Conze u. R. Koselleck (Hg.), Geschichtliche Grundbegriffe. Historisches Lexikon zur politisch-sozialen Sprache in Deutschland, Bd. 2, Stuttgart 1975, S. 65–116. Vgl. auch die Angaben zur englischen und amerikanischen Literatur in Anm. 8.

15 Vgl. *R.L. Hale*, Bargaining, Duress, and Economic Liberty, in: Columbia Law Review 43, 1943, S. 603.

Dem Recht und der Rechtsprechung liegen bestimmte Meistererzählungen zugrunde,[16] die die zentralen Diskurse über Politik und Gesellschaft schaffen und vermitteln. Zu diesen Meistererzählungen und narrativen Mustern gehören auch die Geschichtsbilder und Mythen des Eigentumsrechts, auf die in den Beiträgen dieses Bandes wiederholt hingewiesen wird.[17] Ausgewählte Wissensbestände, Symbole und Denkmäler – vom Code Napoleon bis zum Familienstammsitz – lassen sich als »Orte der Erinnerung« begreifen,[18] als Knoten, an denen sich die Erinnerung der Eigentümer und Eigentumslosen in immer neuer Weise festmacht. Individuelle und kollektive Erfahrungen, Erinnerungen an Privilegierungen und Diskriminierungen sowie abstrakte Mythen von Eigentum und Freiheit gehen in die Konstruktion des kollektiven Gedächtnisses sozialer Gruppen, Nationen und Kulturen ein.[19] Subjektive Erinnerungen und objektive Geschichtsbilder beeinflussen die Wahrnehmung und den Umgang mit dem Eigentumsrecht.

Das (Eigentums)Recht ist nicht bloß als eine äußere »Struktur« zu begreifen, sondern als »Prozeß«, in dem die herrschenden Vorstellungen der Gesellschaft geschaffen und gerechtfertigt werden. Das Eigentumsrecht ist eine »Sprache«, die den Dingen und Handlungen eine Bedeutung gibt, und ein Medium, in dem sich die Gesellschaft über ihre gemeinsamen Leitideen, Werte und Präferenzen verständigt. So verweist z.B. die Bindung von Bürgerrechten an Eigentum auf Vorstellungen über gesellschaftliche Hierarchien und subjektive Identität. Die analytische Trennung in die Sphären »Recht«, »Gesellschaft«, »Politik«, »Wirtschaft« und »Kultur« verwischt sich, das Recht ist die sphärenübergreifende, allgemeinere »Sprache«, in der sich Diskurse, Symbole und Metaphern aus den verschiedenen »Sphären« zu einer politischen Sprache vermengen.[20]

16 Über Narrationen und narrative Muster im Recht vgl. *R. Cover*, Forward. Nomos and Narrative, in: Harvard Law Review 97, 1983, S. 4ff.; Symposium über »Legal Storytelling«, in: Michigan Law Review 87, 1989, S. 2073; *C.M. Rose*, Property as Storytelling. Perspectives from Game Theory, Narrative Theory, Feminist Theory, in: Yale Journal of Law and the Humanities 2, 1990, S. 37ff.; *R. West*, Narrative, Responsibility and Death. A Comment on the Death Penalty Cases from the 1989 Term, in: Maryland Journal of Contemporary Legal Issues 1, 1990, S. 1ff.; *V. Schultz*, Telling Stories about Women and Work, in: Harvard Law Review 103, 1990, S. 1749; *K. Abrams*, Hearing the Call of Stories, in: California Law Review 79, 1991, S. 971; *P.J. Williams*, The Alchemy of Race and Rights, Cambridge 1991; *M. Tushnet*, The Degradation of Constitutional Discourse, Georgetown Law Journal 81, 1992, S. 251ff.

17 Vgl. etwa die Beiträge von Jakob Vogel und Stephan Merl in diesem Band. Vgl. auch: *D. Sugarman u. R. Warrington*, Land Law, Citizenship and the Invention of »Englishness«. The Strange World of the Equity of Redemption, in: Brewer u. Staves (Hg.), Conceptions, S. 111–143; *S. Staves*, Chattel Property Rules and the Construction of Englishness, in: Law and History Review 12, 1994, H. 1, S. 123–154.

18 Vgl. *P. Nora*, Les lieux de mémoire, 3 Bde., Paris 1984, 1986, 1992. Das große Werk enthält Ansätze, die in die hier vorgeschlagene Richtung gehen, das Stichwort Eigentum jedoch fehlt.

19 Vgl. den Beitrag von Jakob Vogel in diesem Band.

20 *Sugarman u. Warrington*, Land.

Das Eigentumsrecht schützt und stärkt die Interessen spezifischer Gruppen und kodiert gleichzeitig die politische und kulturelle Ordnung, indem es von bestimmten Wertpräferenzen und Handlungsrechten ausgeht. Es legt fest, was richtig und was unzulässig ist, wer und was anerkannt, geschützt und ausgeschlossen wird. Die staatlich gesetzten Eigentumsregeln berühren auch die Rechte der Bürger und der Person: Denjenigen, die Eigentum haben, oder wenigstens prinzipiell vom Zugang dazu nicht ausgeschlossen sind, werden spezifische Eigenschaften zugeschrieben, wie Fleiß, Arbeitseifer und die Fähigkeit, das eigene Leben zu meistern. Im Laufe der Geschichte wurden immer wieder bestimmte Gruppen von den Eigentums-, Persönlichkeits- und Bürgerrechten ausgeschlossen: Sklaven, Eingeborene in den Kolonien, Knechte, Dienstboten und Arbeiter, Angehörige religiöser Minderheiten sowie Frauen (insbesondere verheiratete) galten aufgrund der Behauptung, daß sie ihre Arbeit nicht selber bestimmten und ihre Angelegenheiten nicht selbst verwalten könnten, als eigentumsunfähig. Den Armen sprach man das Recht auf Eigentum ab, da sie dadurch nur zu verschwenderischem Nichtstun verführt würden. Die Annahme, daß die verheiratete Frau unfähig sei, Eigentum selbständig, verantwortlich und effizient zu verwalten, rechtfertigte die paternalistische Gesellschaft, wurde allerdings von den Vermögenden immer wieder umgangen und zunehmend bestritten.

2. Tendenzen der Forschung

Die angelsächsische Neue Rechtsgeschichte (New legal history)[21] ist bei der Erforschung des Verhältnisses von Recht und Gesellschaft in mancher Beziehung vorangegangen. Sie setzt bei Akteuren, Prozessen, Vorstellungen und Deutungen an und fragt, wie sich Interessen, politisches Denken und Mentali-

---

21 *L.M. Friedman* u. *H.N. Scheiber* (Hg.), American Law and the Constitutional Order, Cambridge 1978; *R.W. Gordon*, Critical Legal Histories, in: Stanford Law Review 36, 1984, S. 57ff.; *M.H. Hoeflich*, A Renaissance in Legal History?, in: University of Illinois Law Review 1984, S. 507ff.; *W. Holt*, Now and Then. The Uncertain State of Nineteenth-Century American Legal History, in: Indiana Law Review 7, 1974, S. 615ff.; *A. Hunt*, The New Legal History. Prospects and Perspectives, in: Contemporary Crises 10, 1986, S. 201ff.; *J.W. Hurst*, Legal Elements in United States History, in: D. Fleming u. B. Bailyn (Hg.), Law in American History, Boston 1971, S. 3ff.; *L.A. Knafla* u. *S.W.S. Binnie*, Beyond the State. Law and Legal Pluralism in the Making of Modern Societies, in: dies. (Hg.), Law, S. 3ff.; *D. Sugarman* u. *G.R. Rubin*, Towards A New History of Law and Material Society in England, 1750–1914, in: Rubin u. Sugarman (Hg.), Law, S. 1–123; *D. Sugarman* (Hg.), Law in History. Histories of Law and Society, 2 Bde., Aldershot 1996; *B. Wright*, An Introduction to Canadian Law in History, in: *W.E. Pue* u. *B. Wright* (Hg.), Canadian Perspectives on Law and Society. Issues in Legal History, Ottawa 1988, S. 7ff.; *W. Steinmetz*, Law, Crime and Society in England 1750–1950, in: German Historical Institute London Bulletin 16, 1994, 1, S. 3–30.

täten in Gesetzen und der richterlichen und anwaltlichen Praxis niederschla-
gen. Sie untersucht, wie das Recht die Menschen definiert, Selbst- und Fremd-
wahrnehmungen beeinflußt, Subjektivität und Identität begründet und Handeln motiviert. Sie integriert neue Tendenzen aus der Rechtswissenschaft, der
Geschichtswissenschaft sowie den Sozial- und Kulturwissenschaften im weiteren Sinne und wandelt sich gegenwärtig zu einer modernen Gesellschafts- und
Kulturgeschichte des Rechts. Die New legal history hat Brücken zwischen den
Disziplinen gebaut, die die Verständigung zwischen der Rechts- und der Geschichtswissenschaft erleichtern. Der kontinentaleuropäischen und deutschen
Geschichtswissenschaft eröffnet sie neue Perspektiven.

Die deutsche Geschichtswissenschaft interessiert sich seit längerem kaum
mehr für das Recht und die Arbeiten der Rechtshistoriker. Sie orientiert sich
entweder an traditionellen Fragestellungen oder an den Konzepten der Soziologie, der Kulturwissenschaften, der Politikwissenschaft und der Wirtschaftswissenschaft. Selbst starke Signale aus der sich ständig weiter ausdifferenzierenden und spezialisierenden (dabei oft enthistorisierenden) Rechtswissenschaft kommen bei den meisten Historikern nur noch als schwaches Rauschen
an, dem sie keine Beachtung schenken. Übersehen wurde auch Peter Häberles
1984 publizierte Aufforderung, Verfassung als »öffentlichen, letztlich kulturell
strukturierten Prozeß« zu begreifen, die Dynamik zwischen anthropologi-
schen Prämissen, Gesetzgebung, Rechtsprechung, Wissenschaft und gesellschaftlicher Entwicklung zu analysieren und das Eigentum »sinnhaft-kontextuell« in soziale und historische Zusammenhänge einzubinden.[22] Die interdiszi-
plinäre Zusammenarbeit von Historikern und Rechtshistorikern hat selten zu
einer wirklichen gegenseitigen intellektuellen Befruchtung und zu einem neu-
en Verständnis von Recht, Geschichte und Gesellschaft geführt.[23] Das kann sich
nur ändern, wenn sich die deutsche Rechtsgeschichte sozial- und kulturgeschichtlichen Ansätzen öffnet und gleichzeitig die Gesellschafts- und Kultur-
historiker sich endlich wieder stärker auf die zentrale Bedeutung des Rechts in
der Geschichte besinnen. An diesem Punkt setzt der vorliegende Band über die
Eigentumsrechte an.

Der Gedanke, daß die Geschichtswissenschaft eine »Eigentumswissenschaft«
ist, mag vielen Historikern weniger vertraut sein. Tatsächlich gibt es aber auch
in der deutschsprachigen historischen Literatur eine Reihe älterer Studien und
einzelne neue Arbeiten zur Eigentumsgeschichte. Eigentumsfragen sind ganz
zentral in den Studien über das Ende des Ancien régime, die Auflösung der
Grund- und Gutsherrschaft, die Agrarreformen, die Bauernbefreiung, die Säkularisation und die Einführung der Gewerbe- und Handelsfreiheit und der

---

22 *Häberle*, Vielfalt, S. 89.

23 Ein positives Beispiel ist: *N. Horn u. J. Kocka* (Hg.), Recht und Entwicklung der Großunternehmen im 19. und frühen 20. Jahrhundert, Göttingen 1979. Zum Verhältnis von Geschichtswissenschaft und Rechtsgeschichte allgemeiner: *Siegrist*, Advokat, S. 6–12.

modernen Verfassungen im späten 18. Jahrhundert und im 19. Jahrhundert[24] sowie in der Literatur über die Revolutionen, Enteignungen und Kollektivierungen des 20. Jahrhunderts.[25] Während diese Forschungen in der Regel den politischen und gesellschaftlichen Umgang mit dem Eigentum erörtern, geht es der Ideen- und Philosophiegeschichte stärker um die Diskurse, die selten wirklich an die gesellschaftliche Entwicklung zurückgebunden werden.[26] Die Rechtsgeschichte konzentriert sich auf die Darstellung der Normen, Verfahren und Doktrinen; sie verzichtet vielfach, doch nicht immer, darauf, die Rechtsentwicklung systematisch in die Gesellschaftsgeschichte einzubetten.[27] In Darstellungen zur Industrialisierungs- und Unternehmensgeschichte, zur Urbanisierung und zum Wohnen sowie zur Geschichte von Handel, Verkehr und Transport schimmert die Eigentumsproblematik immer wieder durch.[28] Die sozial- und wirtschaftsgeschichtliche Forschung über Arbeiter, Handwerker und Bürgertum thematisiert vor allem die Ungleichheit der Eigentumsverteilung und die daraus resultierenden sozialen und politischen Spannungen,

24 Wir geben hier nur ausgewählte Titel an: *R. Vierhaus*, Eigentum und Verfassung. Zur Eigentumsdiskussion im ausgehenden 18. Jahrhundert, Göttingen 1973; *ders.*, Eigentumsrecht und Mediatisierung. Der Kampf um die Rechte der Reichsritterschaft 1803–1815, in: ebd., S. 229–257; *R. von Oer*, Der Eigentumsbegriff in der Säkularisationsdiskussion am Ende des Alten Reiches, in: ebd., S. 193–228; *Chr. Dipper*, Probleme einer Sozial- und Wirtschaftsgeschichte der Säkularisation in Deutschland (1803–1813), in: A. von Reden-Dohna (Hg.), Deutschland und Italien im Zeitalter Napoleons, Wiesbaden 1979, S. 123–170; *W. Schieder u. A. Kube*, Säkularisierung und Mediatisierung. Die Veräußerung der Nationalgüter im Rhein-Mosel-Departement 1803–1813, Boppard 1987; *G.B. Clemens*, Immobilienhändler und Spekulanten. Die sozial- und wirtschaftsgeschichtliche Bedeutung der Großkäufer bei den Nationalgüterversteigerungen in den rheinischen Departments (1803–1813), Boppard 1995; *A. Bürge*, Das französische Privatrecht im 19. Jahrhundert. Zwischen Tradition und Pandektenwissenschaft, Liberalismus und Etatismus, Frankfurt am Main 1991.
25 Vgl. für weiterführende Angaben die Beiträge von Arnd Bauerkämper und Stephan Merl in diesem Band.
26 Vgl. *U. Margedant u. M. Zimmer*, Eigentum und Freiheit. Eigentumstheorien im 17. und 18. Jahrhundert, Idstein 1993; *R. Brandt*, Eigentumstheorien von Grotius bis Kant, Stuttgart 1974; *A. Künzli*, Mein und Dein. Zur Ideengeschichte der Eigentumsfeindschaft, Köln 1986; *D. Hecker*, Eigentum als Sachherrschaft. Zur Genese und Kritik eines besonderen Herrschaftsanspruchs, Paderborn 1990; *W. Zimmerli*, Privateigentum – etwas eigentümlich Menschliches? Eine ideengeschichtliche und philosophische Analyse, in: Dichmann u. Fels (Hg.), Funktionen, S. 263–292.
27 Stärker rechtsgeschichtlich, aber auch für Historiker sehr wertvoll, sind die Beiträge in *H. Coing u. W. Wilhelm* (Hg.), Wissenschaft und Kodifikation des Privatrechts im 19. Jahrhundert, Frankfurt am Main 1979, sowie in: *Coing* (Hg.), Handbuch. Ferner: *F. Wieacker*, Privatrechtsgeschichte der Neuzeit unter besonderer Berücksichtigung der deutschen Entwicklung, Göttingen 1967; *U. Scheuner*, Die Garantie des Eigentums in der Geschichte der Grund- und Freiheitsrechte, Hannover 1966. – Den Bezug zur Gesellschaft machen stärker: *H. Rittstieg*, Eigentum als Verfassungsproblem. Zur Geschichte und Gegenwart des bürgerlichen Verfassungsstaates, Darmstadt 1975; *W. Däubler u.a.*, Die Entwicklung des Eigentumsbegriffs im Kapitalismus, Darmstadt 1976.
28 *Horn u. Kocka* (Hg.), Recht.

Konflikte und Protestbewegungen. Zu interessanten und weiterführenden Erkenntnissen kommt die Frauen- und Geschlechtergeschichte. Indem sie die langandauernde Ungleichheit der Geschlechter vor dem Eigentum beschreibt und erklärt, weist sie darauf hin, daß Eigentum lange Zeit ein männliches Konstrukt war und die bisherige Interpretation und Periodisierung der Eigentumsgeschichte zu revidieren ist.[29]

Alles in allem bleibt festzuhalten, daß die Eigentumsproblematik in der deutschen und kontinentaleuropäischen historischen Forschung zwar aus den unterschiedlichsten Perspektiven erforscht worden ist, daß aber kaum neuere Studien vorliegen,[30] die Eigentum in umfassenderer Weise behandeln und systematisch untersuchen, wie es die Gesellschaft, Politik, Wirtschaft und Kultur durchdringt und die Entwicklung prägt. Ferner wird deutlich, daß in der Geschichtswissenschaft kein breiterer Konsens über den Eigentumsbegriff besteht – wie etwa in der Rechtswissenschaft. Die einen untersuchen aufgrund eines materialistischen Eigentumsverständnisses die materielle Ausstattung der Menschen; die anderen entscheiden sich für eine konsequente Historisierung des Eigentumsbegriffs und fragen, was Eigentum in einem spezifischen historischen Kontext bedeutet. Die dritten orientieren sich – mehr oder weniger ausdrücklich – an einem tendenziell enthistorisierten, mythischen oder teleologischen Eigentumsbegriff naturrechtlicher, liberaler, idealistischer oder materialistischer Provenienz. Sie neigen dazu, Eigentum als »Struktur langer Dauer« oder »ewigen Wert« zu betrachten, oder gehen von der Annahme aus, daß die geschichtliche Entwicklung auf die Verwirklichung eines bestimmten Eigentumskonzepts hinausläuft.

Die auf das Eigentum abhebende Fortschrittserzählung von Historikern begegnet uns in zwei klassischen Grundmustern: Die liberale Fortschrittserzählung begründet die Überlegenheit der individualistischen westlich-liberalen Privateigentumsordnung, Zivilisation und Bürgergesellschaft. Die marxistische Fortschrittserzählung dagegen beruht auf einer dialektischen Stufentheorie und propagiert die Aufhebung von Entfremdung, Entrechtung und Not durch die Aufhebung des Privateigentums im Sozialismus und Kommunis-

---

29 *S. Staves*, Married Women's Separate Property in England, 1660–1833, Cambridge/Mass. 1990; *E. Spring*, Law, Land and Family. Aristocratic Inheritance in England, 1300–1800, Chapel Hill 1993; *U. Vogel*, Gleichheit und Herrschaft in der ehelichen Vertragsgesellschaft. Widersprüche der Aufklärung, in: U. Gerhard (Hg.), Frauen in der Geschichte des Rechts. Von der Frühen Neuzeit bis zur Gegenwart, München 1997, S. 265–292; *U. Gerhard*, Grenzziehungen und Überschreitungen. Die Rechte der Frauen auf dem Weg in die politische Öffentlichkeit, in: dies. (Hg.), S. 509–546; *E. Holthöfer*, Die Geschlechtsvormundschaft. Ein Überblick von der Antike bis ins 19. Jahrhundert, in: ebd., S. 390–451; *D.W. Sabean*, Allianzen und Listen. Die Geschlechtsvormundschaft im 18. und 19. Jahrhundert, in: ebd., S. 460–479.

30 Eine Ausnahme ist die Skizze von *W. Fischer*, Eigentum und Wirtschaftsordnung in historischer Perspektive, in: Dichmann u. Fels (Hg.), Funktionen, S. 16–46.

mus. Sie kombiniert die Erzählung vom Aufstieg des gemeinschaftlichen Eigentums mit der Erzählung vom Niedergang des Privateigentums.

Von den zahlreichen neueren Varianten dieser Grundmuster soll hier bloß die Property Rights-Theorie erwähnt werden, die in Kreisen der Institutionellen Ökonomie und der Wirtschaftshistoriker eine gewisse Verbreitung gefunden hat.[31] Das Konzept der Property Rights geht auf den Versuch der Wirtschaftshistoriker North und Thomas zurück, den Aufstieg des Westens durch die frühzeitige und effiziente Anpassung der Property Rights (im Sinne von Eigentums- oder Verfügungsrechten, besser: »Handlungsrechten«) an die funktionalen Erfordernisse von Wirtschaft und Gesellschaft zu erklären.[32] Diese Theorie verzichtet im Prinzip auf eine ahistorische naturrechtliche und metaphysische Bestimmung des Eigentums, sie will vielmehr begreifen, wie Handlungsrechte aufgrund von Knappheitsbeziehungen über Marktgesetze immer dann neu ausgehandelt werden, wenn die Kosten für die Realisierung der alten Eigentumsrechte zu groß werden – und damit höher als die zu erwartenden Gewinne aus institutionellen Veränderungen. Die Vertreter der Property Rights-Theorie konzentrieren sich unseres Erachtens zu einseitig auf die Rolle des Marktes und wirtschaftlich-rationaler Kriterien und blenden damit viele andere Mechanismen und Motive aus. Sie neigen dazu, »die Beschneidung wirtschaftsliberaler Prinzipien durch das sozialpolitisch motivierte Eingreifen des modernen Staates einseitig zum Sündenfall der modernen Wirtschaftsgeschichte« zu erklären.[33]

Die marxistische Theorie, die den Eigentumsverhältnissen eine zentrale Rolle in der Strukturierung der Geschichte zuweist, genießt zur Zeit wenig Kredit. Die liberale Position befindet sich zwar im Aufwind, ist jedoch auch vielfältiger Kritik ausgesetzt; im Einzelnen befindet sie sich vor dem Hintergrund der Dynamik von Wirtschaft, Gesellschaft und Kultur in einem ständigen Wandel. Die Property Rights-Theorie findet bei Historikern, Rechts- und Kulturwissenschaftlern wenig Anklang. Soll man in dieser Situation Eigentum überhaupt noch zum Ausgangspunkt der historischen Analyse von Gesellschaften und Kulturen machen? Mit dem vorliegenden Band versuchen wir es, indem wir die bisherigen Pfade verlassen und den Weg über die vergleichende Rechts-, Kultur- und Gesellschaftsgeschichte wählen.

Unser Vorhaben profitiert dabei von den neueren Entwicklungen in der Rechtswissenschaft und der Geschichtswissenschaft: Die beiden Fachdisziplinen haben seit den 1960er Jahren sozialwissenschaftliche Ansätze übernom-

31 Vgl. *Neumann* (Hg.), Ansprüche.

32 *D.C. North u. R.P. Thomas*, The Rise of the Western World. A New Economic History, Cambridge 1973.

33 *C. Wischermann*, Der Property-Rights-Ansatz und die »neue« Wirtschaftsgeschichte, in: Geschichte und Gesellschaft 19, 1993, S. 239–258, bes. S. 256.

men, verwenden seit einigen Jahren vermehrt kulturgeschichtliche und kultur-wissenschaftliche Ansätze und sind dazu übergegangen, Gesellschaften zu ver-gleichen und Kulturtransfers zwischen den Gesellschaften zu untersuchen.

Der historisch-systematische Vergleich ist für die vorliegende Gesellschafts- und Kulturgeschichte des Eigentums ganz zentral. Einerseits relativiert, diffe-renziert, kontextualisiert und historisiert er den Eigentumsbegriff und den Zusammenhang zwischen Eigentums-, Persönlichkeits- und Bürgerrechten. So werden aufgrund empirischer Vergleiche regionale und soziale Besonder-heiten und Unterschiede deutlich, die von der Normen-, Philosophie- und Ideengeschichte des Eigentums ignoriert oder bloß schematisch interpretiert werden. Andererseits zielt der Vergleich auf Verallgemeinerungen ab, indem die jeweiligen Befunde nicht bloß im engeren historischen und kulturellen Kontext einer sozialen Gruppe, einer Region, einer Nation oder einer Periode interpretiert werden, sondern aus einer übergreifenden Perspektive.

Vor diesem Hintergrund fragen im vorliegenden Band Vertreter der angel-sächsischen New legal history sowie deutsche Historiker und Rechtswissen-schaftler nach den Bedeutungen von Eigentum, und wie soziale Gruppen, Nationen und Rechtsgemeinschaften mit dem Eigentum umgehen. Die Leit-begriffe der Forschung sind Historisierung, Kontextualisierung, Relativierung auf der einen Seite, systematische Suche nach dem Allgemeinen und dem Be-sonderen durch den Vergleich auf der anderen. In dieselbe Richtung bewegen sich zur Zeit Ethnologen und Sozialanthropologen wie Chris Hann, der für die Wiederbelebung der Eigentumsforschung in der Wirtschaftsanthropologie plä-diert. Er fordert eine Eigentumsanthropologie, die sich stärker auf die Analyse von kulturellem Sinn und Machtbeziehungen konzentriert als auf Geld und Markt. Ein angemessenes Verständnis der Gesetzeswerke und Normen sei nur im institutionellen und kulturellen Kontext, in dem diese wirken, möglich.[34] Gefragt seien Untersuchungen über die Verteilung von Rechten und Berechti-gungen (»entitlements«) an materiellen Gütern, Wissen und Symbolen; Analy-sen der praktischen Ergebnisse und Folgen; Forschungen über Ideale und mo-ralische Diskurse sowie über kurz- und langfristige historische Prozesse.[35] Die Sozialanthropologie betrachtet Eigentum klassischerweise nicht als eine Relati-on von Mensch und Dingen, sondern als Beziehung zwischen Menschen, als ein »Bündel von Rechten« und ein »Netzwerk sozialer Beziehungen«. Nach Chris Hann genügt es jedoch nicht, Eigentumsbeziehungen bloß als soziale Beziehungen zu betrachten, es gehe vielmehr auch um kulturelle Beziehungen des Menschen zu den Dingen. Die Bedeutungen, die der Mensch den Dingen gibt, seien für die Konstruktion der Person und die Identität ganz zentral.[36]

34 *C.M. Hann*, Introduction: The Embededness of Property, in: ders. (Hg.), Property Re-lations. Renewing the Anthropological Tradition, Cambridge 1998, S. 1–47, bes. S. 7.

35 Ebd., S. 34.

36 Vgl. den Artikel von Chris Hann in diesem Band, S. 180.

Auch Hann fordert zum Vergleich auf, der in seiner Disziplin nicht weniger umstritten ist als in der Geschichtswissenschaft. Als Ausgangspunkt für den Vergleich in Raum und Zeit eigne sich eine Definition, die Eigentum als »Verteilung sozialer Berechtigungen« betrachtet.[37] Die Spannung zwischen dem abstrakten Eigentumsbegriff und der jeweiligen konkreten lokalen Bedeutung von Eigentum müsse dann im einzelnen herausgearbeitet werden. Ebenso sei die Frage abzuklären, ob und wieweit eine konkrete »Berechtigung« als »Eigentum« im Sinne des klassischen westlich-liberalen Begriffs bezeichnet werden kann.[38] Der sozialanthropologische Vergleich relativiere auf jeden Fall den klassischen westlich-liberalen Eigentumsbegriff.

3. Begriffe und Bezugspunkte des Vergleichs

Die vergleichende Eigentumsgeschichte relativiert den klassischen liberalen Eigentumsbegriff. Sie hat allerdings zu bedenken, daß dieser Eigentumsbegriff nicht irgendein Begriff ist, sondern derjenige, der sich über die ganze Welt verbreitet und zahlreiche alternative und regionsspezifische »Bündel von Berechtigungen« verändert oder verdrängt hat. Eigentum ist zum einen ein historischer und kulturrelativer Begriff, andererseits ein abstrakter Begriff mit einem gewissen analytischen Potential für den intertemporalen, intergesellschaftlichen und interkulturellen Vergleich.

Der liberale Eigentumsbegriff prägt seit jeher die gesellschaftliche und die wissenschaftliche Auseinandersetzung mit ›Eigentum‹, ›Berechtigungen‹ und ›Besitztümern‹ ganz entscheidend. Er existiert in unzähligen Varianten, im Kern meint er jedoch die absolute, ungeteilte, willkürliche und souveräne Herrschaft einer natürlichen Person über Sachen. Es geht um zeitlich und inhaltlich uneingeschränkte Verfügungs-, Kontroll- und Nutzungsrechte, einschließlich des Rechts auf Veräußerung, und um Abwehrrechte gegen Einwirkungen des Staates, der Öffentlichkeit und Dritter. Historisch verbindet sich die liberale Eigentumskonzeption von Anfang an mit der Idee der Vertragsfreiheit, des Verfassungs- und Rechtsstaats sowie Konzepten von »Freiheit«, »Person« und »Bürger«. Die Rechte der Eigentümer werden legitimiert durch allgemeinere anthropologische Vorstellungen über den Menschen, die Natur und die Gesellschaft. Ganz zentral ist die Annahme, daß der Mensch einen freien Willen und ein »natürliches« oder ein in der Verfassung und den Gesetzen ver-

---

37 Abstrakt sei das Recht des Mitglieds einer Jägergesellschaft auf seinen Anteil an der Jagdbeute eines erfolgreichen Jägers durchaus mit dem Recht des Bürgers im modernen Wohlfahrtsstaat auf künftiges Einkommen aus Sozialversicherungsleistungen vergleichbar. *Hann*, Introduction, S. 7.

38 Ebd.

ankertes Recht auf den eigenen Körper und die Früchte seiner körperlichen und geistigen Arbeit habe. Früher oder später wurde das utopische und pauschale Moment im liberalen Eigentumsbegriff etwas zurückgenommen. Im Laufe der Geschichte differenzierte sich »Eigentum« hinsichtlich der Träger, der Gegenstände sowie des Umfangs der Verfügungs- und Abwehrrechte ganz erheblich.

Hinsichtlich der Gegenstände ging es anfänglich primär um Grund, Boden und Gebäude, dann aber wurde die davon abgeleitete Grundfigur auf allerlei »vermögenswerte Rechte« wie Staatspapiere, Aktien und Pfandbriefe (Papierrechte) und auf geistige Werke (Patente, literarische und künstlerische Urheberrechte, Markenrechte) übertragen, schließlich auch auf Sozialversicherungsansprüche sowie kulturelle Güter und Dienstleistungen aller Art.[39] Der (Privat-)Eigentumsbegriff differenzierte, entmaterialisierte und verflüssigte sich. Morton Horwitz meint deshalb, daß man in der heutigen »Welt entdinglichten Eigentums«, in der »abstrakte Zukunftsansprüche« an die Stelle dinglichen Eigentums getreten sind, daran denken könne, den alten »Eigentumsdiskurs« abzuschaffen und zu einem neuen überzugehen.[40]

Auch hinsichtlich der Träger von Eigentumsrechten kam es im Verlauf der Geschichte zu einer Ausweitung und Differenzierung. Für den klassischen Liberalismus, dem es nach Schwab mehr um den Eigentümer als um das Eigentum ging,[41] gab es nur den männlichen erwachsenen Eigentümer. Im Laufe einer konfliktreichen Geschichte wurden weitere Gruppen eigentumsfähig: Frauen, Ausländer und korporative Akteure wie Aktiengesellschaften. Im Hinblick auf »persönliches« materielles Eigentum (wie Konsumgüter, Schmuck und Einrichtungsgegenstände) und entdinglichtes Eigentum (wie Wertpapiere und Sozialversicherungsanspüche) wurden immer größere Teile der Bevölkerung in den Kreis der Eigentümer eingeschlossen. Schließlich schwächte sich die ursprünglich sowohl im angelsächsischen wie im römischen Recht dominierende Vorstellung ab, daß Eigentum nur *einer* natürlichen Person zuzurechnen sei und drängten Konzepte gemeinsamen Eigentums (korporatives Eigentum, Gesamthandeigentum, Genossenschaft, Staatseigentum) wieder an die Oberfläche.

In den Begriffen und Frageastern, die die heutigen Rechtswissenschaftler bei der Analyse des Eigentums verwenden, schimmert die hier nur angedeutete spannungs- und konfliktreiche Geschichte des liberalen Eigentumsbegriffs

---

39 Vgl. die Beiträge von Robert Gordon und Morton Horwitz in diesem Band. Sowie: *Vandevelde*, Property; *E.-W. Böckenförde*, Eigentum, Sozialbindung des Eigentums, Enteignung, in: ders., Staat, Gesellschaft, Freiheit, Frankfurt am Main 1976, S. 318–335; *H.-J. Papier*, Staatliche Eigentumsgarantie und Sozialbindung des Eigentums, in: Dichmann u. Fels (Hg.), Funktionen, S. 92–113.

40 Morton Horwitz in diesem Band, S. 42.

41 *Schwab*, Eigentum, S. 74.

noch durch. Elmar Wadle definiert in seinem Beitrag »Eigentum« als »rechtliches Modell für die Zuordnung von Sachen zu Personen«. Diese »Kurzformel« meine die »Gesamtheit von Rechtsbeziehungen, die zwischen Privatrechtssubjekten im Blick auf die Zuordnung einer Sache entstehen können«.[42] Eigentum an Sachen gibt als »privatrechtliches Institut« Auskunft über die *Person* (Wer kann Eigentümer sein?), über die *Beziehung* des Eigentümers zu anderen Subjekten des Privatrechts (Ausschluß anderer Interessen) und über die dem jeweiligen Gut und seinen Besonderheiten angemessene *Zuordnungsweise* (Inhalt der rechtlichen Position, Umfang und Maß der Kontroll- und Abwehrrechte, Verwertungsrechte und andere Befugnisse).

Die aufsteigende Eigentümer- und Bürgergesellschaft des 18. und 19. Jahrhunderts konstruierte das private Eigentumsrechts im Rahmen des Verfassungs- und öffentlichen Rechts und bezog sich dabei auf Kurzformeln wie »life, liberty, property« (im angelsächsischen Raum) oder »Gleichheit, Freiheit, Sicherheit und Eigentum« (wie z.B. in der französischen Verfassung von 1793). In den Verfassungen und Grundrechtskatalogen galt Eigentum als »unverletzliches und heiliges Recht«, als »natürliches und unveräußerliches Recht«, das nur aus Gründen des Allgemeinwohls durch rechtliche Verfahren eingeschänkt werden dürfe. Unterhalb dieser prinzipiellen Ebene bestanden indessen vielfältige Möglichkeiten zur Abstimmung privater und öffentlicher Interessen.[43] Im Laufe des 20. Jahrhunderts wurde die klassische Unverletzlichkeitsklausel durch die Formel »Gewährleistung von Eigentum« und den Grundsatz der »Sozialbindung« abgelöst.[44]

Für die vergleichende Analyse der Eigentumsproblematik im öffentlich-rechtlichen und Verfassungskontext eignet sich das Frageraster von Peter Häberle, das sieben typische »Differenzierungsmaximen« umfaßt, die in modernen Gesellschaften bei der Gestaltung und Deutung des Eigentumsbegriffs wirksam geworden sind bzw. werden. Erstens wird nach der personalen Nähe des Eigentums differenziert. Persönlich genutztes und kleineres Eigentum genießt vielfach einen stärkeren Schutz als das sogenannte große Eigentum an Wirtschaftsunternehmen, Grund und Boden und Immobilien. Der Grad des Eigentumsschutzes hängt davon ab, inwieweit das jeweilige Eigentum dem Eigentumsträger Mittel des Person-Seins ist (Identitätsbezug). Zweitens wird nach dem personalen Einsatz differenziert: Je höher der eigene Einsatz und die eigene Leistung, desto intensiver ist der Schutz (Element der Arbeit). Drittens richtet sich die Gestaltung des Eigentums nach der Funktion im sozialen Prozeß: Je höher der Nutzen des Eigentums nicht nur für den Eigentumsträger, sondern auch für viele andere ist, desto größer der Schutz, und umgekehrt

42 Elmar Wadle in diesem Band, S. 249.
43 Vgl. *Bürge*, Privatrecht; *Sugarman u. Rubin*, History, S. 23–42.
44 *Papier*, Eigentumsgarantie; *Rittstieg*, Eigentum.

(Komponente der sozialen Solidarität). Viertens wird nach Funktionen im wirtschaftlichen Prozeß unterschieden und gefragt, welche Bindung und welcher Schutz ökonomisch gesehen für das große Eigentum und das kleine Eigentum sinnvoll, welche juristisch mögliche Lösung wirtschaftlich effizient ist. Die fünfte Differenzierungsmaxime richtet sich auf die Funktion im kulturellen Prozeß: Geistiges und materielles Eigentum (Bau- und Naturdenkmäler, kulturelle Güter und geistige Werke) wird zum Gemeineigentum erklärt oder hinsichtlich der Verfügung und Nutzung gebunden, sofern das als unabdingbar für die gemeinsame kulturelle Identität gilt. Sechstens wird nach der Funktion im politischen Prozeß differenziert. Unter bestimmten Bedingungen wird Eigentum im Sinne eines politischen Freiheitsschutzes geschützt, unter anderen aber wegen der Gefahr des Machtmißbrauchs eingeschränkt. Siebtens wird aufgrund neu entstandener Knappheiten differenziert: Das schrankenlose Eigentum von gestern wird zum beschränkten Eigentum von heute, in Not-, Kriegs- und Krisenzeiten werden Sonderbindungen geschaffen.[45]

Die Differenzierungsmaximen objektivieren sich in Verfassungen, Gesetzen, Verordnungen und Richtersprüchen sowie allgemeinen Diskursen, Mentalitäten und Praktiken. Im Grunde handelt es sich bei den Differenzierungsmaximen um »Wertungsgesichtspunkte« historischer und heutiger Akteure, die im konkreten Fall das Eigentum »sinnhaft-kontextuell« in die vorfindlichen gesellschaftlichen Zusammenhänge und Prozesse einbinden.[46] Häberles Katalog der Differenzierungsmaximen, der keine Hierarchie vorgibt und keine Vollständigkeit beansprucht, eignet sich als heuristisches Raster für die historische und vergleichende Analyse. Das wird z.B. in dem Beitrag von Karl Christian Führer über die Mietrechtsrevolution im Ersten Weltkrieg und der Zwischenkriegszeit deutlich, wo es um die Sonderbindungen in Kriegs- und Krisenzeiten geht, ebenso in Winfried Speitkamps Beitrag über die Anfänge der kulturellen Bindung des Eigentums in Deutschland und im Artikel von Jakob Vogel über die Sonderrolle des Eigentums im deutschen Bergbau. Man begegnet diesen Differenzierungsmaximen in den großen Überblicksdarstellungen von William Fisher über das Geistige Eigentum in den Vereinigten Staaten, von Lawrence Friedman über die innerfamiliäre Eigentumsübertragung durch Erbschaft und Schenkung in den USA, von Stephan Merl über das Bodeneigentum in Rußland und der Sowjetunion sowie von Arnd Bauerkämper über Boden und landwirtschaftliches Eigentum in den beiden Deutschland nach 1945. Die Beiträge von Robert Gordon und Dieter Gosewinkel über das Verhältnis von Bürger- und Eigentumsrechten verweisen auf zusätzliche Differenzierungsmaximen, nämlich auf die ethnische und nationale Dimension und das Geschlecht.

45 *Häberle*, Vielfalt, S. 90f. (teilweise wortwörtliche Übernahme).
46 Ebd., S. 92.

4. Eigentumskulturen im Vergleich: Strukturen, Prozesse und Perspektiven

Gegenstände des Vergleichs sind zentrale und typische Strukturen und Prozesse, Problemfelder und Situationen, Vorstellungen und Diskurse, Gegenstände und Umgangsweisen sowie Trägergruppen. Der Band präsentiert – erstens – intergesellschaftliche und interkulturelle Vergleiche zwischen Regionen, Staaten, Nationen und Systemen; zweitens intertemporale Vergleiche zwischen Entwicklungsperioden im selben Gebiet; drittens parallele, von einer ähnlichen Fragestellung ausgehende regionale und nationale Fallstudien, die dem Leser Vergleiche ermöglichen.

Die vergleichenden Studien gehen von territorialstaatlich verfaßten Gesellschaften aus, im Grunde werden aber »Eigentumskulturen« verglichen, d.h. symbolische »Sinnordnungen«,[47] an denen sich ganze Gesellschaften, soziale Gruppen und Milieus, Gesetzgeber, Experten und Laien orientieren. Indem »Sinnordnungen« und die zwischen ihnen ablaufenden kulturellen Transferbeziehungen behandelt werden, geht der gesellschaftsgeschichtliche Vergleich fließend in den kulturgeschichtlichen über.

Jede dieser Sinnordnungen besteht aus einer spezifischen Konstellation von Normen, Gesetzen, Institutionen, Werten, Wissensbeständen, Diskursen, Mentalitäten, Symbolen, materiellen Artefakten und sozio-kulturellen Praktiken. Die Ergebnisse des Bandes zeigen, daß eine derartige Sinnordnung sich mit dem Territorium eines Nationalstaats decken kann, es gibt jedoch auch staatenübergreifende Sinnordnungen. Die nationale Sinnordnung ist in sich ferner ausdifferenziert in gruppenspezifische (Klassen, Stände, Milieus) und regionsspezifische Sinnordnungen. Die Sinnordnungen unterscheiden sich nach Perioden und Epochen, doch vermischt sich in der Sinnordnung einer Zeit immer auch historisch Gleichzeitiges und Ungleichzeitiges.

Der Vergleich von Staaten und institutionalisierten Rechtsräumen zeigt, daß sich das liberale Eigentumsrecht von den USA und Westeuropa (insbesondere England und Frankreich) aus in Mittel- und Osteuropa, Rußland und schließlich großen Teilen der Welt ausbreitet. Die Unterschiede zwischen der römischen und der gewohnheitsrechtlichen Rechtskultur auf dem europäischen Kontinent und der angelsächsischen Rechtskultur scheinen dabei zu verblassen. Insgesamt nehmen die Gemeinsamkeiten bis ins frühe 20. Jahrhundert zu.

Doch der Beitrag von Stephan Merl über Rußland relativiert diesen Befund: Der liberale Eigentumsbegriff bekam in Rußland eine andere Bedeutung als in

47 Der Begriff der »Sinnordnung« stammt von Ernst Cassirer (*E. Cassirer*, Versuch über den Menschen, Hamburg 1990, Übersetzung der englischen Originalausgabe von 1944). Zur Verwendung des Begriffs in der vergleichenden Regionsforschung vgl. *W. Fach u.a.*, Regionenbezogene Identifikationsprozesse. Das Beispiel Sachsen – Konturen eines Forschungsprogramms, in: W. Wollersheim u.a. (Hg.), Region und Identifikation, Leipzig 1998, S. 1–32.

Westeuropa und den USA. Vorstellungen des gemeinschaftlichen Eigentums in der Umverteilungsgemeinde, verbunden mit familienzentrierten und individualistischen Konzepten der Nutzung, erhielten sich stärker. Das englische und das amerikanische Eigentumsrecht stellten das (männliche) besitzende Individuum in den Vordergrund. Nach Lawrence Friedman relativierte sich dies indessen aufgrund familien- und ordnungspolitischer Überlegungen. Die sich von West- bis Mitteleuropa erstreckende Eigentumskultur war im Prinzip individualistisch, bekam aber aufgrund eines weitverbreiteten etatistischen, romantischen und familistischen Allgemeinwohldenkens eine spezifische Einfärbung. Darauf weist auch Arnd Bauerkämper in der Einleitung seines Beitrages über das landwirtschaftliche Bodeneigentum in Deutschland hin.

Alles in allem wird deutlich, daß die auf friedlichem Weg, aber auch durch politischen und mitunter militärischen Zwang vorangetriebene Universalisierung des liberalen Eigentumsrechts durch Prozesse der Nationalisierung und Regionalisierung von Recht, Wirtschaft, Kultur und Gesellschaft teils gebremst, teils in besondere Bahnen gelenkt wurde. Der Nationalstaat des 19. und 20. Jahrhunderts hat die Eigentumskulturen in vielfältiger Weise geprägt und begrenzt. Die einzelnen Staaten – hin- und hergerissen zwischen dem Ziel, die innere Herrschaft zu sichern, die soziale, politische und kulturelle Integration voranzutreiben und die wirtschaftliche und militärische Stärke zu befestigen, und dem Ziel, den Eigentümer absolut zu schützen – entschieden sich im 19. Jahrhundert öfter für die Verabsolutierung des individualistischen Eigentumsbegriffs, zunehmend aber auch für eine Differenzierung hinsichtlich der Gegenstände, Träger und Umstände.

Der internationale Vergleich zeigt, daß sich die nationalen Eigentumskulturen vorübergehend und hinsichtlich einiger Punkte auseinanderentwickelten, dann aber auch wieder aufeinander zu bewegten, indem sie für ähnliche Probleme gleiche Lösungen fanden oder Muster aus anderen Ländern kopierten. So ergaben sich mittel- und langfristig doch wieder beachtliche Ähnlichkeiten und Gemeinsamkeiten hinsichtlich des Umgangs mit dem Eigentum. Beispiele dafür sind der Schutz des geistigen Eigentums, den Elmar Wadle am Beispiel von Frankreich und Deutschland und William Fisher für die USA untersuchen, und die Entwicklung des Hauseigentums und des Mieterschutzes im 20. Jahrhundert (Karl Christian Führer).

Oft erscheint die Eigentumskultur eines Staates, einer Rechtsregion oder einer Nation als Konglomerat widersprüchlicher, über- und untergeordneter Rechte, Vorstellungen und Praktiken, das nur von juristischen Experten durchschaut wird. Daß diese Unübersichtlichkeit vielfach denjenigen zugute kommt, die sich juristische Dienstleistungen kaufen können, zeigt Lawrence Friedman am Beispiel des amerikanischen Erb- und Stiftungsrechts. Bessere und schlechtere, ältere und neuere, beachtete und weniger beachtete Rechte gab es jedoch nicht nur in den Gebieten des weniger kodifizierten angelsächsi-

28

schen Rechts, sondern auch nach dem Ende des Ancien régimes in den kontinentaleuropäischen Gesellschaften.[48] Trotz der Kodifizierung und Systematisierung des Rechts war die Eigentumskultur hier faktisch weniger einheitlich und homogen, als Politiker und Ideologen, die sich als Überwinder der ›alten Unordnung‹ verstanden, glauben machen wollten. Die angelsächsischen Rechtshistoriker, die sich im Gegensatz zu den meisten kontinentaleuropäischen Kollegen weniger einseitig auf die Untersuchung der abstrakten Normen, Systeme und großen Doktrinen konzentrieren, sondern fragen, was die Politiker, Richter, Anwälte, Eigentümer und Bürger daraus machen, diskutieren diesen Sachverhalt unter dem Stichwort »legal pluralism«.[49] Indem sie die *fehlende* Rechtsvereinheitlichung als eine der wesentlichen Ursachen für den wirtschaftlichen Fortschritt und den gesellschaftlichen Wandel in England betrachten, relativieren sie die These, daß ein einheitliches Eigentumsrecht die wesentliche Grundlage für wirtschaftlichen Fortschritt und gesellschaftliche Modernisierung gewesen sei. Es scheint, daß auch im Falle der westlichen kontinentaleuropäischen Länder die Differenzierung des Eigentumsrechts durchaus dynamische Effekte hatte. Sie kann vielleicht sogar erklären, warum die vielfältig reformierte liberale Eigentumsordnung in Westeuropa trotz aller Krisen letztlich überlebt hat. Überraschend ist vor diesem Hintergrund dann aber Stephan Merls These, daß in der Sowjetunion schwache private Eigentumsrechte mit beträchtlichen eigentumsähnlichen Nutzungsrechten kombiniert wurden und damit eine recht stabile Gesellschaft kleiner Quasi-Eigentümer entstand.

Die Kultur- und Gesellschaftsgeschichte des Rechts, die sich nicht auf den Vergleich der Kodifikationen, juristischen Normen, Verfahren und Institutionen beschränkt, zeigt, daß sich der Geltungsbereich einer Eigentumskultur vielfach nicht genau territorial zuordnen läßt. Aufgrund der unterschiedlichen historischen Voraussetzungen in den Gebieten, die in den modernen Staaten, Reichen, Macht- und Einflußsphären integriert wurden, dauerte die Homogenisierung in der Auslegung identischer Normen und die Angleichung der Praktiken der Eigentümer und Eigentumslosen mitunter sehr lange. Das kollektive regionale und lokale Eigentumsgedächtnis bremste die nationale Ho-

---

48 Die typischen Konflikte des Ancien régimes waren: Konflikte zwischen besseren und schlechteren Eigentumstiteln, höheren und minderen Eigentumsrechten, zwischen lehensrechtlichem und grundherrlichem Obereigentum (dominium directum) und Nutzungsrechten (dominium utile), zwischen dem Eigentum an Boden und Fahrhabe, den Eigentumspraktiken auf dem Land und in der Stadt, der römisch-rechtlichen Auffassung vom unteilbaren Sacheigentum und der herrschenden Praxis des geteilten Eigentums und der geteilten Nutzungsrechte, zwischen körperschaftlichem Eigentum und individuellem Eigentum. Vielfach galten sowohl Sachen als auch Rechte an Personen und Gerichts- und Bannrechte als Eigentum oder Quasieigentum.
49 Vgl. *Sugarman u. Rubin*, History.

mogenisierung. In föderalistischen Staaten war eine zu weitgehende Angleichung bisweilen gar nicht erwünscht.

Im 20. Jahrhundert verfestigten sich die nationalen Eigentumskulturen in mancher Beziehung, gleichzeitig bildeten sich aber auch neue transnationale Eigentumskulturen heraus – in einigen Fällen aufgrund internationaler Abkommen, öfter aber durch politischen Zwang und kriegerische Gewalt. Die sozialistischen Experimente mit neuen Eigentumsformen begannen in Rußland, nach 1945 wurden sie östlich der durch Europa verlaufenden »juristischen Maginot-Linie«(Rittstieg),[50] die die sozialistische von der kapitalistischen Eigentumskultur trennte, fortgeführt. Diese Systemgrenze hat lange den Blick für die Differenzierung im jeweiligen System verstellt. Seit 1990 löst sie sich allmählich auf, unterhalb des formalen Rechts werden sich die Unterschiede noch länger halten.

Eine weitere Erfahrung hat die europäische Eigentumsgeschichte des 20. Jahrhunderts grundsätzlich geprägt: Nationalsozialismus und Faschismus haben einerseits die traditionellen Eigentumsrecht respektiert und gefestigt, andererseits aber mit illiberalen, völkischen und rassistischen Begründungen die Eigentums-, Persönlichkeits- und Bürgerrechte ganzer Bevölkerungsgruppen und Gesellschaften, wie der Juden und der slawischen Bevölkerung in Mittel- und Osteuropa, negiert. Indem sie die Eigentümer enteigneten, vertrieben oder umbrachten, schufen sie ungewollt eine Voraussetzung für den Aufstieg des Sozialismus in Mitteleuropa nach 1945.

Die großen wirtschaftlichen und gesellschaftlichen Krisen haben im 20. Jahrhundert das Vertrauen in liberale Eigentumsrechte wiederholt erschüttert. Die Weltkriege führten zu gigantischen Zerstörungen von Eigentum – und zu national motivierten Sonderbindungen des Eigentums zwecks Behebung von Mangel und Not. Einige dieser ursprünglichen Sonderbindungen des Eigentums wandelten sich früher oder später zu jenen wohlfahrtsstaatlich begründeten Sozialbindungen, die heute im Zuge der Liberalisierung, Europäisierung und Globalisierung von Wirtschaft und Eigentumsrechten wieder in Frage gestellt werden.

---

50 *Rittstieg*, Eigentum, S. 289.

I.
Eigentum, Person und Familie

MORTON J. HORWITZ

Eigentum und Person*

Die Frage nach dem Verhältnis zwischen Eigentum und Person ist in der Geschichte immer wieder gestellt und neu beantwortet worden. Dies zeige ich im ersten Teil mit den kurzen Ausführungen zur These der absoluten Unveräußerlichkeit der zur menschlichen Person gehörenden Körperlichkeit sowie zur aristotelischen Frage, wieviel Eigentum für die Autonomie der Person notwendig ist. Im zweiten Teil des Aufsatzes soll dann diskutiert werden, was man sich vom 18. Jahrhundert bis heute unter Eigentum vorstellt und welche Folgen der Bedeutungswandel des Eigentums (vom Land zum entdinglichten, abstrakten Sozialversicherungsanspruch) für das Verhältnis zwischen Person, Eigentum und Gesellschaft hatte und hat. Was bedeutet es für die Vorstellung von »Person«, wenn der einzelne zum einen nach statistischen Versicherungskategorien begriffen wird, zum anderen als Individuum mit weitgehenden Entfaltungs- und Integritätsansprüchen?

1. Die Denktraditionen

Zahlreiche Autoren nähern sich der Problematik des Verhältnisses zwischen Eigentum und Person, indem sie nach jenen Dingen fragen, die für die Wahrung des *Essentiellen der Person* als unveräußerlich zu gelten hätten. Typische Themenkreise in diesem Zusammenhang sind die Übertragbarkeit von Körperorganen bzw. -substanzen (z.B. Nieren oder Blut), wobei die Frage der rechtlichen Zulässigkeit erzwungener physiologischer Eingriffe und die Vermarktung zum Konsumgut umfunktionierter Körpersubstanzen im Vordergrund steht. Dieser Ansatz richtet sich auch auf solche Probleme wie das der Leihmutterschaft oder die Vertretbarkeit des Verkaufs eines Menschen in die Sklaverei.

Die vorgeschlagenen Lösungen beruhen auf unterschiedlichen Erklärungsgrundlagen. Da ist zunächst das Prinzip der *absoluten Unveräußerlichkeit* der zur menschlichen Person gehörenden Körperlichkeit – wie dies gewöhnlich im Zusammenhang mit der Sklaverei diskutiert wird. Rousseau formuliert diesen

*Aus dem Amerikanischen von Ingrid I. Racz.

33

Gedanken in seinem »Contrat Social« folgendermaßen: »Es gibt nur ein einziges Gesetz, das aufgrund seiner Natur nach einhelliger Zustimmung verlangt – das ist der Gesellschaftsvertrag. Denn die staatsbürgerliche Vereinigung ist der freiwilligste Akt in der Welt, weil jeder Mensch frei geboren und sein eigener Herr ist, und ihn niemand ohne seine Einwilligung unter irgendwelchem Vorwand unterjochen darf. *Zu verfügen, der Sohn eines Sklaven sei als Sklave geboren, heißt zu sagen, daß er nicht als Mensch geboren ist.*«[1] J.S. Mill spricht sich sogar dagegen aus, dem Individuum die Freiheit zuzugestehen, sich selbst in die Sklaverei zu verkaufen: »Wenn sich jemand [selbst] in die Sklaverei verkauft, entsagt er seiner Freiheit; er verzichtet auf jeglichen über diesen Akt hinausgehenden zukünftigen Gebrauch dieser Freiheit. Damit vereitelt er anhand seines eigenen Falles die Verwirklichung des Rechts, über sich selbst zu verfügen ... . Das Prinzip der Freiheit kann nicht die Forderung beinhalten, daß einer frei sei, nicht frei zu sein. Es ist keine Freiheit, sich von Rechts wegen der eigenen Freiheit zu entäußern.«[2] Wie stark die Freiheitsdebatte auch in der Gegenwart die Gemüter bewegt, beweist R. Nozick, der im Gegensatz zu J.S. Mill argumentiert, daß in einem wirklich »freien System« der einzelne auch das Recht haben würde, »sich selbst in die Sklaverei zu verkaufen«.[3] Die wesentlichsten Punkte zur Frage der Unveräußerlichkeit, der Verdinglichung zum Konsumgut und der Person als freiem Entscheidungsträger werden von M.J. Radin diskutiert.[4]

In dieselbe Richtung weisen die Diskussionen darüber, welche Körperteile als veräußerliches, persönliches Eigentum anerkannt werden sollten. Während einerseits im Jahre 1984 der grenzüberschreitende Organhandel von einem Bundesstaat der USA in einen anderen durch den Kongreß verboten wurde,[5] verfügte der Oberste Gerichtshof von Kalifornien im Jahre 1990, daß menschliches körpereigenes Gewebe das Eigentum derjenigen Person sei, der es entnommen wird und es dieser Person freistehe zu entscheiden, was damit geschehen dürfe.[6] In einzelnen Fällen wird ein Unterschied gemacht zwischen Körperorganen im eigentlichen Sinne und sogenanntem wiederersetzbarem Körpergewebe, wie z.B. Blut. Zum heutigen Zeitpunkt verbietet kein US-

1 *J.J. Rousseau*, The Social Contract and Other Political Writings, hg.v. V. Gourevitch, Cambridge 1997, S. 123 (Übersetzung des Zitats und Hervorhebung von der Übersetzerin des vorliegenden Artikels).

2 *J.S. Mill*, On Liberty, hg.v. D. Spitz, New York 1975, S. 126. Siehe auch: G. *Calabresi u. Melamed*, Property Rules, Liability Rules, and Alienability. One View of the Cathedral, in: Harvard Law Review 85, 1972, S. 1089 u. 1092.

3 *R. Nozick*, Anarchy, State, and Utopia, New York 1974, S. 331.

4 *M.J. Radin*, Market-Inalienability, in: Harvard Law Review 100, 1987, S. 1849; sowie *S. Rose-Ackerman*, Inalienability and the Theory of Property Rigths, in: Columbia Law Review 85, 1985, S. 931.

5 The National Transplant Act, 42 USC, Sec. 274e(a), (Supp. IV 1986).

6 Moore v. Regents of the University of California, 793 P.2d 479, (1990). Hierzu auch: *J. Lavoie*, Ownership of Human Tissue. Life After Moore, in: Virginia Law Review 75, 1989, S. 1363.

Bundesgesetz ausdrücklich den Verkauf »wiederersetzbaren« Körpergewebes in nicht lebensbedrohlichen Mengen.[7] Die entsprechende rechtsgeschichtliche Entwicklung hat ihren Niederschlag in dem »National Organ Transplant Act« gefunden, der feststellt, daß »der Begriff ›menschliches Organ‹ wiederersetzbare Gewebe wie Blut oder Sperma umfaßt«.[8]

Auch die Leihmutterschaft wirft bei der Frage der absoluten Unveräußerlichkeit des menschlichen Körpers Probleme auf, die von den Gerichten nicht leichtfertig gehandhabt werden.[9] Mit den neuen Entwicklungen auf dem Gebiet der Technologie und der steigenden Zahl alternativer Befruchtungsmethoden sind die rechtsprechenden Organe vor die nicht unmaßgebliche Aufgabe gestellt herauszuarbeiten, wie sich die verschiedenen Fortpflanzungstechnologien auf das Eigentumsrecht auswirken.[10]

Im Widerspruch zu diesem Ansatz der absoluten Unveräußerlichkeit menschlicher Organe steht die Auffassung, daß ein durch Dritte erzwungenes Verfügen über einzelne Körperteile eines Menschen durchaus vertretbar sei. Diese Position legt ihr Augenmerk nicht so sehr auf die Auswirkungen des Verlustes eines Organs, als vielmehr auf Konsequenzen, die eine *unfreiwillige* Übertragung von Körperorganen oder -substanzen für den Zusammenhalt der Person in ihrer Gesamtheit hat.[11]

Die Diskussion über die absolute Unveräußerlichkeit der menschlichen Person in ihrer körperlichen Einheit, d.h. das Argument zugunsten eines absoluten Verbots der Sklaverei, des Handels mit Blut,[12] Körperteilen[13] oder Fö-

7 Ebd., S. 1371; Office of Technology Assessment, New Developments in Biotechnology. Ownership of Human Tissues and Cells, Washington 1987, S. 56.

8 House Resolution Conference Report No. 1127, 98th Cong., 2d Sess. 16, Neudruck 1984, U.S. Code Congress & Administration News, S. 3989 u. 3992. Eine umfassende Besprechung der Auswirkungen der Moore-Entscheidung und deren Handhabung von seiten der Gerichte gibt *W. Boulier*, Sperm, Spleens, and Other Valuables. The Need to Recognize Property Rights in Human Body Parts, in: Hofstra Law Review 23, 1995, S. 693.

9 Vgl. In re Baby M, 525 A.2d 1128 (N.J. Super. 1987), wo ein Vertrag über eine Leihmutterschaft mit der Begründung für ungültig erklärt wurde, daß ein solcher Vertrag gegen die Regeln des bürgerlichen Zusammenlebens sowie das Familiengesetz des Staates New Jersey verstoße. Auch andere Gerichte zeigten sich Leihmutterschaftsverträgen gegenüber abweisend. Siehe ebenfalls: In re Marriage of Moschetta, 30 Cal. Rptr. 2d 893 (Cal. Ct. App. 1994); In re Adoption of Paul 550. N.Y.S. 2d 815 (N.Y. Fam. Ct. 1990); Doe v. Attorney General, 487 N.W. 2d 484 (Mich. Ct. App. 1990); Surrogate Parenting Assn. v. Kentucky ex rel. Armstrong, 707 S.W. 2d 209 (Ky. 1986). Exemplarisch: *R. Prichard*, A Market for Babies?, in: University of Toronto Law Journal 34, 1984, S. 341.

10 Zu den rechtlichen Konsequenzen der sich verändernden Leihmutterschaftstechnologie siehe *Ch.L. Kerian*, Surrogacy. A Last Resort Alternative for Infertile Women or a Commodification of Women's Bodies and Children, in: Wisconsin Women's Law Journal 12, 1997, S. 113–120.

11 *M.J. Radin*, Property and Personhood, in: Stanford Law Review 1982, S. 957; *R. Flathman*, The Philosophy and Politics of Freedom, Chicago 1987, S. 180–220.

12 Das klassische Werk zu der Frage, ob Blut auf dem Markt vertrieben werden sollte, ist *R. Titmuss*, The Gift Relationship. From Human Blood to Social Policy, New York 1971.

ten[14] spaltet sich in zwei Richtungen auf. Die erste Richtung konzentriert sich auf die Umfunktionierung von körpereigenen Substanzen oder Organen in Konsumgüter (»commodification analysis«[15]) und unterscheidet vor allem zwischen der Vermarktung von Körpersubstanzen und deren Schenkung an bedürftige Empfänger. Die zweite Richtung, die Freiheitsanalyse (»freedom analysis«), richtet sich in der Regel gegen die Versklavung beweglichen biologischen Besitzes (jedoch nicht gegen die sogenannte Lohnsklaverei) mit der Begründung, daß eine solche Veräußerung der freien Willensentscheidung – die doch das wichtigste Gut der Person darstelle – endgültig ein Ende setze.[16] Grosso modo besteht der Unterschied zwischen der »commodification analysis« und der »freedom analysis« darin, daß letztere davon ausgeht, auf dem Markt getätigte Verkäufe seien typischerweise Ausdruck des freien Willens, während die »commodification analysis«, die Position einnimmt, auf einem Markt getätigte Verkäufe seien Zeichen eines durch Verlust gekennzeichneten Zwanges – und somit das Gegenteil von Freiheit, da eine Person zu einer kommerziell geregelten Übertragung bzw. Transplantation von Substanzen oder Organen ihres Körpers nur aufgrund einer finanziellen Notlage einwilligen würde.[17]

Eine andere Begründung des Verhältnisses zwischen Eigentum und Person geht von dem aristotelischen Prinzip aus, wonach der Besitz von Eigentum notwendig ist, um jenes Minimum an Sicherheit zu garantieren, das für die Autonomie der Person unerläßlich ist. Nur die durch den Besitz von Eigentum gewährleistete Unabhängigkeit gestatte es einem Menschen, seine Persönlichkeit zu entfalten, ohne sich dem Willen anderer zu unterwerfen. In der »Politik« lesen wir: »[Denn] Sokrates sagt, daß ein Mann so viel Besitz haben sollte als er braucht, um maßvoll zu leben – was soviel heiße, wie gut zu leben. Dies ist aber viel zu allgemein gehalten, denn ein Mann mag maßvoll leben und dennoch elend sein. Es wäre daher richtiger zu sagen, daß ein Mann so viel Besitz haben sollte, als er braucht, nicht nur um maßvoll, sondern auch um freizügig zu leben. Treten diese beiden getrennt auf, wird sich Freizügigkeit mit dem Luxus vereinen und Maßhalten mit harter Arbeit einhergehen ... . Ein Mann kann an Eigentum [als solchem] weder Rechtschaffenheit noch Mut

13 Siehe z.B. *A. Caplan*, If I Were a Rich Man Could I Buy a Pancreas? Essays on the Ethics of Health Care, Bloomington 1992.
14 *C. Zion*, The Legal and Ethical Issues of Fetal Tissue Research and Transplantation, in: Oregon Law Review 75, 1986, S. 1281.
15 *M.J. Radin*, Contested Commodities, Cambridge 1996.
16 *Rousseau*, Social Contract, S. 122–125.
17 *M. Waltzer*, Spheres of Justice, New York 1983. Waltzer stellt typische Fälle eines »verzweifelten Tauschs« oder durch Armut motivierter Vermarktung von Körperorganen dar. Vgl. auch: *E.S. Anderson*, Value in Ethics and Economics, Cambridge 1993; *J. Andre*, Blocked Exchanges. A Taxonomy, in: Ethics 103, 1992, S. 29.

üben, für Maßhalten und Freizügigkeit jedoch trifft dies zu. Daher sind diese hervorragenden Eigenschaften untrennbar von Besitz.«[18]

Dieser Standpunkt ist dafür benützt worden, den Besitz von Privateigentum nicht nur zu rechtfertigen, sondern auch zu begrenzen. Wie schon John Lockes Gedanke, daß ein Mensch nur so viel von den durch die Natur gegebenen Gütern besitzen sollte, wie er mit seinen Händen in den eigenen Arbeitsprozeß einbinden könne,[19] so impliziert auch die Idee des Aristoteles, die Definition von Eigentum aus dem Prinzip der Sicherheit und der Persönlichkeitsentfaltung abzuleiten, eine klare Begrenzung des zu rechtfertigenden *Umfangs* von Privateigentum.

2. Die Denktraditionen und der moderne rechtliche Ansatz

Wie sind diese Ideen auf das Eigentumskonzept in einem modernen Staat anzuwenden, der auf den Grundsätzen des Gemeinwohls, des regulierenden staatlichen Eingriffs und der sozialen Fürsorge beruht? Im Lichte dieser Fragestellung soll nun insbesondere auf jene Probleme eingegangen werden, die immer dann auftauchen, wenn wir versuchen, einen unerläßlichen, Sicherheit gewährleistenden *»Kern« von Eigentum* zu bestimmen. Mein Eindruck ist, daß sich in den meisten kapitalistischen Systemen des Westens ein begrifflich-konzeptueller Konflikt auszuweiten beginnt: Die einen befürworten soziale, demokratische, eine gerechte Verteilung des Reichtums anstrebende Institutionen wie z.B. die progressive Einkommensteuer. Die anderen wollen dagegen jene konstitutionell festgelegten Prinzipien stärken, die die private Aneignung von Besitz ohne entsprechende Gegenleistung verbieten.[20] Eine ähnliche Spannung findet sich zwischen dem Konzept des Besitzschaffens und den staatlichen Vorkehrungen, die den Wert solchen Eigentums vermindern. Eine Möglichkeit zu bestimmen, wie Besteuerungsmaßnahmen und gesetzliche Kontrolle einerseits, und die freie Aneignung von Besitz andererseits, voneinander abzugrenzen seien, besteht in dem Versuch, die Reichweite der die Gegenleistungen betreffenden Rechtsklauseln so eng zu ziehen, daß nur der zur Aufrechterhaltung der persönlichen Autonomie erforderliche »Kern« von Eigentum in seinem Rechtsanspruch geschützt bleibt.

18 Aristoteles, Politik, 2. Buch, Kap. 6. Vgl. auch: The Blackwell Encyclopedia of Political Thought, hg.v. D. Miller, Oxford 1987, S. 21–24.

19 *J. Locke*, Two Treatises of Government, hg.v. P. Laslett, Cambridge 1988, S. 287–299.

20 Siehe *R. Epstein*, Takings. Private Property and the Power of Eminent Domain, Cambridge 1985; dagegen: *Ackerman u.a.*, Symposium on Richard Epstein's »Takings«, in: University of Miami Law Review 41, 1986, S. 49; *F. Michelman*, The Jurisprudence of »Takings«, in: Columbia Law Review 88, 1988, S. 1600.

Es ist nicht selten gesagt worden, daß das von Aristoteles angesprochene Beziehungsverhältnis von Eigentum und Person-Sein bedeutungslos wird, sobald wir erkennen, daß nur wenige Mitglieder der modernen marktbestimmten Gesellschaft Eigentum in demselben Sinne besitzen wie der Landadel in einer landwirtschaftlich geprägten Gesellschaft. Viele der reichsten Mitglieder der kapitalistischen Gesellschaft von heute sind bei großen Unternehmen angestellt. Sie sind von ihren Gehältern – und nicht den Einkünften aus ihrem Grundbesitz – abhängig. Sie oder ihr Unternehmen mieten nicht selten ihre Wohnungen oder Geschäftsräume, und es ist für die Bemessung ihrer wirtschaftlichen Macht oder Sicherheit ziemlich unerheblich, wer der tatsächliche Eigentümer dieser Gebäude oder Grundstücke ist.

Dieser Bedeutungswandel des Eigentumskonzepts in der modernen Gesellschaft ist für die Beurteilung der Beziehung zwischen Eigentum und Person im Auge zu behalten. Er sollte uns vor allem nicht dazu verleiten anzunehmen, die Erkenntnisse des Aristoteles seien nicht mehr zeitgemäß. Vielmehr sollten wir daran erkennen, daß sich die *Natur des Eigentums* und damit auch die durch persönliches Eigentum potentiell gewährleistete Sicherheit und Autonomie verändert haben. Wie noch zu zeigen sein wird, hat sich Eigentum *entdinglicht* und ist etwas Abstraktes geworden. Es ist die *Sicherheit von Erwartungen*, die in modernen Marktwirtschaften dem am nächsten kommt, was die Tradition »Eigentum« nennt. Die Garantie eines künftigen Stroms von Einkommen ist für den Angestellten oder Rentner die Art von Eigentum, die ihm für seine Person Autonomie sichert. Wer also nach jenem »Kern« von Eigentum suchen will – einem »Kern«, der stets ein Minimum materieller Mittel zur Gewährleistung der persönlichen Sicherheit bereithält –, muß zunächst den Bedeutungsverfall des formalen Eigentumsbegriffs verstanden haben.

Die Suche nach einem unerläßlichen »Kern« von Eigentum, der schon für Aristoteles der Ausgangspunkt jeder Überlegung über Eigentum war und der auch heute aus verfassungsrechtlicher Perspektive sicherlich eine genauere Überprüfung verdienen würde, hängt eng mit der Frage zusammen, ob das, was Charles Reich das »Neue Eigentum«[21] genannt hat (nämlich staatlich gewährte Leistungsansprüche und andere Formen des Anspruchs auf Unterstützung aus öffentlichen Mitteln) durch die Verfassung zu schützen sei. Diese Frage stellte sich in den USA in den 1970er Jahren aus zwei Gründen. Aufgrund der Tatsache, daß Eigentum im Gefolge der industriellen, kommerziellen und finanziellen Umwälzungen des 19. und 20. Jahrhunderts immer abstrakter und entdinglichter geworden war, wurde es – erstens – zunehmend schwierig, den Schutz von Eigentum auf solche Besitztümer zu beschränken, die dem traditionellen Begriff von Eigentum in Form von Grund und Boden entsprachen.[22]

21 *Ch. Reich*, The New Property, in: Yale Law Journal 73, 1964, S. 733.
22 *M.J. Horwitz*, The Transformation of American Law 1870–1960. The Crisis of Legal Orthodoxy, New York 1992, S. 145–168.

Eigentumsansprüche wurden zunehmend mit dem Prinzip verknüpft, kommerziell und rechtlich abgesicherte zukünftige Erwartungen zu erfüllen. Zweitens war nicht zu vermeiden, daß dieser Wandel die alte naturrechtliche Eigentumskonzeption unterminierte, wonach Eigentum vor aller Politik und jedem vom Menschen gemachten Gesetz existierte. In dem Maße, in dem diese Tendenz zur »Positivierung« von Eigentum die Tatsache hervorhob, daß Eigentum eine durch das Gesetz geschaffene gesellschaftsspezifische Schöpfung darstellt, erwies es sich als zunehmend anachronistisch, sogenannten alten Besitz (der z.B. auf Landvergabe durch die Regierung oder den Gründungsakt eines großen Unternehmens zurückging) gegenüber Formen neuen Eigentums – d.h. solchen, die auf staatlichen Lizenzerteilungen, Franchisen, Subventionen und Beitragszahlungen zur Alters- und Krankenversorgung oder Sozialversicherung gründeten – privilegiert zu behandeln.[23]

Nachdem das Konzept von Eigentum seinen wesentlichen, aus seiner Verbindung mit Landbesitz herrührenden Bedeutungsinhalt verloren hatte, zeigte es sich, daß *jede* Kategorie von Eigentum nach dem Kriterium »rechtlich abgesicherter, kontinuierlicher und in der Zukunft zu erwartender Einkünfte« bestimmbar war. Auf dieser Grundlage konnte jede den Wert von Eigentum irgendwie beeinträchtigende Veränderung der Rechtssituation als eine einseitige Aneignung – ein »An-sich-nehmen« von Besitz ohne Gegenleistung – gedacht werden. Doch da die Welt nicht einfach im Status quo eingefroren werden kann, nur damit etwaig bestehende Zukunftserwartungen nicht beeinträchtigt werden, begann der Gesetzgeber seine Überlegungen darauf zu richten, wie zu bestimmen sei, welche dieser Erwartungen in den Rahmen der verfassungsmäßig festgelegten Ordnung eingehen sollten. An diesem Punkt erhielt die seit der ältesten Zeit geführte Debatte über das Beziehungsverhältnis von Eigentum und Person neuen Auftrieb.

Um zu einer Definition des Sicherheit schaffenden und damit für die Person bzw. Persönlichkeitsentfaltung notwendigen »Kerns« von Eigentum zu gelangen, muß zunächst die äußerst schwierige Aufgabe der Unterscheidung zwischen »institutionellem«/»korporativem« (»corporate«) und »persönlichem« Eigentum gelöst werden. Bekanntlich liegt die Bedeutung dieser Unterscheidung darin, daß dem Staat bei der gesetzlichen Kontrolle über korporatives Eigentum eine freiere Handhabe eingeräumt werden sollte, als dies bei den den Umriß der Person anzeigenden Vermögenswerten des Individuums der Fall ist – sofern der Wert solchen Eigentums durch diese gesetzlichen Regelungen gemindert würde. Dies ist die moderne Verarbeitung sowohl des Locke'schen Prinzips von der notwendigen Begrenzung von Eigentum auf das, was de facto mit den eigenen Händen genutzt werden kann, als auch der aristotelischen Rechtfertigungstheorie, wonach Eigentum zum Zwecke persönlicher Autonomie vorhanden sein sollte. Doch stellt sich die Frage, ob diese Unter-

23 Ebd.

scheidung in einer Welt verbreiteter Wertpapier- und Versicherungsarrangements auf Gegenseitigkeit Sinn ergibt, in einer Welt also, wo diese Art von Eigentum insbesondere die Renten- und Pensionslage beeinflußt und somit im Rahmen des modernen Kapitalismus jenen »Kern« persönlichen Vermögens darstellen kann, der für die Gewährleistung von Sicherheit und Autonomie sorgen würde.

Auf ein ähnliches Problem stoßen wir, wenn ein Sicherheit gewährender »Kern« des Anspruchs auf Leistungen in einem Sozialstaat bestimmt werden soll. Besonders zum gegenwärtigen Zeitpunkt, wo die wirtschaftliche Konkurrenz auf globaler Ebene und die Umstrukturierung des kapitalistischen Systems die westlichen Industriegesellschaften zwingen, darüber nachzudenken, welches Niveau von Gesundheit, sozialer Fürsorge und persönlicher Sicherheit sie garantieren können, ohne ihre internationale Konkurrenzfähigkeit zu gefährden,[24] wird es noch notwendiger und schwieriger zu berechnen, welcher *feste Anspruch* auf wirtschaftliche Sicherheit oder Zugang zu Gesundheit und Bildung garantierbar bleibt, sofern mit einem solchen Anspruch die unerläßlichen Voraussetzungen für die volle Entfaltung des Potentials eines Menschen gemeint sind.

An dieser Stelle wird deutlich, wie groß die Versuchung ist, die Erforschung der Beziehung zwischen Eigentum und Person auf Faktoren zu beschränken, die ausschließlich dem Physiologischen zuzurechnen sind – d.h. auf Blut, Körperteile oder Föten. Denn sobald Eigentum ganz generell infolge der Entdinglichung des Eigentumsverständnisses zu einem Konzept in der Zukunft zu erwartender Einkünfte abstrahiert wird, d.h., wenn die ganze Skala möglicher Ansprüche als potentiell in Eigentum umfunktionierbar gilt, bleibt nur noch der Bereich der körpereigenen Substanzen – sowie der Anspruch auf deren Kontrollierbarkeit durch die Person – als *greifbares* Eigentum denkbar.

Ein solch enges Verständnis des Verhältnisses von Eigentum und Person wäre jedoch kaum zu begrüßen – würde es doch vor allem der Wiedereinführung einer Art von Essentialismus hinsichtlich der Frage gleichkommen, was denn der für die Definition der Person erforderliche *physiologische* »Kern« an Eigentum wirklich sei. Das wahre Problem besteht vielmehr darin, daß in einer modernen kapitalistischen Gesellschaft die Gewährleistung persönlicher Sicherheit nicht mehr von Eigentum und Besitz abhängt. In den vormodernen Gesellschaften war es nur für eine kleine Gruppe von Grundeigentümern notwendig, auf einer solchen Begrenzung zu bestehen. In einem modernen Staat würden einschränkende Definitionen dieser Art den größten Teil all dessen aus der Analyse ausklammern, was Unabhängigkeit und Autonomie gewährt. Denn Person-Sein ist ein fließender Prozeß ständigen Werdens, (er)faßbar nur

24 *R.B. Reich*, The Work of Nations. Preparing Ourselves for 21st Century Capitalism, New York 1991.

anhand von Ideen, die die Entwicklung und Verwirklichung des Potentials eines Menschen bekunden. Es gibt keinen besonderen »Kern« der Person, der gemäß einer universell gültigen Definition greifbar wäre. Das einzige, was wir erforschen können, sind die Bedingungen der Sicherheit und Unabhängigkeit, unter welchen jeder von uns jene einmalige Seinsqualität entwickeln kann, die wir *Person* nennen.

3. Schluß und Ausblick

Meine Ausführungen haben deutlich gemacht, daß der Versuch einer Definition des Verhältnisses zwischen Eigentum und Person oft nur die alte Frage aufwirft, ob Freiheit einen positiven und einen negativen Aspekt beinhaltet, ob Frei-Sein »von« und Frei-Sein »zu« einfach nur Teile der großen Gesamtidee der Freiheit sind.[25] In der restriktiveren, vom Liberalismus des 19. Jahrhunderts entwickelten Version des Freiheitsgedankens werden die Problemkreise von Eigentum und Person einzig in Verbindung mit staatlichem Druck und staatlicher Verfügungsgewalt sowohl über den Körper eines Untertans wie über dessen ertragbringendes Grundeigentum ins Auge gefaßt. Der moderne Sozialstaat dagegen entstand im Lichte des weiter ausgreifenden Ideals der positiven Freiheit.[26] Dieser Staat gewährleistet wirtschaftliche Sicherheit in der Absicht, den einzelnen zu ermutigen, seine bzw. ihre Persönlichkeit in vollerem Maße zu entwickeln. Dem klassischen Liberalismus war es darum gegangen, den Staat daran zu hindern, sich in die materielle Eigenbestimmung des Eigentum besitzenden Individuums einzumischen – wobei freilich so gut wie nichts verlautbart wurde über diejenigen, die über keinen Grundbesitz verfügten, kein Eigentum und keine Sicherheit besaßen und daher von der Möglichkeit sinnvoller Persönlichkeitsentwicklung ausgeschlossen blieben.

Daß zukünftige Ansprüche auf Einkommen in unserer Zeit als der für die Sicherstellung der Autonomie des Individuums unerläßliche »Kern« von Eigentum betrachtet werden müssen, zeigt sich ebenfalls, sobald die ganze Thematik aus der Perspektive der Versicherungen aufgerollt wird. Auch hier sehen wir, wie wichtig es ist zu erkennen, daß sich die Fragestellung unwiderruflich von einem Problem des Besitzens von Grund und Boden auf eines der abgesicherten Zukunftserwartungen verlagert hat.

25 Hierzu: *I. Berlin*, Two Concepts of Liberty, in: ders., Four Essays on Liberty, New York 1969; *Q. Skinner*, The Idea of Negative Liberty. Philosophical and Historical Perspectives, in: R. Rorty, J.B. Schneewind u. Q. Skinner (Hg.), Philosophy of History, New York 1984.
26 Die klassische Argumentationsweise zugunsten des Ideals positiver Freiheit findet sich bei *T.H. Green*, Liberal Legislation and Freedom of Contract, London 1881. Siehe auch *I.M. Greengarten*, Thomas Hill Green and the Development of Liberal-Democratic Thought, Toronto 1981, S. 6–11; *J.T. Kloppenberg*, Uncertain Victory. Social Democracy and Progressivism in European and American Thought, 1870–1920, New York 1986, S. 30–34.

Der grundlegendste Unterschied zwischen den liberalistischen Idealen des »Laisser-faire« des 19. Jahrhunderts und jenen des liberalen Sozialstaates unseres Jahrhunderts könnte mit der Frage danach umschrieben werden, wer die Last des »Pech-gehabt-habens« tragen müsse. Gehörte es, wie Oliver W. Holmes betont, unbedingt zum Liberalismus des vorigen Jahrhunderts, darauf zu achten, daß die Last persönlichen Verletztwerdens (die ja auf dem Faktum, Pech gehabt zu haben, beruhte) auch »dort liegen bleiben sollte, wo sie hingefallen war«,[27] so verkehrte das im 20. Jahrhundert entwickelte Konzept der Sozialversicherung für Krankheit, Invalidität oder Arbeitslosigkeit diese Maxime in ihr Gegenteil und ging von der Idee aus, daß die Gesellschaft die Last des »Pech-gehabt-habens« wenigstens in solchen Fällen übernehmen solle, wo dem einzelnen die Kontrolle entgleitet. Daher trifft es sicher zu, daß die Festlegung des für die Gewährleistung persönlicher Autonomie erforderlichen Niveaus an Sicherheit heute eine Funktion des Versichertseins und nicht des Besitzens von Grundeigentum ist. In einer Welt entdinglichten Eigentums, in der abstrakte Zukunftsansprüche an die Stelle realen Eigentums getreten sind, kann daran gedacht werden, den Eigentumsdiskurs überhaupt abzuschaffen.

Natürlich wird es im Rahmen des modernen Versicherungsmodells sehr schwierig, mit Gewißheit zu bestimmen, welche Schicksalsschläge auf ein mangelhaftes Urteilsvermögen des Betroffenen oder auf »Pech« zurückzuführen sind. Wir alle müssen mit dem »Pech« bzw. »Glück« zurechtkommen, das uns die Eltern beschert, die wir haben. Ihr Beitrag zu unserer körperlichen Konstitution, unserem Wesen oder unserer Bildung beeinflußt zahlreiche Entscheidungen, von denen wir oft annehmen, sie seien Teil der eigenen, individuellen Verantwortung. Infolgedessen unterliegt schon der Begriff von »Pechhaben« tiefliegenden Einflüssen aus vorgängigen Ideen über die Grenzen zwischen freiem Willen und Determinismus. Die Entstehung des Sozialstaates war von Gedanken begleitet, die den Einfluß äußerer Umstände höher bewerteten als die Chance zu freier Willensentscheidung und die individuelle Verantwortlichkeit. Man entdeckte, daß die wirtschaftliche Konjunktur und die Wirtschaftspolitik des Staates größeren Einfluß auf die Arbeitslosigkeit haben als persönliche Anstrengungen.[28] Die neue Konkursgesetzgebung ging davon aus, daß Mißerfolg im Geschäftsleben das Ergebnis von Pech sein kann und nicht immer auf die mangelhafte Fähigkeit zurückzuführen ist, eine Geschäftssituation richtig einzuschätzen.[29] Schadenersatzgesetze zugunsten der Arbeiter basierten darauf, daß es für den einzelnen Arbeiter schwierig sei, Verletzungen

---

27 *O.W. Holmes*, The Common Law, London 1881, Neudruck: Mark DeWolfe Howe (Hg.), Cambridge 1963, S. 96; sowie *J.R. Hackney*, The Intellectual Origins of American Strict Products Liability, in: American Journal of Legal History 39, 1995, S. 443.

28 *W. Mitchell*, Business Cycles. The Problem and Its Settings, New York 1927.

29 *M.J. Horwitz*, The Transformation of American Law 1780–1960, New York 1977, S. 228f.; *P. Coleman*, Debtors and Creditors in America, Madison 1974.

am Arbeitsplatz zu vermeiden; bestimmte Verletzungen seien aufgrund der stets gefährlicher werdenden Strukturen der industriellen Herstellungsprozesse letztlich nicht auszuschalten.[30]

Um ähnliche Fragen ging es auch in Rechtsfällen, bei denen der Oberste Gerichtshof der USA in den 1970er Jahren Bestimmungen zur Rentenordnung außer Kraft setzte, die niedrigere monatliche Zahlungen für Frauen vorsahen als für Männer.[31] Diese Regelungen waren davon ausgegangen, daß Frauen im Durchschnitt länger leben als Männer und daher bei gleicher Beitragshöhe im Laufe ihres Pensionierungsalters eine höhere Gesamtsumme zurückbekommen als diese. In dasselbe Kapitel gehört, daß die Prämien für Lebensversicherungspolicen für Frauen niedriger sind als für Männer und daß Frauen vielerorts in den USA niedrigere Autoversicherungssätze bezahlen, da sie, als Gruppe, unfallfreier fahren. Einige der tiefschürfendsten Überlegungen über Fairneß und rechtlichen Anspruch erwachsen stets aus der Frage, ob es ungerecht ist, von bestimmten Personengruppen höhere Beiträge einzufordern, weil zwischen ihrem Geschlecht und dem Schadensrisiko eine offensichtliche statistische Korrelation besteht. Die Frage, ob es Kranken- oder Lebensversicherungen erlaubt sein sollte, Informationen über genetische Anlagen, Rassenmerkmale und Invalidität zu erheben und diese zur Grundlage ihrer Beitragsberechnungen zu machen, wirft bei der Definition dessen, was die »Person« darstellt und was nicht, verwirrende und ethisch nicht eindeutig zu entscheidende Fragen auf. Das Problem des »Glück-habens« hängt von der Definition von »Person« ab. Während die einen aufgrund deterministischer, status-bezogener und statistischer Annahmen glauben, daß alle Merkmale der Person durch die Gruppe bzw. Gesellschaft festgelegt sind, so halten die anderen die »Person« für etwas Einmaliges und postulieren das Recht der Person, als Individuum und nicht als Mitglied einer statistischen Kategorie beurteilt zu werden. Versicherungen müssen indessen das individuelle Risiko als Teil statistischer Klassifizierungen berechnen. Auch die Anwendung rechtlicher Bestimmungen und Gesetze auf individuelle Fälle setzt Verallgemeinerungen und Abstraktionen, bei welchen das Einmalige einer Person oder Situation außer Acht gelassen werden muß, voraus. Dieser Umstand verweist auf die tiefe Wahrheit, daß wir nicht selten die Einmaligkeit der Person sozial definierbaren Kategorien unterordnen und nicht darum herumkommen, die Definition dessen, was eine »Person« konstituiert, anhand gesellschaftlich festgelegter und in der Geschichte veränderlicher Kategorien vorzunehmen.

30 *Horwitz*, Transformation, S. 58–60; *L.M. Friedman u. J.W. Ladinsky*, Social Change and the Law of Industrial Accidents, in: Columbia Law Review 50, 1967.

31 Frontiero v. Richardson, 411 U.S. 677, (1973); Weinberger v. Wiesenfeld, 420 U.S. 636, (1975); City of Los Angeles, Department of Water and Power v. Manhart, 435 U.S. 702, (1978); Wengler v. Druggists Mutual Insurance Co., 446 U.S. 142, (1980); Arizona Governing Committee for Tax Deferred Anuity & Deferred Compensation Plans v. Norris, 463 U.S. 1073, (1983).

Und doch möchten wir an einem Persönlichkeitskern als demjenigen einmaligen Merkmal festhalten, das uns als eigenständige Individuen ausweist. Der Wunsch, die Person nicht als etwas gänzlich Soziales oder historisch Festgelegtes zu denken, ist sehr stark. Doch dies gelingt nicht, wenn wir Geschichte und Gesellschaft transzendierende, universell vorfindliche Merkmale suchen. Die Suche kann nur Erfolg bringen, wenn wir die Definition dessen, was »Person« ist, sehr eng – vielleicht viel zu eng – fassen, und davon ausgehen, daß nur der intimste Bereich das universell zur Person Gehörende bildet, dabei aber die generelleren und wirtschaftlichen Voraussetzungen des Person-Seins ignorieren – jene Bedingungen also, die von Gesellschaft zu Gesellschaft und von einer Geschichtsperiode zur anderen größten Veränderungen unterliegen können.

LAWRENCE M. FRIEDMAN

Tod, Eigentum und Familie[*]

Die Vereinigten Staaten im 19. und 20. Jahrhundert

Abgesehen von einigen lobenswerten Ausnahmen ist in der juristischen Gelehrtenwelt der sozialen Bedeutung des Erbrechts und weiterer die Eigentumsübertragung in der Familie regelnde Rechtsbereiche bislang keine große Aufmerksamkeit zuteil geworden. Die Anthropologen dagegen haben den hohen
Stellenwert dieses Aspekts gesellschaftlicher Abläufe besser zu erkennen
gewußt. Sie sind sich darüber im klaren, daß die den Nachlaß und das Vermögen einer Familie ordnenden Regelungen – Regelungen darüber, wer was be-
kommt und wann, sowie darüber, wie Güter, Werte und Status von einer Generation auf die nächste übergehen – entscheidend sind für das Verstehen einer
Gesellschaft. Biologische Systeme vervielfältigen sich über DNA und die ge-
netischen Codes, gesellschaftliche Systeme sichern ihren Fortbestand und re-
produzieren sich auf der Grundlage von Erbschaftsordnungen und Institutionen. Ohne ein Vererbungssystem ist die Entstehung einer Aristokratie oder
sozialen Oberschicht nur schwer möglich. Aber auch ein niedriger sozialer Status ist vererblich. Der Extremfall in dieser Hinsicht war (in den Vereinigten
Staaten) die Sklaverei. Die Kinder einer Sklavin waren von dem Moment an
Sklaven, in dem sie aus dem Mutterleib kamen.

Indem sich soziale Systeme in der Zeit wandeln, verändern sich unweiger-
lich auch die Normen und Praktiken des Erbens. Das soll im folgenden am
Beispiel der Vereinigten Staaten dargestellt werden.

1. Land, Eigentum und Erbrecht

Die Übertragung von Vermögen innerhalb der Familie und der Nachlaß von
Todes wegen stellen keine kommerziellen Transaktionen dar; es handelt sich
vielmehr um aufgrund von Liebe und Familienloyalität gemachte *Schenkungen*.
In jeder Gesellschaft muß privater Besitz oder privates Eigentum in neue Hände übergeben werden, sobald die ältere Generation zu Staub wird. Keiner von

---

[*] Aus dem Englischen von Ingrid I. Racz.

uns kann irgendwelches Eigentum bei seinem Ableben mitnehmen. Unausweichlich wechseln alle Werte, aller Reichtum, alle greifbaren Statussymbole den Besitzer, wenn die Stunde des Todes geschlagen hat. Die Übereignung muß – selbst in einer der freien Marktordnung verpflichteten Gesellschaft – die Rechtsform einer Schenkung annehmen.

Auf die freie Marktwirtschaft gründende Gesellschaften neigen prinzipiell dazu, auch die Freiheit der Eigentumsübertragung sowie die Testierfreiheit zu gewähren. Männern wie Frauen ist in solchen Gesellschaften ein breiter Ermessensspielraum darüber gegeben, wie, an wen und sogar wann sie ihr Eigentum weitergeben möchten. Allerdings ist dieses Recht niemals ganz uneingeschränkt. Einige Einschränkungen sind verfahrenstechnischer Natur und betreffen z.B. die Vorschriften, nach welchen ein Testament aufzusetzen ist, andere wiederum beziehen sich auf die Substanz. In den Vereinigten Staaten und vielen anderen Gesellschaften gilt in diesem Zusammenhang zunächst der Grundsatz, daß eine Witwe oder ein Witwer Anspruch auf die Hinterlassenschaft ihres verstorbenen Ehepartners hat.[1]

Im Gewohnheitsrecht gehören das Erbrecht, die Erbfolge bei Todesfall sowie die Übertragung von Familieneigentum zu einem umfassenderen Korpus, dem sogenannten Eigentumsrecht.[2] In der Terminologie des Gewohnheitsrechts bezieht sich der Begriff des »Eigentums« von jeher vor allem auf reales Eigentum, d.h. auf Grund und Boden, Gebäude, noch nicht eingebrachte Ernten und dergleichen. In der Vergangenheit war das Recht, dem ein aus Grundbesitz bestehender Nachlaß unterstand, getrennt – und verschieden – von jenem, das eine Erbschaft von Geld, Schmuck oder anderen als »persönliches Eigentum« geltenden Gegenständen ordnete. In neuerer Zeit jedoch verstärkte sich die Tendenz, reales und persönliches Eigentum erbrechtlich als eins zu sehen und entsprechend zu regeln. Zu Beginn des 19. Jahrhunderts war diese Entwicklung längst nicht abgeschlossen: In der Hierarchie der Güter hatte Land immer noch den Ehrenplatz inne. Reichtum gründete noch weitgehend, wenn auch nicht ausschließlich, auf dem Besitz von Grund und Boden. Daher regelten die das »Eigentum« betreffenden Gesetze in erster Linie den Besitz von Land. Im Verlaufe des 19. Jahrhunderts fanden in den Vereinigten Staaten im Hinblick auf die Grundeigentumsgesetze – wie auch in verschiedenen anderen Bereichen der Jurisprudenz – umfassende Veränderungen statt. Es ist unmöglich, diesen Wandel in einigen wenigen Sätzen darzustellen, doch kann davon ausgegangen werden, daß er in fundamentalen sozialen Gegebenheiten wurzelte. Einige dieser gesellschaftlichen Grundvoraussetzungen und Verän-

1 Im Gegensatz zu zahlreichen anderen Rechtssystemen gibt es unter dem amerikanischen Gesetz keine Ansprüche von Kindern auf Nachlaßeigentum, die nicht durch ein Testament zunichte gemacht werden könnten.
2 Einen Überblick über die Erbfolgegesetze gibt *L. Friedman*, The Law of the Living, the Law of the Dead. Property, Succession, and Society, in: Wisconsin Law Review 1, 1966.

derungen sollen nun kurz zur Sprache kommen, bevor wir uns den Fragen der Eigentumsübertragung innerhalb der Familie und denjenigen des Erblasses und der Erbfolge im einzelnen zuwenden können.

Einer der bedeutsamsten sozialen Faktoren im Leben der US-Amerikaner nach der Unabhängigkeit war die weite Verbreitung des Landbesitzes sowie die Kraft und Energie, mit welcher der Grundstücksmarkt betrieben wurde. Vor allem im Norden und Mittleren Westen besaß das Haupt der meisten Familien ein wenig Land – eine Farm, ein Haus, eine Parzelle Grund und Bodens in der Stadt. Mit der wachsenden geographischen Ausdehnung der Vereinigten Staaten wurde immer mehr neues Land in das Gesamtterritorium der Nation hineingenommen, und schließlich verfügte die Regierung über einen wahrhaft riesigen, einem Imperium gleichenden Besitz an Land. Dieses Land war nicht gänzlich leer. Es war von den Ureinwohnern des Kontinents bewohnt. Doch für die amerikanischen Siedler war der Westen eine »Wildnis«. Allmählich gelang es ihnen, die Ureinwohner mit Verträgen, Gewalt und durch List zu verdrängen. Die ausgedehnten Territorien westlich der Apalachen wurden erkundet, vermessen, in viereckige Parzellen aufgeteilt und zum Verkauf angeboten. Die Bundesregierung sowie die Regierungen der einzelnen Staaten warfen Millionen von Hektar Land auf den Markt. Land war eine Ware, und es wechselte seine Besitzer mit einer Geschwindigkeit, die z.B. in England undenkbar gewesen wäre. Die nationale Politik, die von den meisten Wählern gestützt wurde, ging von der Maxime aus, daß Land auf dem freien Markt handelbar sein sollte. Alles, was die freie Vermarktung behinderte, galt als suspekt.

Die Politik beinhaltete, daß der produktiven Nutzung des Bodens der Vorzug gegeben wurde; Land sollte für seinen Eigentümer »arbeiten« und nicht nur »Kapitalanlage« sein oder brachliegen. Dies war wichtig in einer Gesellschaft, die fast religiös an den »Fortschritt« glaubte, an wirtschaftliches Wachstum, an die »Freisetzung von Energie«, wie Williard Hursts berühmtes Wort lautete.[3] Im Verständnis der Leute ging Fortschritt also Hand in Hand mit einem System, in dem das Land in kleine unabhängige Grundstücke aufgeteilt war, deren jedes einzelne aktiv genutzt wurde. Es galt der Grundsatz, daß es keine privaten Großgrundbesitzer geben und nicht der Staat das Land besitzen sollte.[4] Das Land sollte in den Händen von Menschen sein, die Felder bestellten und Städte bauten. Land sollte nicht zu Großgütern zusammengefaßt werden oder als Staatsbesitz brachliegen. Die ideale Gesellschaft war eine Gesellschaft von kleinen Farmern, deren jeder sein Land in unmittelbarem Besitz hielt. In den Augen der Amerikaner war eine Gesellschaft, die Land durch Leibeigene oder Pachtbauern bewirtschaften ließ, ein Greuel.

3 *J.W. Hurst*, Law and the Conditions of Freedom in the 19th Century States, Madison 1956, Kap. 1.
4 *J.W. Hurst*, Law and Economic Growth. The Legal History of the Lumber Industry in Wisconsin, 1836–1915, Cambridge 1964, S. 28.

Diese sozialen Normen bildeten eine Art unsichtbarer Schablone, nach der die amerikanischen Gesetzgebungsorgane und Gerichte neue, den Gegebenheiten angepaßte Regulierungen erarbeiteten und alte Eigentumsgesetze umgestalteten. So hatten sie auch einen unübersehbaren Einfluß auf die für die Übertragung von Grundbesitz geltenden Gesetze, das Erbrecht und alle Eigentumsbestimmungen innerhalb der Familie. Nach amerikanischem Verständnis sollte Land als Eigentum unzweideutig und fest im Besitz von *Einzelpersonen* sein, und jede Einzelperson sollte das gleiche Recht haben, Land zu kaufen, verkaufen oder anderweitig damit zu handeln. Jegliche »feudal«, »aristokratisch« oder »kommunal« anmutende Transaktion war verpönt. Sogar der gemeinsame Besitz von Land schien verdächtig. Auch Land als Treuhandeigentum sowie erst in Zukunft wirksam werdende Nutzungsrechte oder dynastisch angelegte Familienverfügungsrechte gerieten in Mißkredit – wobei die großen Plantagen des Südens als Ausnahmen betrachtet wurden. Das englische Muster von über lange Zeitperioden hinweg wirksam bleibenden Ketten von Bodennutzungsrechten, durch die Land fest in die Besitzverhältnisse großer Familien eingebunden blieb und in dieser Form von einer Generation auf die nächste überging, wurde in den Vereinigten Staaten abgelehnt.

Ähnlich empfanden die meisten Amerikaner die auf Gemeinschaftsrecht beruhenden Nutzungssysteme der Indianer als primitiv und regressiv. Sie hatten damit einen Vorwand für deren Enteignung. Der »Dawes Act« von 1887 zielte darauf ab, das auf Stammesbasis beruhende gemeinschaftliche Eigentumssystem zu zerschlagen und die Indianer in normale amerikanische Farmer zu verwandeln – d.h. sie nicht mehr als »Stämme« zu behandeln, sondern als »Haushalte«, deren jeder sein eigenes Stück Land als Eigentum besaß.[5]

Schon in der Kolonialzeit im 17. und 18. Jahrhundert bestand in den nördlichen Kolonien eine starke Vorliebe für aufteilbares Erbland – ein System, das es ermöglichte, den vorhandenen Landbesitz zu gleichen Teilen unter die Kinder aufzuteilen. Das Erstgeburtsrecht, das bei der Erbfolge eines der Kinder (den ältesten Sohn) zum Alleinerben machte, wurde verworfen. Die Südstaatenplantagen blieben hinter dieser Entwicklung zunächst zurück und entledigten sich solcher Rechtspraktiken erst viel später.[6] Die Gesetzesmacher der Kolonialzeit verstanden ihre Arbeit nicht als akademische Übungen. Vielmehr setzten sie Gesetze durch, die der zeitgenössischen Praxis entsprachen, d.h. dem in der Gesellschaft bevorzugt anerkannten Standpunkt, daß alle Kinder gleich zu behandeln seien. Toby Ditz hat für das späte 18. und frühe 19. Jahrhundert in Connecticut gezeigt, daß die Mehrzahl der Erblasser die Idee, ihr ganzes Land nur einer einzigen Person zu hinterlassen, ablehnten; eine Umfrage unter 104 Bodenbesitzern mit mehr als einem Kind ergab, daß nur fünf der

5 4 Stat. 388 (1887); vgl. *D.L. Parman*, Indians and the American West, Bloomington 1994.
6 *L. Friedman*, A History of American Law, New York 1985, S. 65–67.

Befragten dem Muster der englischen Großgrundbesitzer folgten und ihren gesamten Landbesitz nur einem einzigen Sohn vermachten.[7]

2. Der Grund- und Bodenbesitz verheirateter Frauen

Amerikaner waren seit jeher der Meinung, daß in einer idealen Gesellschaft jedes Stück Land nur einem einzigen Besitzer gehöre, dessen Eigentumsrechte klar und unzweideutig niedergelegt seien, und der die Freiheit, Berechtigung und Fähigkeit habe, Land zu kaufen, zu verkaufen, hypothekarisch zu belasten, zu erben und gegebenenfalls auch aufzuteilen. Selbstverständlich konnte dieser Grundsatz nicht ohne Ausnahmen bestehen: Einem Säugling oder Geisteskranken wurden diese Rechte nicht zugebilligt. Auch der riesigen Sklavenbevölkerung in den Süd- und »Frontier«-Staaten war es bis 1860 nicht erlaubt, Land – oder irgend etwas anderes – zu besitzen. Sklaven waren selbst eine Ware, die als Eigentum gekauft oder verkauft wurde. Eigentümer von Sklaven konnten diese verschenken oder den Erben testamentarisch hinterlassen. Die Beseitigung der Sklaverei setzten dieser rechtlichen Anomalie natürlich ein Ende; obwohl die gesellschaftliche Situation der Schwarzen in den Südstaaten im späten 19. Jahrhundert nicht viel besser war als die russischer Leibeigener, waren diese wenigstens formal nicht mehr an irgendein Landgut oder einen Besitzer gebunden.

Die wichtigste Reform im 19. Jahrhundert betraf jedoch die Rechte verheirateter Frauen. Unter dem herkömmlichen System des Gewohnheitsrechts waren Frauen juristisch nicht viel besser gestellt als Säuglinge oder Geisteskranke. Wenn eine Frau heiratete, ging jeglicher Besitz an Grund und Boden, den sie ihr eigen nennen mochte, auf ihren Ehemann über, der über dieses Land dann auch die absolute Verfügungsgewalt bekam. Die Ehefrau behielt zwar theoretisch einen eigentumsrechtlichen Anspruch auf dieses Land, aber es waren die Ehemänner, die alle Rechte der Bewirtschaftung, Verwaltung und Geschäftsführung in Händen hielten. Ehemann und Ehefrau waren nach William Blackstones[8] bekanntem Ausspruch zwar »ein Fleisch«, doch war und blieb der Ehemann der Eigentümer und Verwalter dieses »einen Fleisches«.[9]

Um 1840 änderte sich die Rechtslage verheirateter Frauen entscheidend. Einzelne Staaten begannen nun, Gesetze zum Eigentumsrecht verheirateter

---

7 T. *Ditz*, Property and Kinship. Inheritance in Early Connecticut, 1750–1820, Princeton 1986, S. 48.

8 William Blackstone (1723–1780), maßgeblicher englischer Jurist und Rechtskommentator (Anm. der Übersetzerin).

9 Zur Rechtslage im 19. Jh. in den USA T. *Reeve*, The Law of Baron and Femme, New York 1846, S. 1 u. 27. Die Begriffe »baron« und »femme« bedeuteten im juristischen Fachjargon des 19. Jh. »Ehemann« und »Ehefrau«.

Frauen (Married Women's Property Acts) zu verabschieden.[10] Das entsprechende vom Staate New York im Jahre 1848 formulierte Gesetz war ein wichtiger Vorreiter auf diesem Gebiet. Die neuen Gesetze setzten verheiratete Frauen mit unverheirateten Frauen – und sogar Männern – beim Abschluß von Handelsgeschäften und Verträgen gleich. Verheiratete Frauen konnten jetzt Land kaufen und verkaufen, als freie Individuen Grund und Boden erben und ihre eigenen Testamente aufsetzen. Die Erarbeitung dieser Gesetze ging nicht immer glatt vonstatten, es gab Umwege und Hindernisse, manche Gerichte erwiesen sich zunächst sogar als unverhohlen feindselig, wenn es um die Anwendung ging. Doch gegen Ende des Jahrhunderts verblieben im Belange der Testation und des Erbrechts nur noch wenige rechtliche Unterschiede zwischen Männern und Frauen.

Ganz zweifellos erfuhren die Geschlechterrollen und das Kräftegefüge innerhalb der Familie im 19. Jahrhundert einen tiefgreifenden Wandel. Die Gesetze zum Eigentumsrecht verheirateter Frauen spiegeln diese Tatsache wider. Zugleich waren die neuen Gesetze aber auch – in noch grundsätzlicherer Hinsicht – die Antwort auf bestehende Probleme bei der Abfassung von Besitzurkunden für Grundeigentum sowie auf Fragen der Gläubigerrechte. Es waren Gesetze, die bei Geschäftsabschlüssen auf dem Grundstücksmarkt Schutz vor einer Reihe juristischer Mehrdeutigkeiten und Sackgassen Schutz gewähren sollten. Wenn z.B. ein Mann seine Ehefrau verließ oder geschäftsunfähig war, dann hatte die Frau vor der Reform im Grunde keine rechtlich verankerte Möglichkeit gehabt, ihr – oder sein – Land zu verkaufen. Die gesetzgebenden Körperschaften eines Staates konnten damals bloß eine »besondere Verordnung« erlassen, um einer verheirateten Frau dieselbe Handhabe zuzugestehen wie einer »feme sole« (unverheirateten Frau).[11] Doch dies waren mühsame Verfahren, und die Methode empfahl sich kaum als generell anwendbares Mittel zur Beseitigung der Schwierigkeiten.

Die neuen Gesetze nahmen auch ein anderes Problem ins Visier, und zwar ein sehr ernstes: Wie können Väter oder Brüder Frauen vor bankrotten oder schurkischen Ehemännern schützen? Die »Married Women's Property Laws« machten es leichter, das Eigentum von Frauen vor finanziellen Katastrophen oder Betrügereien des Mannes zu schützen, den eine Tochter oder Schwester zum Ehemann erkoren hatte. Die englische Oberschicht hatte schon seit langem Mittel und Wege gefunden, dieser Problematik zu Leibe zu rücken: Die rechtlich bedingten Handicaps verheirateter Frauen wurden in England mit Hilfe von komplizierten juristischen Arrangements – den sogenannten »settle-

10 *N. Basch*, In the Eyes of the Law. Women, Marriage, and Property in Nineteenth-Century New York, Ithaca 1982.
11 Vgl. z.B. Laws Del. 1841, Chap. 274, p. 318f. Das angeführte Gesetz erlaubte es Esther Coverdill, der Ehefrau von David Coverdill, trotz ihrer Ehe, Land als Eigentum zu besitzen, zu verkaufen oder wegzugeben, und, ebenfalls, ein diesbezügliches Testament aufzusetzen.

ments« – umgangen.[12] Aber diese Methode war viel zu kompliziert und kostspielig für die kleinen Grundeigentümer Amerikas; sie erforderte hochqualifizierte Juristen und verfeinerte urkundliche Arbeit. Freilich bedienten sich reiche Familien auch in den Vereinigten Staaten ziemlich ausgeklügelter Regelungen, um die im Gewohnheitsrecht bestehenden Einschränkungen der Rechte verheirateter Frauen zu umgehen. So übertrug eine Frau namens Sarah Porcher aus Südkarolina im Jahre 1806 am Vorabend ihrer Eheschließung die Nutzungsrechte an ihren Ländereien einem Treuhänder, der diese für sie und ihren Gatten verwalten würde. In einem solchen Fall ging die Vollmacht über die Rechtstitel an den Treuhänder und *nicht* an den Ehemann über, sobald die Ehe geschlossen war.[13]

Die Gesetze über das Eigentum verheirateter Frauen vereinfachten die Rechtspraxis zu Gunsten der Mittelschichten, indem sie die Rechte und Verfahren standardisierten. Vor diesem Hintergrund ist nun zu fragen, ob die Ausstattung der Frau mit juristisch verankerter Verfügungsgewalt in Sachen Eigentum das herkömmliche Bild der Geschlechterrollen beeinflußte und die traditionellen Eigentumsverteilungsmuster und das Erbrecht veränderte. Es ist schwer vorstellbar, daß dies im Hinblick auf die Familie und die Beziehungen zwischen den Geschlechtern nicht der Fall war; zugleich aber ist es nicht leicht, die Stärke dieser Beeinflussung zu bemessen und festzustellen, in welcher Form sie sich äußerte. Als Nordamerika noch englische Kolonie war, vermachte ein Erblasser in Virginia seiner Frau selten mehr als nur lebenslange Nutzungsrechte an seinem Grundbesitz und begünstigte eher seine Söhne und Töchter.[14] Obwohl wir nicht viel über die Testationsgepflogenheiten im 19. Jahrhundert wissen, so lassen die verfügbaren Belege doch vermuten, daß ein Mann es vorzog, seine Hinterlassenschaft in treuhänderische Verwaltung zu geben oder in irgendeiner anderen Weise eigentumsrechtlich zu binden, wenn der Begünstigte eine Frau (Ehefrau, Tochter oder Schwester) war und nicht ein erwachsener Mann.[15] Dies bedeutete, daß eine Witwe eine geringere Chance hatte, über die Nachlaßgestaltung zu bestimmen als ein Witwer oder, ganz allgemein, ein verheirateter Mann. Laut einer Studie von Shammas u.a. begünstigten bis in die 1890er Jahre hinein ungefähr 72 Prozent der Ehemänner, deren letztwillige Verfügungen beim Nachlaßgericht von Bucks County (Pennsylvanien) zur Testamentseröffnung vorgelegt wurden, ihre Ehefrauen nicht direkt mit Grundbesitz. Vielmehr hinterließen sie den Frauen ihr Land nur zum Nießbrauch auf Lebenszeit bzw. nur solange die Witwe unverheiratet blieb oder die Kinder nicht volljährig waren. Dafür hinterließ über die Hälfte

12 *B. English u. J. Saville*, Strict Settlement. A Guide for Historians, Hull 1983.

13 Hext v. Porcher, 1 Strob. Eq. 170 (So. Car. Ct. App. 1846).

14 *J.W. Deen Jr.*, Patterns of Testation. Four Tidewater Counties in Colonial Virginia, in: American Journal of Legal History 16, 1972, S. 154.

15 *Friedman*, History, S. 251.

dieser Männer ihrer Witwe *mehr* als den gesetzlich festgelegten Pflichtteil.[16] Alles in allem gaben die Männer sowohl vor wie nach der Einführung der neuen Gesetze über die Eigentumsrechte verheirateter Frauen in der Familie den Ton an. Diese Situation bestand noch lange Zeit weiter.

Trotzdem gab es zahlreiche Gerichtsbeschlüsse, in welchen die Richter *sagten*, daß Männer und Frauen vor dem Gesetz absolut gleich seien. So verfügte im Jahre 1895 der Oberste Gerichtshof von Illinois, daß »eine Frau das Recht hat, Eigentum jeglicher Art zu erwerben und zu besitzen ..., [daß] nach der Verfassung und unter dem Gesetz das Geschlecht der Ausstattung von Frauen mit den grundlegenden und unveräußerlichen Rechten auf Freiheit und Eigentum nicht hinderlich entgegensteht«.[17] *De facto aber* waren Frauen keine Vollbürger der Republik. Sie konnten kein öffentliches Amt bekleiden und keinem Schwurgericht angehören. Auch besaßen sie kein Wahlrecht – bis im Jahre 1920 eine wichtige diesbezügliche Gesetzesänderung, das 19. Amendment, in Kraft trat. Daraus ist zu schließen, daß die im 19. Jahrhundert durchgeführten Reformen nicht wirklich dazu gedacht waren, den Frauen mehr Rechte zu verschaffen. Man hatte ganz andere Ziele im Auge, nämlich die Rationalisierung des Grundstücksmarktes und den Schutz von Familienvermögen gegen Unberechenbarkeiten.

Die verschiedenen Regelungen, die Männer in ihrem Testament zugunsten ihrer Ehefrauen treffen konnten, sind das eine. Doch welche rechtliche Handhabe besaß eine Witwe über das Vermögen ihres Mannes, wenn dieser kein Testament hinterlassen hatte oder versuchte, sie zu enterben? Das Gewohnheitsrecht hielt für solche Fälle eine grundsätzliche Verfügung für Witwen bereit – das Anrecht auf den sogenannten Witwenteil (»dower«). Dieser Teil der Erbmasse, der ein Drittel des Grundbesitzes des Ehemannes betraf, ging in den Besitz der Witwe über und verschaffte dieser Einkünfte solange sie lebte. Ein Ehemann konnte seine Frau ihres Witwenteils nicht berauben – und wenn, dann nur unter den allergrößten Schwierigkeiten. Da der Rechtsanspruch der Witwe auf diesen Grundbesitz bei *ihrem* Tode ungültig wurde, war sie nicht berechtigt, das dem Witwenteil zuzurechnende Land noch zu ihren Lebzeiten zu veräußern oder zu bestimmen, wem es letztlich zufallen sollte. Mit anderen Worten: Land- und Grundbesitz blieben nur über die väterliche Linie vererbbar.

Im 19. Jahrhundert setzten einige Bundesstaaten an die Stelle des Witwenteils das sogenannte unveräußerliche Erbteil (»indefeasible share«).[18] Im Rah-

16 *C. Shammas, M. Salmon u. M. Dahlin*, Inheritance in America. From Colonial Times to the Present, New Brunswick 1987, S. 113.

17 Ritchie v. People, 10 N.E. 454 (Ill., 1895). Dieser klare Vermerk erfolgte in einem Fall, in dem gegen ein Gesetz von Illinois entschieden wurde, wonach »keine Frau in einer Fabrik oder einer Werkstatt mehr als acht Stunden am Tage oder 48 Stunden in der Woche arbeiten« durfte.

18 *Friedman*, History, S. 430f.

men dieser Regelung hatte die Witwe Anspruch auf einen Teil des Grundeigentums des Verstorbenen, und zwar auf realer wie auf persönlicher Basis. Es handelte sich hier also um echtes Eigentum, nicht nur um Nutzungsrechte auf Lebenszeit. Umgekehrt besaß ein Witwer dieselben Rechte am Grundbesitz seiner verstorbenen Frau. Der traditionelle Witwenteil war aus verschiedenen Gründen unattraktiv geworden, vor allem aber deshalb, weil sich diese Regelung wie ein Nebel über die tatsächliche juristische Lage der Eigentumsverhältnisse legen konnte. So war nicht immer ausgeschlossen, daß die Rechte der Witwe auch solchen Grund und Boden belasteten, den der verstorbene Gatte einst besessen und später ohne ihr Einverständnis verkauft hatte. (Dies galt jedoch nicht, wenn sie dem Verkauf zugestimmt hatte.) Wie konnte demnach der Käufer eines Grundstücks sicher sein, daß sein Eigentumstitel in Ordnung war? Möglicherweise gab es irgendwo einen Witwenteil, irgendeine unbekannte Witwe konnte plötzlich auftauchen und Nutzungsrechte geltend machen. Unter der neuen Gesetzgebung war der »unveräußerliche Anteil« in den meisten Fällen größer, als früher der Witwenteil gewesen wäre. Auch besaß die Witwe eine ausgedehntere Verfügungsgewalt über diesen Anteil.

Der Witwenteil hatte einer bestimmten Art von Familienstruktur und Bewußtsein entsprochen; die von der Vorstellung des Stammbaumes besessene englische Gentry war ängstlich darauf bedacht gewesen, den Familienbesitz unversehrt zu bewahren. Die Regelung des »unveräußerlichen Anteils« dagegen war einer anderen Art von Familie angepaßt, nämlich der im 19. Jahrhundert aufkommenden Kleinfamilie, und da insbesondere der Familie des amerikanischen Kleinbauern.

3. Die Adoption

Die Frage, wie und an wen Grund und Boden nach dem Tode des Eigentümers vererbt wurden, war in der amerikanischen Gesellschaft so wichtig, weil der Besitz von Land weit verbreitet war. Wie schon erwähnt, erklärt dieser Umstand das Aufkommen einer breiten Masse von der Mittelschicht angehörenden Landeigentümern, die, als solche, am Wohlergehen der nationalen Wirtschaft interessiert waren. Diese Mittelschicht nahm zugleich auch juristische Dienstleistungen in Anspruch, um Land zu kaufen und zu verkaufen, Testamente aufzusetzen, Hypotheken aufzunehmen und ähnliches.

Der weitverbreitete Besitz von Grund und Boden war aber wahrscheinlich auch die Ursache einer anderen Neuerung in der Gesetzgebung, die die Eigentumsverhältnisse innerhalb der Familie regelte; gemeint ist hier die Einführung der Adoptionsgesetze.[19] Im Gegensatz zum Römischen Recht, war die

19 *M. Grossberg*, Governing the Hearth. Law and the Family in Nineteenth-Century America, Chapel Hill 1985, S. 268–280.

Adoption im englischen Gewohnheitsrecht juristisch nicht anerkannt. Sowohl in der englischen als auch der amerikanischen Gesellschaft gab es allerdings eine erhebliche Anzahl elternloser Kinder, denn im 19. Jahrhundert waren die Sterblichkeitsraten hoch und die Medizin vergleichsweise hilflos. Frauen starben zu Tausenden im Kindbett, und Männer wie Frauen wurden von der Cholera, Lungenentzündung und unzähligen anderen Seuchen und Krankheiten dahingerafft. Von den hunderttausenden Waisenkindern kamen einige in dafür bereitgestellten Einrichtungen unter, andere wurden bei Verwandten oder Freunden in Pflege gegeben, wo sie aufwuchsen und zuweilen wie die eigenen Kinder der Familie behandelt wurden. Wenn jedoch ein Landeigentümer starb, ohne ein Testament zu hinterlassen (was in der Mehrzahl der Fälle eintrat), waren nur die legitimen Kinder erbberechtigt. Die offizielle Adoption stellte somit einen Mechanismus zur Verfügung, womit die familiären Beziehungen in einem sozialen Umfeld reguliert werden konnten, in dem Millionen von Leuten Grund und Boden besaßen, über den sie bei ihrem Ableben testamentarisch frei verfügen konnten.[20]

Vor 1850 hatte es nur wenige allgemeine Gesetze für eine rechtsgültige Adoption gegeben, dafür aber dieses oder jenes »private Adoptionsgesetz« für ein bestimmtes Kind, das von einer namentlich festgelegten Person als Erbe behandelt wurde. Im Jahre 1851 verabschiedete der Staat Massachusetts das erste allgemeine Adoptionsgesetz,[21] und bald folgten zahlreiche weitere Bundesstaaten diesem Beispiel. Der Text des Gesetzes von Massachusetts läßt erkennen, daß aufgrund des Interesses an klaren innerfamiliären Eigentumsstrukturen dem Erbrecht eine Schlüsselrolle beigemessen wurde. Daneben war man aber ebenfalls an ordnungsgemäßen, unzweideutigen Eigentumstiteln für Grundstücke und anderes Vermögen interessiert.

4. Erbschaftsrechtliche Reglungen zur »Toten Hand« und Stiftungen

Das Gewohnheitsrecht war stets erfinderisch in seinen Mitteln und Kunstgriffen, Eigentumsrechte hinsichtlich ihrer räumlichen und zeitlichen Geltung zu zerstückeln. Dabei war kein Aspekt des Rechts abstrakter und komplizierter als jener, der »zukünftige Besitzansprüche« regelte. Dieser Rechtszweig befaßte sich – angesichts der verschiedensten vorfindlichen Möglichkeiten und Rechten – mit der Zuteilung von kürzesten Perioden, ja regelrechten Splittern zu-

---

20 Nach US-amerikanischem Recht haben Kinder kein gesetzliches Recht auf Nachlaß (Louisiana bildet aufgrund seiner besonderen Rechtstradition die einzige Ausnahme zu diesem Gesetz). Aber es steht einem Erblasser frei, Grundbesitz an Kinder – seine eigenen oder andere Kinder (Pflegekinder) – zu vererben. Es sei jedoch daran erinnert, daß die meisten Leute sowieso sterben, ohne ein Testament zu hinterlassen.

21 Laws Mass. 1851, Chap. 324 (An Act to Provide for the Adoption of Children).

künftiger Zeit, und nicht selten waren die hier zur Anwendung kommenden Bestimmungen außerordentlich trickreich und dunkel. Er beruhte auf einem Geheimwissen und auf spezifischen Strategien: Ursprünglich sollte diese Jurisprudenz die Eigentums- und Nutzungsrechte des Landadels sichern. Die Macht, der Reichtum und die gesellschaftliche Position dieser Klasse hingen gänzlich von ihrem Landbesitz, ihren Ländereien, ab; von Eigentum an Grund und Boden also, das, fest im Geflecht der Familienstruktur verankert, von einer Generation auf die folgende weitergegeben wurde und auf diese Weise zusammengehalten werden sollte.

Aber in einer Marktwirtschaft und Gesellschaft republikanischer Ausrichtung erwiesen sich diese alten Normen als unpraktikabel. Zunächst waren sie »aristokratisch«, d.h. unpassend für eine freie Gesellschaft vom amerikanischen Typ. Noch ausschlaggebender dürfte gewesen sein, daß solche Rechtsmittel das Grundeigentum im klammernden Griff alter Familien festhielten und dem Grundstücksmarkt nicht zugänglich machten. Die Amerikaner dagegen empfanden, daß Männer wie Frauen das Recht haben sollten, ihr Land an ihre Kinder übergehen zu lassen. Wenn die Kinder leichtfertig, faul oder Opfer einer Pechsträhne würden, würden sie ihr Erbe eben verlieren. Das sei der freie und gerechte Lauf der Dinge. Daher konnten die einzelnen amerikanischen Bundesstaaten alle Spuren der alten Grundeigentumsordnung mit Erbbeschränkung (»fee tail«) vom Tisch fegen. Sie schafften eine Rechtsordnung ab, nach welcher Grundbesitz wie ein Adelstitel von einem männlichen Kind auf das nächste überging und die es dem jeweiligen Erben und Eigentümer verunmöglichte, Land zu verkaufen, zu verschenken – oder zu »verlieren«.[22]

Nach James Kent[23] zielte das traditionelle Arrangement darauf ab, »eine angehäufte Masse von Grundbesitz in den Händen von Müßiggängern und lasterhaften Menschen [zu] belassen«. Ein solches Rechtssystem eigne sich für »monarchische Regierungsformen«, nicht aber für ein »republikanisches Staatswesen«, wo jede einzelne Familie, »aller künstlichen Stützen beraubt«, einzig auf »die Tugenden ihrer Abkömmlinge für die Fortdauer ihres guten Rufs« bauen könne.[24] Fest stand: In der Neuen Welt würde es keinen »Landadel« geben, und viele der Bundesstaaten – insbesondere New York – reformierten ihre Eigentumsgesetzgebung mit dem Ziel, eine dynamische Nutzung des Bodens zu gewährleisten. Die New Yorker Legislative erschwerte daher die Schaffung von Bodennutzungsrechten, die über eine Generation hinausreichten.

---

22 Natürlich hatte die englische Rechtsprechung verschiedene Möglichkeiten erdacht, diese Einschränkungen zu umgehen, doch waren diese kompliziert und rechtstechnisch sehr aufwendig.

23 Bekannter amerikanischer Jurist, Rechtskommentator und Gerichtspräsident in New York (1763–1847) (Anm. der Übersetzerin).

24 *J. Kent*, Commentaries on American Law, New York 1832², Bd. 4, S. 19f.

Im 19. Jahrhundert war die amerikanische Eigentumsgesetzgebung auch durch starke Vorurteile gegenüber Schenkungen zugunsten wohltätiger Stiftungen gekennzeichnet.[25] Als z.B. der Staat New York seine Eigentumsgesetze neu gestaltete, versuchten die maßgeblichen Organe, die Gründung solcher Institutionen gesetzlich zu verhindern. Aus juristischer Sicht gehörte die Pflege von Mildtätigkeit zu den Obliegenheiten der Kirchen. Man mißtraute speziellen Stiftungen, weil sie in ihrem Bestand zeitlich nicht begrenzt wären, im Laufe der Zeit große Vermögen anhäufen würden und somit zu großer Macht gelangen könnten. Infolgedessen waren Stiftungen, zumindest potentiell, Feinde des Gemeinwesens.

Die in einigen Bundesstaaten in diesem Sinne ins Leben gerufene Rechtssatzung der Toten Hand (die sog. »mortmain-Satzung«) war bezeichnend für jene Zeit. In Pennsylvanien wurde im Jahre 1855 ein Gesetz verabschiedet, wonach kein Grundbesitz »an religiöse oder wohltätige Einrichtungen« vermacht werden durfte, außer das entsprechende Testament war »mindestens einen Monat vor dem Tode des Erblassers« unterzeichnet worden.[26] Und in New York wurde im Jahre 1860 verfügt, daß niemand, der »einen Ehegatten, eine Ehefrau, ein Kind oder mindestens noch ein Elternteil« hat, nach Tilgung etwaiger Schulden mehr als die Hälfte seines Besitzes »einer wohltätigen, literarischen, wissenschaftlichen, religiösen oder missionarisch tätigen Organisation« hinterlassen dürfe.[27] Es wurde, wie im Gesetz von Pennsylvanien, die Auffassung vertreten, daß eine »unbegrenzte Anhäufung« von Grundbesitz unter »Arrangements der Toten Hand oder auf Ewigkeit« ein gesellschaftliches »Übel« darstelle.[28] Man fürchtete die Entstehung einer aufgeblasenen Kirche, in deren Hand sich ein großer Reichtum an Grund und Boden ansammelte, einer Kirche, die ganze Ländereien »verschlingen« und das Land für immer in riesigen Domänen »festhalten« würde. Außerdem schimmerte hinter solchen Gesetzen das Bild des verruchten Priesters hervor, der von Sterbenden Schenkungsversprechen erpreßt. Wenn daher ein Erblasser in seinem Testament einem Geistlichen Geld oder Grundbesitz vermachte, konnten enttäuschte Erben die Schenkung mit der Begründung der »unzulässigen Beeinflussung« anfechten.[29] Nachlaßschenkungen an Geistliche wurden unter Umständen als Ergebnis einer derartigen Beeinflussung interpretiert.

Gegen Ende des 19. Jahrhunderts begann die Kraft solcher Ängste und Bilder rasch zu schwinden. Furcht und Mißtrauen richteten sich jetzt auf die großen weltlichen Geldbarone wie die Rockefellers. So ging man im späten 19. Jahr-

25 Dazu allgemein: *H.S. Miller*, The Legal Foundations of American Philanthropy, 1776–1844, Madison 1961.
26 Laws of Pennsylvania, 1855, Nr. 347, § 11.
27 Laws of New York, 1860, Kap. 360.
28 Laws of Pennsylvania, 1855, Nr. 347, §12.
29 Exemplarisch: McQueen v. Wilson, 131 Ala. 606, 31 So. 94 (1901).

hundert in allen Bundesstaaten dazu über, besondere Erbschaftssteuergesetze für bestimmte große Vermögen zu schaffen, und 1916 wurde die Bundessteuer auf Grundbesitz eingeführt.[30] Diese Gesetze ließen eine gewisse Hoffnung zu, die dynastischen Tendenzen von Besitzern großer Vermögen zügeln und kontrollieren zu können. Die Männer dieser neuen Dynastien unterschieden sich vom englischen Landadel dadurch, daß sie keine Großgrundbesitzer waren, sondern riesige Unternehmen und Trusts besaßen. Sie standen an der Spitze von gigantischen Industrieunternehmen. Zu Anfang des 20. Jahrhunderts begannen einige dieser Superreichen, wohltätige Stiftungen einzurichten. Die alte Abscheu vor Arrangements der »Toten Hand« oder solchen auf »Ewigkeit« ging nicht auf diese Gründungen über. Die nun anerkannte Rechtstheorie ermutigte sogar derartige Schenkungskonzepte, die öffentlichen Nutzen brachten und den Anteil der reichen Familie an ihrem riesigen Vermögensberg verkleinerte.

Ein wichtiges Ereignis in der Geschichte der wohltätigen Stiftungen war der Zusammenbruch des »Tilden Trusts« im Staate New York Ende des 19. Jahrhunderts.[31] Samuel Tilden hatte für die Errichtung einer öffentlichen Bibliothek in der Stadt New York Geld hinterlassen. Seine Erben fochten das Testament mit Erfolg an, indem sie sich auf die alten New Yorker Gesetze gegen die Gründung wohltätiger Stiftungen beriefen. Dieser Fall rüttelte den Gesetzgeber auf: Schließlich handelte es sich um eine Bibliothek und nicht um den gierigen Zugriff einer etablierten Kirche. Deshalb wurden die durch das Gesetz festgelegten alten Einschränkungen jetzt widerrufen und der Weg geebnet für das Zeitalter der großen Stiftungen.

Eine wohltätige Stiftung (»trust«) – ein selbstgesetztes Denkmal zu Lebzeiten des Stifters – stellte nur eine Möglichkeit dar, eine Familiendynastie zu etablieren. Eine andere, vermutlich insbesondere dem Gewohnheitsrecht zuzurechnende Methode bestand in der Errichtung einer solchen Stiftung *auf lange Sicht*, d.h. einer die Generationen überspannenden Institution. Doch seit ungefähr 1800 war sowohl in England wie den Vereinigten Staaten ein Netzwerk fachspezifischer Entscheide zur Begrenzung derartiger dynastischer Stiftungen erarbeitet worden.[32] Die in diesem Zusammenhang wirksam werdende grundlegende Formel hieß »Rechtsgrundsatz wider Einrichtungen auf Ewigkeit« (»rule against perpetuities«). Dieser sehr detaillierte Grundsatz arbeitete mit vielen obskuren Begriffen,[33] hatte jedoch nur ein Ziel, nämlich Trusts auf eine Dauer von höchstens 75 oder 80 Jahren zu begrenzen.

30 Der Bund erhebt eine Grundstückssteuer. 39 Stats. 756, Title II, at 777 (Gesetz vom 8. September 1916). Für die einzelnen Bundesstaaten siehe z.B. N. J. Laws 1894, Kap. 210, S. 318 (Nachlässe an nahe Verwandte des Verstorbenen sind ausgenommen).

31 *J.B. Ames*, The Failure of the Tilden Trust, in: Harvard Law Review 5, 1892, S. 389; Tilden v. Green, 130 New York 29, 28 North East Reporter 880 (1891).

32 Siehe *L. Friedman*, The Dynastic Trust, in: Yale Law Journal 73, 1964, S. 547.

33 Wie z.B. »vesting« oder »lives in being«.

Auf lange Frist hin angelegte Trusts standen im 19. Jahrhundert in den Vereinigten Staaten kaum im Vordergrund. Stiftungsartige Arrangements im herkömmlichen Sinne dagegen dienten damals als eine Art Verwaltungsinstanz zugunsten von Witwen, unmündigen Kindern und unzurechnungsfähigen Einzelpersonen – Menschen also, die als unfähig galten, ihr Geld selbst zu verwalten und daher einen Vertrauensmann benötigten, der ihnen seine Hilfe zur Verfügung stellte oder ihre Angelegenheiten ganz in die Hand nahm. Die *dynastischen* Trusts wurden erst nur für die großen Industriebarone des späten 19. Jahrhunderts, d.h. für eine kleine, aber mächtige und einflußreiche Gruppe, vermögensrechtlich interessant. Durch zahlreiche theoretisch bedeutungsvolle Änderungen wurde die Handhabbarkeit solcher Einrichtungen verbessert, obwohl auch hier zeitliche Begrenzungsklauseln nicht fehlten. Eine dunkle Ausdrucksweise und schwer verständliche abstrakte Formulierungen verschleierten die wirtschaftliche und soziale Bedeutung dieser neuen Bestimmungen. Hinter all dem verschlungenen Juristenjargon blieben trotz allem die Spuren des Kampfes zwischen widersprüchlichen Rechtsideologien sowie rivalisierenden Visionen von Macht, Kapitalismus und der sozialen Rolle des Reichtums erkennbar.

5. Ausblicke auf das 20. Jahrhundert

Die Veränderungen in unserem Jahrhundert sind nicht so durchschlagend wie jene, die im 19. Jahrhundert den Wandel im Erbrecht und der Eigentumsübertragung unter Familienmitgliedern herbeigeführt hatten; sie sind aber nichtsdestoweniger bedeutend. Einer der wesentlichsten Aspekte der neueren Entwicklung ist schon erwähnt worden: Besitz und Reichtum bestanden im 20. Jahrhundert nicht mehr hauptsächlich aus Grund und Boden. Bargeld, Aktien und Obligationen sowie zahlreiche Formen »persönlichen Eigentums« spielten jetzt eine größere Rolle. Die von C. Shammas, M. Salmon und M. Dahlin durchgeführte Untersuchung über den Distrikt Bucks County in Pennsylvanien belegt diesen Sachverhalt: Zu Beginn des 19. Jahrhunderts bestanden nur 28,7 Prozent des testamentarisch hinterlassenen Vermögens aus »Bargeld und Wertpapieren«. Ende des Jahrhunderts »umfaßten Immaterialgüter ... über zwei Drittel des Gesamtvermögensbestandes«.[34]

John Langbein hat mit beeindruckender Deutlichkeit gezeigt, daß die soziale Bedeutung von vererbbarem Vermögen im 20. Jahrhundert – zumindest in der Mittelschicht – einen starken Wandel durchgemacht hat.[35] Frauen und Männer leben heute viel länger als früher. Auch die Zahl jener Personen, die

34 *Shammas u.a.*, Inheritance, S. 103.
35 *J. H. Langbein*, The Twentieth-Century Revolution in Family Wealth Transmission, in: Michigan Law Review 86, 1988, S. 722.

schon früh im Leben verwaist sind, hat sich verringert, und viele – wenn nicht die Mehrzahl der Leute – haben zumindest noch ein Elternteil, wenn sie die Lebensmitte erreichen. Stirbt ein Vater, hinterläßt er sein Geld der Mutter, und umgekehrt. Die Kinder erben erst, wenn beide Eltern tot sind. Aber Geld erst im Alter von 55 oder 60 Jahren zu erben, hat eine ganz andere Bedeutung für das Leben eines Menschen, als wenn er ein solches Erbe schon mit 25 oder 30 Jahren antreten kann. Daher profitieren Kinder der Mittelschicht stärker von Schenkungen, deren Früchte sie ihr Leben lang genießen, als von tatsächlich geerbtem Vermögen: Eltern helfen ihren Kindern schon zu Lebzeiten, indem sie ihnen das Studium finanzieren und damit in ihr »menschliches Kapital« investieren; indem sie eine Anzahlung für ein Haus leisten oder das Startkapital für die Eröffnung eines kleinen Geschäfts oder Unternehmens bereitstellen.

Der Form nach besteht zwar die Testamentsfreiheit nach wie vor. Der Erblasser kann Geld vermachen wie und an wen er will. Doch ein Großteil des Geldes der Mittelschicht ist in Renten oder Pensionsfonds gebunden. Die Alten von heute, die oft ein langes Leben haben, brauchen ihr Kapital nicht selten in Form von Jahresrenten auf,[36] und was sie dann schließlich hinterlassen, wird meistens nicht auf der Grundlage testamentarischer Verfügungen vererbt, noch ist es Teil eines offiziellen »Vermögens«. In den Vereinigten Staaten besteht nach wie vor das veraltete, schwerfällige und kostspielige System der gerichtlichen Testamentseröffnung. Aber inzwischen existieren verschiedenste juristisch anerkannte Methoden, diese Praxis zu umgehen. Wir besitzen heute eine bunte Fülle von Regelungen, die ein Testament wirksam ersetzen können: Treuhandvermögen und Bankkonten, die den zukünftigen Unterhalt der beteiligten Begünstigten sicherstellen (»living trusts«, »bank account trusts«), Gemeinschaftsbankkonten und Versicherungsarrangements.[37] All dies macht das Recht und die Praxis der Vermögensübertragung von einer Generation auf die folgende komplizierter, als sie es im 19. Jahrhundert gewesen waren. Zugleich verlieren veraltete Rechtstechniken an Bedeutung. Die Regeln, die die letztwilligen Verfügungen ordneten, also Bestimmungen über die Eröffnung eines Testaments sowie über die Zahl der erforderlichen Zeugen, waren außerordentlich streng und voller Fallstricke für den unerfahrenen Juristen gewesen. Heute, im späten 20. Jahrhundert, sind diese Vorschriften »liberaler«, lockerer geworden. Die gesetzlichen Bestimmungen haben sich geändert, und die Gerichte sind längst nicht mehr so unerbittlich, ein Testament nur wegen irgendeines unbedeutenden Formfehlers bei der Abfassung für nichtig zu erklären.

Für die sehr Reichen hat die Tatsache, Geld zu erben, es im Besitz der Familie zu erhalten und beim Todesfall oder noch vor dem Tode des Erblassers an an-

<hr>

36 Ebd., S. 745.
37 *J.H. Langbein*, The Nonprobate Revolution and the Future of the Law of Succession, in: Harvard Law Review 96, 1984, S. 1108.

dere Mitglieder der Familie übergehen zu lassen, immer noch die allergröß-te Bedeutung. Die Erbschaftssteuer ist und bleibt so etwas wie eine fixe Idee für die Reichen. Die »Vermögensplanung« richtet sich sehr stark darauf, die Entrichtung solcher Steuern zu vermeiden. Die unzähligen Findigkeiten und Kniffe familiendynastischer Vermächtnisarrangements bilden den Grundstock aller »Vermögensplanung«, die zu einem Zweig juristischer Dienstleistungen geworden ist, für die die Reichen bereit sind, viel Geld zu zahlen. Finanzielle Mittel, die als wohltätige Stiftungen oder als irgendeine andere gemeinnützige Institution vermacht werden, sind ganz von der Erbschaftssteuer befreit. Es bringt immer noch Vorteile, langfristig fungierende Stiftungen ins Leben zu rufen – z.B. Steuervorteile, und, was für so manchen reichen Menschen psy-chologisch noch wichtiger sein mag, eine über das Grab hinaus und in die Welt der Lebenden hineinreichende Kontrolle. Dies erklärt, warum große Vermö-gen, seien sie nun älteren oder neueren Datums, auch heute noch dazu tendie-ren, als Wohltätigkeitsstiftung und Familienstiftung (»dynastic trusts«) zu en-den.

Die Kombination von langem Leben und mehr Geld bedeutet, daß es in unserer Zeit buchstäblich Millionen von Männern und Frauen (mehr Frauen als Männer!) gibt, die ihre »goldenen Jahre« erreicht haben, deren Geist und Körper aber langsam durch das Alter aufgezehrt werden und die daher unfähig sind, ihr Geld und Vermögen selbst zu verwalten. Diese Menschen brauchen Alternativen: entweder eine Form von Vormundschaftsregelung – ein Arrange-ment, das in Kalifornien »Vermögenspflege« (»conservatorship«) genannt wird, oder irgendeine Variante der alten Gepflogenheit, einen Rechtsanwalt mit der Aufgabe zu betrauen.[38] Dies bedeutet aber nichts anderes, als daß Millionen alter Menschen noch zu Lebzeiten dem Verlust der Kontrolle über ihr Vermö-gen ausgesetzt sind und die Verwaltung an Drittpersonen übergeht, lange bevor die Eigentümer des Vermögens sterben. Dieser und andere finanzielle Aspekte unserer immer älter werdenden Gesellschaft werden künftig von zunehmen-der Wichtigkeit sein. Die Rechtswissenschaft hat erst begonnen, sich den recht-lichen Problemen unserer ergrauenden Gesellschaft zuzuwenden.[39]

Erbschaftssteuern sind auch in der heutigen amerikanischen Gesellschaft ein bedeutender Faktor.[40] Sie sind hoch, allerdings weder so drastisch hoch wie in England und so manchem anderen Land auf dem europäischen Kontinent,

38 Die Beauftragung erfolgt häufig duch eine ständige Vertretungsvollmacht, was bedeutet, daß die Rechtskraft der Entscheidung auch dann weiterwirkt, wenn die unterzeichnende Person geistig unzurechnungsfähig geworden ist.

39 *L. Friedman u. J. Starr*, Losing It in California. Conservatorship and the Social Organization of Aging, in: Washington University Law Quarterly 73, 1995, S. 1501; *L. Friedman u. M. Savage*, Taking Care. The Law of Conservatorship in California, in: Southern California Law Review 61, 1988, S. 273.

40 Die Erbschaftssteuer wurde durch die Schenkungssteuer ergänzt; große, zu Lebzeiten vor-genommene Schenkungen unterliegen denselben steuerlichen Abgaben wie Erbvermögen.

noch so hoch, wie sie es einmal gewesen sind. In einem entscheidenden Punkt ist die Erbschaftssteuer heute jedoch noch strenger geregelt als früher. In den 1970er Jahren belegte der Kongreß der Vereinigten Staaten »generationsüberspannende Trusts« mit einer Steuer. Das entsprechende, über alle Maßen komplizierte Gesetz erreicht im Grunde nichts anderes, als daß Geld aus Stiftungen gepreßt wird, deren Bestand mehrere Generationen umfaßt. Einst wurden solche Stiftungen nur zum Zeitpunkt ihrer Gründung besteuert, oder wenn der Stifter starb. Todesfälle anderer mit der Stiftung in Zusammenhang stehender Personen und andere eigentumsrechtliche Übertragungen im Rahmen und während der Fortdauer der Stiftung wurden nicht besteuert. Die neue Steuerregelung machte sich diese Nische – wenigstens teilweise – zunutze.

Dem Gros der Bevölkerung, das solche Regelungen nicht benötigt, ist die Steuer auf »generationsüberspannende Stiftungen« kaum bekannt. Überhaupt scheinen sich Erbschaftssteuern keiner großen Beliebtheit zu erfreuen. Im Kongreß ist sogar davon die Rede, diese Steuern bundesweit abzuschaffen. Aber weiter als bis zu diesem Stadium werden die Dinge wohl nicht gedeihen, auch wenn 1997 ein Gesetz verabschiedet wurde, das den steuerfreien Anteil der Erbmasse erhöhte. Die erbsteuerrechtliche Situation variiert etwas von einem Bundesstaat zum anderen. In Kalifornien z.B. sind alle Erbschaftssteuern sogar beherzt und kurzerhand abgeschafft worden, und zwar nicht aufgrund einer Verschwörung hinter den Türen der Umkleideräume teurer Country Clubs, sondern bei hellichtem Tag und mit großer Mehrheit in einem öffentlichem Referendum.

Was steckte hinter dieser Entscheidung? Und warum sind Erbschaftssteuern sogar bei Millionen von Menschen so geschmäht, die nie in ihrem Leben auch nur einen Pfennig an Vermögens- oder Erbschaftssteuer zu zahlen haben werden? Einer der Gründe könnte sein, daß sich das Image der Reichen in der Gesellschaft wandelt. Wir leben in einer Zeit, in der mit berühmten Menschen und mit »dem Lebensstil der Reichen und Schönen«[41] ein regelrechter Kult getrieben wird. Reichtum wird mit Freizeit und Unterhaltung assoziiert, mit Self-made-Millionären und anderen romantischen Gestalten – mit Menschen, die mit nichts anfingen und ganze Technologie-Imperien aufbauten, mit Baseball- und Basketballspielern, Rock Stars, Filmschauspielern und ähnlichen Charakteren. John D. Rockefeller und Standard Oil erfüllten die Herzen der einfachen Leute mit Zittern und Schrecken, Bill Gates und Microsoft tun dies nicht.

Fest steht, daß das anti-dynastische Element im Steuerrecht seinen Glanz verloren hat. Heute zollt man dem Reichtum Respekt, und die Öffentlichkeit scheint der Meinung zu sein, daß ein dem Reichtum Zügel anlegendes Rechts-

---

41 *L. Friedman*, The Republic of Choice. Law, Authority, and Culture, Cambridge 1990, Kap. 7.

system nur die Gans töten würde, die so schöne goldene Eier legt. Dennoch verbindet sich diese Haltung auch mit einem vagen Mißtrauen gegenüber den sogenannten Sonderrechten. Wie gewöhnlich sind die Leute auch hier nicht sehr konsequent in ihrem Denken. Das gegenwärtige System schafft nur eine Art Ausgleich. Immer noch fallen der juristischen Guillotine, d.h. der Regel gegen die Einrichtung von Vermögensarrangements auf Ewigkeit, der Kopf oder das hintere Ende allzu langlebiger Trusts zum Opfer. Große Vermögen müssen immer noch wählen zwischen dem Biß des Fiskus und dem Schutz einer steuerfreien Stiftung – oder sie müssen hektisch nach weiteren Schlupflöchern und Umgehungsmöglichkeiten Ausschau halten. Auf jeden Fall muß die »Tote Hand« früher oder später fahren lassen, was sie festhält.

Für die amerikanische Mittelschicht besitzen die das Eigentum bestimmenden Normen und die einzelnen Rechte an diesem Eigentum genauso viel Macht wie früher, wenn nicht gar mehr. Eigentumsrechte liegen ganz vorne im Bewußtsein der Menschen, egal, ob es sich um Besitzübertragungsrechte von seiten der Toten oder unter Lebenden handelt. Der grundsätzliche Glaube an die Freiheit des einzelnen, vermögensrechtliche Entscheidungen zu treffen, ist stark geblieben. Die Moral dieser Haltung scheint zu sein: Was wir als Eigentum besitzen, haben wir verdient; wir haben hart gearbeitet, um es zu bekommen, und sollten daher frei sein, damit zu tun, was uns gefällt. Gemeinschaftsorientiertem oder sozial ausgerichtetem Denken im Hinblick auf Eigentum haftet in diesen Tagen des freien Marktes ein sehr schlechter Geruch an. Der Staat darf zwar ein wenig eingreifen und an den Rändern knabbern, aber das Herzstück bleibt in beängstigendem Maße intakt.

II.
Eigentum und Bürgerrechte

ROBERT W. GORDON

Eigentum und republikanische Bürgerschaft (»citizenship«) in den USA (18.–20. Jahrhundert)*

Eigentum und Bürgerschaft (»citizenship«) sind in der Geschichte der USA seit jeher eng miteinander verknüpft – wenn auch in historisch wechselnder Weise. Der Status des Bürgers mit seinen Rechten und Privilegien beruht auf dem Verhältnis der Person zum Eigentum: Zugang zu Eigentum verschafft in der Regel auch Zugang zum Status des Bürgers im vollen Sinne. Wer nur einen eingeschränkten oder gar keinen solchen Zugang hat, verfügt entsprechend auch nicht über die vollen bürgerlichen Rechte (»citizenship«) und Persönlichkeitsrechte.

Mit dem Begriff »citizenship« meine ich im vorliegenden Aufsatz nicht bloß »politische Staatsbürgerschaft«, sondern »volle Rechtsperson in einer sich selbst verwaltenden Republik« – also »republikanische Bürgerschaft«. Im frühen 19. Jahrhundert waren z.B. in den Vereinigten Staaten geborene oder eingewanderte naturalisierte verheiratete weiße Frauen »Staatsbürgerinnen« im politischen Sinne, obwohl sie keinen Grund und Boden besitzen durften und nicht berechtigt waren, Verträge abzuschließen, vor Gericht zu gehen, als Geschworene in Strafprozessen zu fungieren oder ein öffentliches Amt zu bekleiden. Demgegenüber konnten vor dem Bürgerkrieg in einigen Bundesstaaten freie schwarze Männer sowie Immigranten wählen, ohne im spezifischen Sinne »Staatsbürger« zu sein; nach dem Bürgerkrieg waren befreite Schwarze »Staatsbürger« in allen politischen Bedeutungsnuancen dieses Begriffs, d.h. Bürger ihres Bundesstaates, Bürger der USA, mit allen durch das 14. Amendment zur Verfassung geschützten »Vorrechten und Immunitäten des Staatsbürgers« ausgestattete Personen. Als solche konnten sie auch die Gerichtsbarkeit der Bundesjustiz für sich in Anspruch nehmen. Im Süden blieben sie allerdings effektiv vom Wahlrecht und der Befugnis, Geschworener zu sein, ausgeschlossen. Unternehmen (»corporations«) wurden im 19. Jahrhundert in einigen Beziehungen ebenfalls als »Staatsbürger« betrachtet; sie konnten zu gewissen eingeschränkten juristischen Zwecken als Rechtspersonen Prozesse anstrengen, aber

---

* Aus dem Amerikanischen von Ingrid I. Racz.

auch gerichtlich zur Verantwortung gezogen werden. Es gab in der US-ameri-kanischen Geschichte Perioden, in denen die politische »Staatsbürgerschaft« in Verbindung mit der »republikanischen Bürgerschaft« wichtig war, und andere, wo zwischen diesen beiden kaum ein Zusammenhang bestand. Der vorliegen-de Beitrag stellt einige der hauptsächlichsten historischen Beziehungszusam-menhänge auf diesem Gebiet vor und erläutert sie.

Die politische Diskussion über das Verhältnis von Eigentum zu Bürgerschaft in den USA unterscheidet in der Regel zwischen einer exklusiv-protektionisti-schen und einer inklusiv-distributionistischen Position. Die *ausgrenzend-protek-tionistische Position* geht von einer dauerhaften sozialen Trennung zwischen Besitzenden und Besitzlosen – d.h., den Habenden und den Habenichtsen – aus und nimmt an, daß die vordringlichste Aufgabe der Regierung darin liegt, das Eigentum der Besitzenden gegen Übergriffe von außen sowie vor Umver-teilung zu schützen. Deshalb sollten die Aufgaben und Rechte der Besitzlosen in der Regierung beschränkt werden. Im Jahre 1821 erklärte James Kent, der Oberste Richter von New York, daß es »eine Tendenz bei den Armen gibt, den Plunder der Reichen zu begehren und teilen zu wollen; bei den Schuldnern, sich faul zurückzulehnen und vertragliche Verpflichtungen nicht zu erfüllen; bei der Mehrheit, die Minderheit zu tyrannisieren und deren Rechte mit Fü-ßen zu treten; bei den Trägen und Liederlichen, alle Lasten der Gesellschaft auf die Fleißigen und Tugendhaften abzuwälzen«.[1] So gesehen, qualifiziert Besitz nicht nur zur Teilnahme an den Staatsgeschäften, er umgrenzt auch den Bereich legitimer Regierungsausübung.

Demgegenüber behauptet die *einschließend-distributionistische Position*, daß die Sicherheit, das Glück und der Wohlstand einer Republik von der breiten Vertei-lung sowohl des Eigentums als auch der bürgerlichen Partizipation an den Angelegenheiten des Staates abhängen, und daß die Aufgabe des Gesetzgebers und der Regierung darin besteht, politische – falls erforderlich, auch politisch-aggressive – Strategien zu erarbeiten, mit deren Hilfe bestehende Blöcke kon-zentrierten oder monopolisierten Besitzes und politischer Macht gesprengt und die Verteilung gefördert werden können. Gemäß dieser Position gewähr-leistet die breite Streuung von Eigentum sowie des politischen Mitsprache-rechts, daß auch Bürger mit geringem Besitz in die gesellschaftlichen Abläufe einbezogen werden und auf diese Weise mehr Interesse für verantwortliches, weniger aber für aufrührerisches politisches Handeln zeigen. Die Angleichung des Status in Politik, Wirtschaft und Handel begünstige die Fortentwicklung der eigenen Persönlichkeit und fördere über die Zusammenarbeit mit anderen die Zivilisierung.[2] Aber auch die Befürworter der *einschließend-distributionisti-*

1 Reports of the Proceedings and Debates of the [New York Constitutional] Convention of 1821. Auszugsweise dargestellt in: *M.D. Peterson* (Hg.), Democracy, Liberty and Property, In-dianapolis 1966, S. 125 u. 194.
2 Zur Debatte unter den verschiedenen Mitgestaltern der US-amerikanischen Verfassung:

schen Variante haben stets daran festgehalten, daß bestimmte Personen und Gruppen wegen ihres besonderen Verhältnisses zum Eigentum ausgeschlossen bleiben müßten.

Im folgenden soll die Geschichte der republikanischen Bürgerschaft in den USA anhand der Auseinandersetzungen zwischen diesen beiden Positionen sowie der jeweiligen Ausgrenzungsdiskurse für die Zeit vor und nach dem Bürgerkrieg dargestellt werden.

1. Vor dem Bürgerkrieg

Noch zur Zeit der Amerikanischen Revolution waren die dominanten Gruppen Nordamerikas der Überzeugung, politische Handlungsfähigkeit sei ausschließlich Männern mit Landbesitz zuzutrauen, da nur solcher Besitz als Garant bürgerlicher Tugend gelten könne. Die Bürgertugend beruhe auf der sich aus der leitenden Stellung eines Haushaltsvorstandes ergebenden Erfahrung, auf Anspruch auf Teilhabe am Leben der Gemeinschaft und auf der Unabhängigkeit von Besitz und Patronage. Für den englischen Rechtskommentator William Blackstone stand fest, ʼdaß Personen ohne Grund und Boden sich in einer »so niedrigen Position befinden, daß sie keinen eigenen Willen entwikkeln können. Wäre es solchen Personen gestattet zu wählen, würden sie dies nur unter dem Einfluß anderer tun.«[3]

Das der Kontrolle der einzelnen Bundesstaaten unterliegende Wahlrecht war in der jungen amerikanischen Nation also zunächst auf solche Personen beschränkt, die über ein festgesetztes Minimum an Besitz verfügten. Die Besitzer der großen Plantagen in Virginia sowie Süd- und Nordkarolina, die die Politik aufgrund ihrer Kontrolle des Oberhauses beherrschten, rechtfertigten diese Beschränkung des Wahlrechts mit einer Theorie der politischen Handlungsfähigkeit, die mehr auf Eigeninteresse als auf Tugend abhob. Gemäß dieser Theorie waren die im Grundbesitz gründenden Rechte (»rights of property«) im Regierungsapparat anders zu vertreten als die in der alleinigen Person eines Menschen gründenden Rechte (»rights of person«). Wenn Männern ohne Grund und Boden die Macht gegeben würde, Steuern zu erheben und öffentliche Gelder auszugeben, würden sie ihre Macht dazu benützen, Eigentum im

J. *Nedelsky*, Private Property and the Limits of American Constitutionalism, Chicago 1990. Über besonders bemerkenswerte theoretische Stellungnahmen zu den wesentlichsten Positionen in der Weiterführung der Debatte berichten: D. *Abraham*, Liberty Without Equality. The Property-Rights Connection in a »Negative Citizenship Regime«, in: Law and Social Inquiry 21, 1996, S. 1–66; G. *Alexander*, Time and Property in the American Republican Legal Culture, in: New York University Law Review 66, 1990, S. 273; F.I. *Michelman*, Possession v. Distribution in the Constitutional Idea of Property, in: Iowa Law Review 72, 1987, S. 1319; C. *Rose*, Property as the Keystone Right?, in: Notre Dame Law Review 71, 1996, S. 321.

3 *W. Blackstone*, Commentaries on the Law of England, London 1775, Bd. 1, S. 171.

Sinne ihrer eigenen Zielsetzungen umzuverteilen. Besonders die Plantagenbesitzer der Küste befürchteten, daß die Bewohner des Binnenlandes die Steuerlast auf den Großgrundbesitz erhöhen würden, um den Bau von Straßen und Kanälen im Inneren zu finanzieren.[4]

Obwohl die protektionistische Position in den frühen Jahren der Republik dominierte, war das Wahlrecht (gemessen an Europa) in den USA weit verbreitet, da, wie Tocqueville bemerkt, auch der Besitz von Land relativ weit verbreitet war und bei Wahlen der Eigentumszensus nicht überall konsequent durchgesetzt wurde. 1787 – im Jahr, in dem die amerikanische Verfassung angenommen wurde –, waren je nach Bundesstaat zwischen 70 und 90 Prozent der erwachsenen Weißen männlichen Geschlechts wahlberechtigt.[5] Der typische amerikanische Wähler jener Zeit war aber nicht der Großgrundbesitzer oder reiche ländliche Gentleman, sondern der selbständige »Freibauer« mit kleinerem oder mittlerem Besitz.

Das System des auf den freien Grundbesitzer beschränkten Wahlrechts wurde indessen in der neuen Republik rasch unterhöhlt. Der Gedanke, wonach das Wahlrecht auf der außerordentlichen, sich aus Grundbesitz herleitenden Tugend und Unabhängigkeit des Wählenden beruht, verlor in dem Maße an Kraft, in dem die Landbesitzer von den Kreditgebern und vom Handel abhängig wurden. Der Reichtum konzentrierte sich zunehmend in den Händen von Industrie- und Handelsunternehmen, die von den Schwankungen und Interdependenzen der Marktkräfte – d.h. den privaten und öffentlichen Schulden, dem Börsengeschehen, Vertragsversprechen und dem Vertragserfüllungsstand – abhängig waren. Den neuen Eliten gehörten also weniger Großgrundbesitzer als Kaufleute, Bankiers, Fabrikanten und Juristen an.

Eines der wichtigen traditionellen Argumente, für den Ausschluß der unteren sozialen Schichten vom Wahlrecht – nämlich, daß die Besitzlosen im Sinne ihrer reichen Patrons stimmen würden – verlor in den USA mit abnehmendem politischem Respekt gegenüber der Obrigkeit an Plausibilität: Der normale Bürger wählte nicht mehr *mit* den sozial Höherstehenden – oder gar *für* sie.[6] Schon um 1800 waren einfache Steuerzahler – Männer, die beim Militär dienten und Straßenbauarbeiter auf staatlich finanzierten Straßen – der Auffassung, daß jeder, der zur Aufrechterhaltung des Staatswesens beiträgt, auch wahlberechtigt sein sollte. In den 1820er Jahren kämpften Arbeiterparteien für die Anerkennung von manueller Arbeit als würdige Beschäftigung und für die Ausdehnung des Wahlrechts auf Männer, die mit ihren Händen arbeiten, da die

4 *J.K. Cogan*, The Look Within. The Transformation of Suffrage in the Early American Republic, Beitrag zu einem Seminar des »Institute for Early American Studies«, 1995, S. 5f.

5 *Chr. Collier*, The American People as Christian White Men of Property. Suffrage and Elections in Colonial and Early National America, in: D. W. Rogers (Hg.), Voting and the Spirit of American Democracy, Urbana 1992, S. 20 u. 26.

6 *G. Wood*, The Radicalism of the American Revolution, New York 1992.

eigenen Hände dieser Männer eben deren produktives Eigentum seien. Auch Lohnarbeiter und Pächter seien in den Kreis der Wahlberechtigten einzubeziehen, da – obwohl sie zunächst noch von Arbeitgebern und Grundbesitzern abzuhängen pflegen – davon auszugehen sei, daß sie beabsichtigten, sich bis zum Stande eines eigenständigen und unabhängigen Eigentümers von Besitz hochzuarbeiten. Nach der neuen Theorie konnte jeder Mann, der fähig war, seinen und seiner Familie Lebensunterhalt zu verdienen, indem er seine Fertigkeiten und seine Intelligenz an dem wichtigsten Prüfstein der Tugend, dem Markt, maß, auch jene Tugend und Intelligenz für sich reklamieren, die der Gang zur Wahlurne erforderte. Das allgemeine Wahlrecht für weiße männliche Personen war in den USA Anfang der 1840er Jahre erreicht – früher als in irgendeinem der europäischen Staaten.[7]

Ob jemand vom vollen Rechtsstatus der Bürgerschaft ausgeschlossen war oder nicht, hing jedoch von weiteren Eigenschaften ab. *Frauen* waren zwar »Bürger«, doch wurden ihnen sowohl die bürgerrechtliche als auch die politische Fähigkeit abgesprochen; zum einen, weil Frauen eine wichtige Bedingung republikanischer Bürgerschaft, die Militärpflicht, nicht erfüllen konnten, zum anderen, weil sie laut herrschender Ideologie »von Natur aus« in bezug auf Willen und Geist schwächer waren und von Männern weder unabhängig sein konnten noch sollten, sondern von diesen geführt und geschützt werden mußten. Das Eigentum verheirateter Frauen wurde laut Gesetz mit dem des Ehemannes zusammengelegt und kam unter dessen ausschließliche Kontrolle. In den Jahren zwischen 1776 und 1807 durften unverheiratete weiße Frauen nur in einem einzigen Bundesstaat wählen – in New Jersey. Hier wählte tatsächlich diese oder jene Witwe, die ihren Besitz eigenhändig verwaltete. Von diesen Ausnahmen abgesehen, durften verheiratete Frauen weder wählen, noch öffentliche Ämter bekleiden oder einem Schwurgericht angehören.

In den 1830er Jahren kam dann die Ideologie der »separaten Sphären« auf, wonach die Familie und nicht die einzelne Person in der Politik zu vertreten sei und es der Mann wäre, der diese Vertretung am besten leiste, da seine Kompetenzen ohnehin in den öffentlichen »Sphären« von Politik und Geschäft lägen. Die Gewährung des Wahlrechts für Frauen würde zu politischen Konflikten und zur Störung der Harmonie des Familienlebens führen. Außerdem würde eine politisch aktive Frau durch die Gemeinheiten und die aggressive Atmosphäre des öffentlichen Lebens verhärten. Sie verlöre damit jene »höhere Reinheit und Moral«, die nicht nur für die Erziehung der Kinder, sondern auch für die Zügelung und Umleitung der Leidenschaften des Mannes in produkti-

---

7 S. *Wilentz*, Property and Power. Suffrage Reform in the United States, 1787–1860, in: D.W. Rogers (Hg.), Voting and the Spirit of American Democracy, Urbana 1992, S. 31–41; *D. Montgomery*, Citizen Worker, Cambridge 1993, S. 13–25.

ves Handeln, Sparsamkeit und Schutz von Ehefrau und Kindern erforderlich sei.[8]

Seit 1848 erwarben die Frauen allmählich autonome Rechte auf Eigentum; zunächst das Recht, das in die Ehe mitgebrachte Vermögen getrennt von dem des Ehemannes zu verwalten, dann das Recht, über ihr eigenes Einkommen zu verfügen (ab 1860), schließlich das Recht, akademische Berufe zu ergreifen (ab den 1880er Jahren). Durch diese Verstärkung der faktischen und legalen Kontrolle der Frauen über Eigentum und Besitz wurden die Fundamente dafür gelegt, daß die aufkommende Frauenbewegung die vollen politischen Rechte einfordern konnte.[9] Die bedeutendste amerikanische Frauenrechtlerin des mittleren 19. Jahrhunderts, Elizabeth Cady Stanton, schrieb im Jahre 1856: »Wir haben schon heute ein Eigentumsgesetz, das sich rechtlich so auswirkt, daß sich eine auf diese Weise geschützte Frau in eine lebendige, atmende Person verwandelt – eine ›Nur‹-Ehefrau also in eine Eigentümerin von Besitz, in jemanden, der Verträge abschließen, [sowie Eigentum] kaufen und verkaufen kann .... Man braucht nur wenig Voraussicht, um zu erkennen, daß zu gegebener Zeit diese Eigentümerinnen auch in der Regierung vertreten sein müssen.«[10] Die Frauen argumentierten auch, daß – wenn sie wirklich sanftere, reinere und moralisch höherstehende Wesen waren als die Männer – diese naturgegebenen Eigenschaften doch genau das wären, was so dringend gebraucht würde, um die heruntergekommene und korrupte männliche Politik zu reformieren! In diesem Sinne organisierten die Frauen bald Bewegungen zur Reform des öffentlichen Lebens – Bewegungen, die mit der vergleichsweise höheren weiblichen Moral argumentierten. Sie setzten sich gegen Alkoholmißbrauch und die Sklaverei ein, übernahmen karitative Aufgaben und gründeten Bibelgesellschaften.

Als die weißen Arbeiter in den 1830er Jahren das Wahlrecht erhielten, gelang ihnen auch die Verabschiedung eines Gesetzes, das bestimmte Personen vom Wahlrecht ausschloß, wie Bezieher staatlicher Wohlfahrtshilfe und Almosen empfangende Arme.[11] Die wichtigste der Gruppen, die damals ausgegrenzt wurden, waren indessen die freien Schwarzen – und dies sogar in Bundesstaaten, wo sie vorher nicht vom Wahlrecht ausgeschlossen gewesen war – nämlich in Pennsylvanien (1838), New York (1846) und den meisten Staaten des mittleren Westens (1850–1860). Im Jahre 1860 wurden sogar den in den nördlichen Bundesstaaten lebenden freien Schwarzen (220.000 Personen, d.h. ungefähr 1 Prozent der Gesamtbevölkerung des Nordens) das Wahlrecht abgesprochen,

8 N.F. Cott, The Bonds of Womanhood, New Haven 1977.
9 E.C. DuBois, Feminism and Suffrage. The Emergence of an Independent Women's Movement in America, 1848–1869, Ithaca 1978.
10 Brief von Elizabeth Cady Stanton an Gerrit Smith vom 3.1.1856, zit.n. Cogan, Look, S. 12.
11 R. Steinfeld, Property and Suffrage in the Early American Republic, in: Stanford Law Review 41, 1989, S. 335 u. 361–366.

außer in den nord-östlichen Bundesstaaten Neu Englands. In einigen Fällen beruhte dies auf dem Zirkelschluß, daß Schwarze zur Zeit der Revolution Sklaven und nicht »Bürger« gewesen wären und daher selbst emanzipierte Schwarze jetzt keine »Bürger« sein könnten. Häufiger noch wurde behauptet, Schwarze seien von Natur aus unfähig zu unabhängiger Urteilsbildung, so daß ihre Stimme leicht gekauft werden könne. Einige Bundesstaaten (wie z.B. New York im Jahre 1821) gaben den Schwarzen jedoch Gelegenheit, ihre Fähigkeit zu einer eigenständigen Lebensführung zu beweisen, indem sie das Wahlrecht von einem Minimum von Grund- und Bodeneigentum abhängig machten – eine Bedingung, die zur selben Zeit für weiße Wähler abgeschafft wurde.[12] In dem berühmten Rechtsfall von Dred Scott entschied z.B. der Oberste Gerichtshof von New York, daß keine schwarze Person in dem nationalen Staatswesen der Vereinigten Staaten von Amerika »Bürger« sein könne.[13]

Ein *Sklave war* schon sui generis ein der vollen Kontrolle Dritter unterstehendes Eigentum und somit im juristischen Sinne das Gegenteil eines freien Bürgers, d.h., bar jeglicher (staats)bürgerlicher und politischer Fähigkeiten und keine Person sui juris. *Straftäter* wurden aufgrund ihres mangelnden Respekts für die Gesetze – und da in erster Linie der Eigentumsgesetze – von der Teilnahme an Regierungsangelegenheiten ausgeschlossen. Dieser Ausschluß gewann nach dem Bürgerkrieg vor allem für die Schwarzen in den Südstaaten statistische Bedeutung.

In den Jahren zwischen 1814 (beginnend mit New Hampshire) und 1860 gingen fast alle Bundesstaaten (außer zwei) dazu über, das Wahlrecht an die politische Staatsbürgerschaft zu binden und gesetzliche Bedingungen aufzustellen, wonach Einwanderer auch den Bürgerschaftsstatus haben mußten, um wählen zu dürfen. Interessanterweise war es in den meisten Bundesstaaten jedoch bis ins späte 19. Jahrhundert nicht-naturalisierten, aber im Lande wohnhaften Ausländern erlaubt zu wählen, sofern sie die Bedingungen der Aufenthaltsgenehmigung erfüllten. Unter dem importierten englischen Recht hatten Ausländer, die in den USA Land besaßen, ursprünglich mit verschiedenen rechtlichen Nachteilen zu rechnen gehabt. Als es später dann aber darum ging, Siedler anzuziehen, wurden die Rechte der Ausländer durch Verträge und Bundesgesetze erweitert. So behandelte z.B. der Kongreß und die Mehrzahl der Bundesstaaten Einwanderer und Niederlassungswillige, die ihre Absicht kundgetan hatten, die US-amerikanische Staatsbürgerschaft anzunehmen, beim Verkauf staatseigenen Landes wie gebürtige Amerikaner.[14] Man tendierte damals dahin, im Hinblick auf Wahlrecht und Landerwerb die Bedeutung des

12 *L.F. Litwack*, North of Slavery. The Negro in the Free States, 1790–1860, Chicago 1961, S. 74–93.

13 Dred Scott v. Sanford, 60 U.S. (19 How.) 40 (1857).

14 *D. Vagts*, United States of America's Treatment of Foreign Investment, in: Rutgers Law Review 17, 1963, S. 374 u. 390.

Ausländerstatus herunterzuspielen. Daran änderte sich auch trotz des schnellen Anwachsens nativistischer katholikenfeindlicher Einwandererparteien – wie der »Know-Nothing«-Partei in den 1840 und 1850er Jahren – nichts.[15]

Die eingeborenen Amerikaner, die *Indianer*, hatten aufgrund ihres Verhältnisses zum Eigentum einen rechtlichen Sonderstatus; man rechnete sie zu den »halb-souveränen«, doch »abhängigen« Nationen. Zuerst wurde den Indianern ihr Land mit der Begründung weggenommen, daß sie ja eigentlich nie wirklich Grund und Boden als »Eigentum« besessen hätten, da sie das Land nur durchstreift und nie umzäunt oder intensiv bebaut hatten. Ein Richter meinte im Jahre 1831 zur Situation der Indianer, sie befänden sich »in einer ähnlichen Situation wie die Israeliten, als sie in der Wüste wohnten«.[16] Später wurde behauptet, die europäischen Staaten hätten aufgrund der Eroberung bzw. Entdeckung des nordamerikanischen Kontinents größeres Anrecht auf das Land. Die Indianer behielten zwar das Recht, auf ihrem Land zu leben und es wie ihr eigenes zu bewirtschaften, doch konnte der mächtige US-Staat dies jederzeit ändern.[17]

Die Geschichtswissenschaft sieht diese Periode als eine Zeit, in der der Besitz von Land als Grundlage bürgerrechtlicher Privilegien – und da insbesondere des Wahlrechts – an Bedeutung verlor, weil sich die Grundlage für politische Partizipation von »Landbesitz zu Demokratie« bzw. von »Landbesitz zur Person (›personhood‹)« hin verlagerte. Die Auffassung, daß eine privilegierte rechtlich-wirtschaftliche Ausstattung das Kennzeichen von Rang und Tugend seien, verblaßte gegenüber der Idee, daß die Fähigkeit, die mit der Bürgerschaft einhergehenden politischen Aufgaben zu erfüllen, in Wahrheit von den persönlichen Eigenschaften des einzelnen, seinem »Charakter«, abhängt.[18] Dieser Interpretation ist in vieler Hinsicht zuzustimmen. Trotzdem ist zu betonen, daß »Persönlichkeit« (»personhood«) nicht eine Eigenschaft des unabhängig von der Gesellschaft existierenden Individuums ist, sondern eine Funktion jener Fähigkeiten, die das Individuum im Umgang mit der materiellen Welt zum Einsatz bringt. Gemeint sind also Fähigkeiten, die nach Locke auf dem Zusammenspiel von Arbeit und Eigentum beruhen; sowohl Tugend wie Unabhängigkeit des Individuums sind nur diesem Zusammenspiel zu verdan-

15 *G. Neumann*, Strangers to the Constitution, Princeton 1996; *P. Kleppner*, Defining Citizenship. Immigration and the Struggle for Voting Rights in Antebellum America, in: D. W. Rogers (Hg.), Voting and the Spirit of American Democracy, Urbana 1992, S. 43–52.

16 J.W. Johnson, in Bezugnahme auf den Streitfall in Cherokee Nation v. Georgia, 30 U.S. (5 Pet.) 1, 27 (1831).

17 Eine detaillierte historische Darstellung der Siedlungs- und Eroberungsdiskurse der europäischen Kolonisatoren gibt *R.A. Williams* Jr., The American Indian in Western Legal Thought, New York 1990.

18 Siehe hierzu das führende Buch über die Geschichte des Wahlrechts im 19. Jahrhundert in den USA von *Ch. Williamson*, American Suffrage from Property to Democracy, 1760–1860, Princeton 1960.

ken. Dies bedeutete, daß »Charakter« weitgehend gleichbedeutend war mit bürgerlichen Tugenden wie Kreditwürdigkeit, Fähigkeit sich selbst zu lenken und andere zu kontrollieren und nutzbringend einzusetzen. Unternehmerische Vorsicht bei Investitionen sowie Sparsamkeit, aber auch Anpacken-Können wie ein Arbeiter, Pünktlichkeit und Selbstdisziplin gehörten dazu. Es waren somit die Tugenden des »besseren, höheren« Charakters, die einer bestimmten Klasse von Personen das Recht auf Bürgerschaft gewährten – bzw. waren es die dem »niederen« Charakter fehlenden Tugenden, die eine Person von der Bürgerschaft ausschlossen. Beurteilt wurde nur, wie gut jemand dem Modell vom unabhängigen, selbstbestimmten, eigenständigen und aufstiegswilligen mobilen Unternehmer entsprach.

In dem Maße, in dem in den nördlichen Bundesstaaten der Kleineigentümer – d.h. Kleinbauer, Handwerker, Händler oder aufstiegsorientierte Arbeiter – zum Modell des tugendhaften Bürgers wurde, gewann auch die *einschließend-distributionistische Position* in politischen Bewegungen an Boden. Parteien und Bewegungen wie die »Jacksonianer«, »Workingmen« und »Free Soil« kritisierten den großen Besitz: die ausgedehnten »feudalen« Landgüter im Hudson Valley im Staate New York, die riesigen ererbten Reichtümer großer Handelshäuser, die »Monopole« staatlich privilegierter Großunternehmen und die mächtigen »aristokratischen Sklavenhalter« des Südens. Sie prangerten diese als Gefahr für das liberale und republikanische Konzept der Bürgerschaft an, da die Vermögenskonzentration den Wettbewerb behindere und die Unabhängigkeit der Kleinunternehmer untergrabe.[19] Verschiedene Bewegungen strebten eine breite Verteilung des staatseigenen Landes im Westen an und verlangten, daß Grundstücke ab 160 Morgen an jeden ausgeteilt würden, der verspreche, sich darauf auch niederzulassen und den Boden landwirtschaftlich zu nutzen. Dagegen hielten die Großgrundbesitzer der Südstaaten weiter daran fest, daß die Position eines »Masters« – d.h. eines Plantagenbesitzers, der ganze Sklavenhaushalte unter sich hat und befehligt – der wichtigste Prüfstein für jene Charaktereigenschaften sei, die für uneigenütziges politisches Engagement gebraucht werden.[20] Die Weißen des Südens waren überhaupt der Ansicht, daß die Übertragung der körperlichen Arbeit auf unfreie Schwarze die Vorbedingung ihrer eigenen republikanischen Freiheit bilde.[21] Die im Bürgerkrieg kulminierende innere Krise wurde unter anderem durch den Konflikt über die Frage ausgelöst, welches der beiden politisch-wirtschaftlichen Modelle verwendet werden sollte, um die Besiedelung der westlichen Territorien unter Kontrolle zu bekommen.

---

19 *E. Foner*, Free Soil, Free Labor, Free Men, Oxford 1995².
20 *K. Greenberg*, Masters and Statesmen, Baltimore 1985, S. 19–22.

2. Nach dem Bürgerkrieg

In der Zeit nach dem Bürgerkrieg verschärfte sich der Konflikt über die Einschließung und Ausgrenzung immer dann, wenn neue soziale Gruppen hinzukamen und eine Neudefinierung von »Bürgerschaft« anstand. Die wichtigste Veränderung in diesem Zusammenhang bestand darin, daß durch den 13. Zusatzartikel zur Verfassung im Jahre 1864 vier Millionen schwarze Sklaven vom Objekt zur freien eigenständigen Person emanzipiert wurden. Durch den 14. Zusatzartikel erhielten sie im Jahre 1868 formal denselben Rechtsstatus wie Weiße, d.h. das Recht, Eigentum zu besitzen, Verträge abzuschließen, vor Gericht zu gehen und vor Gericht zitiert zu werden. Der 15. Zusatzartikel von 1870 schließlich verfügte die volle politische Handlungsfähigkeit der männlichen Schwarzen.

Das wichtigste Argument zugunsten der Gewährung des Status eines Vollbürgers für Schwarze war, daß männliche Schwarze ihre staatsbürgerlichen Fähigkeiten durch ihren Dienst während des Bürgerkriegs in Unionsarmee und Marine bewiesen hatten. Von 1867 bis 1877 bekleideten einige Hundert Schwarze sogar Posten im Regierungsapparat einzelner Südstaaten; außerdem belief sich die Wahlbeteiligung der Schwarzen in der Region auf fast 90 Prozent. Zeitweise schlugen die Radikalen im Kongreß sogar vor, befreiten Schwarzen die für ihre wirtschaftliche Eigenständigkeit und politische Freiheit und Unabhängigkeit notwendigen Mittel zur Verfügung zu stellen; es sollte Land (»40 Morgen und ein Maultier«) an sie verteilt werden – Land, das von widerspenstigen Plantagenbesitzern der Südstaaten zu konfiszieren sei. Dieser Plan wurde jedoch bald aufgegeben, und auch andere Versprechen bürgerlicher Gleichstellung für befreite Schwarze wurden gebrochen.

Zwischen 1877 und 1920 gelang es den Weißen im Süden mit Hilfe von diskriminierenden Polizeimethoden, Manipulierung von Gesetzen und des von offizieller Seite tolerierten Terrors (Ku-Klux-Klan), Schwarze von den Wahlurnen, der Ernennung in öffentliche Ämter und der Berufung als Geschworene bei Gericht auszuschließen. Gleichzeitig wurden Gesetze zur Rassentrennung in Schulen und öffentlichen Einrichtungen durchgesetzt. Ziel und Auswirkung solcher Ausgrenzung war es, die Farbigen auf Dauer im Hinblick auf Besitz und Stellung in der Rolle Untergebener festzuhalten, sei es als Taglöhner, Pächter oder Teilpächter.[22] Dieser Zustand dauerte für Schwarze, die im Süden blieben und diese Bedingungen akzeptierten, anstatt in den Norden abzuwandern, bis in die 1950er und 1960er Jahre fort.

21 E. Morgan, American Slavery, American Freedom, New York 1975.

22 E. Foner, Reconstruction. America's Unfinished Revolution. 1863–1877, New York 1988; J.M. Kousser, The Shaping of Southern Politics. Suffrage Restriction and the Establishment of the One-Party South, 1880–1910, New Haven 1994; Montgomery, Citizen Worker, S. 117–129.

In den 1860er Jahren geriet die Frauenemanzipation angesichts des Problems der Emanzipation der Schwarzen zunächst in den Hintergrund, danach kamen die Dinge indessen wieder in Bewegung. Nun wurden Frauen in einigen Territorien wie Wyoming (1869) und Utah (1870), dann aber auch in Staaten des Westens wie Colorado (1899), Idaho und Utah (1896), Washington (1910) und Californien (1911) zu akademischen Berufen und den Wahlurnen zugelassen. Schließlich konnte das landesweite Wahlrecht für Frauen durch das 19. Amendment im Jahre 1920 verfassungsmäßig verankert werden. Ein Versuch, anhand eines »Gleichberechtigungsparagraphen« den Frauen die bürgerrechtliche Gleichstellung vermittels der Abschaffung bestimmter gesetzlicher Verfügungen (eigentlich nur verschleierte Benachteiligungen, die die Frauen vor der männlichen Konkurrenz »beschützen« sollten) zu gewähren, scheiterte an Uneinigkeiten zwischen den verschiedenen Frauengruppen.[23] Frauen war es zwar gesetzlich gestattet, zu wählen und bezahlte Arbeit anzunehmen, doch ihr Wirkungskreis blieb in den Mittelschichten aufgrund alter Gewohnheiten und Rechtsvorschriften auf den Haushalt beschränkt. Frauen aus dem Arbeitermilieu waren gezwungen, minderbezahlte Frauentätigkeiten annehmen.[24] Auch Eigentum, das verheiratete Frauen aus ihrem Einkommen aus außerhäusiger Erwerbsarbeit (mit)schufen, wurde rechtlich anders eingestuft als das ihrer Ehemänner: Die Gerichte hielten daran fest, daß eine verheiratete Frau mit ihrem Verdienst zwar zum allgemeinen Wohl ihrer Familie beitrüge, daß die finanziellen Angelegenheiten jedoch der Kontrolle des Ehemannes unterständen.[25]

Die protektionistischen und ausschließenden Tendenzen hinsichtlich der Bürgerrechte verstärkten sich zwischen 1870 und 1924 auch deshalb, weil die sozialen Eliten Arbeiterunruhen und Unordnung in den Städten befürchteten und die in den USA geborenen männliche Weißen der Konkurrenz von seiten neu eingewanderter Arbeitskräfte mit Argwohn begegneten.[26] Im ausgehenden 19. Jahrhundert versuchten die Eliten – allerdings ohne Erfolg – in städtischen Wahlkreisen den Eigentumszensus für das Wahlrecht wieder einzuführen. Es gelang ihnen, die Gerichte für den Schutz des Eigentums der Unternehmer gegen Streiks und Boykott der Arbeiterschaft zu instrumentalisieren und eine redistributive Gesetzgebung für Höchstarbeitszeit, Mindestlöhne und progressive Einkommensteuer zu behindern.[27] Auf bundes- wie einzelstaatlicher

23 *DuBois*, Feminism; *N.F. Cott*, The Grounding of Modern Feminism, New Haven 1987.

24 *A. Kessler-Harris*, Out to Work. A History of Wage-Earning Women in the United States, New York 1982.

25 *R. Siegel*, The Modernization of Marital Status Law. Adjudicating Wives' Rights to Earnings, 1860–1930, in: Georgetown Law Review 82, 1994, S. 2127.

26 *W. Preston*, Aliens and Dissenters, New York 1963; *J. Higham*, Strangers in the Land, New York 1955[2].

27 *A. Paul*, Conservative Crisis and the Rule of Law, Ithaca 1960; *O.M. Fiss*, Troubled Beginnings of the Modern State, 1888–1910, New York 1993.

Ebene wurden nun zahlreiche Gesetze verabschiedet, die gewerkschaftliche Anführer kriminalisierten und »Syndikalismus« und »Anarchismus« im allgemeinen bekämpften. Auch wer arbeitslos war, machte sich durch seinen »Vagabundenstatus« strafbar. Manche dieser Gesetze richteten sich ausdrücklich gegen eigentumsfeindliche politische Handlungen; so z.B. ein Erlaß in New Jersey aus dem Jahre 1908, der es als kriminell bezeichnete, »die Inbrandsetzung oder Zerstörung von Privateigentum anderer zu befürworten, anzuregen, zu rechtfertigen, zu loben oder dazu aufzuhetzen«.[28] Im Jahre 1917 erließ der Kongreß ein in der Hauptsache gegen die Gewerkschaft »Industrial Workers of the World« (IWW) gerichtetes »Antiradikalismusgesetz«, das den Einwanderungsbehörden erlaubte, »jeden Ausländer, der zu einem beliebigen Zeitpunkt nach seiner Einreise dabei ertappt wurde, sich für die ungesetzliche Zerstörung von Privateigentum einzusetzen oder eine solche zu befürworten, auszuweisen«.[29] Ohne weiteren Aufschub konnte nun eine Massenausweisung von Gewerkschaftsaktivisten beginnen.[30]

Um dieselbe Zeit arbeiteten die einzelnen Bundesstaaten daran, ortsansässigen Ausländern das Wahlrecht sowie bisherige wirtschaftliche Privilegien wieder zu entziehen. In den 1880er Jahren erließen zahlreiche Staaten Gesetze, die es Ausländern verboten, Land zu kaufen, wenn sie nicht ebenfalls beabsichtigten, amerikanische Bürger zu werden. Viele dieser Gesetze richteten sich gegen britische Investoren, die große Summen in Viehzuchtbetriebe und Bergbauunternehmen im Westen investieren wollten.[31] Doch in der Hauptsache richtete sich eine solche Gesetzgebung gegen chinesische und japanische Einwanderer in Kalifornien. Mit dem Gesetz gegen chinesische Einwanderer (dem »Chinese Exclusion Act«) von 1882 ließ sich der Kongreß zum ersten Mal auf eine Politik ein, die eine Einwanderung aufgrund rassischer und nationaler Kriterien unterband: Kein chinesischer Arbeiter durfte mehr einwandern oder amerikanischer Staatsbürger werden. Das hauptsächlichste Argument gegen die Chinesen war ihr allzu großer Fleiß sowie die Ansicht, sie agierten, körperlich und erblich bedingt, wie »Maschinen«, die bei halber Kost doppelt so viel Arbeit verrichten wie weiße Männer. Dadurch würden die Löhne der Weißen gedrückt, deren Familien zu »Elend, Bedürftigkeit, Selbstverlust, Ignoranz und stumpfsinnigem Sklavendasein erniedrigt« und »zum gefügigen Werkzeug ka-

---

28 N.J. Laws, 1908, ch. 278.

29 Immigration Act of Febr. 5, 1917, ch. 29, 39 Stat. 874.

30 Klauseln gegen eigentumsfeindliche Handlungen wurden hinzugefügt, da die IWW im Rahmen schon bestehender, gegen »Anarchie« und »gewaltsame regierungsfeindliche Aktionen« gerichteter Gesetze nicht in den Griff zu bekommen war, denn die »Wobblies« (wie die Anhänger der IWW genannt wurden) predigten kein gewaltsames regierungsfeindliches Vorgehen im allgemeinen, sondern waren nur gegen *kapitalistische* Regierungen.

31 *A.I. Pfeffer* u. *R.L. Quintana*, Foreign Investment in the United States. A Nineteenth Century Perspective, in: Stanford Journal of International Law 17, 1981, S. 45 u. 49–54.

pitalbesitzender Gruppen absinken«.[32] Nach 1900 betrafen Gesetze über das Recht von Ausländern, Land in den USA zu erwerben, vor allem Chinesen und Japaner. 1913 wurde in Kalifornien das »Alien Land Law«, ein Gesetz gegen Grundstückkäufe von seiten japanischer Einwanderer, verabschiedet. Aber diese Gesetze blieben meist wirkungslos, da die ausländischen Investoren juristische Schlupflöcher fanden und japanische Farmer sich aufs Pachten verlegten, um ihre Nutzflächen zu vergrößern, ohne mit dem Gesetz in Konflikt zu geraten.[33]

Das kalifornische Gesetz über den Erwerb von Gründstücken durch Ausländer war jedoch insofern von Bedeutung, als es in den 1940er Jahren als Muster für die Gesetzgebung anderer Bundesstaaten diente, die den Landankauf durch Nichtamerikaner auf solche Personen beschränken wollten, die »im Sinne des US-amerikanischen Rechts« die amerikanische Bürgerschaft anstrebten und erhalten konnten.[34] Die harmlos anmutende Formulierung war allerdings eine Verschlüsselung für rassisch motivierte Diskriminierung, da die gesamte nationale Einwanderungspolitik inzwischen auf das Prinzip der Ausgrenzung bestimmter Rassen umgestellt worden war. Im Jahre 1924 hatte der amerikanische Kongreß ein neues Einwanderungsgesetz in Kraft gesetzt, das einige Rassen für immer für unerwünscht erklärte und von der Einwanderung ausschloß; damit waren vor allem Süd- und Osteuropäer sowie, generell, farbige Personen gemeint.[35] Nichtweiße von der Einwanderung auszuschließen, lieferte jedoch in der Hauptsache das rechtliche Mittel, solche Personengruppen wirtschaftlich zu diskriminieren.

Die vielleicht absurdeste Situation im Hinblick auf das Verhältnis von Eigentum und Bürgerstatus ergab sich aus der veränderten Haltung der Regierung gegenüber den *Indianern*. In der Vergangenheit war es üblich gewesen, die Stämme gewaltsam oder mit Hilfe betrügerischer Versprechen aus ihren angestammten Territorien in weiter westlich gelegene Reservate umzusiedeln und dann diese Reservate entsprechend dem Zustrom weißer Siedler in ihrer Größe zu reduzieren. Der erniedrigende »Dawes Act« von 1887 stückelte bislang von einem Stamm gemeinschaftlich bewirtschaftetes Land in einzelne kleine Parzellen auf, die dann von indianischen Eigentümern individuell bewirtschaftet wurden.[36] Die offizielle Erklärung für diese Politik klang ganz harmlos: Man behauptete einfach, daß diese Parzellen ein Anreiz für die Indianer sein wür-

32 Aussage des kalifornischen Senators J.F. Miller, zit. in: *L.E. Salyer*, Laws as Harsh as Tigers. Chinese Immigrants and the Shaping of Modern Immigration Law, Chapel Hill 1995, S. 15.

33 *R. Daniels*, The Politics of Prejudice. The Anti-Japanese Movement in California, Berkeley 1977; *D.O. McGovney*, The Anti-Japanese Land Laws of California and Ten Other States, in: California Law Review 35, 1947, S. 7–60.

34 Ebd., S. 7.

35 Immigration Act of 1924, 43 Stat. 153.

36 Indian General Allotment Act, ch. 119, 24 Stat. 388 (1887).

den, sich um Eigenständigkeit zu bemühen und auf diese Weise aus dem barbarischen Status des gemeinschaftlichen Besitzes auf jene Stufe zivilisierten Lebens aufzusteigen, die ihnen ein Leben als normaler Amerikaner ermöglichte. Diese Argumentationsweise fand in der damaligen vergleichenden Rechts- und Geschichtswissenschaft sowie in der Anthropologie starke Unterstützung, da die Gelehrtenwelt der Meinung war, daß zivilisatorischer Fortschritt daran gemessen werden könne, wie weit in einer Gesellschaft das Prinzip der gemeinschaftlichen Landnutzung dem des individuellen Eigentums von Grund und Boden gewichen war. Die eigentliche, unausgesprochene, Zielsetzung der Maßnahme aber bestand darin, durch eine wirksame Gesetzgebung die halbsouveräne Handhabe der Stämme über das von ihnen bewohnte Land zu brechen und die Bodenparzellen in die Hände von Indianern zu geben, die dieses Land dann an Weiße verkaufen würden.[37] Im Jahre 1934, als dieser Politik ein Ende gesetzt wurde, war der Landbesitz der Indianer von 138 Millionen Morgen auf 52 Millionen geschrumpft.[38] Die böse Ironie dieser Geschichte zeigt sich vor allem daran, daß der Kongreß – ungeachtet dieser »Assimilierungspolitik« – nicht dazu überging, den Indianern die vollen Bürgerrechte zu gewähren, sondern sie auch weiterhin als nichtemanzipierte Bevölkerungsgruppe unter staatlicher »Vormundschaft« festhielt.

Zeitgleich mit diesen protektionistischen und ausschließenden Maßnahmen entstanden neue Bewegungen zur Wiederbelebung der alten distributionistischen Ideale der sich nach den materiellen Bedingungen wirtschaftlicher Eigenständigkeit definierenden republikanischen Bürgerschaft. Das Ideal wurde nun als *Gleichheit der Wettbewerbs- und Erfolgschancen* in der Marktwirtschaft propagiert. Der formal gleichberechtigte Zugang zu Eigentum, das den Aufstieg zum unabhängigen Besitzer für jeden ermöglicht, der sich nicht scheut anzupacken, war in den Augen vieler durch Konzentrationsbewegungen in der Wirtschaft gefährdet. Die großen Eisenbahngesellschaften, die öffentlichen Versorgungsbetriebe sowie die großen Kohle-, Stahl- und Ölgesellschaften galten als neue Bedrohung. Das hauptsächlichste Instrument, das der Gesetzgeber jetzt einsetzte, um »den kleinen, aber rechtschaffenen Leuten« – d.h. den Kleinbetrieben und Farmern – gleiche Bedingungen zu sichern, war die Anti-Trust-Politik. In den 1880er Jahren erließen die einzelnen Bundesstaaten dementsprechende Verfügungen, und der Kongreß verabschiedete im Jahre 1890 den »Sherman Act«, das wichtigste Anti-Trust-Gesetz.[39]

Angesichts der Wirkungslosigkeit der Bemühungen, Unternehmenskonzentrationen zu unterbinden und die sich ausweitende Kluft zwischen den

---

37 *F.P. Prucha*, The Great Father. The United States Government and the American Indians, Bd. 2, Lincoln 1995, S. 659–673.

38 *M.E. Price u. R.N. Clinton*, Law and the American Indian, Charlottesville 1983², S. 629.

39 *J. May*, Antitrust in the Formative Era, in: Ohio State Law Review 50, 1989, S. 257.

Reichsten und den Ärmsten der Gesellschaft zu schließen, bildeten sich soziale Bewegungen, die neue Vorstellungen von Bürgerschaft (»citizenship«) entwikkelten. Diese Konzepte trugen vor allem der Tatsache Rechnung, daß in der modernen Industriegesellschaft die meisten Menschen niemals dem alten Bürgermodell des unabhängigen Landeigentümers entsprechen könnten, sondern ihr ganzes Leben Lohnarbeiter, Landpächter oder sogar Tagelöhner blieben. In ländlichen Regionen organisierten populistische Agrarier Produktionsgenossenschaften und verlangten eine demokratische Kontrolle der kreditvergebenden Institutionen. Handwerker- und Industriearbeitergewerkschaften kämpften um die gesetzliche Anerkennung ihrer Funktion als Vertreter der Interessen der Arbeiter in den industriellen Organisationen. Die »Progressiven« in den Städten forderten die Verstaatlichung oder wenigstens strikte Kontrolle von Transport-, Verkehrs- und Versorgungsunternehmen sowie die bundesstaatliche Aufsicht über Großunternehmen. Ihnen allen war gemeinsam, daß sie die Bedeutung von »Eigentum« neu zu begreifen suchten; sie dachten darüber nach, welche materiellen und sozialen Bedingungen ein Mensch braucht, um als unabhängiger Bürger am öffentlichen Leben teilzuhaben.[40]

3. Tendenzen im 20. Jahrhundert

Die Standardwerke über die Geschichte der Bürgerrechte in den USA von 1933 bis heute stellen fest, daß erstens der Grad der Inklusion (Zahl der eingeschlossenen Personen) stieg und zweitens das liberale Bürgerschaftsmodell weiterentwickelt wurde. Gruppen, die zuvor von gleichberechtigter bürgerlicher und politischer Tätigkeit ausgeschlossen gewesen waren, gewannen Zugang zu den Bürgerrechten. Und das Bündel der Bürgerrechte umfaßte bald mehr als bloß die herkömmlichen liberalen Rechte, wie das Recht, Eigentum zu haben, Verträge abzuschließen, Zugang zum Recht und politische Partizipation. Hinzu kamen nun auch »soziale und wirtschaftliche Rechte«. Diese Geschichtserzählung ist im Grunde richtig. Im wesentlichen tendierte alles hin zu einer Erweiterung der bürgerrechtlichen Inhalte und Privilegien sowie zur Verallgemeinerung des Zugangs. Doch gab es parallel hierzu stets auch gegenläufige Bewegungen, die die Bürgerrechte einzuschränken suchten. Solche Bestrebungen haben insbesondere seit 1980 etlichen Erfolg.

Roosevelts Politik des »New Deal« (1932–1940) ergänzte die Bürgerrechte um wirtschaftliche und soziale Rechte. Das Nationale Gesetz über die Arbeits-

40 Einen guten Überblick über diese Bewegungen gibt *R.H. Wiebe*, The Search for Order, 1877–1920, New York 1967; *L. Goodwyn*, Democratic Promise. The Populist Moment in America, New York 1976; *L. Fink*, Labor, Liberty and the Law. Trade Unionism and the Problem of American Constitutional Order, in: D. Thelen (Hg.), The Constitution and American Life, Ithaca 1988, S. 244–265.

beziehungen (»National Labor Relations Act«) von 1935 legalisierte die Tätigkeit der Gewerkschaften und verpflichtete die Arbeitgeber zur Anerkennung der Gewerkschaften und zur Führung kollektiver Verhandlungen mit diesen über Löhne und Arbeitsbedingungen. Der Streik wurde unter bestimmten Bedingungen legalisiert. In den mittleren 1950er Jahren, als die Gewerkschaften am Höhepunkt ihrer Macht waren, gehörte jeder zweite Erwerbstätige einer Gewerkschaft an. Durch das Sozialversicherungsgesetz (»Social Security Act«) von 1935 wurde zum ersten Mal ein nationales Sicherheitsnetz geschaffen, das Bürgern bei Lebensrisiken wie Altersarmut, zeitweiliger Arbeitslosigkeit und Witwenschaft half. Ein weiteres Gesetz, der »Fair Labor Standards Act« von 1938, setzte einen nationalen Mindestlohn sowie eine gesetzliche Arbeitszeit fest.

Diese Gesetzgebung wurde als modernes Äquivalent zur Verteilung von Siedlerland in der Vergangenheit gerechtfertigt – d.h. als ein Mittel, das eigenständigen und verantwortungsbewußten Bürgern eine wirtschaftliche Grundlage garantieren und zugleich den industriellen Frieden, die soziale Stabilität und – aufgrund einer intakten Gesamtnachfrage – das wirtschaftliche Wachstum sichern sollte. Mit diesen Programmen ging die Einführung neuer progressiver Steuersätze durch das Einkommensteuergesetz »Internal Revenue Code« von 1939 einher. 1946 folgte der »Employment Act«, womit die Regierung zur Förderung der Vollbeschäftigung durch makroökonomische Strategien in das Wirtschaftsleben eingreifen konnte.[41] Alle drei Programme hatten allerdings gemeinsam, daß landwirtschaftliche Arbeitskräfte und Hausangestellte – also in der Hauptsache schwarze, weibliche oder ausländische Personen – ausgeschlossen waren.

Wie schon erwähnt, war den Schwarzen durch Zusatzartikel zur Verfassung nach dem Bürgerkrieg der Bürgerstatus offiziell zugesprochen worden. Doch im Süden verloren sie ihre Rechte aufgrund stark verwurzelter diskriminierender Praktiken und neuer Gesetze rasch wieder und waren gezwungen, in Rassentrennung zu leben. Auch im Norden waren sie in gesonderte, nur für Schwarze bestimmte Stadtteile verbannt und wurde ihnen eine Anstellung bei der Polizei, der Feuerwehr oder im Schuldienst verweigert. Auch die akademischen Berufe blieben ihnen verschlossen. Schwarze dienten im Bürgerkrieg und den beiden Weltkriegen mit Auszeichnung als Soldaten, jedoch stets nur in separaten schwarzen Regimentern; ihre volle Integration in die Streitkräfte erfolgte nicht vor 1948. Und erst 1954 entschied der Oberste Bundesgerichtshof, daß das System der Rassentrennung in den Südstaaten verfassungswidrig sei.[42] Als die Weißen gegen die Beseitigung ihres Systems massiven Widerstand lei-

41 Der beste Überblick über die Politik des »New Deal« findet sich bei *W.L. Leuchtenberg*, Franklin D. Roosevelt and the New Deal, New York 1963.
42 Siehe hierzu den berühmten Prozeß von Brown gegen den Board of Education, 347 U.S. 483 (1954).

steten, organisierten schwarze Bürgerrechtsbewegungen gewaltlose Demonstrationen gegen die bestehende Rassensegregation. Schließlich gelang es ihnen, die Unterstützung der Regierung zu gewinnen, die landesweit gültige Gesetze gegen die Rassentrennung in öffentlichen Gebäuden und Verkehrsmitteln, Wahllokalen, Wohnvierteln und Betrieben beschloß. Nach 1965 setzte sich auch die Politik der sogenannten »affirmativen Aktion« durch; der vormalige Ausschluß vom vollen Bürgerschaftsstatus brachte den Schwarzen *als Gruppe* jetzt eine gewisse Bevorzugung auf dem Arbeitsmarkt, bei der Vergabe von Studienplätzen an öffentlichen Universitäten und von Regierungsaufträgen ein.[43]

In den 1960er und 1970er Jahren kopierten mehr und mehr Interessengruppen die Strategie der Bürgerrechtsbewegung, indem sie zunächst die notwendigen rechtlichen Entscheidungen und Erklärungen der Gerichte erstritten, dann die entsprechende Gesetzesgebung durchdrückten und, falls erforderlich, Prozesse führten, um die errungenen Rechte auch effektiv zu machen. Mit dieser Strategie war nicht selten ein gewisser Erfolg zu erzielen, da der Oberste Bundesgerichtshof, einzelne Bundesrichter und Mehrheitsgruppen im Kongreß für die Forderungen von Außenseitergruppen ein offenes Ohr hatten und sich nicht auf irgendwelche »irrationalen« Diskriminierungen einlassen wollten, bzw. diese Gruppen vor allzu leichtfertig gehandhabten entwürdigenden oder willkürlichen Regierungsmaßnahmen schützen wollten. Die wichtigsten Nutznießer der neuen Antidiskriminierungsgesetze waren Schwarze und Frauen sowie, wenig später, Behinderte. Aber auch uneheliche Kinder, Einwanderer und im Lande lebende Ausländer profitierten von dieser Entwicklung. Zur gleichen Zeit wurden Bestimmungen über rassisch bedingte Ausgrenzung im Einwanderungsgesetz abgeschafft.

Der Besitz der politischen Staatsbürgerschaft verlor als Voraussetzung für den Anspruch auf gesetzlichen Schutz und soziale Rechte an Bedeutung. Die Ansprüche auf rechtliche Verfahren, Sozialleistungen und Arbeitsschutz sind nicht mehr an das Staatsbürgerrecht gebunden. Nur das Wahlrecht und öffentliche Ämter sind heute ausschließlich dem politischen Voll-Staatsbürger vorbehalten. Von der neuen Gesetzgebung und dem Recht auf faire Behandlung durch die Regierung und Justiz haben Straftäter, Gefängnisinsassen, jugendliche Kriminelle, Insassen psychiatrischer Anstalten und von Sozialhilfe lebende Mütter profitiert; ferner Angestellte im öffentlichen Dienst und Empfänger finanzieller Vergünstigungen aus der Regierungskasse; schließlich auch Kinder im Schulalter. Die neue Gesetzeslage ist unter dem Namen »Rechtsrevolution« (»Rights Revolution«) bekannt geworden.[44]

43 Einführende Berichte und Analysen zu dieser »Rechtsrevolution« gibt *D.G. Nieman*, Promises to Keep. African-Americans and the Constitutional Order, 1776 to the Present, New York 1991, S. 148–215.

44 Einführende Berichte und Analysen zu dieser »Rechtsrevolution« in: *C. Sunstein*, The Par-

Schließlich weitete die Regierung die öffentlichen Förderungsprogramme aus. Es wurden Forschungsaufträge für Verteidigung, Medizin und Bergbau vergeben. Größere Flächen öffentlichen Landes wurden zum Abweiden und Abholzen bereitgestellt, großzügige Programme und Hilfsfonds für körperbehinderte Kinder und Erwachsene ins Leben gerufen sowie ärztliche Dienstleistungen für Alte und Arme angeboten. Es wurden Arbeitsplätze in den zahlreichen staatlichen Einrichtungen geschaffen, die die Regulierungspolitik der Regierung ausführten, insbesondere im Gesundheitswesen und im Umweltschutz.

In einem berühmt gewordenen Artikel zeigte der Rechtskommentator Charles Reich im Jahre 1964, daß im System der modernen gemischten Volkswirtschaft immer mehr Formen von Reichtum, wirtschaftlicher Sicherheit und Existenzchancen von staatlichen Förderprogrammen, Verträgen, Lizenzen und Rechten auf Transferzahlungen abhängig sind, und daß all diese Vergünstigungen und Vorteile als »Neues Eigentum« zu betrachten seien. Indem er eine Art revisionistischen Protektionismus mit distributionistischen Argumenten kombinierte, legte Reich dar, daß staatliche Anleihen, Zuschüsse und Arbeitsplätze wie Eigentum in herkömmlichem Sinne vor erdrückenden staatlichen Eingriffen zu schützen seien. Die breite Verteilung solchen Eigentums helfe, die wirtschaftliche Chancengleichheit und soziale Stabilität zu gewährleisten und sei für die Gesellschaft insgesamt wichtig.[45]

Die »Rechtsrevolution« und das »Neue Eigentum« haben die amerikanische Gesellschaft unwiderruflich verändert. Die Antidiskriminierungsgesetze und die Ausdehnung des öffentlichen Beschäftigungssektors förderten nicht nur die Entstehung einer ins Gewicht fallenden schwarzen Mittelschicht, sondern erweiterten auch den Zugang zu Berufen, die vormals vielen verschlossen gewesen waren, und trugen dazu bei, daß sich die Arbeitseinkommen der Frauen denjenigen der Männer annäherten.[46] Die Erweiterung und Differenzierung der staatlichen Fürsorgeprogramme – etwa durch Wohngeldzuschüsse für Schlechterverdienende, die Vergabe von Essensmarken, Altenunterstützung und die Übernahme ärztlicher Behandlungskosten – hat Hunger und materielles Elend alter Menschen so gut wie verschwinden lassen.

Trotz alledem sind die Ziele der »Rechtsrevolution« in vieler Hinsicht nicht erreicht und die Erfolge oft nur zu einem hohen Preis errungen worden. Auf-

tial Constitution, Cambridge 1993; *K. Karst*, Belonging to America. Equal Citizenship and the Constitution, New Haven 1989. Starke konservative Kritik übt dagegen *R.E. Morgan*, Disabling America. The »Rights« Industry in our Time, New York 1984.

45 *Ch. Reich*, The New Property, in: Yale Law Journal 73, 1964, S. 733.

46 In welchem Maße dieser Wandel auf rechtlich-gesetzgeberische Maßnahmen im Rahmen der »Rechtsrevolution« zurückzuführen ist, welche Veränderungen des politischen Bewußtseins der Bevölkerung durch sie bewirkt wurde, und inwieweit unabhängige soziale und wirtschaftliche Kräfte im Spiele waren, wird kontrovers diskutiert.

grund der Erfolge der Bewegung kam es zu Widerständen und Rückschlägen. Weiße aus dem Norden, die die gesetzliche Rassentrennung des Südens anprangerten und beseitigen halfen, stellten sich der Rassenintegration in ihren eigenen Schulen und Wohngebieten entgegen. Die Demokratische Partei, die sich für die Rassen-Gleichstellung aussprach, verlor Stimmen der Weißen des Südens an die zunehmend konservative Partei der Republikaner, die fünf der letzten acht Präsidentschaftswahlen gewann.[47] Traditionalisten in den Gesetzgebungsgremien fürchteten, daß durch die Frauenbewegung die Grenzen zwischen den Geschlechtern verwischt würden, und es gelang ihnen zu verhindern, daß die Gleichberechtigung der Frau in einem Verfassungszusatz verankert wurde.[48] Das wäre der größte Triumph der »Rechtsrevolution« gewesen! Kulturkonservative behaupteten, die Gerichte hätten durch die Rechtsprechung die soziale Ordnung aufgeweicht, indem sie die rechtmäßige Autorität von Polizei, Lehrern und Eltern untergraben und sexuelle Haltlosigkeit gefördert hätten.[49] Die Unterstützung der hohen Gerichte für die »Rechtsrevolution« wurde von den Konservativen unterbunden, indem sie die infolge von Pensionierung freigewordenen Bundesrichterposten mit Gleichgesinnten besetzten. Sie kürzten die öffentlichen Mittel für den unentgeltlichen Rechtsbeistand und trafen damit nicht nur die finanziell schlechter gestellten Rechtsuchenden, sondern auch Rechtsanwälte, die sich ideologisch und praktisch für die »Rechtsrevolution« engagierten. Besonders unbeliebt bei männlichen weißen Arbeitern und Wählern waren die Programme der »affirmativen Aktion« zugunsten von Schwarzen und anderen Minderheiten. Auch Bundesgerichte lehnten dieses Präferenzsystem zunehmend ab, und im Jahre 1996 entschied eine Volksbefragung in Kalifornien, die »affirmative Aktion« abzuschaffen.

Vor dem Hintergrund des neoliberalen Umschwungs im ganzen Land gewannen seit 1980 *protektionistisch-ausgrenzende* Ideologien und Strategien wieder an Bedeutung und verstärkte sich die Tendenz, solche Ideologien zu begünstigen. Als Symptome dieses Umschwungs sind zu nennen:

Erstens nimmt das politische Engagement der unteren Hälfte der Einkommensbezieher erheblich ab. Die Wahlbeteiligung und der gewerkschaftliche Organisationsgrad sind deutlich gesunken. Die Wahlbeteiligung hat in der jüngsten Vergangenheit ein historisches Tief erreicht: Selbst bei Präsidentschaftswahlen gehen – im Gegensatz zum 19. Jahrhundert, wo die Beteiligung zwischen 75 und 85 Prozent gelegen hatte – nur 50 Prozent der Wahlberechtigten zu den Urnen.[50] Die Mitgliederzahlen der Gewerkschaften sind stark gesunken, nämlich auf ca. 13 Prozent, wobei die Angestellten des öffentlichen

47 *Th.B. Edsall u. M.D. Edsall*, Chain Reaction, New York 1991.
48 *J.J. Mansbridge*, Why We Lost the ERA, Chicago 1986.
49 Eine besonders peinliche Polemik dieser Art verdanken wir *R. Bork*, Slouching Toward Gomorrah, New York 1996.
50 *R.A. Teixeira*, The Disappearing American Voter, Washington 1992.

Dienstes überdurchschnittlich organisiert sind. Die Mitgliedschaft in der Gewerkschaft hatte zu den Strategien der Nach-New Deal-Gesellschaft gehört, womit man sich einen Platz im politischen Gemeinwesen verschaffte und die gesteigerte Produktivität in höhere Löhne ummünzen konnte.[51] Nun verlor diese Strategie an Bedeutung.

Als *zweites* Symptom der »Wende« ist die Neigung der Regierung zu nennnen, die ärmsten Mitglieder der Gesellschaft, d.h. insbesondere die schwarzen Armen der Städte, ›abzuschreiben‹ und als ›unverbesserliche Personen‹ zu behandeln. Dies zeigt sich an dem Rückgang von Maßnahmen zugunsten der Integration der Armen durch verbesserte Schul- und Berufsausbildung sowie deren Ansiedlung in Wohngebieten des Mittelstandes. Daß die politische Mehrheit mit den Habenichtsen und den am Rande der Gesellschaft existierenden Gruppen die Geduld verloren hat, zeigt sich auch daran, daß im Jahre 1996 der *Anspruch* auf Sozialhilfe für ledige Mütter und ihre Kinder gestrichen und andere weiterhin gewährte Hilfszahlungen drastisch gekürzt wurden; daß eine Reihe von Gesetzen verabschiedet wurde, die Sozialhilfezahlungen an legale wie illegale Einwanderer abschafften (hier haben wir ein Beispiel für die Relevanz der politischen Staatsbürgerschaft [»technical citizenship«] für die praktische, republikanische Bürgerschaft [»real citizenship«];[52] und daß die für Gefängnisse bereitgestellten Mittel enorm erhöht worden sind.

Drittens neigen die relativ Wohlhabenden dazu, sich aus solchen Bereichen des öffentlichen Lebens zurückzuziehen (bzw. diesen überhaupt fern zu bleiben), in denen vorhandene Infrastrukturen oder Ressourcen mit den verhältnismäßig Armen geteilt werden müßten. Obwohl sich die Rassensegregation in einigen alten Industriestädten wie Cleveland oder Detroit verstärkt hat, ist, aufs Ganze gesehen, die nach Wohnvierteln bestehende Rassentrennung in den Städten etwas zurückgegangen.[53] Dagegen hat die Segregation nach Einkommen stark zugenommen – mit dem Ergebnis, daß die Wohlhabenderen in den Vororten weniger als früher daran denken, ihre Lebenswelt mit den weniger Wohlhabenden zu teilen. Anstatt für öffentliche Dienstleistungen, die allen zugute kämen, zu bezahlen, ziehen sich die Wohlhabenderen in eigene Vorstadtenklaven zurück, wo es ihnen gelingt, ihre Gemeindesteuern einzubehalten und nur für die Ordnung in ihrem Wohnbezirk zu verwenden. Oder sie verschanzen sich in ihrem Haus hinter den Mauern von Gemeinschaftsgrundstücken mit eigener Pforte, die von »Eigenheim-Komitees« verwaltet werden. Die Bewohner solcher Gelände versuchen überdies die bislang öffentliche Al-

51 *Th.A. Kochan, H.C. Katz u. R.B. McKersie*, The Transformation of American Labor Relations, New York 1986.

52 Eine detaillierte Übersicht über die Einwanderungspolitik der jüngsten Vergangenheit gibt *P. Schuck*, The Transformation of American Immigration Law, in: Columbia Law Review 84, 1984, S. 1.

53 *D.S. Massey u. N.A. Denton*, American Apartheid, Cambridge 1993.

tersversorgung der »Social Security« zu privatisieren, um den Umverteilungs-
effekt des gegenwärtigen Systems zu umgehen.

Die Konsequenzen solcher Ideologien und Strategien bestehen in der Spal-
tung der Gesellschaft in eine zu belohnende produktive Klasse, deren Eigentum vor Regulierung und Verteilung auf alle Mitglieder der Gesellschaft zu
schützen ist, und in eine weniger belohnungswürdige Klasse, die mannigfalti-
gen Repressionen und Maßnahmen zur Verhaltensänderung und Ausgrenzung
ausgesetzt ist. In der Vergangenheit haben *protektionistisch-ausschließende* soziale
Muster organisierte politische Reaktionen hervorgerufen, um die Gesellschaft
zu einer besseren und offeneren *distributiv-einschließenden* Position zurückzuführen – eine Position, die den für eine effektive Partizipation in der Politik
und dem materiellen Leben der Nation notwendigen Zugang zu Eigentum
gewährleisten würde. Vielleicht werden sich solche Bewegungen eines Tages
wieder herausbilden, doch zur Zeit gibt es keine Anzeichen dafür.

DIETER GOSEWINKEL

Eigentum vor nationalen Grenzen

Zur Entwicklung von Eigentumsrecht und Staatsangehörigkeit
in Deutschland während des 19. und 20. Jahrhunderts

Seine zentrale Bedeutung erlangte das moderne, liberale Eigentumsrecht in der
deutschen Geschichte des 19. Jahrhunderts mit der Herausbildung der bürgerlichen Rechtsordnung einer anbrechenden Industriegesellschaft. Dieses Eigentumsrecht wurde zum Kernrecht des wirtschaftlich selbständigen, zur politischen Mitbestimmung drängenden Staatsbürgers – zum Freiheitssubstrat
moderner Staatsbürgerschaft schlechthin. Das Eigentum als Voraussetzung
und freiheitssichernder Kern der Staatsbürgerrechte ist in seinem bedeutenden
Stellenwert für die historische Entwicklung der modernen Gesellschaft von der
Forschung herausgearbeitet worden.[1] Materieller Gehalt und Reichweite des
individuellen Eigentumsrechts im historischen Wandel *innerhalb* der Verfas-
sungs- und Wirtschaftsordnung einer nationalen Staatsbürgergesellschaft stehen dabei im Mittelpunkt.

Kaum untersucht hingegen ist die historische Bedeutung des Eigentumsrechts als Bestandteil einer nach *außen* sich abgrenzenden nationalen Staatsangehörigkeit. Die klassischen Formulierungen der amerikanischen und
Französischen Revolution kodifizieren das Eigentum als vorstaatliches Menschenrecht. Dieses Leitbild hat die Erkenntnis verstellt, daß die vielfältigen Eigentumsrechte in den Rechtsordnungen der europäischen Verfassungsstaaten
des 19. und 20. Jahrhunderts für In- und Ausländer differenziert gehandhabt
und unterschiedlich gewährt wurden. Die In- und Ausländer unterscheidende
Staatsangehörigkeit wird dabei als formale, rechtlich eindeutig definierte Zuge-
hörigkeit einer natürlichen – oder juristischen[2] – Person zu einem Staat[3] aufge-
faßt.

---

1 Umfassend: *D. Schwab*, Eigentum, in: O. Brunner, W. Conze u. R. Koselleck (Hg.), Geschichtliche Grundbegriffe, Bd. 2, Stuttgart 1975, S. 65–115, bes. S. 79f.; *H. Rittstieg*, Eigentum als
Verfassungsproblem, Darmstadt 1975 (mit weiteren Nachweisen).

2 Zur wachsenden Bedeutung dieser Frage im modernen Wirtschafts- und Rechtsleben vgl.
E. Isay, Die Staatsangehörigkeit der juristischen Person, Tübingen 1907, S. 174f.

3 Die Staats*angehörigkeit* wird damit unterschieden von der Staats*bürgerschaft*, die als Inbegriff
der materiellen Rechte und Pflichten eines Staatsangehörigen verstanden wird.

Die vorliegende Darstellung zeichnet Entwicklungsschritte der Eigentumsrechte auf den Gebieten des deutschen Verfassungs- und Zivilrechts vom Beginn des 19. bis zur Mitte des 20. Jahrhunderts nach. Sie läßt sich dabei von der Fragestellung leiten, inwieweit von Phasen der menschenrechtlichen Öffnung der Eigentumsrechte einerseits, ihrer Nationalisierung andererseits seit dem 19. Jahrhundert geredet werden kann. Inwieweit wirkte das individuelle Eigentumsrecht über staatlich-nationale Grenzen hinweg und trug zu deren Abbau, inwieweit aber auch zu deren Verschärfung bei?

Die Literatur hat angesichts der Fülle des Rechtsmaterials die Wirkung der Staatsangehörigkeit für die Eigentumsrechte bisher nicht im Detail aufgeschlüsselt. Auch dieser erste Versuch einer Überblicksdarstellung muß wegen der umfangreichen, noch kaum systematisch bearbeiteten Materie zwangsläufig exemplarisch verfahren. Die Analyse konzentriert sich daher auf die deutschen Verfassungstexte und die staatsrechtliche Literatur des 19. und 20. Jahrhunderts sowie auf zwei ausgewählte Bereiche der zivilrechtlichen Eigentumskodifikation: das Recht der Ausländer auf Erwerb und Schutz von Grundeigentum und geistigem Eigentum. Beide Eigentumsbereiche erscheinen als national besonders schutzbedürftig: das Grundeigentum wegen seiner tradierten politischen Bedeutung, die in der Hochzeit des Nationalstaats, ab der Mitte des 19. Jahrhunderts, sich herausbildenden ›neuen‹ Formen des geistigen Eigentums wegen ihrer wachsenden wirtschaftlichen Bedeutung.

Bevor die historische Funktion der Staatsangehörigkeit im verfassungsrechtlichen Eigentumsschutz (Kapitel I) und zivilrechtlichen Eigentumsschutz (Kapitel II) untersucht wird, soll der Bedeutungswandel des modernen Eigentumsrechts kurz skizziert werden.

Die Geschichte des modernen, liberalen Eigentumsrechts in Deutschland ist die Geschichte seiner Kodifikation und Ausdehnung als Freiheitsrecht mit Verfassungskraft. Der Verfassungsbegriff des Eigentums und damit sein Schutzgegenstand unterlagen dabei seit dem 19. Jahrhundert einem historischen Wandel. Die frühkonstitutionellen Verfassungen Süddeutschlands zwischen 1818 und 1821 erhoben das Recht auf Eigentum in den Rang der Verfassung. Der enge Zusammenhang zwischen der Freiheit des Eigentums und der Freiheit der Person betont die Stoßrichtung der Eigentumsgewähr gegen die persönliche Abhängigkeit und Untertänigkeit des Ancien régime. Eigentum war – neben dem an Bedeutung gewinnenden Sacheigentum – ›privates‹, d.h. von öffentlicher und persönlicher Verfügungsmacht entkleidetes Grundeigentum. Die Freiheit der Person als umfassende Wirtschaftsfreiheit, d.h. Niederlassungs- und Gewerbefreiheit, erhöhte noch den Schutzwert des erworbenen Eigentums. Das Leitbild des frei verfügbaren bürgerlichen Eigentums fand in der Neufassung des deutschen Zivilrechts, im Bürgerlichen Gesetzbuch von 1900, seinen Niederschlag.

Während des gesamten 19. Jahrhunderts blieb – vom Reichstagswahlrecht abgesehen – Eigentumsbesitz eine wesentliche Voraussetzung für die Ausübung des politischen Wahlrechts. Der Ausbau der Verwaltungsgerichtsbarkeit nach 1871 stärkte den Eigentumsschutz gegenüber der Verwaltung, seine interpretative Verstärkung als Institutsgarantie nach 1918 auch gegenüber dem Gesetzgeber der Weimarer Republik. Nach Eingriffen in der Zeit des Nationalsozialismus stattete das Staatsrecht der Demokratie nach 1945 die Verfassungsgarantie des Eigentums mit umfassender Schutzwirkung auch gegenüber dem Gesetzgeber, und zwar in Gestalt einer starken Verfassungsgerichtsbarkeit, aus. Deren Rechtsprechung erstreckt die Garantie des Eigentums nunmehr über die vermögenswerten Rechte der Privatrechtsordnung hinaus auch auf öffentlich-rechtliche Leistungsansprüche gegenüber dem Staat, z.B. im Sozialversicherungsrecht.[4]

Insgesamt hat sich damit seit Beginn des 19. Jahrhunderts die Schutzbreite des Eigentumsrechts vom beherrschenden Grundeigentum hin zu vielfältigen vermögenswerten Sachen, geistigen Erzeugnissen und sozialen Ansprüchen erweitert. Die existenzsichernde Funktion dieser differenzierten Eigentumsgegenstände hat sich in sozialer Hinsicht auf eine breite Schicht abhängig Beschäftigter ausgedehnt. Zugleich ist der rechtliche Schutz des Eigentums stetig ausgebaut worden.

Der ökonomische Wert und die soziale Bedeutung der Eigentumsberechtigung nahmen somit in demselben Maße zu wie umgekehrt die Diskriminierung fremder Staatsangehöriger im Fall ihres Ausschlusses vom Eigentum. Das Verhältnis von Staatsangehörigkeit und Eigentumsrecht erhielt daher wachsende Relevanz für die ökonomisch integrative bzw. diskriminierende Grundlinie des deutschen Nationalstaats. Dieser Frage soll anhand der Entwicklungsetappen von Staatsangehörigkeit und verfassungsrechtlicher Eigentumsgarantie bis zur Mitte des 20. Jahrhunderts nachgegangen werden.

I.

Das Verhältnis von Eigentumsrechten und Staatsangehörigkeit hat sich in der modernen Verfassungsgeschichte zwischen zwei Prinzipien bewegt: Das *Territorialprinzip* knüpft die Trägerschaft fundamentaler Rechte an den Aufenthalt im Territorium, die Einwohnerschaft, nicht die Staatsangehörigkeit. Das *Nationalitätsprinzip* (Personalitätsprinzip)[5] demgegenüber macht die Staatsangehörigkeit zur Voraussetzung der Rechtsausübung.[6]

Die revolutionären Rechtsdeklarationen Nordamerikas gewährten in der Tradition des Naturrechts das Eigentum als Menschenrecht – nach der be-

---

4 *Rittstieg*, Eigentum, S. 313f., mit einem Abriß der Entwicklung.
5 *H. von Frisch*, Das Fremdenrecht, Berlin 1910, S. 254f.
6 Ebd., S. 245f.

rühmten Formulierung der »Constitution of Massachusetts« von 1780: »All men are born free and equal, and have certain natural, essential and unalienable rights; among which may be reckoned the right of enjoying and defending their lives and liberties; that of aquiring, possessing, and protecting property.« Das Eigentum erhielt damit die Leitfunktion eines dem Menschen anerschaffenen, dem Staat und damit auch der Staatsangehörigkeit vorausliegenden Freiheitsrechts. Die französische »Déclaration des droits de l'homme et du citoyen« unterschied bereits im Titel Menschen- und Bürgerrechte, verband also das Territorial- mit dem Nationalitätsprinzip. Das Eigentum wurde, entsprechend dem amerikanischen Vorbild, wie die Religionsfreiheit als unveräußerliches Menschenrecht gewährleistet. In der weiteren Entwicklung der französischen Revolutionsverfassungen verwischte jedoch die prinzipielle Unterscheidung. Der französische Nationalstaat im Krieg schloß auch seine Freiheitsgewährleistungen zunehmend gegen Fremde ab und gewährte das Eigentum nicht mehr uneingeschränkt als Menschenrecht.[7] Die »Charte Constitutionelle« von 1814 schließlich vollzog den Bruch mit der frühen menschenrechtlichen Phase der Revolution und den Übergang zum reinen Nationalitätsprinzip, indem sie keine Menschenrechte, sondern nurmehr »Rechte der Franzosen« gewährte.

Das Nationalitätsprinzip hatte über die Rezeption der »Charte Constitutionelle« erheblichen Einfluß auf die Verfassungsentwicklung in Deutschland. Die Verfassungen der süddeutschen Reformstaaten gewährten ganz überwiegend, mit einzelnen Ausnahmen, ihre Freiheitsrechte den eigenen »Staatsbürgern« oder »Untertanen«. Robert von Mohl, der einflußreiche liberale Staatsrechtler und Politiker, Kommentator der württembergischen Verfassung von 1819, bezog das Kapitel III der Verfassung (»Von den allgemeinen Rechts-Verhältnissen der Staats-Bürger«) grundsätzlich nur auf württembergische Staatsangehörige. Eng am Wortlaut der Grundrechtsgewährleistungen des württembergischen Verfassungstextes argumentierend, betonte er, daß ihre »Ausdehnung auf blos vorübergehende Untertanen« nirgends ausgesprochen sei; »da Fremde, ... sich den ihnen individuell gestellten Bedingungen zu unterwerfen haben, falls sie im Königreich geduldet werden wollen, so muß wohl die Entscheidung gegen sie ausfallen«.[8] Damit war eine unterschiedliche Behandlung vollberechtigter Staatsangehöriger und lediglich geduldeter Fremder auch im Bereich des Eigentumsrecht gerechtfertigt.

Die badische und ähnlich die hessische Verfassung von 1818 bzw. 1820 schützten das Eigentum der »Badener« bzw. »Hessen«, während allein die Gewissensfreiheit allen »Einwohnern« des Landes gewährleistet wurde. Die Verfassungsurkunden von Sachsen (1831) und Hannover (1840) faßten die

7 Vgl. ebd., S. 233, zum girondistischen Verfassungsentwurf von 1793, der, in widersprüchlicher Weise, das Eigentum einerseits als Menschenrecht, andererseits nur den Staatsbürgern garantierte.
8 *R. von Mohl*, Das Staatsrecht des Königreichs Württemberg, Bd. 2, Tübingen 1846², S. 283.

90

Grundrechte einschließlich des Eigentumsrechts unter Kapitelüberschriften zusammen, die von den Rechten und Pflichten der »Untertanen« handelten.[9] Die frühkonstitutionellen Verfassungstexte gaben demnach Handhaben zur diskriminierenden Behandlung Fremder gegenüber eigenen Staatsangehörigen im Bereich des Eigentumsrechts. Andererseits mischten die Textformulierungen unsystematisch die Begriffe »Landeseinwohner«, »Untertan« und »Staatsbürger«. Den Schutz des Eigentumsrechts gewährten sie vielfach abstrakt als »Freiheit ... des Eigentums«[10] ohne Bezug auf den konkreten Eigentumsberechtigten. Wie Robert von Mohl hervorhob, war die Staatspraxis gleichfalls nicht gehindert, die Staatsbürgerrechte auf Fremde auszudehnen.[11] Eine systematische Diskriminierung der Ausländer im Bereich des Eigentumsrechts ließen Verfassungstexte und -praxis des deutschen Frühkonstitutionalismus jedenfalls nicht erkennen.[12]

Ein Beleg dafür ist die bayerische Verfassung von 1818. Sie traf in ihrem Text ausdrücklich eine differenzierte,[13] auf die Bedürfnisse des wachsenden zwischenstaatlichen Verkehrs zugeschnittene Gewährleistung des Eigentums nach dem Territorialprinzip.[14] In Absetzung von den anderen frühkonstitutionellen Verfassungen gewährte der bayerische Staat jedem »Einwohner« (nicht nur Bayern) den Schutz des Eigentumsrechts. Ausdrücklich wurden die auswärtigen Untertanen den königlichen Untertanen in der Besitzmöglichkeit des Grundeigentums gleichgestellt.[15] Diese rechtliche Wohltat wurde indessen unter den allgemeinen Vorbehalt der Gegenseitigkeit gestellt: Die Ausübung bürgerlicher Privatrechte wurde nur Angehörigen derjenigen Staaten eingeräumt, die Gleiches auch Bayern zugestanden.[16]

Die revolutionäre Reichsverfassung der Paulskirche von 1849 statuierte erstmals auf der Ebene des Reiches das Nationalitätsprinzip. In enger Anlehnung an die belgische Verfassung von 1831, die sich ihrerseits auf die französische »Charte Constitutionelle« von 1814 bezog, gewährte die Verfassung das Eigentumsrecht ebenso wie die anderen Grundrechte den »Deutschen«. Nach dem

9 Verfassungsurkunde für Sachsen (1831), §§ 27, 31; Verfassungsurkunde für Hannover (1840), § 28.

10 Vgl. § 27 der Verfassung für Sachsen (1831) und § 28 der Verfassung für Hannover (1840).

11 *Von Mohl*, Staatsrecht, S. 283.

12 Die Problemstellung wurde als solche zum Teil gar nicht gesehen oder für irrelevant gehalten. Vgl. z.B. noch *E. Walz*, Das Staatsrecht des Großherzogtums Baden, Tübingen 1909, S. 19 (lediglich Nennung des Eigentums als »Grundrecht der Badener«).

13 Zur ›Mischung‹ des Nationalitäts- und Territorialitätsprinzips in der bayerischen Verfassung vgl. *von Frisch*, Fremdenrecht, S. 282.

14 Dazu: *L. von Dresch*, Grundzüge des bayerischen Staatsrechts, Ulm 1835, S. 114; *M. von Seydel*, Das Staatsrecht des Königreichs Bayern, Freiburg im Breisgau 1888, S. 51f.

15 In der Stellung von »Forensen«. Vgl. § 13 des Edicts über das Indigenat vom 26.5.1818, Beilage I zur Verfassungsurkunde (GBl. 1818, 141); *P. Scherber*, Die rechtliche Stellung der Ausländer in Bayern, Würzburg 1897, S. 25.

16 §§ 13,16 des Edicts über das Indigenat.

belgischen Vorbild kodifizierte auch die preußische Verfassung von 1850 einen Katalog von »Rechten der Preußen«, einschließlich des Eigentumsrechts, das für »unverletzlich« erklärt wurde und nur gegen Entschädigung enteignet werden durfte.

Überblickt man die deutsche Verfassungsentwicklung bis zur Mitte des 19. Jahrhunderts, hatte sich – mit Ausnahme Bayerns – in den politisch bedeutendsten Staaten des Deutschen Bundes das Nationalitätsprinzip bei der Gewährung der Freiheitsgrundrechte – einschließlich des Eigentumsrechts – durchgesetzt.[17] Dabei spielte die Übernahme postrevolutionärer Verfassungsvorbilder in den deutschen Reformstaaten, die den menschenrechtlichen Impetus des revolutionären Umbruchs nicht kannten, eine ausschlaggebende Rolle. Dies wirkte hinein bis in die Formulierung der Paulskirchenverfassung von 1849, in der zudem das Bedürfnis, mit Hilfe der Grundrechte über die bisherigen einzelstaatlichen Rechtsgewährleistungen hinaus zu einem – deutschen – Gesamtstaatsbewußtsein zu gelangen, im Vordergrund stand.[18]

Doch beschrieb das verfassungsrechtliche Nationalitätsprinzip in dieser Zeit lediglich eine Regelungstendenz. Unterhalb der Verfassungsebene war es durch differenzierende Rechtsregeln vielfach durchbrochen und aufgelockert. Wesentliche Voraussetzung dafür war, daß zu Beginn des 19. Jahrhundert der Vorrang der Verfassung gegenüber den übrigen Rechtsquellen noch nicht galt.[19] Der Gesetzgeber und in seiner Folge auch die Behörden konnten selbst im Bereich der verfassungsrechtlich gewährleisteten Grundrechte abweichende Maßnahmen ergreifen, ohne durch eine kontrollierende Rechtsprechung daran gehindert zu werden. So gewährten die Gesetzgebung und behördliche Praxis der Enteigung von Beginn an Staatsangehörigen wie Ausländern den gleichen Schutz gegen willkürliche Eigentumsentziehung.[20] Weiterhin war der Gehalt verfassungsrechtlicher Freiheitsrechte des 19. Jahrhunderts – nach einem Begriff von Dieter Grimm – »privatrechtsakzessorisch«, d.h. er wurde zunächst und vor allem durch verstreute, teils noch unsystematische Privatrechtsregelungen ausgefüllt.[21] Das galt in erhöhtem Maße für das Eigentumsrecht, in dem Verfassungs- und Privatrecht zusammentrafen. Schließlich schufen zwi-

17 Vgl. dazu *von Frisch*, Fremdenrecht, S. 255f., in seinem Resümee der föderativen Verfassungsregelungen in Deutschland.

18 Vgl. *J.-D. Kühne*, Die Reichsverfassung der Paulskirche, Frankfurt am Main 1985, S. 184.

19 *R. Wahl*, Der Vorrang der Verfassung, in: Der Staat 1981, S. 485–516, bes. S. 491f.

20 *G. Anschütz*, Verfassungsurkunde für den preußischen Staat, Berlin 1912, S. 102; zur grundsätzlichen Gleichstellung des Ausländers hinsichtlich des Anspruchs auf Entschädigung wegen Eingriffes in die geschützte Freiheit vgl. *E. Isay*, Das deutsche Fremdenrecht, Berlin 1923, S. 114.

21 *D. Grimm*, Grundrechte und Privatrecht in der bürgerlichen Sozialordnung, in: ders., Recht und Staat der bürgerlichen Gesellschaft, Frankfurt am Main 1987, S. 192–211, bes. S. 194f. u. 208f.

schenstaatliche Verträge aus Gründen politischer oder wirtschaftlicher Rücksichtnahme auf der Basis der Gegenseitigkeit umfassende Anerkennungsregelungen, um diplomatische Störungen zu vermeiden oder auch den grenzüberschreitenden Wirtschaftsverkehr zu erleichtern. So war die ›Nationalität‹ (im Sinne der Staatsangehörigkeit) zwar dem Prinzip nach in der Verfassung, nicht jedoch in der Praxis des Rechts ausschlaggebend für Zuteilung und Schutz von Eigentumsrechten.

Dies änderte sich in der zweiten Hälfte des 19. Jahrhunderts unter dem Einfluß tiefgreifender politischer und ökonomischer Wandlungsprozesse. Das Zeitalter der Reichseinigung ab dem letzten Drittel des 19. Jahrhunderts formte den lockeren Bund deutscher Staaten von 1815 im Zuge zunehmender Zentralisierungs- und Vereinheitlichungstendenzen und eingeebneter Binnengrenzen um. Das Deutsche Reich von 1871 stieg in den folgenden Jahrzehnten zur expansivsten Industriemacht Europas auf, deren ökonomische Kraft sich in hohem Produktivitätswachstum und schnell steigendem Außenhandelsvolumen niederschlug. Die Hochblüte von Wissenschaft, Technik und unternehmerischer Produktivität zog mit dem Abflauen der Großen Depression gegen Ende des 19. Jahrhunderts in wachsendem Maße Ausländer zur Ausbildung, Kapitalanlage und Arbeitssuche in das Land.[22] Das Deutsche Reich wurde zum zweitgrößten Arbeitsimportland der Welt. Der wirtschaftliche und politische Ausbau fiel zugleich in die Blütezeit des nationalen Machtstaats, nationaler Ab- und Ausgrenzungsideologien. Die Frage, inwieweit Ausländer Nutznießer inländischer Freiheitsrechte, insbesondere des wirtschaftlich bedeutenden Eigentumsrechts, sein konnten, blieb davon nicht unberührt. Da die Reichsverfassung von 1871 keine Grundrechte enthielt, verlagerte sich die Frage auf die Verfassungen der Bundesstaaten.

Nach der Jahrhundertwende entbrannte in dem politisch und wirtschaftlich hegemonialen Preußen eine Debatte um die Frage, ob und inwieweit die »Rechte der Preußen« in der Verfassung auch Anwendung auf Ausländer finden könnten. Die Auseinandersetzung schien – zumal für das Eigentumsrecht – zunächst von geringer praktischer Bedeutung zu bleiben; die großen Zivilrechtskodifikationen des Reichs im ausgehenden 19. Jahrhundert folgten dem Grundsatz weitgehender zivilrechtlicher Gleichstellung von In- und Ausländern und gingen dem beschränkenden Verfassungsrecht der Bundesstaaten vor.[23] Hinzu kam, daß – auf der Höhe des staatsrechtlichen Positivismus – die Gewährleistungen der Grundrechte im Verfassungstext eine eigenständige Bedeutung weitgehend verloren hatten. Sie wurden als spezielle Ausprägungen

22 Vgl. *U. Herbert*, Geschichte der Ausländerbeschäftigung in Deutschland 1890–1980, Berlin 1986, S. 25.
23 Siehe unten Kapitel II.

eines allgemeinen rechtsstaatlichen Prinzips der Gesetzmäßigkeit der Verwaltung interpretiert.[24] Vor diesem Hintergrund verlor die textliche Unterscheidung zwischen staatsangehörigen Grundrechtsträgern und nichtberechtigten Ausländern ihre Bedeutung.[25] Ihre Tragweite bezog die Auseinandersetzung vielmehr aus der symbolischen nationalpolitischen Zuspitzung in der Krise der europäischen Nationalstaaten kurz vor Ausbruch des Ersten Weltkriegs. Sie verwies überdies auf rechtsinterpretative Veränderungen, welche die (nationale) Inhaberstellung des Eigentumsrechts erneut stärken sollten.

Gerhard Anschütz, einer der führenden Staatsrechtler des ausgehenden Kaiserreichs und der Weimarer Republik in der Tradition des staatsrechtlichen Positivismus, bezog in der Auseinandersetzung die liberale, ›kosmopolitische‹ Position. Er vertrat die Auffassung, die Grundrechte der preußischen Verfassung seien »rein individualistisch«, nicht hingegen »nationalistisch« gedacht. Sie stünden – mangels ausdrücklich entgegenstehender Regelung – Inländern wie Ausländern zu. Wolle man inländisches Eigentum für »unverletzlich«, ausländisches Eigentum dagegen für »verletzlich« erklären, sei der Staat für die Inländer zum Rechtsstaat geworden, für die Ausländer aber Polizeistaat geblieben. Anschütz berief sich darauf, daß in der »Wirklichkeit des positiven Rechts« auf fast allen Gebieten des deutschen Rechts das Territorialprinzip, nicht das Nationalitätsprinzip gelte.[26] Anschütz lehnte also jedes »Prinzip einer grundsätzlichen Sonderstellung der Fremden« ab.[27]

Die Zahl der Veröffentlichungen zum Thema wuchs an.[28] Die national pointierte Gegenposition zu Anschütz vertrat in scharfer Form der Staatsrechtler Philipp Zorn. In seiner Stellungnahme zeigte sich, wie sehr allmählich nationale Problemstellungen die staatsrechtliche Debatte aufluden. Aus Zorns Sicht waren die Grundrechte einschließlich des Eigentumsrechts durch den »nationalen Gesichtspunkt« beherrscht. Sie seien »Ausdruck von Gedanken des nationalen Stolzes und der nationalen Ehre«. Zwischen der bis zur »Aufopferung des Lebens für den Staat reichenden Pflicht des Staatsangehörigen« und seinem alleinigen Anspruch auf Grundrechte sah er einen notwendigen Zusammen-

---

24 Vgl. *K. Stern*, Das Staatsrecht der Bundesrepublik Deutschland, Bd. 3.1. Allgemeine Lehren der Grundrechte, München 1988, S. 1019.

25 Vgl. z.B. *W. van Calker*, Das Staatsrecht des Großherzogtums Hessen, Tübingen 1913, S. 12; *J. Bollmann*, Das Staatsrecht der Freien Hansestädte Bremen und Lübeck, Tübingen 1914, S. 29; *O. Mayer*, Das Staatsrecht des Königreichs Sachsen, Tübingen 1909, S. 33.

26 *Anschütz*, Verfassungsurkunde, S. 101f.

27 Ebenso von den Grundsätzen des Völkerrechts her argumentierend: *E. von Ullmann*, Völkerrecht, Tübingen 1908, S. 366; *F. von Liszt*, Das Völkerrecht, Tübingen 1910⁶, S. 186f.

28 Einsetzend mit: *W. Beutner*, Die Rechtsstellung der Ausländer nach Titel II der preußischen Verfassungsurkunde, Tübingen 1913; *E. Boltze*, Die staats- und verwaltungsrechtliche Stellung der Ausländer nach preußischem und Reichsrecht, Diss. iur. Erlangen 1918; *E. Hientzsch*, Die Grundrechte der Ausländer nach der Reichsverfassung, Diss. iur. Jena 1924.

hang, »ein Hauptstück der Ethik, der Geschichtsschreibung und der Poesie, und damit den innersten Kern des Volkslebens überhaupt«.[29]

Der staatsrechtliche Streit setzte sich in der Weimarer Republik unter anderen Vorzeichen fort.[30] Das »Nationalitätsprinzip« in der Auslegung der Grundrechte gewann wieder an Bedeutung. Art. 153 der Weimarer Reichsverfassung gewährte erstmals auf der Reichsebene das Eigentumsgrundrecht, und zwar unter dem Titel »Grundrechte der Deutschen«.[31] Die Niederlage des Deutschen Reichs im Ersten Weltkrieg, die Inflation, der als nationale Schmach empfundene Versailler Vertrag mit den Konfiskations- und Reparationsrechten der Siegermächte verstärkten nationale Abwehr- und Retorsionserwägungen gegenüber ausländischen Eigentumsrechten. Sie gingen bis zu der Absicht, die »Überfremdung« inländischer Kapitalgesellschaften durch ausländische Aktienerwerber polizeirechtlich zu verbieten.[32] Die Stoßrichtung dieser Initiative zeigt, wie sich die Sichtweise nationaler Gefährdungen, die der Ansammlung inländischen Eigentums in ausländischer Hand zugeschrieben wurden, verschoben hatte. Weniger die Anhäufung des traditionell machtträchtigen Grundeigentums als die Akkumulation des modernen, mobilen Aktienkapitals sollte nationalen Sicherheitsbeschränkungen unterliegen. Wohl nicht nur die juristische Anfechtbarkeit des Verbotsvorhabens, sondern auch wirtschaftspraktische Erwägungen trugen dazu bei, daß die Initiative nicht durchdrang. Zumindest mit den Mitteln eines offenen, rechtsstaatlich geordneten Wirtschaftsstaats war der Transfer inländischen Kapitalvermögens in ausländisches Eigentum nicht zu unterbinden. Gleichwohl hielt die Debatte auf der Ebene des Staatsrechts an. Die ›nationale‹ Formulierung des Eigentums als Grundrecht »der Deutschen« in der Weimarer Verfassung bekräftigte die Tradition sowohl der liberalen Paulskirchenverfassung als auch der oktroyierten preußischen Verfassung. Sie fiel zusammen mit einer juristischen Bedeutungssteige-

29 *P. Zorn*, Das Staatsrecht der preußischen Monarchie, von Ludwig von Rönne in fünfter Auflage neu bearbeitet, Bd. 2, Leipzig 1906, S. 150f.

30 *M. Harz*, Die Grundrechte und Grundpflichten der Ausländer nach der Weimarer Reichsverfassung, Diss. iur. Berlin 1930, S. 35f. Gerhard Anschütz erhielt auch unter der Geltung der neuen Verfassung des Reichs – mit Einschränkungen – seine These von der territorialen Geltung der Grundrechte aufrecht. *G. Anschütz*, Die Verfassung des Deutschen Reiches vom 11.8.1919, Berlin 1933[14], S. 449f.

31 Soweit die Verfassungen der deutschen Länder – angesichts des Vorrangs der reichsrechtlichen Garantien – noch Grundrechte enthielten, gewährten sie das Eigentumsrecht nach der Tradition (den »Badenern« in der badischen Verfassung, den »Einwohnern« Bayerns), den Angehörigen des Staatsvolks (Mecklenburg-Schwerin) oder auch »jedem« (Oldenburg). Vgl. *O. Ruthenberg*, Verfassungsgesetze des Deutschen Reiches und der deutschen Länder, Berlin 1926, S. 53, 66, 144 u. 166.

32 *Isay*, Fremdenrecht, S. 178. Dort aus rechtsstaatlichen Gründen verworfen mit dem Zusatz: »Die Überfremdung ist keine äußere Krankheit, sondern ein organisches Leiden, das zu heilen andere Ärzte berufen sind als die Polizei.«

rung der Grundrechte. Diese wurden von einer zunehmend an Boden gewinnenden Strömung innerhalb der Staatsrechtslehre sowie der Rechtsprechung
als verbindliches Recht auch für den Gesetzgeber interpretiert. Verstärkend
wirkte eine verfassungstheoretische Strömung, die Grundrechte als Werte der
nationalen Volksgemeinschaft interpretierte.[33] Nationale Intensivierung und
juristische Effektivierung der Grundrechte griffen mithin ineinander und
machten den Grundrechtsschutz ausländischer Eigentumsinhaber unklar. Es
war indes bezeichnend für das Fortwirken vornationaler, rechtsstaatlicher Traditionen bis zum Ende der Weimarer Republik, daß selbst die Ansicht, die das
Eigentumsgrundrecht Ausländern vorenthalten wollte, der Nationalisierung
eine klare Grenze zog: Der institutionelle Kern des Eigentumsrechts sollte
Ausländern ebenso wie Inländern unentziehbar zustehen.[34]

Rechtsstaatliche Sicherungen gewährten dagegen keinen Schutz mehr im
Nationalsozialismus. Die faktische Außerkraftsetzung verfassungsrechtlicher
Sicherungen nach dem nationalsozialistischen Machtantritt, die willkürliche
Entziehung des Eigentums auch deutscher – politisch oder rassisch mißliebiger – Staatsangehöriger, schließlich der Raub ausländischen Eigentums in der
Phase des Krieges hoben zwar, insbesondere bis 1939, nicht jeden Schutz ausländischer Eigentumsrechte auf, unterwarfen sie aber zunehmend der Herrschaft wechselnder politischer Erwägungen. Erst das Grundgesetz von 1949
stellte erstmals auf der Ebene einer deutschen Bundesstaatsverfassung ausdrücklich die Geltung des Territorialprinzips für das Eigentumsrecht fest, das
nunmehr als Menschenrecht gilt.

Die Betrachtung hat ergeben, daß die verfassungsrechtliche Sicherung ausländischer Eigentumsrechte in Deutschland vom Beginn des 19. bis zur Mitte
des 20. Jahrhunderts zwei Grundtendenzen unterlag: Zum einen wuchs die
zentralisierende Wirkung der Regelungen. Zum anderen gewann das Nationalitätsprinzip insgesamt an Stärke: Nach seiner Ausprägung im deutschen Frühkonstitutionalismus verlor es im Verlauf des 19. Jahrhunderts an tatsächlicher
Bedeutung, um im Zuge der Nationalisierung des Verfassungsrechts nach der
Jahrhundertwende auch das Eigentumsrecht wieder stärker an nationale
Schranken zu binden.

Wie tief indessen das verfassungsrechtliche Nationalitätsprinzip das Rechtsleben insgesamt durchdrang, soll im folgenden anhand einzelner ausgewählter
Eigentumsbereiche des Privatrechts untersucht werden. Läßt sich für diese in
der Rechtspraxis insbesondere des 19. Jahrhunderts hochbedeutende Materie
gleichfalls von einer ›Nationalisierung‹ reden – oder überwiegen gegenläufige
Tendenzen?

33 Vgl. *Harz*, Grundrechte, S. 33f., 42 u. 47f.
34 Ebd., S. 102.

II.

Die großen Zivilrechtskodifikationen aus der Zeit der Aufklärung und der Französischen Revolution stellten als erste Rechtsnormen der bürgerlichen Gesellschaft In- und Ausländer ausdrücklich und grundsätzlich gleich. Paragraph 41 der Einleitung zum Preußischen Allgemeinen Landrecht von 1794 erlaubte fremden Untertanen wie Einwohnern den Betrieb von Geschäften, sofern sie sich dieses Rechtsschutzes nicht als unwürdig erwiesen. Das badische Recht von 1808, unter dem Einfluß des revolutionären französischen Zivilrechts, gestand fremden Untertanen den Genuß aller Rechtsvorteile der Staatsverfassung zu, sofern ihre Inanspruchnahme nicht die Existenzgrundlage der eigenen Untertanen schmälerte. Der Grundsatz privatrechtlicher Gleichstellung von In- und Ausländern prägte sich, ausgehend von den partikularen Rechtsordnungen der deutschen Einzelstaaten,[35] schließlich in der zentralen Zivilgesetzgebung des Deutschen Reiches (insbesondere in seinem Vermögensrecht) aus. Das Bürgerliche Gesetzbuch von 1900 schloß die große Kodifikationsphase der bürgerlichen Rechts- und Sozialordnung ab. Seiner Grundanlage nach war es »kosmopolitisch«; denn es kodifizierte die Rechtsfähigkeit aller natürlichen Personen kraft »Menschenantlitz«, nicht als »deutsches Volksrecht, sondern Menschenrecht«.[36] Die grundsätzliche Gleichstellung von In- und Ausländern setzte sich gleichfalls in den meisten anderen Zivilrechtsordnungen des 19. Jahrhunderts durch. Die bürgerliche Rechts- und Sozialordnung des europäischen 19. Jahrhunderts ruhte auf dem Boden prinzipieller Gleichberechtigung der in Rechtsverkehr miteinander tretenden Rechtssubjekte. Das Marktmodell des frühen Liberalismus mit der Vorstellung freien, ständischen und staatlichen Beschränkungen nicht unterworfenen Eigentumserwerbs stand dahinter.[37] Darin wirkte ein vornationales, insoweit auch transnationales Sozialmodell der Aufklärung nach. Es forderte deshalb auch dort, wo sich die privatrechtliche Eigentumsordnung im Verlauf des 19. Jahrhunderts zunehmend in den Grenzen eines Nationalstaats entfaltete, von seinem Ansatz her die Gleichstellung der Wirtschaftssubjekte innerhalb eines Territoriums. Von daher bestand – in prinzipiellem Unterschied zum Staatsrecht[38] – die ver-

---

35 Vgl. *Bopp*, Fremde, Fremdenrecht, in: J. Weiske (Hg.), Rechtslexikon für die gesammte Rechtswissenschaft, Bd. 4, Leipzig 1843, S. 355–362, bes. S. 359.

36 G. *Zielke*, Die Stellung der Ausländer nach dem bürgerlichen Recht, Diss. iur. Halle-Wittenberg 1905, S. 43; *H. Coing*, Europäisches Privatrecht, Bd. 2, 19. Jahrhundert, München 1989, S. 263 u. 284f. (allerdings mit einer Einschränkung wegen der Aufnahme des Staatsangehörigkeitsprinzips im Einführungsgesetz zum BGB).

37 *Coing*, Privatrecht, S. 70f. (begründet in der frühliberalen Verbindung von Eigentum und individueller, nicht gemeinschaftsgebundener persönlicher Freiheit). Vgl. dazu *Schwab*, Eigentum, S. 79f.

38 Zu dieser Entgegensetzung: O. *von Sarwey*, Das Staatsrecht des Königreichs Württemberg, Bd. 1, Tübingen 1883, S. 142f.

mögensrechtliche Gleichstellung von In- und Ausländern im deutschen Zivilrecht als Grundsatz, vor dem sich Ausnahmen in Form einer ausdrücklichen gesetzlichen Regelung rechtfertigen mußten.[39]

Eine Einschränkung ergab sich indessen aus dem im Völkerrecht anerkannten Grundsatz der Gegenseitigkeit. Er deckte unterschiedlich rigide Bedingungen, die an die Gleichbehandlung von Ausländern geknüpft wurden – bis hin zu dem Erfordernis materieller Gleichstellung der eigenen Staatsangehörigen im jeweiligen ausländischen Staat.[40] Das Erfordernis der Gegenseitigkeit fand seinen Ausdruck in zwischenstaatlichen Verträgen, die z.B. spezielle Regelungen des Eigentumsschutzes der beidseitigen Staatsangehörigen aufstellten – und durchaus auch Drittstaaten benachteiligen konnten.[41]

Insgesamt unterlag der Inlandsschutz ausländischer Eigentumsrechte einem abgestuften System, dessen Tendenz in die Richtung einer weitgehenden Gleichstellung von In- und Ausländern ging. Wie aber sah die Wirkungskraft des Prinzips in der historischen Entwicklung einzelner Eigentumsbereiche aus?

Ein zentraler Bestandteil des modernen Eigentumsrechts war das Immobiliarrecht. Es bezog vielfach sein ökonomisches Gewicht und seine politische Dignität noch aus dem Ancien régime. Ständischer Grundbesitz war mit politischer Macht verbunden gewesen. Auch nach der Reformzeit übten z.B. in Preußen die ausländischen Rittergutsbesitzer ständische Vertretungsrechte aus.[42] Von daher lag ein besonderes staatliches Reglementierungsbedürfnis ausländischer Immobiliarrechte nahe.

Gleichwohl setzte in diesem Eigentumsbereich mit dem 19. Jahrhundert eine Liberalisierungsbewegung ein, die zunächst in den großen Reformstaaten Preußen und Österreich, mit Verzögerung[43] und schrittweise auch in den kleineren deutschen Territorien eine weitgehende Gleichstellung ausländischen Grunderwerbs herbeiführte. Eine bezeichnende Ausnahme wurde allerdings für ausländische juristische Personen aufrechterhalten, die ein preußisches Gesetz von 1846 offensichtlich wegen der Gefahr der ›Überfremdung‹ einer besonderen königlichen Genehmigung zum Grunderwerb unterwarf.[44] Restbe-

---

39 *M. von Seydel*, Bayerisches Staatsrecht, Neubearbeitung der 2. Auflage, Bd. 1, Tübingen 1913[2], S. 211.

40 *Zielke*, Stellung, S. 36f.

41 Z.B. Meistbegünstigungsklauseln für den Eigentumserwerb wie in dem deutsch-russischen Handelsvertrag von 1894. Vgl. *W. Hoffmann*, Die Niederlassung und rechtliche Behandlung von Fremden, vornehmlich nach Staatsverträgen des Deutschen Reiches, Diss. iur. Würzburg 1907, S. 27f. u. 33f.

42 *H. Friederichsen*, Die Stellung des Fremden in deutschen Gesetzen und völkerrechtlichen Verträgen seit dem Zeitalter der Französischen Revolution, Diss. iur. Göttingen 1967, S. 132.

43 In Frankfurt war dafür noch lange eine obrigkeitliche Erlaubnis erforderlich. Vgl. *J.H. Bender*, Lehrbuch des Privatrechts der freien Stadt Frankfurt, Frankfurt 1835, S. 62.

44 Vgl. *Friederichsen*, Stellung, S. 134; *H. Dernburg*, Lehrbuch des preußischen Privatrechts, Bd. 1, Halle a. S. 1884[4], S. 568, Anm. 10.

stände tradierter staatlicher Beschränkungen blieben indessen bestehen und erfuhren mit dem Ende des Hochliberalismus ihre erneute Begründung, teilweise auch neue Rechtfertigung. Das Einführungsgesetz zum neuen Bürgerlichen Gesetzbuch erhielt hergebrachte landesrechtliche Beschränkungen ausländischen Grunderwerbs aufrecht.[45] Zwar wurden diese Regelungen vielfach abgemildert durch Staatsverträge, die den Angehörigen ausländischer Staaten die freie Verfügung über Liegenschaften einräumte.[46] Doch wurden andererseits Erwerbsbeschränkungen für Angehörige der Staaten, mit denen das Deutsche Reich in wirtschaftlicher Konkurrenz stand, erst nach dem Ersten Weltkrieg aufgehoben.[47]

Die Beschränkungs- und Beschlagnahmemaßnahmen gegenüber allem ausländischen Eigentum während des Ersten Weltkriegs durchbrachen schließlich die im 19. Jahrhundert herausgebildete Tradition, der zufolge der Schutz ausländischen Eigentums auch für Kriegszeiten galt. Überdies wurde die Gewerbefreiheit nicht auf ausländische juristische Personen erstreckt, so daß es insoweit zu Einschränkungen im Grunderwerb,[48] insbesondere im Bergwerkseigentum,[49] und in der freien Verfügung über gewerbliches Eigentum kam. Die nationalen Interessen des wirtschaftlichen Interventionsstaates schufen damit ein Regulativ gegen ›Überfremdung‹ im Bereich des Erwerbs erheblicher Eigentumswerte. Die Beschränkungen des Bergeigentums verwiesen überdies auf den Bereich der Urproduktion, in dem sich Subsistenzinteressen der zu Ende gehenden Agrargesellschaft mit der Sicherstellung von Grundressourcen einer nationalen Industriegesellschaft verbanden: Neben die tradierten Beschränkungen des ausländischen Jagd- und Bergeigentums traten 1913 bzw. 1916 Beschränkungen des Wassereigentums und Fischereirechts, die erst nach dem Zweiten Weltkrieg entfielen.[50] Mit der nationalsozialistischen Rassepolitik erreichte die Restriktion ausländischen Grunderwerbs ihren Höhepunkt. In der aus rassebiologischen Gründen aufgewerteten Erbhofgesetzgebung wurden Ausländer vom Erwerb deutscher Erbhöfe ausgeschlossen.[51]

Während der ersten Hälfte des 20. Jahrhunderts, in der Hochzeit des wirtschaftlich intervenierenden Nationalstaats, in einer Phase kriegerischer Aus-

45 Art. 88 Einführungsgesetz zum Bürgerlichen Gesetzbuch von 1900, der die Weitergeltung landesrechtlicher Vorschriften zum Grunderwerb von Ausländern zuließ. Die Ausführungsgesetze der Länder bestätigten daraufhin das ältere Landesrecht. Vgl. *Friederichsen*, Stellung, S. 139 (Anm. 4).

46 Vgl. *M. Klimke*, Der Grunderwerb durch Ausländer, insbesondere durch ausländische Versicherungsgesellschaften, Diss. iur. Straßburg 1909, S. 10 (Anm. 25) u. 33.

47 Vgl. *Friederichsen*, Stellung, S. 140.

48 Vgl. *Klimke*, Grunderwerb, S. 30f.

49 *Isay*, Fremdenrecht, S. 318 u. 345 (im preußischen Gesetz vom 23.7.1909, Ges.Bl. S. 616).

50 *Friederichsen*, Stellung, S. 145 u. 160.

51 Reichsgesetzblatt 1933, S. 685, §12, in der Konsequenz der Interpretation des Erbhofs als »öffentliche politische Aufgabe«, ein Volk lebenskräftig zu halten. Vgl. *E.R. Huber*, Verfassung, Hamburg 1937, S. 223.

einandersetzungen und wirtschaftlicher Depression, waren also ausländische Eigentumsrechte im Bereich des Grunderwerbs und der Urproduktion verstärkter nationaler Restriktion unterworfen. Von einer (neuen) strukturellen Diskriminierung ausländischen Eigentums insgesamt, in Abkehr vom liberalen 19. Jahrhundert, läßt sich gleichwohl nicht reden. Das Eigentum an beweglichen Sachen unterlag geringeren Beschränkungen als das politisch und ökonomisch symbolträchtige Grundeigentum, dessen Restriktionen zudem durch eine Reihe liberalisierender Staatsverträge abgemildert wurden.[52]

Ein genaueres Bild der historischen Entwicklung ausländischen Eigentums ergibt indessen erst der Blick auf eine Kategorie von Eigentumsrechten, die im ausgehenden 19. Jahrhundert rasch wachsende Bedeutung erlangten. In der Hochblüte wissenschaftlicher und technischer Neuerungen erlangte das Recht am »geistigen Eigentum«,[53] das weitverzweigte Urheberrecht und Recht des gewerblichen Rechtsschutzes, eine rasche ökonomische Wertsteigerung. Die Theorie der »property rights« hat herausgearbeitet, in welch hohem Maße die Kodifikation von Rechten individuellen geistigen Eigentums nicht nur ein Ergebnis, sondern ein Antriebsmoment, eine Wachstumsvoraussetzung der industriellen Revolution war;[54] die rechtlich gesicherte Entfaltung produktiven geistigen und gewerblichen Eigentums war eine Grundbedingung jeder liberalen Wirtschaftsordnung. Der wirtschaftlichen Bedeutung entsprach die rechtstheoretische Begründung und Wirkung geistiger Eigentumsrechte. Seit der ersten Hälfte des 19. Jahrhunderts wurden sie zum Ausgangspunkt für die Entfaltung eines umfassenden allgemeinen Persönlichkeitsrechts.[55]

Angesichts der wirtschaftlichen Bedeutung dieser neuen Eigentumsrechte ging das Interesse des wirtschaftlichen Interventionsstaats im letzten Drittel des 19. Jahrhunderts dahin, ihren Wert der nationalen Volkswirtschaft zu erhalten. Bereits die Gesetzgebung der deutschen Territorialstaaten bis über die Jahrhun-

---

52 *Friederichsen*, Stellung, S. 140; *Hoffmann*, Niederlassung, S. 33f. Zum völkerrechtlichen Grundsatz der »Gleichstellung der Staatsfremden mit den Inländern« und den darauf gründenden Staatsverträgen vgl. *Liszt*, Völkerrecht, S. 184f.

53 Begriff verwendet im Anschluß an Wadle (*E. Wadle*, Der Weg zum gesetzlichen Schutz des geistigen und gewerblichen Schaffens. Die deutsche Entwicklung im 19. Jahrhundert, in: Gewerblicher Rechtsschutz und Urheberrecht in Deutschland. Festschrift zum hundertjährigen Bestehen der Deutschen Vereinigung für gewerblichen Rechtsschutz und Urheberrecht, Bd. 1, Weinheim 1991, S. 93–183, bes. S. 95, Anm. 1). Wadle spricht von einem »(unscharfen) Sammelbegriff«, der allerdings sowohl dem internationalen Sprachgebrauch wie der zeitgenössischen Terminologie des 19. Jahrhunderts entspreche und neuerdings durch die ausdrückliche Einbeziehung des »geistigen Eigentums« in den verfassungsrechtlichen Eigentumsbegriff bestätigt werde.

54 *D.C. North*, Structure and Change in Economic History, New York 1981, S. 6f., 17f. u. 36. Dazu *Wadle*, Weg, S. 99f.

55 Siehe *D. Klippel*, Historische Wurzeln und Funktionen von Immaterialgüter- und Persönlichkeitsrechten im 19. Jahrhundert, in: Zeitschrift für Neuere Rechtsgeschichte 4, 1982, S. 132–155, bes. S. 154f.

dertmitte hinaus hatte den Schutz von Urheberrechten primär an die Eigenschaft des Inländers bzw. an den inländischen Erscheinungsort des Werkes geknüpft.[56] Das Kunsturheberrecht auf Bundes- bzw. Reichsebene in den siebziger Jahren des 19. Jahrhunderts schloß daran an, indem es ausländischen Urhebern keinen eigenständigen Anspruch auf Schutz ihres geistigen Eigentums einräumte; lediglich im Interesse deutscher (inländischer) Verleger wurden Schutzansprüche gewährt.[57] Geistiges Eigentum von Ausländern wurde nur insoweit geschützt, als es im Inland wirtschaftlich verwertet wurde. Von einer grundsätzlichen Gleichstellung in- und ausländischer Eigentumsrechte, die im Ermessen des schutzgewährenden Territorialstaates gelegen und die auch den inländischen Schutz im Ausland hervorgebrachter Werke bedeutet hätte,[58] war dieser – zudem nur mittelbare – Minimalschutz weit entfernt.

Doch vollzog sich nach der Jahrhundertwende ein allmählicher Abbau der Ausländerdiskriminierung. Der nationale Rechtsschutz knüpfte nun nicht mehr – jedenfalls nicht mehr maßgeblich – an die Person des Urhebers und Erfinders, d.h. an seine Staatsangehörigkeit (Nationalitäts- oder Personalitätsprinzip), an.[59] Vielmehr sollte die wirtschaftliche Verwertung des geschützten geistigen Eigentumsrechts im Inland bzw. in einer inländischen Gewerbeniederlassung den Ausschlag für den Schutz geben. Ausländer genossen also in Deutschland in zunehmendem Maße den Schutz ihres geistigen Eigentums bzw. der darauf beruhenden Erzeugnisse, sofern diese im Inland erzeugt oder verwertet wurden. Der nationale Schutz geistiger Eigentumsrechte und damit zusammenhängender Wirtschaftsprodukte folgte daher nicht mehr schlicht der Nationalität (Staatsangehörigkeit) des Rechtsträgers. Die Rechtsliteratur entwickelte aus dieser Veränderung eine begriffliche Konsequenz: »Inländer« im Sinne des internationalen gewerblichen Rechtsschutzes waren demnach solche Personen, »die infolge ihres inländischen Wohnsitzes oder einer im Inland belegenen Niederlassung mit dem wirtschaftlichen Leben des Inlands eng verknüpft« waren.[60] Gerade am Beispiel gewerblicher Schutzrech-

56 *Friederichsen*, Stellung, S. 134f.

57 Das Gesetz betreffend das Urheberrecht an Schriftwerken, Abbildungen, musikalischen Kompositionen und dramatischen Werken vom 11.6.1870, § 61, sowie das Gesetz betreffend das Urheberrecht an Werken der bildenden Künste vom 9.1.1876, § 20. Allerdings erstreckten diese Gesetze den Schutz inländischer Urheber erstmals auf die im Ausland erschienenen Werke. Vgl. *Friederichsen*, Stellung, S. 140f.

58 Zu diesen Varianten des möglichen Schutzes vgl. *E. Wadle*, Zur Geschichte des Urheberrechts in Europa, in: G. Ress (Hg.), Entwicklungen des europäischen Urheberrechts, Baden-Baden 1993, S. 9–20, bes. S. 10.

59 Für das gesamte Recht des gewerblichen Rechtsschutzes dargelegt bei *A. Osterrieth*, Lehrbuch des gewerblichen Rechtsschutzes, Leipzig 1908, S. 180 (Gebrauchsmusterrecht), S. 221 u. 236 (Geschmacksmusterrecht), S. 258 (Urheberpersönlichkeitsrecht), S. 410 (Schutz gegen unlauteren Wettbewerb). Noch nach dem Reichsgesetz von 1876 hatte das Staatsangehörigkeitsprinzip für maßgeblich erklärt. Vgl. *O. Wächter*, Das Urheberrecht, Stuttgart 1877, S. 118f.

60 Vgl. *Osterrieth*, Lehrbuch, S. 439. Das ging bis zu der Konsequenz, daß Reichsangehörige,

te,[61] einer modernen, nationale Grenzen rasch überschreitenden Form des geistigen Eigentums, zeigte sich also, wie sehr das ökonomische Verwertungsinteresse nationaler Eigentumsrechte von der Person des Rechtsträgers absah und statt dessen die territoriale Nutzung in den Grenzen des nationalen Wirtschaftsstaates in den Vordergrund stellte.

Bereits mit dieser Einschränkung des Nationalitätsprinzips berücksichtigte die Rechtsentwicklung Anforderungen zwischenstaatlicher Gegenseitigkeit. Der schnell anwachsende, grenzüberschreitende Austausch wirtschaftlicher und kultureller Güter drängte zu Schutzmechanismen geistigen Eigentums, die ihren Ausgangspunkt, den Territorialstaat, überschritten, um erst dort ihre volle Wirksamkeit zu entfalten. Zum Teil unter Rückgriff auf ausländische Rechtsvorbilder, unter anderem das weit entwickelte französische Recht zum Schutz geistigen Eigentums,[62] sowie durch den Abschluß bilateraler Verträge wurden Diskriminierungen ausländischer Eigentumsrechte abgebaut.

Darüber hinaus trat zunehmend das Bedürfnis nach transnationaler Vereinheitlichung des geistigen Eigentumsrechts hervor. Es schlug sich in multilateralen Vertragswerken über Kunsturheberrechte und gewerblichen Rechtsschutz nieder: Die Pariser Übereinkunft zum Schutz des gewerblichen Eigentums von 1883, der das Deutsche Reich im Jahre 1903 beitrat, und die Berner Übereinkunft zum Schutz von Werken der Literatur und Werken der Tonkunst von 1886. Sie senkten die Grenzen nationalen Eigentumsschutzes, führten zu einer partiellen Angleichung der nationalen Schutzsysteme geistigen Eigentums[63] und trieben dadurch die Internationalisierung der Gesetzgebung voran.

Vor allem das besonders innovations- und gewinnträchtige Patentrecht enthielt von Beginn seiner reichsweiten Regelung im Jahre 1877 an keine fremdenrechtlichen Vorschriften. Auch der Ausländer, der keine Niederlassung im Reich besaß, sollte zur Anmeldung seiner Erfindungen in Deutschland angeregt werden.[64] Steigende Patentzahlen und Wirtschaftswachstum wurden von den Zeitgenossen als Ursache und Wirkung gesehen.[65] Die Einbeziehung aus-

die nicht im Inland wohnten bzw. dort eine betriebliche Niederlassung hatten, z.B. im Sinne des Gebrauchsmusterrechts als Ausländer galten, ebd., S. 180.

61 *Friederichsen*, Stellung, S. 143 (während das Patentrecht von Beginn an keinen fremdenrechtlichen Restriktionen unterlag).

62 Exemplarisch für das Fabrikzeichen- und Markenrecht gezeigt bei *E. Wadle*, Fabrikzeichenschutz und Markenrecht, Teil 2: Historisch-dogmatische Grundlagen, Berlin 1983, S. 97–105, bes. S. 105.

63 Vgl. *B. Dölemeyer*, Wege der Rechtsvereinheitlichung. Zur Auswirkung internationaler Verträge auf europäische Patent- und Urheberrechtsgesetze des 19. Jahrhunderts, in: C. Bergfeld u.a. (Hg.), Aspekte europäischer Rechtsgeschichte. Festgabe für Helmut Coing zum 70. Geburtstag, Frankfurt am Main 1982, S. 65–85, bes. S. 66 u. 85.

64 Vgl. *Friederichsen*, Stellung, S. 142; *Osterrieth*, Lehrbuch, S. 85.

65 Vgl. *W. Treue*, Die Entwicklung des Patentwesens im 19. Jahrhundert in Preußen und im Deutschen Reich, in: H. Coing u. W. Wilhelm (Hg.), Wissenschaft und Kodifikation des Privatrechts im 19. Jahrhundert, Bd. 4, Frankfurt am Main 1979, S. 163–182, bes. S. 179f.

ländischer Patentinhaber sollte damit den Interessen nationaler Produktivität und ihrer internationalen Konkurrenzfähigkeit[66] dienstbar gemacht werden.[67] Auf dieser Grundlage fand die Entnationalisierung des Ausländerimmaterialgüterrechts in der zweiten Hälfte des 20. Jahrhunderts ihre Fortsetzung mit der weitgehenden Gleichstellung von In- und Ausländern.[68] Freilich ist die Entwicklung der »Inländerbehandlung«[69] in der Geschichte des geistigen Eigentumsrechts nicht gleichzusetzen mit einer gleichsam selbstläufigen Durchsetzung des Prinzips der »Weltoffenheit«. Die Schutzgewährung nach dem Territorialprinzip erlaubte zwar den Abbau von Diskriminierungen – doch immer in den (territorialen) Grenzen und nach Maßgabe der Wettbewerbsinteressen des Nationalstaats.[70] Das Gewicht der Inlandsinteressen beim Abbau der Ausländerdiskriminierung variierte nach Art der Schutzrechte und der historischen Phasen protektionistischer oder liberaler Außenhandelspolitik. Nicht – oder doch zumindest nicht vordringlich – wegen der Achtung fremder Souveränität, sondern soweit die Inländerbehandlung die nationalen Regelungsinteressen förderte oder doch jedenfalls nicht hemmte, wurden ausländische Schutzinteressen berücksichtigt. Nicht der Schutz von Ausländern im Inland, sondern die Gewährleistung der Rechte eigener Staatsangehöriger im Ausland stand dabei im Vordergrund.

Erst die Vervielfachung der Märkte und die territoriale Ausweitung der Marktinteressen ließ die fortbestehenden Unterschiede nationaler Schutzsysteme wirtschaftlich lästig werden und übte Druck in Richtung auf die weitere Vereinheitlichung des internationalen Rechtsschutzes für das geistige Eigentum aus. Die Entwicklung hat ihren vorläufigen Abschluß mit dem 1994 in Kraft getretenen weltweiten »Übereinkommen über handelsbezogene Aspekte der Rechte des geistigen Eigentums« (TRIPS-Abkommen) gefunden. Darin verpflichten sich die Vertragsstaaten – alle Mitglieder der Welthandelsorganisation – einen auf hohem Niveau liegenden Mindestschutz und darüber hinaus den Angehörigen der Mitgliedsstaaten den gleichen Schutz wie Inländern zu

---

66 Diesen Gesichtspunkt betont *F.-K. Beier*, Gewerbefreiheit und Patentschutz. Zur Entwicklung des Patentrechts im 19. Jahrhundert, in: Coing u. Wilhelm (Hg.), Wissenschaft, S. 183–205, bes. S. 203.

67 Allerdings entwickeln Registerrechte wie das Patentrecht, die erst durch Aufnahme in ein Register entstehen, ihre Schutzwirkung grundsätzlich nur auf dem nationalen Territorium des registrierenden Staates, d.h. auch nicht für dessen Staatsangehörige im Ausland – soweit dies nicht völkerrechtliche Verträge gebieten. Vgl. die Pariser Übereinkunft von 1883.

68 *Friederichsen*, Stellung, S. 140f. u. 157f.

69 Im internationalen Rechtsverkehr Klauseln, die die Nichtdiskriminierung von Ausländern gegenüber Inländern gebieten. Vgl. *J. Drexl*, Entwicklungsmöglichkeiten des Urheberrechts im Rahmen des GATT, München 1990, S. 18f.

70 Vgl. zu dieser Problematik eindringlich *H. Ullrich*, Technologieschutz nach TRIPS. Prinzipien und Probleme, in: Gewerblicher Rechtsschutz und Urheberrecht international 1995, S. 623–641, bes. S. 624f.

gewähren.[71] Seit 1993 ist nunmehr zwischen den Staaten der Europäischen Union die völlige Gleichstellung im Bereich des Urheberrechtsschutzes erreicht. Nach einer Klarstellung des Europäischen Gerichtshofs verstößt jede Diskriminierung in diesem Bereich des geistigen Eigentums, die an die Staatsangehörigkeit anknüpft, gegen europäisches Recht.[72] Schließlich sind die nach 1945 verbliebenen landesrechtlichen Reste der Ausländerdiskriminierung im Immobiliarrecht abgebaut worden, um im Zuge der europäischen Rechtsangleichung gegenstandslos zu werden.[73]

III.

Das deutsche Privatrecht des 19. und 20. Jahrhunderts ist sowohl in seinem theoretischen Ausgangspunkt als auch in seiner praktischen Ausgestaltung vom Prinzip der Gleichstellung in- und ausländischer Eigentümer geprägt. Die Einschränkungen dieses Grundsatzes vom letzten Drittel des 19. Jahrhunderts bis zum Zweiten Weltkrieg betreffen vor allem zwei Formen des Eigentums: ausländisches Grundeigentum sowie geistiges Eigentum. Nationale Schutzinteressen der einheimischen Wirtschaft vor Konkurrenz und »Überfremdung«, militärische Erfordernisse und kriegsvölkerrechtliche Retorsionsmaßnahmen,

71 Art. 3 Übereinkommen über handelsbezogene Aspekte der Rechte des geistigen Eigentums, 9.9.1994, Bundesgesetzblatt II, S. 1730.

72 Entscheidung des Europäischen Gerichtshofs vom 20.10.1993 (Fall Phil Collins), in: Neue Juristische Wochenschrift, 1994, S. 375. Umgesetzt durch die Änderung des deutschen Urheberrechtsgesetzes im Jahre 1995, das nunmehr seinen personalen Schutzbereich über deutsche Staatsangehörige hinaus auf Angehörige der Mitgliedstaaten der Europäischen Union ausdehnt (s. § 120 Urheberrechtsgesetz, Bundesgesetzblatt 1995, Teil I, S 842(844)). Allerdings sind damit – soweit internationale Verträge dies nicht unterbinden – Diskriminierungen von Ausländern, die nicht der Europäischen Union angehören, nicht ausgeschlossen. Insoweit gibt es durchaus Tendenzen zur Abschottung eines rechtseinheitlichen europäischen Binnenraumes, einer »Festung Europa«. Vgl. zum Ausgangspunkt, der protektionistischen Politik der USA im Bereich des Halbleiterschutzes, *T. Dreier*, Die Entwicklung des Schutzes integrierter Halbleiter, in: Gewerblicher Rechtsschutz und Urheberrecht international 1987, S. 645–663, bes. S. 647f. Beispiele im europäischen Recht: Richtlinie des Rates vom 16.12.1986 über den Rechtsschutz der Topographien von Halbleitererzeugnissen, Art. 3 (Amtsblatt der Europäischen Gemeinschaften vom 16.12.1986); Richtlinie 93/98/EWG des Rates vom 29.10.1993 zur Harmonisierung der Schutzdauer des Urheberrechts und bestimmter verwandter Schutzrechte (Amtsblatt der Europäischen Gemeinschaften vom 24.11.1993); Richtlinie 96/9/EG des Europäischen Parlaments und des Rates vom 11.3.1996 über den rechtlichen Schutz von Datenbanken (Amtsblatt der Europäischen Gemeinschaften vom 27.3.1996). Diese Regelungen gewähren den Schutz geistigen Eigentums – analog den deutschen Gesetzen seit dem ausgehenden 19. Jahrhundert – aufgrund der Staatsangehörigkeit oder des Wohn-/Gewerbesitzes in einem Mitgliedsstaat der Europäischen Union. – Ich danke Thomas Dreier für hilfreiche Hinweise auf Essentialia im Recht des geistigen Eigentums.

73 Vgl. *O. Palandt*, Bürgerliches Gesetzbuch, München 1987[46], S. 2287 (zu Art. 88 Einführungsgesetz des Bürgerlichen Gesetzbuchs).

schließlich rasseideologische Erwägungen motivierten diese Beschränkungen, die der wirtschaftlich intervenierende Nationalstaat Ausländern auferlegte.

Gleichwohl betrafen diese Ausnahmen nur bestimmte Formen des Eigentums; sie wurden zudem durch ein System von Staatsverträgen abgemildert. Hinzu kam, daß die Diskriminierung ausländischen geistigen Eigentums von personalen zu territorialen Anknüpfungspunkten überging. Die zeitweiligen Nationalisierungstendenzen des privatrechtlichen Eigentumsschutzes brachen daher nicht mit dem vornationalen System des liberalen bürgerlichen Eigentumsrechts.

Der verfassungsrechtliche Schutz des Eigentums unterlag demgegenüber dem Nationalitätsprinzip: Das Eigentumsrecht kam grundsätzlich und zunächst nur Inländern zu. Das weitgehend gleichstellende privatrechtliche System einerseits, das relativ diskriminierende Verfassungsrecht andererseits standen in der modernen deutschen Verfassungsgeschichte nebeneinander. Die spezifische Schwäche grundrechtlicher Gewährleistungen in Deutschland und ihre lediglich akzessorische Geltung unter dem Primat des Privatrechts führten dazu, daß der Tendenz nach die Diskrimierung ausländischer Eigentumsrechte insgesamt abnahm. Als das deutsche Verfassungsrecht im Grundgesetz von 1949 seinen Primat in der Rechtsordnung erstmals durchsetzte und mit einer starken Verfassungsgerichtsbarkeit bewehrte, hätte der grundrechtliche Vorbehalt nationalen Eigentumsschutzes für Inländer vollauf privatrechtsgestaltend eingreifen können. Doch war zu diesem Zeitpunkt der Höhepunkt nationaler Gewährleistungen der Grundrechte bereits überschritten. Im Rückgriff auf die Bedeutung der Eigentumskodifikation in der Französischen Revolution kodifizierte das Grundgesetz das Eigentum als Menschenrecht.[74]

Der Primat des Privatrechts gegenüber den Grundrechten des deutschen Konstitutionalismus ist zugleich Ausdruck eines schwachen politischen Mitwirkungs- und Gestaltungswillens des liberalen Bürgertums, vergleicht man die deutsche Entwicklung mit der Geschichte Englands und Frankreichs. Doch barg das vermeintlich ›unpolitische‹ deutsche Privatrecht des 19. Jahrhunderts, das im deutschen Nationalstaat den Höhepunkt seiner Kodifikation und Wirksamkeit erlangte, zugleich eine Entwicklung, die über die Grenzen des Nationalstaats hinauswies. Das Eigentumsrecht als Leitrecht der bürgerlichen »Eigentumsmarktgesellschaft«[75] zeigt das. Wie kein anderes Freiheitsrecht hat das privatrechtlich entfaltete Eigentum als Ausgangspunkt und Antriebsmoment transnationaler Rechtsgestaltung gewirkt. Im Bereich des Eigentumsrechts unterlagen fremdenrechtliche Beschränkungen einem Abbau. Die persönliche

---

74 So pointiert *W. Leisner*, Eigentum, in: J. Isensee u. P. Kirchhof (Hg.), Handbuch des Staatsrechts der Bundesrepublik Deutschland, Bd. 4, Heidelberg 1989, S. 1023–1098, bes. S. 1032f., bes. Randnummer 18.

75 Vgl. *C.B. Macpherson*, Theorie des Besitzindividualismus, Frankfurt am Main 1967, S. 68f.

Diskriminierung aufgrund der Staatsangehörigkeit trat – aufs Ganze gesehen – zurück. Territoriale Beschränkungen auf den rechtsgewährenden Nationalstaat gerieten in Widerspruch zu Projekten staatenübergreifender Integration und zur globalen Wirtschaftsverflechtung.

Die Entwicklung weist auf eine fortschreitende Entnationalisierung des Eigentumsrechts hin. Unter veränderten historischen Bedingungen kehrt damit der Gedanke der Französischen Revolution zurück: der Schutz des Eigentums als Menschenrecht.

III.
Eigentum von Boden und Produktionsmitteln

ARND BAUERKÄMPER

Kontinuität und Auflösung der bürgerlichen Rechtsordnung

Landwirtschaftliches Bodeneigentum in Ost- und Westdeutschland (1945–1990)*

Die Entwicklung moderner Industriegesellschaften wird maßgeblich durch das Eigentumsrecht bestimmt, das auf den »jeweils herrschenden sozialphilosophischen und sozialethischen Vorstellungen vom Verhältnis von Individualität und Sozialität, von Freiheit und Bindung, von Gleichheit und Ungleichheit im menschlichen Zusammenleben«[1] basiert. Das Eigentumsrecht, das spezifische Zuordnungsverhältnisse einer Sache zu einer Person abbildet, spiegelt deshalb gesellschaftliche Umgangsformen, Werte und Vorstellungen wider und verweist damit auf kulturhistorische Konzepte. Auf dem Lande prägt vor allem das Bodenrecht die Sozialstruktur und Wirtschaftsordnung sowie die gesellschaftlichen Beziehungen und Mentalitäten. Der sozioökonomische Wandel wirkt aber auch auf das Bodenrecht zurück, das darüber hinaus von politischen Zielen beeinflußt oder sogar präformiert wird. Das Grundstücksverkehrs- und Landpachtrecht sowie das bäuerliche Erbrecht bilden deshalb in Deutschland Kernbereiche des traditionellen Landwirtschaftsrechts; das seit den fünfziger Jahren zunehmend differenzierte und spezifizierte moderne Agrarrecht der Bundesrepublik erstreckt sich außerdem auf die Strukturverbesserung in der Landwirtschaft, den Naturschutz und die Landschaftspflege, Formen der landwirtschaftlichen Kooperation, den Agrarmarkt und -kredit, die landwirtschaftliche Produktion sowie auf das Steuer-, Arbeits- und Sozialrecht.[2]

* Für wichtige Hinweise zum Manuskript dieses Aufsatzes danke ich Herrn Dr. Hans-Jürgen Philipp, Zentrum für Agrarlandschafts- und Landnutzungsforschung (Müncheberg).
1 O. von Nell-Breuning, Artikel »Bodenreform«, in: V. Götz u.a. (Hg.), Handwörterbuch des Agrarrechts, Bd. 1, Berlin 1981, Sp. 380.
2 Zu den Regelungsbereichen des Landwirtschafts- bzw. Agrarrechts: G. Turner, Agrarrecht. Ein Grundriß, Stuttgart 1994, S. 16f.; K. Kroeschell, Deutsches Agrarrecht. Ein Überblick, Köln 1983, S. 1–3; ders., Artikel »Agrarrecht«, in: Götz u.a. (Hg.), Handwörterbuch, Sp. 57–73. Dem in Deutschland bis zum Zweiten Weltkrieg dominierenden Begriff »Landwirtschaftsrecht« wird hier das umfassendere Konzept des Agrarrechts vorgezogen. Vgl. ebd., Sp. 51f.

Das landwirtschaftliche Eigentum war sowohl in der Bundesrepublik Deutschland als auch in der DDR in die allgemeine Eigentumsordnung integriert; nur wenige Spezifika des landwirtschaftlichen Eigentums fanden jeweils in der Gesetzgebung Berücksichtigung. So gewann im Agrarrecht der Bundesrepublik die Lehre von den typisierten Formen des Eigentums an Einfluß, wie die tendenzielle Einschränkung der Eigentümerstellung im Hinblick auf die landwirtschaftlichen Betriebe und die Zunahme der Gesetzgebung zu staatlichen Interventionen in die Agrarstruktur zeigen.[3] Mit dem rapiden Strukturwandel seit den späten vierziger Jahren vollzog sich im westdeutschen Agrarrecht darüber hinaus eine deutliche »Schwerpunktverlagerung vom Bodenrecht hin zum Wirtschaftsrecht«.[4] Auch in der Sowjetischen Besatzungszone (SBZ) und DDR bildete das Agrarrecht eine wichtige Grundlage eigentumsrechtlicher Bestimmungen, denn es fixierte »rechtlich verbindlich die notwendigen Ordnungen, Organisationen, Grundsätze und Verhaltensweisen, die Kontrolle ihrer Einhaltung und den u. U. notwendigen staatlichen Zwang zu ihrer praktischen Durchsetzung im Bereich der gesellschaftlichen Verhältnisse, die sich im Prozeß der landwirtschaftlichen Produktion und Reproduktion herausbilden und der Verwirklichung der wissenschaftlichen Agrarpolitik der marxistisch-leninistischen Partei der Arbeiterklasse dienen«.[5]

Die Verzahnung von Rechtsgeschichte, gesellschaftlicher Transformation und politischer Herrschaft in der Entwicklung der Agrarwirtschaft und ländlichen Gesellschaft in Deutschland von 1945 bis 1990 ist in der Agrar- und Sozialgeschichtsschreibung bislang kaum beachtet worden. Vielmehr hat in Deutschland die auch im 20. Jahrhundert anhaltende Abgrenzung zwischen den Wissenschaftsdisziplinen und die Ausdifferenzierung unterschiedlicher Forschungsrichtungen den Nexus rechts- und sozial-, wirtschafts- und politikgeschichtlicher Triebkräfte des Wandlungsprozesses in der Agrarwirtschaft und ländlichen Gesellschaft verdeckt. Einerseits haben agrarrechtliche Darstellungen nur begrenzt sozialhistorische Fragestellungen aufgenommen, und die Geschichtsschreibung hat die traditionelle Fixierung auf Probleme der Agrarverfassung insgesamt ebensowenig vollständig überwunden wie die Konzentration der empirischen Forschung auf die Frühe Neuzeit und das 19. Jahrhundert.[6] So betonten Friedrich Lütge und Günther Franz, die einflußreichsten

3 *Chr. Grimm*, Agrarrecht, München 1995, S. 17f.; *W. Winkler*, Artikel »Landwirtschaftliches Eigentum«, in: Götz u. a. (Hg.), Handwörterbuch, Sp. 281f. u. 296; *Kroeschell*, »Agrarrecht«, Sp. 58f. u. 76–87. Zur Stellung des Agrarrechts in der Rechtsordnung der DDR: *R. Arlt*, Agrarrechtsverhältnisse in West- und Ostdeutschland, Berlin (Ost) 1957, S. 6f.; *R. Steding*, Agrarrecht/LPG-Recht, in: U.-J. Heuer (Hg.), Die Rechtsordnung der DDR. Anspruch und Wirklichkeit, Baden-Baden 1995, S. 88.

4 *V. Götz*, Artikel »Bodenrecht«, in: ders. u. a. (Hg.), Handwörterbuch, Sp. 371.

5 *R. Arlt*, Theoretische Grundlagen des LPG- und Agrarrechts. Analyse und Tendenzen, Berlin (Ost) 1988, S. 20f.

6 Die Erweiterung der Agrargeschichte zur historischen Anthropologie ist in den letzten

Agrarhistoriker in der Bundesrepublik bis zu den frühen siebziger Jahren, die Probleme der Agrarverfassung und hielten an der traditionellen politikhistorischen Analyse der Landwirtschaft fest; nur Wilhelm Abel untersuchte auch systematisch wirtschafts- und sozialgeschichtliche Probleme.[7] Andererseits ist der Stellenwert des Bodenrechts für die Entwicklung der Agrarwirtschaft und ländlichen Gesellschaft in der sozial- und kulturgeschichtlichen Forschung sowie in der Agrarsoziologie bislang kaum beachtet worden.[8] Die »Außenseiterrolle der Agrargeschichte in Deutschland«[9] resultiert insgesamt nicht nur aus der »Konzentrierung auf städtische Agglomerationen, Bürgertum und entstehende Arbeiterschaft« als die »sozialen ›Sieger‹«[10] in der neueren Sozialgeschichtsschreibung, sondern ist auch auf die unzureichende theoretisch-methodologische Reflexion und den Mangel an Interdisziplinarität – besonders hinsichtlich der Verwendung übergreifender Konzepte wie der »peasant society« – in der agrarhistorischen Forschung in der Bundesrepublik zurückzuführen.[11]

Die folgende Darstellung trägt demgegenüber zur Integration rechts-, wirtschafts- und sozialhistorischer Fragestellungen in eine breit angelegte Agrar-

Jahren besonders in Studien zur ländlichen Gesellschaft in der Frühen Neuzeit vorangetrieben worden. Dieser Untersuchungszeitraum dominiert auch in repräsentativen Gesamtdarstellungen. Vgl. *W. Rösener*, Die Bauern in der europäischen Geschichte, München 1993; *ders.*, Einführung in die Agrargeschichte, Darmstadt 1997. Zur agrarrechtlichen Forschung in Deutschland nach dem Zweiten Weltkrieg der Überblick in: *K. Kroeschell u. W. Winkler* (Hg.), Bibliographie des deutschen Agrarrechts 1945–1965, bearb. von A. Gercke, Göttingen 1968; *dies.*, Bibliographie des deutschen Agrarrechts 1966–1975, bearb. von W. Winkler, Göttingen 1977.

7 Hierzu der Überblick in: *F.-W. Henning*, Die agrargeschichtliche Forschung in der Bundesrepublik Deutschland von 1949 bis 1986, in: H. Kellenbenz u. H. Pohl (Hg.), Historia socialis et oeconomica. Festschrift für Wolfgang Zorn zum 65. Geburtstag, Stuttgart 1987, S. 72–80.

8 Eine Ausnahme bildet z.B.: *U. Planck u. J. Ziche*, Land- und Agrarsoziologie. Eine Einführung in die Soziologie des ländlichen Siedlungsraumes und des Agrarbereichs, Stuttgart 1979, S. 183–206. Zum hier nicht ausführlich zu diskutierenden Verhältnis zwischen Sozial- und Kulturgeschichte: *U. Daniel*, Clio unter Kulturschock. Zu den aktuellen Debatten der Geschichtswissenschaft, in: Geschichte in Wissenschaft und Unterricht 48, 1997, S. 195–219 u. 259–278; *Th. Mergel u. Th. Welskopp* (Hg.), Geschichte zwischen Kultur und Gesellschaft. Beiträge zur Theoriedebatte, München 1997; *W. Hardtwig u. H.-U. Wehler* (Hg.), Kulturgeschichte Heute, Göttingen 1996.

9 *Chr. Dipper*, Landwirtschaft im Wandel. Neue Perspektiven der preußisch-deutschen Agrargeschichte im 19. Jahrhundert, in: Neue Politische Literatur 38, 1993, S. 38.

10 *H.-G. Husung*, Zur ländlichen Sozialschichtung im norddeutschen Vormärz, in: H. Mommsen u. W. Schulze (Hg.), Vom Elend der Handarbeit, Stuttgart 1981, S. 259.

11 Zum Stand der Agrargeschichtsschreibung sowie zu den Problemfeldern und zum Gegenstandsbereich der ländlichen Gesellschaftsgeschichte ausführlich: *Chr. Dipper*, Bauern als Gegenstand der Sozialgeschichte, in: W. Schieder u. V. Sellin (Hg.), Sozialgeschichte in Deutschland. Entwicklungen und Perspektiven im internationalen Zusammenhang, Bd. 4: Soziale Gruppen in der Geschichte, Göttingen 1987, S. 9–33; *C. Zimmermann*, Dorf und Land in der Sozialgeschichte, in: ebd., Bd. 2: Handlungsräume des Menschen in der Geschichte, Göttingen 1986, S. 90–112.

historiographie bei, indem die Entwicklung und der Stellenwert des landwirt-schaftlichen Bodeneigentums in der Bundesrepublik Deutschland und DDR von 1945 bis 1990 untersucht werden. Die Analyse des Bodenrechts in den beiden deutschen Staaten ist geeignet, paradigmatisch den Gegensatz zwischen den normativen Grundlagen des bürgerlichen Eigentumsrechts und der Besei-tigung des Privateigentums in den Staaten zu konturieren, in denen kommuni-stische Parteien nach dem Zweiten Weltkrieg ihr Herrschaftsmonopol eta-blierten. Dazu müssen zunächst die Grundlinien der Entwicklung bis 1945 nachgezeichnet werden.

1. Die Entwicklung des Bodeneigentums von den preußischen Agrarreformen bis zum nationalsozialistischen Reichserbhofgesetz. Herausbildung und Einschränkung des Zivilrechtsverkehrs

Bis zur Neuzeit basierte das Bodenrecht auf der Lehre vom teilbaren Eigentum. Während das römische Recht im Altertum das uneingeschränkte Eigentum an einer Sache festgelegt und eine umfassende Zuordnung aufgewiesen hatte, vollzog sich im Mittelalter – besonders unter dem Einfluß der italienischen Legisten und des älteren deutschen Rechts – eine Differenzierung der Eigen-tumsbegriffe und -formen. Im Rahmen der feudalen Agrarverfassung wurde das Bodenrecht kaum noch durch das »Volleigentum«, sondern vielmehr von der Vorstellung eines teilbaren Eigentums geprägt. Demzufolge verfügten Nutzinhaber und Oberherren über deutlich divergierende Eigentumsrechte. Bei den bäuerlichen Besitzverhältnissen bildete sich darüber hinaus ein schar-fer eigentumsrechtlicher Gegensatz zwischen den Erb- und Zeitpächtern her-aus.[12]
Erst die Französische Revolution führte eine privatrechtliche Ordnung herbei, in der landwirtschaftlicher Boden mobilisiert und kommerzialisiert wurde. In den deutschen Staaten hoben die in der ersten Hälfte des 19. Jahr-hunderts durchgesetzten Agrarreformen grund- oder gutsherrschaftliche Bin-dungen des Bodens weitgehend auf. Mit der Beseitigung der Verfügungs- und Belastungsbeschränkungen wurden die Bauern zivilrechtliche Eigentümer ih-res Grundbesitzes und konnten uneingeschränkt am Geschäfts- und Kreditver-kehr teilnehmen. Die Aufhebung des geteilten Eigentums und der perpetuellen Grundlasten ergaben sich aus einem liberalen Eigentumskonzept, in dem per-sönliche und politische Freiheit untrennbar mit der vollständigen Verfügung über Objekte verknüpft war. Trotz restriktiver Gesetze, die besonders in Preu-

---

12 D. *Schwab*, Artikel »Eigentum«, in: O. Brunner, W. Conze u. R. Koselleck (Hg.), Ge-schichtliche Grundbegriffe, Bd. 2, Stuttgart 1992², S. 70f.; *Grimm*, Agrarrecht, S. 18f.

ßen die Ablösung aller Feudallasten erschwerten, wurde landwirtschaftlicher Boden im 19. Jahrhundert überwiegend in Privateigentum überführt. Obwohl Bauern finanzielle Entschädigungsleistungen vereinzelt noch bis zur Hyperinflation 1923 entrichten mußten, wurde das bäuerliche Eigentum bis zum späten 19. Jahrhundert weitgehend in die allgemeine bürgerliche Rechtsordnung eingegliedert.[13]

Das den Bauern gewährte Recht der freien Verfügung und Nutzung wurde bei der Regelung der Erbfolge aber keineswegs vollständig durchgesetzt. Gegenüber Interpretationen, die von einer weitgehend teleologischen und linearen Entwicklung ausgehen, muß hervorgehoben werden, daß das Bodenrecht insgesamt noch im 19. Jahrhundert beträchtliche feudale Restbestände aufwies.[14] Daran anknüpfend, lösten das wirtschaftspolitische Ziel, die Einheit des Agrarbetriebs zu erhalten, und das agrarideologische Konzept der gesellschaftlichen Sonderrolle der Bauern schon im frühen 19. Jahrhundert Widerstand gegen die willkürliche Teilung von Höfen in der Erbfolge aus. So blieb im Großherzogtum Baden das Recht der geschlossenen Hofübergabe verbindlich, und im Königreich Hannover konservierte die Agrarreform von 1831/33 die unterschiedlichen bäuerlichen Erbrechte. Im Münsterland entbrannte sogar ein heftiger Streit über die Vorzüge eines gesetzlichen Zwangsanerbenrechts.[15]

Die Vorbehalte gegen die freie Teilung der Agrarbetriebe in der Erbfolge und die Forderung nach einer Rückkehr zum traditionellen Anerbenrecht trafen in der ländlichen Bevölkerung zunehmend auf Resonanz, nachdem in der Strukturkrise der Agrarwirtschaft in den siebziger Jahren des 19. Jahrhunderts das Modernisierungsdefizit und der relative Einflußverlust des primären Sektors hervorgetreten waren. Mit dem Übergang zur Schutzzollpolitik bis 1879 wurde deshalb im Deutschen Kaiserreich auch die freie Verfügung über das landwirtschaftliche Eigentum weiter eingeschränkt. Diese Entwicklungstendenz erfaßte besonders das Erbrecht, nachdem sich im 16. und 17. Jahrhundert die von den Landesherren bevorzugte geschlossene Vererbung nur in Nord- und Ostdeutschland durchgesetzt hatte. Für die im späten 19. Jahrhundert von den deutschen Bundesstaaten erlassenen erbrechtlichen Regelungen war das 1874 in der preußischen Provinz Hannover durchgesetzte Höfegesetz rich-

---

13 *K. Kroeschell*, Artikel »Landwirtschaftliches Erbrecht«, in: Götz u.a. (Hg.), Handwörterbuch, Sp. 307; *ders.*, »Agrarrecht«, S. 8 u. 10; *Winkler*, »Landwirtschaftliches Eigentum«, Sp. 275f.; *Schwab*, »Eigentum«, S. 74f., 79, 83 u. 89; *Grimm*, Agrarrecht, S. 19. Zu den Auswirkungen der Agrarreformen in Deutschland: *Chr. Dipper*, Die Bauernbefreiung in Deutschland 1790–1850, Stuttgart 1980; *H. Schissler*, Agrarreformen und politischer Wandel in Preußen, in: B. Vogel (Hg.), Preußische Reformen 1807–1820, Königstein 1980, S. 88–110. Zur Entschuldung der Bauern in der Inflation 1922/23: *R. Moeller*, Winners as Losers in the German Inflation. Peasant Protest over the Controlled Economy, 1920–1923, in: G.D. Feldman u.a. (Hg.), Die deutsche Inflation – eine Zwischenbilanz, Berlin 1982, S. 288.

14 *Kroeschell*, »Agrarrecht«, Sp. 53.

15 *F. Grundmann*, Agrarpolitik im »Dritten Reich«. Anspruch und Wirklichkeit des Reichs-erbhofgesetzes, Hamburg 1979, S. 16; *Kroeschell*, »Landwirtschaftliches Erbrecht«, Sp. 309.

tungsweisend, das den Bauern die Entscheidung überließ, ihre Betriebe in die Höferolle eintragen zu lassen und damit dem Anerbenrecht zu unterstellen.[16]

In Preußen wurde daraufhin 1881 auch im Herzogtum Lauenburg ein Höfegesetz erlassen, und die Landgüterordnungen für Westfalen (1882), Brandenburg (1883), Schlesien (1884), Schleswig-Holstein (1886) und für den Regierungsbezirk Kassel (1887) enthielten gleichfalls anerbengesetzliche Regelungen. Ähnliche Gesetze wurden auch in anderen deutschen Bundesstaaten verabschiedet: in Oldenburg bereits 1873, in Braunschweig 1874, in Bremen 1890, in Waldeck und Schaumburg-Lippe 1909 sowie in Württemberg noch 1930. Einflußreiche Interessenverbände wie der 1893 gebildete »Bund der Landwirte« (BdL) und der 1921 als agrarische Sammlungsbewegung konstituierte »Reichs-Landbund« (RLB), die den politischen Primat des Agrarsektors propagierten, verlangten sogar die Einführung eines obligatorischen Anerbenrechts. Der Vorrang der Verfügungsfreiheit der Eigentümer wurde jedoch nicht beseitigt, so daß auch in dem 1900 in Kraft getretenen Bürgerlichen Gesetzbuch (BGB) kein Sondererbrecht für landwirtschaftliches Eigentum kodifiziert wurde. Initiativen zur Verabschiedung eines für alle Bauern in Deutschland verbindlichen Reichsanerbengesetzes scheiterten zudem bis 1933 am Widerstand Preußens und der Reichsregierung.[17]

Im frühen 20. Jahrhundert wurde das landwirtschaftliche Bodeneigentum aber zu einem wichtigen Gegenstand der staatlichen Gesetzgebung. So regelte die Bundesratsbekanntmachung vom 15. März 1918 den Grundstücksverkehr, um die Bodenspekulation von »Kriegsgewinnlern« zu verhindern und die Ernährung der Bevölkerung zu sichern. In der Weimarer Republik griffen außerdem das am 11. August 1919 erlassene Reichssiedlungsgesetz, das Heimstättengesetz von 1920 sowie Pächterschutz- und Kreditsicherungsgesetze in die Bodenverteilung und in den Bodenverkehr ein. Diese Sondergesetze für den landwirtschaftlichen Grundbesitz basierten auf der in der Weimarer Reichsverfassung vom 11. August 1919 verankerten Inhalts- und Schrankenbestimmung des Privateigentums, vor allem dem in Art. 153 explizit festgelegten Prinzip der Sozialpflichtigkeit. Die tiefgreifende Agrarkrise in den späten zwanziger und frühen dreißiger Jahren verstärkte allerdings nicht nur die agrarprotektionistische Agitation der »Grünen Front« als neuer radikalkonservativ-agrarischer Sammlungsbewegung, sondern auch die Forderung nach einem Zwangsvoll-

16 *K. Kroeschell*, Artikel »Agrarverfassung«, in: Götz u.a. (Hg.), Handwörterbuch, Sp. 167; *ders.*, »Agrarrecht«, S. 8; *ders.*, »Landwirtschaftliches Erbrecht«, Sp. 308; *Grundmann*, Agrarpolitik, S. 17. Zur Entwicklung in der Frühen Neuzeit: *Rösener*, Einführung, S. 139f.

17 *Kroeschell*, »Agrarrecht«, S. 8; *ders.*, »Landwirtschaftliches Erbrecht«, Sp. 308f.; *Grundmann*, Agrarpolitik, S. 16–19. Zur Programmatik und zum politischen Einfluß des BdL und des RLB zusammenfassend: *H.-P. Ullmann*, Interessenverbände in Deutschland, Frankfurt am Main 1988, S. 85–94 u. 148–153.

streckungsschutz und einem obligatorischen Anerbenrecht für landwirtschaftliche Betriebe.[18]

Die bürgerliche Eigentumsordnung in der Landwirtschaft wurde aber erst nach der nationalsozialistischen »Machtergreifung« aufgebrochen. Nach dem preußischen Bäuerlichen Erbhofrecht vom 15. Mai 1933 sollten alle Höfe, die als »Ackernahrung« mindestens 7,5 Hektar (ha) umfaßten, in den Regionen mit Anerbenrecht obligatorisch und in den traditionellen Realteilungsgebieten fakultativ in die Erbhöferolle eingetragen und damit dem Gesetz unterstellt werden. Das Recht der Hofeigentümer zur autonomen Entscheidung über die Erbregelung blieb aber gewahrt, so daß die Bauern das preußische Erbhofrecht umgehen konnten und herrschende Erbkonventionen kaum erschüttert wurden. Auch die in dem Gesetz festgelegte Genehmigungspflicht erstreckte sich lediglich auf die Veräußerung landwirtschaftlichen Eigentums, nicht aber auf Belastungen, Zwangsvollstreckungen und Enteignungen.[19]

Das am 29. September 1933 verabschiedete Reichserbhofgesetz zielte dagegen auf die Herauslösung von Bauernhöfen, die jeweils eine Fläche von 7,5 bis 125 ha aufwiesen und als Vollerwerbsbetriebe eingestuft wurden, aus dem bürgerlichen Eigentumsrecht. Da die von dem Gesetz erfaßten Betriebe nicht veräußert, geteilt oder belastet werden durften, wurde der betreffende landwirtschaftliche Boden dem Zivilrechtsverkehr entzogen. Dem stationären Wirtschaftsmodell, das die Funktion der Bodenmobilität als Instrument der agrarstrukturellen Anpassung ausschloß, entsprach auch die Grundstücksverkehrsbekanntmachung vom 26. Januar 1937, die eine behördliche Genehmigungspflicht für den Geschäftsverkehr mit land- und forstwirtschaftlichen Nutzflächen von mehr als 2 ha anordnete.[20] Besitzer von Erbhöfen mußten darüber hinaus den bevölkerungspolitisch-rassenideologischen Doktrinen der nationalsozialistischen Machthaber und der Pflicht zur ordnungsgemäßen Bewirtschaftung ihres Bodens entsprechen. Die Inhaber der Höfe wurden zu »Bauern« aufgewertet, während die Eigentümer anderer Agrarbetriebe lediglich als »Landwirte« galten. Wie der Reichsminister für Ernährung und Landwirtschaft, Richard Walter Darré, in einer Presseerklärung am 6. Oktober 1933 betonte, sollten mit dem Reichserbhofgesetz letztlich ein »neues Bauernrecht

18 *K. Kroeschell*, Entwicklungstendenzen des deutschen Agrarrechts, in: Deutsche zivil- und kollisionsrechtliche Beiträge zum IX. Kongreß für Rechtsvergleichung, hg. von dem Max-Planck-Institut für ausländisches und internationales Privatrecht, Tübingen 1974, S. 214f. u. 230; *B. Bendel*, Artikel »Grundstücksverkehrsgesetz«, in: Götz u.a. (Hg.), Handwörterbuch, Sp. 856; *Winkler*, »Landwirtschaftliches Eigentum«, Sp. 276; *Kroeschell*, »Agrarrecht«, S. 8f.; *Grimm*, Agrarrecht, S. 20; *Turner*, Agrarrecht, S. 22.

19 *Grundmann*, Agrarpolitik, S. 36f.

20 *G. Corni u. H. Gies*, »Blut und Boden«. Rassenideologie und Agrarpolitik im Staat Hitlers, Idstein 1994, S. 35–37; *D. Münkel*, Bäuerliche Interessen versus NS-Ideologie. Das Reichserbhofgesetz in der Praxis, in: Vierteljahrshefte für Zeitgeschichte 44, 1996, S. 551; *Grundmann*, Agrarpolitik, S. 44–50 u. 79; *Bendel*, »Grundstücksverkehrsgesetz«, Sp. 856.

germanisch-deutschen Rechtsdenkens« und ein »blutsmäßig gebundener Eigentumsbegriff« durchgesetzt werden.[21]

Das Gesetz, das in den Realteilungsgebieten erheblich tiefer in die Agrarstruktur und bäuerliche Mentalität eingriff als in den traditionellen Anerbengebieten, erfaßte 1939 rund 38 Prozent der landwirtschaftlichen Betriebsfläche des Deutschen Reiches (»Altreich« einschließlich des Saarlandes). Die Bodenmobilität konnte aber auch bei Erbhöfen nicht beseitigt werden, denn die bei den Amtsgerichten eingerichteten Anerbengerichte legten das Reichserbhofgesetz überwiegend großzügig aus, berücksichtigten lokale Interessenkonstellationen und gewährten Ausnahmeanträge der Kreisbauernschaften, um die Wirtschaftskraft der betroffenen Erbhöfe zu sichern. So wurden vielfach Grundstücksverkäufe ebenso genehmigt wie die Landverpachtung, und die festgelegte Erbfolge wurde keineswegs immer eingehalten. Die Anerbengerichte hoben gelegentlich auch das Belastungsverbot auf, um rentablen Erbhöfen den Zugang zu mittel- und langfristigen Krediten zu eröffnen. Bis zu den späten dreißiger Jahren setzte sich jedoch das in dem Reichserbhofgesetz verankerte rechtspolitische Konzept der »konkreten Ordnungen« zumindest partiell durch, indem die rechtliche Subjekt-Objekt-Beziehung gelöst und die Auffassung von einer neuen Eigentumsform mit ausgeprägter Zweckbindung zunehmend akzeptiert wurde. Damit gewannen die Erbhöfe in Rechtsprechung und Wissenschaft tendenziell den Rang »eigengesetzlicher Lebensordnungen«, die sich vom BGB deutlich abhoben und konstitutive Konzepte des seit 1937 vorbereiteten, aber unvollendeten »Volksgesetzbuches« bilden sollten. Mit dem Übergang zur forcierten Aufrüstung seit 1936 und der Integration der Ernährungswirtschaft in die deutsche Kriegführung nach 1939 erhöhte sich aber sprunghaft der Stellenwert ökonomischer Ziele in der NS-Agrarpolitik, so daß bis 1943 auch die rassenideologischen Bestimmungen des Reichserbhofgesetzes abgeschwächt wurden.[22]

21 Zit. nach: *Grundmann*, Agrarpolitik, S. 43. Zum agrarideologischen Fundament des Reichserbhofgesetzes: *R. Hütte*, Der Gemeinschaftsgedanke in den Erbrechtsformen des Dritten Reichs, Frankfurt am Main 1988. Zu Darré der Artikel in: *H. Weiß* (Hg.), Biographisches Lexikon zum Dritten Reich, Frankfurt am Main 1998, S. 80–82.

22 *J. Weitzel*, Sonderprivatrecht aus konkretem Ordnungsdenken: Reichserbhofrecht und allgemeines Privatrecht 1933–1945, in: Zeitschrift für neuere Rechtsgeschichte 14, 1992, S. 55–79, bes. S. 56, 63, 65 u. 71; *Münkel*, Interessen, bes. S. 552, 555, 557f., 561f., 565–567 u. 571f. Ergänzend zur Anwendung des Erbhofgesetzes: *J.E. Farquharson*, The Plough and the Swastika. The NSDAP and Agriculture in Germany, 1928–1945, London 1976, S. 131, 138 u. 140; *Grundmann*, Agrarpolitik, S. 75–101 u. 149f.

2. Die Weiterentwicklung der bürgerlichen Eigentumsordnung. Bodenrecht im Rahmen des Strukturwandels der westdeutschen Landwirtschaft

Nach dem Zweiten Weltkrieg wurden die Ansätze zur Herausbildung einer von der nationalsozialistischen Ideologie geprägten Konzeption landwirtschaftlichen Bodeneigentums beseitigt. Am 20. Februar 1947 hob der Alliierte Kontrollrat in seinem Gesetz Nr. 45 das Reichserbhofgesetz auf und setzte die landesrechtlichen Anerbengesetze wieder in Kraft. Lediglich in der britischen Besatzungszone – in den Ländern Hamburg, Niedersachsen, Nordrhein-Westfalen und Schleswig-Holstein – wurde am 24. April 1947 eine einheitliche Höfeordnung eingeführt, die sich am traditionellen Anerbenrecht orientierte.[23]

In den westlichen Besatzungszonen erließen die alliierten Militärverwaltungen auch Bodenreformgesetze, die – mit in den einzelnen Zonen jeweils variierender Prioritätensetzung – die wirtschaftliche und politische Macht der Großgrundbesitzer einschränken, die landwirtschaftliche Produktion steigern sowie die Integration der Flüchtlinge und Vertriebenen erleichtern sollten. Die Länderparlamente verzögerten oder blockierten aber die Verabschiedung von Ausführungsbestimmungen. In Schleswig-Holstein annullierte sogar die britische Besatzungsmacht ein weitreichendes Bodenreformgesetz, das maßgeblich von dem SPD-Agrarpolitiker Erich Arp konzipiert und am 10. August 1948 vom Landtag gebilligt worden war. Die in Westdeutschland verabschiedeten Durchführungsgesetze zur Bodenreform und zur landwirtschaftlichen Siedlung sahen durchweg eine Entschädigung vor, die ab 1949 am Einheitswert – nicht dem höheren gemeinen Wert (Verkehrswert) – des enteigneten Landes bemessen wurde. Nach einem Urteil des Bundesverwaltungsgerichts vom 20. Mai 1954 sind die Bodenreformgesetze mit dem am 23. Mai 1949 in Kraft getretenen Grundgesetz der Bundesrepublik Deutschland (GG) vereinbar, da die Enteignungsmaßnahmen nicht auf eine Vergesellschaftung, sondern auf die Überführung von landwirtschaftlichem Boden in Privateigentum zielten. Auch das in der unmittelbaren Nachkriegszeit entwickelte Konzept, neue landwirtschaftliche Nebenerwerbsbetriebe als Kleinsthöfe einzurichten, richtete sich nicht gegen die bürgerlich-rechtliche Eigentumsordnung, die damit insgesamt ebensowenig angetastet wurde wie die Besitzstruktur in der westdeutschen Landwirtschaft.[24]

---

23 *Kroeschell*, »Landwirtschaftliches Erbrecht«, Sp. 309; *ders.*, »Agrarrecht«, S. 17; *Turner*, Agrarrecht, S. 37.

24 *H. Jebens*, Der Kleinsthofplan. Gedanken zum Volksneubau, Hamburg 1946. Dazu auch die kritische Interpretation in: *U. Kluge*, Vierzig Jahre Agrarpolitik in der Bundesrepublik Deutschland, Bd. 1, Hamburg 1989, S. 68. Zu den in Westdeutschland erlassenen Bodenreformgesetzen und -verordnungen: *U. Enders*, Die Bodenreform in den westlichen Besatzungszonen Deutschlands 1945–1949, in: A. Bauerkämper (Hg.), »Junkerland in Bauernhand«? Durch-

Nach der Gründung der Bundesrepublik wurde die bürgerlich-rechtliche Eigentumsordnung, in die das landwirtschaftliche Eigentum einbezogen ist, vollends wiederhergestellt. Grundlegend für die rechtliche Regelung der Bodenverteilung und -nutzung sind dabei § 903 BGB und Art. 14 GG, in denen sowohl der Schutz des Eigentums als auch das Verfassungsgebot der Sozialpflichtigkeit kodifiziert worden sind. Enteignungen sind nach Art. 14 Abs. 3 GG nur zum Wohle der Allgemeinheit zulässig, an den Gesetzesvorbehalt gebunden und entschädigungspflichtig. Die Eigentumsordnung der Bundesrepublik wird damit durch die Pole der verfassungsrechtlichen Eigentumsgarantie und der Sozialpflichtigkeit bei der Nutzung des Eigentums geprägt. Die daraus resultierende Spannung muß in der Rechtsprechung bewältigt werden. So ist in konkreten juristischen Verfahren zwischen (entschädigungsloser) Inhaltsbestimmung bzw. Sozialbindung und (entschädigungspflichtiger) Enteignung zu unterscheiden. In der Rechtsprechung ist dabei die Sozialbindung insgesamt aufgewertet worden.[25]

Die in der Bundesrepublik verbindliche Eigentumskonzeption basiert auf der Auffassung von immanenten Schranken des Eigentümers: Demnach ist »das Eigentumsrecht ... nicht unbegrenzt, vielmehr ergibt sich sein konkreter Inhalt aus den Schranken der Rechtsordnung, in denen sich der materielle Gehalt der Eigentumsverfassung konkretisiert«.[26] Damit unterliegt die Eigentumsordnung in jeweils abgrenzbaren Gegenstandsbereichen staatlichen Eingriffen, die in der Agrarwirtschaft vor allem die Funktionen des Grundeigentums als Grundlage landwirtschaftlicher Betriebe, Vermögensobjekte, Standort für Wohngebäude und als Basis unterschiedlicher Raumnutzungen betreffen. Das Bodenrecht reflektiert damit aber nicht nur spezifische rechtspolitische Ziele, sondern ist auch eng mit dem Wandel verbunden, der sich in der westdeutschen Landwirtschaft von den fünfziger bis zu den achtziger Jahren beschleunigt vollzog und die Bodennutzung sowie Eigentumsstruktur auf dem Lande nachhaltig veränderte.[27]

In der Bundesrepublik lösten sich von 1949 bis 1978 mehr als eine Million landwirtschaftliche Kleinbetriebe auf, die vier Millionen Hektar (dreißig Prozent der landwirtschaftlichen Nutzfläche) bewirtschaftet hatten. Schon zwischen 1949 und 1960 ging die Zahl der Höfe mit einer Größe von bis zu zwei Hektar um fünfundzwanzig Prozent zurück, und die Zahl der Betriebe mit jeweils zwei bis fünf Hektar nahm sogar um dreißig Prozent ab. Von dem durch

führung, Auswirkungen und Stellenwert der Bodenreform in der Sowjetischen Besatzungszone, Stuttgart 1996, S. 169–180.

25 Bester Überblick in: *Grimm*, Agrarrecht, S. 22–29.

26 *Winkler*, »Landwirtschaftliches Eigentum«, Sp. 280.

27 *Götz*, »Bodenrecht«, Sp. 371; *Winkler*, Artikel »Boden, Bodennutzung, Bodenrecht« in: Götz (Hg.) Handwörterbuch, Sp. 191 u. 193; *ders.*, »Landwirtschaftliches Eigentum«, Sp. 287–293.

den Strukturwandel erfaßten Boden wurden drei Millionen Hektar von Höfen aufgenommen, die über jeweils mehr als fünfzehn Hektar verfügten und freigewordenes Land überwiegend pachteten. Während Klein- und Kleinstbetriebe zum Zu- bzw. Nebenerwerb übergingen oder als »Feierabendstellen« bewirtschaftet wurden, steigerte die Aufstockung der größeren Betriebe ihre Rentabilität, da so die Erzeugung mechanisiert und intensiviert werden konnte. Die daraus resultierende Steigerung der Arbeitsproduktivität ging mit einem erheblichen Rückgang der Beschäftigten in der Landwirtschaft einher. Allein von 1953 bis 1966 sank die Zahl der Arbeitskräfte von 5,1 auf 2,5 Mio.[28]

Der Strukturwandel der Landwirtschaft beseitigte aber nicht vollends bäuerliche Lebensformen und Mentalitäten. Viele der aus der Landwirtschaft ausgeschiedenen Beschäftigten bewirtschafteten weiterhin Boden und blieben der dörflichen Lebenswelt verbunden, da der Berufswechsel oft nicht eine Abwanderung vom Lande erforderte. Die im primären Sektor verbliebenen Bauern aber nutzten gezielt die besonders von der Agrarpolitik der Bundesregierung und der Integration in die europäische Wirtschaftsordnung ausgehenden Impulse zur Industrialisierung, Rationalisierung und Kapitalisierung der Produktion, um die Rentabilität ihrer Betriebe zu erhöhen.[29] Der Bodenverkehr bildete eine integrale Komponente dieses Prozesses, so daß die Weiterentwicklung des landwirtschaftlichen Eigentumsrechts den agrarischen Strukturwandel in Westdeutschland nachhaltig prägte. Das landwirtschaftliche Eigentumsrecht blieb damit zwar insgesamt dem für die Agrarpolitik der Bundesrepublik bis zu den achtziger Jahren bestimmenden Leitbild des bäuerlichen Familienbetriebs verhaftet, sollte aber auch den Beschäftigten in der Landwirtschaft nach dem am 8. Juli 1955 vom Bundestag verabschiedeten Landwirtschaftsgesetz ein Einkommen verschaffen, das den Löhnen vergleichbarer Berufs- und Tarifgruppen in der Industrie sowie im Dienstleistungssektor entsprach (paritätisches Einkommen). Deshalb wurden in der Bundesrepublik die landwirtschaftlichen Betriebe – anstelle des Eigentums – zur wichtigsten Bezugsgröße des Agrarrechts, in dem der zunehmende Einsatz öffentlich-rechtlicher Mittel zur Förderung und Abfederung des Strukturwandels ten-

---

28 *A. Bauerkämper*, Landwirtschaft und ländliche Gesellschaft in der Bundesrepublik in den 50er Jahren, in: A. Schildt u. A. Sywottek (Hg.), Modernisierung im Wiederaufbau. Die westdeutsche Gesellschaft der 50er Jahre, Bonn 1993, S. 194f.; *H. Röhm*, Artikel »Agrarverfassung«, in: Götz u.a. (Hg.), Handwörterbuch, Sp. 180–182. Überblick über die Dimensionen des landwirtschaftlichen Strukturwandels, der hier nicht umfassend dargestellt werden kann, in: *F.-W. Henning*, Landwirtschaft und ländliche Gesellschaft in Deutschland, Bd. 2: 1750 bis 1976, Paderborn 1978, S. 254–285; *Kluge*, Jahre, S. 139, 142, 202, 208f. u. 245–249.

29 *H. Pongratz*, Bäuerliche Traditionen im sozialen Wandel, in: Kölner Zeitschrift für Soziologie und Sozialpsychologie 43, 1991, S. 235–246, bes. S. 241–244; *ders.*, Bauern – am Rande der Gesellschaft. Eine theoretische und empirische Analyse zum gesellschaftlichen Bewußtsein von Bauern, in: Soziale Welt 38, 1987, S. 522–541, bes. S. 530f.

denziell eine Schwerpunktverlagerung vom Boden- zum Wirtschaftsrecht herbeiführte.[30]

Die Weiterentwicklung des landwirtschaftlichen Bodenrechts bildete aber eine wichtige Voraussetzung der Agrarstrukturverbesserung, die seit den fünfziger Jahren besonders durch die Kombination von Flurbereinigung und Siedlung in agrarstrukturellen Rahmenplänen vorangetrieben wurde. Das Flurbereinigungsgesetz vom 14. Juli 1953 sollte die Zusammenlegung von zersplitterten Grundstücken mit einer Neuaufteilung der Wirtschaftsflächen, Aussiedlungsmaßnahmen, der Anliegersiedlung oder Aufstockung verbinden. Dazu wurden im Flurbereinigungsgesetz der Zusammenschluß zu einer Teilnehmergemeinschaft sowie das Verfahren und die Entschädigungsregelung festgelegt.[31] Auch das Landpachtgesetz von 1952 und die Novellierung der nordwestdeutschen Höfeordnung im Jahre 1976 trugen zur Liberalisierung der landwirtschaftlichen Bodenordnung in Westdeutschland bei und erleichterten den Strukturwandel der Landwirtschaft.[32]

Die agrarstrukturellen Ziele der Bundeskabinette legten jedoch auch Beschränkungen im Grundstücksverkehr nahe, um eine Besitzzersplitterung zu verhindern. Das Gesetz über Maßnahmen zur Verbesserung der Agrarstruktur und zur Sicherung land- und forstwirtschaftlicher Betriebe (Grundstücksverkehrsgesetz) vom 28. Juli 1961, das schon im Oktober 1956 vom Bundeskabinett verabschiedet worden war, aber erst am 1. Januar 1962 in Kraft trat, ersetzte das Kontrollratsgesetz Nr. 45. Nach dem Grundstücksverkehrsgesetz müssen die Veräußerung und die Bestellung des Nießbrauchs von land- und forstwirtschaftlichen Grundstücken genehmigt werden. Nur Veräußerungs- und Erwerbsgeschäfte von Bundes- und Landesbehörden, Veräußerungen in Flurbereinigungs- und Siedlungsverfahren sowie Parzellenkäufe öffentlich-rechtlicher Religionsgemeinschaften sind von dieser Regelung ausgenommen. Die zuständigen Behörden können die Genehmigung versagen, wenn Rechtsgeschäfte zu einer »ungesunden« Bodenverteilung führen, Flächen in unwirtschaftliche Parzellen aufgeteilt würden oder der Gegenwert in einem groben Mißverhältnis zum Wert des jeweiligen Grundstücks steht. Darüber hinaus legalisierte das Grundstücksverkehrsgesetz die geschlossene Zuweisung von

30 *Götz*, »Bodenrecht«, Sp. 371; *Winkler*, »Landwirtschaftliches Eigentum«, Sp. 276, 296 u. 301. Zum Landwirtschaftsgesetz von 1955: *Kluge*, Jahre, S. 227–230; *Henning*, Landwirtschaft, S. 276f.
31 *Kroeschell*, Entwicklungstendenzen, S. 211–213; ders., »Agrarrecht«, S. 30–33; *Kluge*, Jahre, S. 100f. u. 188f. Zur Strukturverbesserung in der westdeutschen Landwirtschaft bis zu den frühen sechziger Jahren umfassend: *K. Becker*, 15 Jahre ländliche Siedlung und Eingliederung und 10 Jahre landwirtschaftliche Strukturverbesserung. Erfahrungen und Folgerungen, Hannover 1965, bes. S. 72–139; *F. v. Babo*, Neuordnung des ländlichen Raumes. Problematik und Methodik der Planung, in: Berichte über Landwirtschaft 38, 1960, S. 510–534.
32 *Winkler*, »Landwirtschaftliches Eigentum«, Sp. 276; *Kroeschell*, Entwicklungstendenzen, S. 217–222.

landwirtschaftlichen Betrieben an Miterben und hob die Landbewirtschaftungspflicht auf, die im Reichserbhofgesetz eingeführt, 1937 auf den gesamten landwirtschaftlichen Boden ausgedehnt und 1947 im Kontrollratsgesetz Nr. 45 bestätigt worden war.[33]

Das Grundstücksverkehrsgesetz sollte existenz- und entwicklungsfähigen Agrarbetrieben rentable landwirtschaftliche Nutzflächen sichern und so eine Aufstockung der Höfe ermöglichen. Die Rechtsprechung war dabei noch in den frühen sechziger Jahren weitgehend von dem traditionellen agrarpolitischen Ziel bestimmt, den Boden der landwirtschaftlichen Nutzung zu erhalten. Erst 1967 schloß das Bundesverfassungsgericht (BVG) in mehreren richtungweisenden Entscheidungen den Gebrauch des Grundstücksverkehrsgesetzes zur Konservierung der bestehenden Besitzordnung in der westdeutschen Landwirtschaft explizit aus. Aber auch das Ziel der Agrarstrukturpolitik, aufstockungsfähigen Betrieben zur Steigerung ihrer Rentabilität Boden zur Verfügung zu stellen, konnte mit dem Grundstücksverkehrsgesetz insgesamt nicht erreicht werden, da das Genehmigungsverfahren nur eine Beeinträchtigung der Agrarstruktur verhindern, aber keine positive Lenkung des Grundstücksverkehrs herbeiführen konnte.[34] Seit den späten sechziger Jahren erstreckten sich öffentlich-rechtliche Planungen und Nutzungsbindungen verstärkt auch auf das landwirtschaftliche Bodeneigentum, das damit allerdings seinen rechtlichen Sonderstatus nicht vollständig einbüßte. In den sechziger und siebziger Jahren wurde eine politische Diskussion über das Bodenrecht geführt, in der die Abschöpfung von Bodenwertsteigerungen und die Trennung des einheitlichen Bodeneigentums in ein Verfügungs- und Nutzungseigentum verlangt wurde. Diese Forderungen, die besonders Bauland betrafen, stießen jedoch auf beträchtlichen Widerstand, so daß sich auch das Eigentumsrecht an landwirtschaftlichem Boden nicht grundlegend veränderte.[35]

3. Die Beseitigung der bürgerlichen Eigentumsordnung. Bodenrecht und Transformation der Landwirtschaft in der SBZ/DDR

Das Agrarrecht wurde in der DDR weitgehend von der SED-Führung bestimmt und basierte auf der im Marxismus-Leninismus verankerten Doktrin vom »Bündnis zwischen der führenden Arbeiterklasse und der Klasse der Ge-

---

33 Hierzu die Darstellung in: *H. Ebersbach*, Das Grundstücksverkehrsrecht im Wandel der Agrarstrukturpolitik, in: Berichte über Landwirtschaft 49, 1971, S. 550f.; *G. Augustin*, Artikel »Grundstücksverkehr«, in: Götz u.a. (Hg.), Handwörterbuch, Sp. 852; *Kroeschell*, Entwicklungstendenzen, S. 215f.

34 *Ebersbach*, Grundstücksverkehrsrecht, S. 557–561; *Kroeschell*, Entwicklungstendenzen, S. 215 u. 231.

35 *Götz*, »Bodenrecht«, Sp. 372–378; *Kroeschell*, Entwicklungstendenzen, S. 214; *Ebersbach*, Grundstücksverkehrsrecht, S. 561–563.

nossenschaftsbauern«.[36] Die Ziele der SED-Agrarpolitik variierten zwar durchaus; die Integration der Landwirtschaft in die zentral gelenkte Planwirtschaft, die fortschreitende Einschränkung des Privateigentums und die Angleichung der Arbeits- und Lebensbedingungen in Städten und ländlichen Regionen sowie die Beseitigung der sozialen Distanz zwischen Arbeitern und Bauern blieben aber zumindest bis zu den frühen achtziger Jahren wichtige Leitvorstellungen der Staats- und Parteiführung. Die Entwicklung des Agrarrechts wurde in der DDR durch die von der SED herbeigeführten Transformationsschübe in der ostdeutschen Landwirtschaft geprägt: die Bodenreform 1945, die Kollektivierung und die Festigung der Landwirtschaftlichen Produktionsgenossenschaften (LPG) von 1952 bis zu den späten sechziger Jahren sowie die Herausbildung einer »industriemäßigen« Produktion in der Agrarwirtschaft in den siebziger Jahren.[37]

Ein neues Bodenrecht, das maßgeblich zur Verdrängung der Traditionen des deutschen Agrarrechts beitrug, wurde in der DDR schon zwischen 1945 und den frühen sechziger Jahren entwickelt. Die darauffolgende Novellierung der in der Nachkriegszeit erlassenen Gesetze mündete 1975 in die Verabschiedung des Zivilgesetzbuches, das eine grundlegend neue Eigentumsordnung kodifizierte. In der DDR erlassene Bodengesetze orientierten sich – vor allem bis zu den späten fünfziger Jahren – an der Entwicklung in der Sowjetunion, waren durch die mit dem »Volkseigentum« am Boden verbundenen Rechtsinstitute gekennzeichnet, gewährten Staats- und Parteiorganen ein Vorerwerbsrecht für Boden und beseitigten die bäuerlichen Nutzungsrechte weitgehend.[38]

Die Bodenreform, die von der KPD seit den zwanziger Jahren verlangt und von führenden Funktionären im Zweiten Weltkrieg im Moskauer Exil vorbereitet worden war, wurde mit Verordnungen eingeleitet, welche die Länder- und Provinzialverwaltungen in der SBZ vom 3. bis zum 10. September 1945 erließen, aber weitgehend mit einer Direktive des Zentralkomitees (ZK) der KPD vom 22. August 1945 übereinstimmten. Bis zum 1. Januar 1949 wurden daraufhin 7.112 Güter mit einem Landbesitz von jeweils über 100 ha sowie 4.278 landwirtschaftliche Betriebe von – so eingestuften – Kriegsverbrechern, führenden Funktionären der NSDAP und einflußreichen Repräsentanten des nationalsozialistischen Staates entschädigungslos enteignet. Die Bodenreform erfaßte in der SBZ bis Anfang 1949 mit mehr als 3,2 Mio. ha rund ein Drittel der landwirtschaftlichen Nutzfläche. Davon wurden rund 967.000 ha (30 Pro-

36 *R. Arlt*, Agrarrecht für Staats- und Wirtschaftsfunktionäre. Grundriß, Berlin (Ost) 1976, S. 20.

37 *R. Arlt*, Artikel »DDR«, in: Götz u.a. (Hg.), Handwörterbuch, Sp. 432; *K. Merkel*, Artikel »Agrarverfassung (III) Agrarverfassung in der DDR«, in: ebd., Sp. 196; *Steding*, Agrarrecht, S. 75.

38 *U. Benndorf*, Die Bodenpolitik in der DDR aus legislativer Sicht, in: Deutschland Archiv 28, 1995, S. 1065–1069; *K. Heuer*, Bodenrecht, in: ders. (Hg.), Rechtsordnung, S. 147–149; *Steding*, Agrarrecht, S. 76.

zent) an Körperschaften und Verwaltungen und etwa 1.680.000 ha (52 Prozent) an 209.000 Neubauern verteilt, die damit jeweils acht Hektar Land erhielten.[39]

Die Rechtsgültigkeit der Bodenreformverordnungen und die Rechtsqualität des übergebenen Eigentums ist nach der Vereinigung Deutschlands kontrovers diskutiert worden, besonders hinsichtlich des weiterhin heftig umstrittenen Restitutionsausschlusses für den von 1945 bis 1949 enteigneten Gutsbesitz.[40] In der von den alliierten Siegermächten am 5. Juni 1945 erlassenen »Erklärung in Anbetracht der Niederlage Deutschlands« war festgelegt worden, daß in Deutschland die oberste Gewalt von den vier Oberbefehlshabern ausgeübt werden sollte, »von jedem in seiner eigenen Besatzungszone und gemeinsam in allen Deutschland als ein Ganzes betreffenden Angelegenheiten«.[41] Der Kontrollrat lehnte im Oktober 1945 einen von den Vereinigten Staaten vorgelegten Gesetzentwurf ab, der den Grundbesitz durchweg auf 100 ha begrenzen sollte. Die Sowjetische Militäradministration in Deutschland (SMAD) legalisierte daraufhin am 22. Oktober die Bodenreform in ihrem Befehl Nr. 110, der den Provinzial- und Landesverwaltungen nachträglich das Recht übertrug, Gesetze und Verordnungen zu erlassen. Die entschädigungslose Enteignung der Gutsbesitzer wurde darüber hinaus im Art. 24 der Gründungsverfassung der DDR vom 7. Oktober 1949 ebenso festgeschrieben wie das Privateigentum der Neubauern an dem ihnen übertragenen Land.[42]

Aus der Bodenreform ging lediglich gebundenes Eigentum hervor, denn das von den Kommissionen übergebene Land durfte nach den Verordnungen der Landes- und Provinzialverwaltungen weder ganz noch teilweise verkauft, belastet oder verpachtet und auch nicht geteilt werden. Das Neubauernland war

39 Bundesarchiv, Berlin (BAB), DK–1, Nr. 7375, Bl. 1–3. Zur Bilanz der Bodenreform auch: *R. Stöckigt*, Der Kampf der KPD um die demokratische Bodenreform Mai 1945 bis April 1946, Berlin (Ost) 1964, S. 260–262 u. 264–266. Zur Vorbereitung der Bodenreform: *J. Laufer*, Die UdSSR und die Einleitung der Bodenreform in der Sowjetischen Besatzungszone, in: Bauerkämper (Hg.), Junkerland, S. 21–35; *A. Bauerkämper*, Der verlorene Antifaschismus. Die Enteignung der Gutsbesitzer und der Umgang mit dem 20. Juli 1944 bei der Bodenreform in der Sowjetischen Besatzungszone, in: Zeitschrift für Geschichtswissenschaft 42, 1994, S. 624–628.

40 Vgl. bes. *Th. Gertner*, Die Bodenreformen in der SBZ und deren zivilrechtliche Auswirkungen bis zur und nach der Herstellung der Einheit Deutschlands, Diss. jur., Universität Konstanz 1995 (MS). Zur Debatte bis zum Sommer 1996 der Überblick in: *A. Bauerkämper*, Die Bodenreform in der Sowjetischen Besatzungszone in vergleichender und beziehungsgeschichtlicher Perspektive. Einleitung, in: ders. (Hg.), Junkerland , S. 14.

41 Amtsblatt des Kontrollrats in Deutschland. Ergänzungsblatt Nr. 1. Sammlung der Urkunden betreffend die Errichtung der Alliierten Kontrollbehörde, hg. v. Alliierten Sekretariat, Berlin 1946, S. 10.

42 Zum Scheitern der von den USA vorbereiteten Gesetzesvorlage: *G. Mai*, Der Alliierte Kontrollrat in Deutschland 1945–1948. Alliierte Einheit – deutsche Teilung?, München 1995, S. 252. Zum SMAD-Befehl Nr. 110 als Ermächtigungsgrundlage der Bodenreformverordnungen aus juristischer Sicht: *G. Biehler*, Die Bodenkonfiskationen in der Sowjetischen Besatzungszone Deutschlands 1945 nach Wiederherstellung der gesamtdeutschen Rechtsordnung, Berlin 1994, S. 96; *Gertner*, Bodenreformen, S. 77–79. Zum Art. 24 der DDR-Verfassung: *Arlt*, »DDR«, Sp. 436; *Steding*, Agrarrecht, S. 77.

damit dem Zivilrechtsverkehr entzogen und begründete im Agrarrecht der DDR das Rechtsinstitut des »Arbeitseigentums«.[43] Da die Neubauern nur eingeschränkt über das ihnen zugeteilte Land verfügen konnten, wurde die Rechtsqualität des Bodenreformlandes schon in der unmittelbaren Nachkriegszeit als gering eingestuft.[44] Dennoch wandte sich der brandenburgische Minister der Justiz 1948 kategorisch gegen die Annahme, »daß das im Zuge der Bodenreform erworbene Grundeigentum kein vollwertiges Eigentum sei, weil der Staat eine Art Obereigentum daran hat«.[45]

Die Bestimmungen über das zu konfiszierende Bodeneigentum der Gutsbesitzer waren in den Bodenreformverordnungen der Landes- und Provinzialverwaltungen nicht eindeutig. Auch ordnete nur die im Land Sachsen verabschiedete Verordnung explizit eine *entschädigungslose* Enteignung an. Die Landkonfiskation und das rigorose Vorgehen gegen die enteigneten Gutsbesitzer verletzten die Grundrechte auf Freiheit, Gleichheit und Eigentum, die in der Proklamation Nr. 3 des Alliierten Kontrollrats vom 20. Oktober 1945 festgelegt worden waren. Die Bodenreformverordnungen verstießen außerdem gegen die Weimarer Reichsverfassung, zumal der Allgemeinwohlzweck der Enteignungen allenfalls in der unmittelbaren Nachkriegszeit gegeben war.[46] Darüber hinaus entsprach die Durchführung der Bodenreform vielfach nicht den Bestimmungen. Insgesamt bewirkte besonders die Beharrungskraft traditioneller gesellschaftlicher Beziehungen in dörflichen Milieus »eine aus den persönlichen Interessen der Gemeinde-Bodenkommissionsmitglieder beeinflußte Durchführung der Bodenreform«.[47] Dennoch erklärte das Oberste Gericht der DDR rechtliche Überprüfungen für unzulässig.[48]

43 *S. Pries*, Das Neubauerneigentum in der ehemaligen DDR, Frankfurt am Main 1994, S. 25–35 u. 40; *H. Krüger*, Die Rechtsnatur des sogenannten Siedlungseigentums der Neubauern der kommunistischen Bodenreform in der ehemaligen Sowjetischen Besatzungszone/DDR, in: Deutsch-Deutsche Rechts-Zeitschrift 2, 1991, S. 385, 391 u. 393; *B. Schildt*, Bodenreform und deutsche Einheit, in: Deutsch-Deutsche Rechts-Zeitschrift 3, 1992, S. 99; *Steding*, Agrarrecht, S. 78; *Heuer*, Bodenrecht, S. 151. Zur Bestimmung des »Arbeitseigentums« im Agrarrecht der DDR: *G. Rohde* u.a., Bodenrecht. Lehrbuch, Berlin 1976, S. 150; *Arlt*, »DDR«, Sp. 434.

44 Hierzu das Manuskript eines Artikels über »Die Bodenreform in der Ostzone als Rechtsproblem« in: Bundesarchiv, Berlin, DK–107, A 421/35.

45 Brandenburgisches Landeshauptarchiv, Potsdam, Ld. Br. Rep. 208, Nr. 188, Bl. 3.

46 *Biehler*, Bodenkonfiskationen, S. 82f., 86–88, 95 u. 159. Zur Proklamation Nr. 3 des Alliierten Kontrollrats: *Gertner*, Bodenreformen, S. 79–103.

47 Stiftung Archiv der Parteien und Massenorganisationen der DDR im Bundesarchiv, Berlin (SAPMO-BArch), DY 30/IV 2/2022/52, Bl. 43 (Grammatik korrigiert). Allgemein: *G.W. Sandford*, From Hitler to Ulbricht. The Communist Reconstruction of East Germamy 1945–46, Princeton 1983, S. 111. Der Präsident der Deutschen Zentralverwaltung für Umsiedler, Rudolf Engel, kritisierte in einem Schreiben vom 22.5.1947, daß »in sehr vielen Fällen die Vergebung von Siedlerstellen unter dem Gesichtswinkel der Freundschaft oder der persönlichen Bekanntschaft erfolgte oder aber mit der Begründung, daß zur damaligen Zeit nicht genügend Anträge vorlagen, manche Familien 3, 4 und 5 Siedlerstellen für sich und ihre Angehörigen in Anspruch nahmen«. Vgl. BAB, MdI 10, ZVU, Nr. 63, Bl. 93.

48 *Biehler*, Bodenkonfiskationen S. 37.

Obwohl die Ausstattung der Neubauern mit Betriebsmitteln völlig unzureichend blieb, lehnte das ZK der SED im Juli 1946 die Verabschiedung einer von dem Präsidenten der Deutschen Verwaltung für Land- und Forstwirtschaft, Edwin Hoernle, verlangten Verordnung zur Sicherung der Neubauernstellen ab. Die SED-Führung fürchtete eine »Blamage«, da der von Hoernle vorgelegte Entwurf vorsah, unfähigen Neubauern ihr Land zu entziehen.[49] Als der Wiederaufbau der Industriewirtschaft in den späten vierziger und frühen fünfziger Jahren – begünstigt durch den Übergang zur Planwirtschaft – Investitionen band und neue Arbeitsplätze bot, wurde zunehmend Bodenreformland aufgegeben. Schon bis Juli 1949 hatten mehr als zehn Prozent der Neubauern ihre überwiegend ungefestigten und unrentablen Betriebe zurückgegeben, und allein 1950/51 verließen in der DDR etwa 30.000 Neubauern ihr Land.[50] Da das aufgegebene Land überwiegend nur extensiv bewirtschaftet werden konnte, die im 1. Fünfjahrplan 1951 bis 1955 vorgegebenen Produktionsziele für die Landwirtschaft somit nicht zu erreichen waren und die Neubauern vor der Rückgabe ihrer Höfe vielfach das Inventar verkauften, erließ die Regierung der DDR am 21. Juni 1951 die Verordnung über die Auseinandersetzung bei Besitzwechsel von Bauernwirtschaften aus der Bodenreform. Nach dieser Besitzwechselverordnung konnten Neubauern nur noch mit Zustimmung der Kreisbodenkommissionen über Vorräte und Inventar verfügen. Auch der Erbübergang bedurfte der staatlichen Genehmigung, da Bodenreformland nur von Erben übernommen werden sollte, die zur Führung der Neubauernstellen fähig und bereit waren. Außerdem mußte die Rückgabe von Neubauernstellen jeweils bis Ende Juni beantragt und von der zuständigen Kreisbodenkommission genehmigt werden, und Inhaber konnten ihre Betriebe nur bei Krankheit, Tod oder Alter an andere Bodenbewerber übertragen.[51] Eine ergänzende Verordnung vom 23. August 1956 enthielt Richtlinien über die Zahlungs- und Kreditverpflichtungen bei der Übertragung von Neubauernstellen.[52]

Der Übergang zur Kollektivierung, die auf der 2. Parteikonferenz der SED im Juli 1952 verkündet wurde, ging mit einer fortschreitenden Denaturierung

49 SAPMO-BArch, DY 30/IV 2/7/228, Bl. 16. Revidierter Entwurf in: BAB, MdI 10, ZVU, Nr. 62, Bl. 17–21. Biographische Angaben zu Hoernle in: *B.-R. Barth*, Wer war wer in der DDR. Ein biographisches Handbuch, Berlin 1994, S. 315f. Zur materiellen und finanziellen Ausstattung der Neubauern der Überblick in: *A. Bauerkämper*, Die Neubauern in der SBZ/DDR 1945–1952. Bodenreform und politisch induzierter Wandel der ländlichen Gesellschaft, in: R. Bessel u. R. Jessen (Hg.), Die Grenzen der Diktatur. Staat und Gesellschaft in der DDR, Göttingen 1996, S. 121–123.

50 *Chr. Nehrig*, Zur sozialen Entwicklung der Bauern in der DDR 1945–1960, in: Zeitschrift für Agrargeschichte und Agrarsoziologie 41, 1993, S. 68; *Bauerkämper*, Neubauern, S. 123f.

51 Gesetzblatt der DDR, Nr. 78, 29.6.1951, S. 629–632. Zur Besitzwechselverordnung die umfassende Darstellung in: *B. Grün*, Die Geltung des Erbrechts beim Neubauerneigentum in der SBZ/DDR – verkannte Rechtslage mit schweren Folgen, in: Viz. Zeitschrift für Vermögens- und Immobilienrecht 8, 1998, S. 545f.; *Pries*, Neubauerneigentum, S. 31 u. 86–96.

52 Gesetzblatt der DDR I, Nr. 77, 6.9.1956.

des Neubauernlandes einher. Nach dem am 3. Juni 1959 erlassenen LPG-Gesetz war Bodenreformland, das Produktionsgenossenschaften übergeben wurde, als »staatliches Eigentum zu registrieren«.[53] Die Besitzwechselverordnung vom 7. August 1975 fixierte nicht nur eine strenge Anerbenregelung beim Erbübergang von Bodenreformland, sondern ermächtigte die Räte der Kreise auch, Land zu entziehen, erneut zu übertragen und die Höhe der Entschädigung zu bestimmen. Insgesamt befanden sich wegen der restriktiven Verordnungen, die allerdings 1988 leicht modifiziert wurden, 1990 nur noch 25 Prozent des Bodenreformlandes im Eigentum von Neubauern oder ihren Nachfolgern; 75 Prozent der Flächen waren inzwischen in den staatlichen Bodenfonds zurückgegeben oder bereits als »Volkseigentum« eingetragen worden.[54]

Schon in den späten vierziger und frühen fünfziger Jahren ging das von Körperschaften und Verwaltungen aufgenommene Bodenreformland in »Volkseigentum« über, das nach der Gründungsverfassung der DDR nur veräußert oder belastet werden durfte, wenn in der zuständigen Volksvertretung zwei Drittel der Mitglieder zustimmten.[55] Die Landes- und Provinzialgüter, die 1945/46 aus der Bodenreform als Muster- und Versuchsbetriebe hervorgegangen waren, wurden im Juni 1949 als »Volkseigene Güter« (VEG) in »Volkseigentum« überführt, und 1948/49 trieb die Deutsche Wirtschaftskommission auch die Umwandlung der Maschinen-Ausleih-Stationen (MAS), die Neubauern ihr Inventar zur Verfügung stellen sollten, in eine Anstalt öffentlichen Rechts voran. Die Bildung von fünf Vereinigungen volkseigener Maschinen-Ausleih-Stationen (VVMAS), die dem Ministerium für Landwirtschaft unterstellt wurden, schloß diesen Transformationsprozeß Anfang 1951 vorläufig ab, nachdem 1950 die Fusion der 1946/47 gegründeten Vereinigung der gegenseitigen Bauernhilfe (VdgB) mit den landwirtschaftlichen Genossenschaften erzwungen worden war. Verordnungen und Statuten enthielten einzelne Regelungen zum Rechtsverkehr dieser öffentlich-rechtlichen Betriebe.[56]

Mit der Kollektivierung bildete sich ab Juli 1952 in der DDR auch genossenschaftliches Eigentum heraus. Die am 19. Dezember 1952 vom Ministerrat der DDR beschlossenen Musterstatuten für die LPG-Typen I, II und III regelten den Eintritt von Bauern sowie den Umgang mit dem von ihnen den Produktionsgenossenschaften übergebenen Land sowie die Verwendung des eingebrachten technischen Inventars und Viehs. Auch Musterbetriebsordnungen sowie Vorgaben für die Tagesarbeitsnormen und die Bewertung der Arbeit in den LPG wurden erlassen.[57] Die Staats- und Verwaltungsorgane in den im

53 Ebd., Nr. 36, 12.6.1959. Dazu auch: *Heuer*, Bodenrecht, S. 152.
54 *Pries*, Neubauerneigentum, S. 105–115; *Heuer*, Bodenrecht, S. 151–153.
55 *Benndorf*, Bodenpolitik, S. 1068.
56 *Arlt*, »DDR«, Sp. 435f.; *Steding*, Agrarrecht, S. 78f.
57 Gesetzblatt der DDR, Nr. 181, 30.12.1952, S. 1375–1402. Zusammenfassend: *Arlt*, »DDR«, Sp. 438; *Steding*, Agrarrecht, S. 81.

Sommer 1952 gebildeten Bezirken trieben die Kollektivierung in der DDR bis zum Mai 1953 voran und verstärkten den ökonomischen und politischen Druck auf die als »Großbauern« bezeichneten Landwirte mit jeweils über 20 ha. Das von geflohenen »Großbauern« verlassene Land wurde überwiegend den Produktionsgenossenschaften übergeben. Am 9. Juni 1953 gestand das Politbüro aber öffentlich Fehler bei der Kollektivierung ein, die nach dem Aufstand vom 17. Juni sogar vorübergehend eingestellt wurde.[58] Die 33. Tagung des ZK im Oktober 1957 und der im Juli 1958 durchgeführte V. Parteitag der SED lösten jedoch einen neuen Kollektivierungsschub aus. Im »sozialistischen Frühling« traten im März und April 1960 schließlich mehr als 498.000 Bauern, Landarbeiter, Gärtner, Handwerker und viele ihrer Familienangehörigen den Produktionsgenossenschaften bei. Danach bewirtschafteten in der DDR 19.345 LPG mit 945.020 Mitgliedern 84,4 Prozent der landwirtschaftlichen Nutzfläche. Die Volkskammer bestätigte schließlich in ihrem Beschluß vom 25. April 1960 den Abschluß der Kollektivierung. Auch Musterstatuten, die 1958, 1959 und 1962 erlassen wurden, sollten zur Konsolidierung der neuen Betriebe beitragen, die unter dem politischen Druck der Kreis- und Bezirksleitungen und mit massivem Einsatz der Volkspolizei und Justizorgane gebildet worden waren.[59]

Bereits am 3. Juni 1959 hatte der Ministerrat der DDR ein LPG-Gesetz beschlossen, das Grundsätze der Zusammenarbeit in den neuen Betrieben und des genossenschaftlichen Eigentums festlegte.[60] Das Gesetz begründete ein Nutzungsrecht für LPG, das sich aber nicht auf die dingliche Verfügung über das Eigentum erstreckte und die den Mitgliedern als persönliches Eigentum zugewiesene Fläche von maximal 0,5 ha Land ausnahm. Damit wurde den Bauern ihr Eigentum weitgehend entzogen, zumal sich das Nutzungsrecht der

58 Vgl. *A. Mitter*, »Am 17.6.1953 haben die Arbeiter gestreikt, jetzt aber streiken wir Bauern«. Die Bauern und der Sozialismus, in: I.-S. Kowalczuk u.a. (Hg.), Der Tag X – 17. Juni 1953. Die »Innere Staatsgründung« der DDR als Ergebnis der Krise 1952/54, Berlin 1995, S. 75–128. Zu den Enteignungen auf der Grundlage der Verordnung zur Sicherung von Vermögenswerten vom 17.7.1952 und zur Verordnung zur Sicherung der landwirtschaftlichen Produktion und zur Versorgung der Bevölkerung vom 19.2.1953: *W. Bell*, Enteignungen in der Landwirtschaft der DDR nach 1949 und deren politische Hintergründe. Analyse und Dokumentation, Münster-Hiltrup 1992, S. 46–60.

59 Gesetzblatt der DDR I, Nr. 26, 30.4.1960, S. 255f. Zum Abschluß der Kollektivierung: *D. Schulz*, »Kapitalistische Länder überflügeln«. Die DDR-Bauern in der SED-Politik des ökonomischen Wettbewerbs mit der Bundesrepublik von 1956 bis 1961, Berlin 1994, S. 32–39; *S. Kuntsche*, Die Umgestaltung der Eigentumsverhältnisse und der Produktionsstruktur in der Landwirtschaft, in: D. Keller u.a. (Hg.), Ansichten zur Geschichte der DDR, Bd. 1, Bonn 1993, S. 203f. Zum Konflikt über die Agrarpolitik in der DDR 1955–57: *M.F. Scholz*, Bauernopfer der deutschen Frage. Der Kommunist Kurt Vieweg im Dschungel der Geheimdienste, Berlin 1997, S. 173–201. Zum Einsatz der Agitationsbrigaden sowie der Justiz- und Sicherheitsorgane auf dem Lande 1959/60: *F. Werkentin*, Politische Strafjustiz in der Ära Ulbricht, Berlin 1995, S. 94–104.

60 Gesetzblatt der DDR I, Nr. 36, 12.6.1959.

Produktionsgenossenschaften auch auf Gebäude erstreckte und als dauerhaftes Recht angelegt war. Auch im Erbübergang verloren die LPG deshalb ihr Nutzungsrecht nicht, und die Räte der Kreise konnten mit Erben, die nicht zur Übergabe ihres Bodens an Produktionsgenossenschaften oder eines ihrer Mitglieder bereit waren, Zwangsverträge abschließen. Ein am 2. Juli 1982 erlassenes neues LPG-Gesetz ermächtigte die Produktionsgenossenschaften sogar, ihr Nutzungsrecht an den Flächen, die von ihren Mitgliedern in die Betriebe eingebracht worden waren, an Staatsorgane, ›volkseigene‹ Betriebe oder andere LPG zu übertragen.[61]

Die in die Produktionsgenossenschaften eingetretenen Bauern blieben juristisch zwar Eigentümer ihres Bodens, verloren aber das Verfügungsrecht über ihr Land, das nur an Staatsorgane und LPG oder ihre Mitglieder veräußert werden durfte. Während das eingebrachte Bodenkapital dem genossenschaftlichen Nutzungs- und Verfügungsrecht unterworfen wurde, ging das Besatzkapital in genossenschaftliches Eigentum über. Die 1968 in Kraft gesetzte zweite Verfassung der DDR bestätigte ebenso wie das LPG-Gesetz vom 2. Juli 1982 das umfassende und dauerhafte Verfügungsrecht der Produktionsgenossenschaften über das Land ihrer Mitglieder, wertete das genossenschaftliche aber schon zum »sozialistischen Eigentum« auf.[62]

In den frühen sechziger Jahren scheiterte die Politik der SED-Führung, bereits unmittelbar nach dem Abschluß der Kollektivierung die Produktionsgenossenschaften zu »Groß-LPG« zusammenzuschließen. Das »Neue Ökonomische System« (NÖS) begünstigte vielmehr seit 1963 die Dezentralisierung in der Wirtschaftsplanung und förderte die Stabilisierung der vielfach noch fragilen LPG. Nachdem das NÖS aber aufgegeben worden war und die SED-Führung auf dem VI. und VII. Parteitag 1963 bzw. 1967 den Übergang zur »industriemäßigen« Produktion in der Landwirtschaft verkündet hatte, beschleunigte sich die Fusion von Produktionsgenossenschaften. So nahm die Zahl der LPG von 1960 bis 1970 von 19.313 auf 9.009 ab, während die durchschnittliche Nutzfläche der Betriebe von 280 auf 599 ha stieg.[63]

Darüber hinaus wurden Kooperationsbetriebe in der Landwirtschaft konstituiert, und die horizontale Integration nahm in der Agrarwirtschaft deutlich zu. Die Politik der SED zielte dabei besonders auf die Herausbildung von Kooperationsverbänden, die außer sozialen Dienstleistungen die Produktion und Verarbeitung sowie den Absatz landwirtschaftlicher Erzeugnisse übernahmen. So

61 *R. Arlt*, Grundriß des LPG-Rechts, Berlin (Ost) 1959, S. 369–389; *R. Höhnert* u.a., LPG-Recht. Lehrbuch, Berlin (Ost) 1984, S. 206–209; *Arlt*, »DDR«, Sp. 437f.; *Heuer*, Bodenrecht, S. 156–159; *Steding*, Agrarrecht, S. 82–84; *Pries*, Neubauerneigentum, S. 104.
62 *Chr. Krebs*, Der Weg zur industriemäßigen Organisation der Agrarproduktion in der DDR. Die Agrarpolitik der SED 1945–1960, Bonn 1989, S. 172–285; *Merkel*, »Agrarverfassung (III)…«, Sp. 203; *Benndorf*, Bodenpolitik, S. 1069.
63 *Merkel*, »Agrarverfassung (III)…«, Sp. 207.

schlossen sich LPG und VEG in Kooperativen Abteilungen Pflanzenproduktion (KAP) sowie zu Zwischenbetrieblichen Einrichtungen (ZBE) und Zwischengenossenschaftlichen Einrichtungen (ZGE) der Tierproduktion zusammen. 1974 bewirtschafteten 1.173 KAP mit über 261.000 Mitarbeitern 74 Prozent der landwirtschaftlichen Nutzfläche in der DDR.[64] 1975/76 erzwang die SED-Führung schließlich – gegen die Bedenken vieler Agrarexperten – die ökonomische und juristische Trennung der Pflanzen- und Tierproduktion in spezialisierte Produktionsgenossenschaften. 1978 verfügten demzufolge 752 spezialisierte LPG Pflanzenproduktion, die durchschnittlich 4.820 ha bewirtschafteten, sowie 379 KAP und ZBE Pflanzenproduktion mit einer Durchschnittsgröße von 4.768 ha zusammen über rund neun Zehntel der landwirtschaftlichen Nutzfläche der DDR. Einzelne Bereiche der Agrarproduktion wurden seit den späten sechziger Jahren auch in Spezialbetriebe wie die Agrochemischen Zentren (ACZ) ausgegliedert. Außerdem bildeten sich neben den LPG neue staatliche Großbetriebe heraus, z.B. für Geflügelmast und Legehennenhaltung.[65]

Die Spezialisierung in der Produktion und die Konzentration des Bodens, der Arbeitskräfte und des Kapitals in den Großbetrieben veränderten auch die Eigentumsordnung in der Landwirtschaft. Mit der Integration in die Kooperationsbetriebe verloren LPG und VEG ihre Eigentums-, Verfügungs- und Nutzungsrechte. Damit wurden die Produktionsgenossenschaften zunehmend in das »sozialistische Eigentum« eingefügt. Nach dem Zivilgesetzbuch der DDR (ZGB) vom 19. Juni 1975, das am 1. Januar 1976 in Kraft trat und das BGB ersetzte, umfaßte das »sozialistische Eigentum« das »Volkseigentum« sowie das Eigentum gesellschaftlicher Organisationen und sozialistischer Genossenschaften. Das ZGB enthält nur noch wenige Hinweise auf private Eigentumsrechte, und das »persönliche Eigentum« bot keine Basis für einen privatrechtlichen Grundstücksverkehr. Die landwirtschaftlichen Kooperationsbetriebe und agro-industriellen Komplexe, die sich in den siebziger Jahren herausgebildet hatten, wurden vollständig in diese Eigentumsordnung integriert. Ein am 1.

64 *H.-D. Schulz*, Jetzt ackern meist die KAP-Riesen. Großer Sprung bei der Sozialisierung der Landwirtschaft, in: Deutschland Archiv 7, 1974, S. 930.

65 Angaben zur Agrarstruktur 1978 nach: *Merkel*, »Agrarverfassung (III)…«, Sp. 210f. Zur betriebsstrukturellen Entwicklung, die hier nicht ausführlich nachgezeichnet werden kann, die instruktive Übersicht in: *B. Lageman*, Strukturwandel der Landwirtschaft in den neuen Bundesländern, Teil 1, in: RWI-Mitteilungen 43, 1992, S. 63. Umfassende Darstellung des Übergangs zur industrialisierten Landwirtschaft in: *J. Roesler*, Zwischen Plan und Markt. Die Wirtschaftsreform in der DDR zwischen 1963 und 1970, Freiburg 1990, S. 127–152; *Kuntsche*, Umgestaltung, S. 105–208; *H. Watzek*, Wie stand es um die Landwirtschaft der DDR?, in: L. Elm u.a. (Hg.), Ansichten zur Geschichte der DDR, Bd. 6, Bonn 1996, S. 353–366. Zur zögernden Abwendung von der exzessiven Konzentration und Spezialisierung in der Landwirtschaft seit den späten siebziger Jahren: *Chr. Zarend*, Möglichkeiten und Grenzen der Agrarpolitik in der DDR Anfang der achtziger Jahre, in: Beiträge zur Geschichte der Arbeiterbewegung 32, 1990, S. 527–533.

November 1972 veröffentlichtes Musterstatut für kooperative Einrichtungen der LPG, VEG und Gärtnerische Produktionsgenossenschaften (GPG) fixierte die Organisations- und Rechtsform dieser Betriebe, und die Musterstatuten der LPG Pflanzenproduktion und LPG Tierproduktion vom 28. Juni 1977 enthielten Bestimmungen zur Struktur und Erzeugung der Produktionsgenossenschaften sowie zu den Kooperationsbeziehungen zwischen ihnen.[66]

4. Vergleich und Ausblick: landwirtschaftliches Bodeneigentum in den beiden deutschen Staaten 1945–1990 und der Konflikt nach der Vereinigung

Das Agrarrecht in der Bundesrepublik Deutschland und DDR war bis 1989 von den ihm jeweils zugrundeliegenden unterschiedlichen Konzeptionen der Landwirtschaftspolitik gekennzeichnet und divergierte besonders bei den eigentumsrechtlichen Regelungen. Das SED-Regime knüpfte an die Sozialisierungspolitik in der UdSSR an, die wiederum durch die Beharrungskraft kollektiver Nutzungsrechte am Boden und die damit verbundene Ablehnung des Privateigentums in Rußland im 19. und frühen 20. Jahrhundert begünstigt worden war.[67] Das Bodenrecht in der DDR reflektiert aber nicht nur den insgesamt dominierenden Einfluß rechtlicher Kodifizierungen und Vorstellungen, die von der kommunistischen Führung in der Sowjetunion ausgingen und von russischen Traditionen geprägt waren, sondern umfaßte auch – allerdings weniger wirkungsmächtige – eigenständige Regelungen, die von den spezifischen sozioökonomischen Bedingungen und der Rücksichtnahme auf Rechtstraditionen in Ostdeutschland geprägt waren.[68]

In Westdeutschland bestimmte vor allem der forcierte Strukturwandel die Entwicklung des Agrarrechts. So reduzierte die Intensivierung der landwirtschaftlichen Erzeugung – besonders bei der Massentierhaltung – den Stellenwert des Bodens. Damit verloren bodenrechtliche Sonderbestimmungen für

66 *Chr. Krebs,* Arbeitsorganisation und Lebensbedingungen in der Landwirtschaft der DDR, in: Arbeits- und Lebensbedingungen in Industrie und Landwirtschaft der DDR. Siebte Tagung zum Stand der DDR-Forschung in der Bundesrepublik, 4.–7. Juni 1974, Deutschland Archiv, Sonderheft, 1974, S. 73; *Benndorf,* Bodenpolitik, S. 1069. Zum ZGB: *G. Turner,* Der Eigentumsbegriff in der DDR, in: Neue Juristische Wochenschrift 43, 1990, S. 555f.; *Arlt,* »DDR«, Sp. 442f.; *Grimm,* Agrarrecht, S. 21.

67 Hierzu der Beitrag von St. Merl in diesem Band. Daneben: *H. Haumann,* Von der Leibeigenschaft zur Kollektivierung. Bauern im Rußland des 19. und 20. Jahrhunderts, in: Journal für Geschichte 11, 1989, S. 35–43.

68 Zur Sowjetisierung allgemein: *K.H. Jarausch u. H. Siegrist,* Amerikanisierung und Sowjetisierung. Eine vergleichende Fragestellung zur deutsch-deutschen Nachkriegsgeschichte, in: dies. (Hg.), Amerikanisierung und Sowjetisierung in Deutschland 1945–1970, Frankfurt am Main 1997, S. 11–46, bes. S. 20–34; *M. Lemke,* Die Sowjetisierung der SBZ/DDR im ost-westlichen Spannungsfeld, in: Aus Politik und Zeitgeschichte. Beilage zur Wochenzeitung »Das Parlament«, B 6/97, 31.1.1997, S. 41–53.

die Landwirtschaft an Einfluß, wie die Rechtsprechung zum Grundstücksverkehrsgesetz zeigt. Der Umgang mit dem landwirtschaftlichen Bodeneigentum wurde in der Bundesrepublik seit den sechziger Jahren zunehmend vom Bauordnungs-, Städtebau- und Umweltrecht beeinflußt. Auch das Abfallbeseitigungs-, Immissionsschutz-, Natur- und Landschaftsschutz- sowie das Wasserrecht haben eine enge Integration der land- und forstwirtschaftlichen, baulichen und gewerblichen Bodennutzung in verwaltungsrechtliche Bestimmungen gefördert. Sonderregelungen für landwirtschaftlich genutzten Boden wurden weitgehend nur noch als Instrumente der agrarischen Strukturpolitik erlassen, die auf eine flexible Anpassung der Betriebsstruktur an neue wirtschaftliche und gesellschaftliche Rahmenbedingungen zielte. Damit verlagerte sich der Schwerpunkt agrarrechtlicher Regelungen tendenziell vom Boden zum Betrieb, der zu einem wichtigen Rechtsinstitut wurde.[69] Darüber hinaus war der Nexus einer verfassungsrechtlichen Garantie des Individualeigentums und einer gesetzlichen Inhaltsbestimmung für das Bodenrecht in der Bundesrepublik konstitutiv. Damit nahm es die seit dem späten 19. Jahrhundert zunehmend erhobene Forderung nach einer sozialen Bindung des Eigentums auf, ohne – wie die kommunistischen Regimes – das Prinzip des Individualeigentums zu beseitigen. Nach dieser Konzeption war eine Entschädigungspflicht ein integrales Element der Enteignung, die zudem eine enge Zweckbindung voraussetzte.[70]

Demgegenüber lehnte die vom Marxismus-Leninismus geprägte kommunistische Führung in Ostdeutschland privates Eigentum generell ab. Marx entwickelte zwar einen vielschichtigen Eigentumsbegriff, begründete jedoch eine ausgeprägt ökonomische Fundierung des sozialistischen Eigentumsverständnisses, das auf das gemeinschaftliche Eigentum der mit den Produktionsmitteln Arbeitenden fixiert war.[71] Deshalb schränkte in der SBZ schon die Bodenreform, die ohne Entschädigung der Enteigneten durchgesetzt wurde, das für die bürgerliche Eigentumsordnung zentrale Verfügungs- und Nutzungsrecht über Land ein, und die Kollektivierung entzog den Bauern in der DDR ihren Boden weitestgehend. Das Privateigentum war damit schon fortschreitend ausgehöhlt worden, bevor 1975 das BGB aufgehoben wurde. Auch die im 19. Jahrhundert vollzogene Trennung von öffentlichem Recht und Privatrecht wurde zurückgenommen. Dieser Erosionsprozeß zersetzte zwar ebenso die bürgerliche Rechtsordnung wie die Ansätze zur Durchsetzung eines nationalsozialistischen Bodenrechts; die Prozesse unterschieden sich allerdings hinsichtlich ihrer ideologischen Triebkräfte und Auswirkungen deutlich, so daß sie nicht unter dem Konzept eines »totalitären Bodenrechts« subsumiert werden sollten. Insgesamt war das Bodenrecht der DDR nach dem politischen Umbruch von

69 *Kroeschell*, »Agrarrecht«, Sp. 54, 62, 71, 74 u. 84; *Götz*, »Bodenrecht«, Sp. 371f.
70 *Schwab*, »Eigentum« S. 98 u. 104–109.
71 Ebd., S. 104 u. 109–113.

1989/90 aber nicht mit dem bürgerlichen Eigentumsrecht kompatibel, das die Agrarverfassung in Westdeutschland bestimmt hatte und auch angesichts des Strukturwandels in der Landwirtschaft nur geringfügig modifiziert worden war.[72]

Bereits vor der staatlichen Vereinigung wurden in der DDR deshalb Gesetze verabschiedet, die eine Angleichung an die Rechtsordnung der Bundesrepublik in der Landwirtschaft erleichtern sollten. Am 6. März 1990 erließ die Regierung unter Ministerpräsident Modrow ein Gesetz, das die Beschränkungen des Bodenreformeigentums aufhob, aber vor allem Staats- in Genossenschaftseigentum überführen sollte. Das Gesetz zielte damit nicht primär auf die Konstituierung eines unbeschränkten und dauerhaft gesicherten Privateigentums an dem früheren Bodenreformland, sondern sollte vor allem die Rechtsträgerschaft der LPG über den von ihnen bewirtschafteten Boden bewahren.[73]

Das am 29. Juni 1990 von der Volkskammer verabschiedete Landwirtschaftsanpassungsgesetz sollte demgegenüber die Überführung der LPG in die Agrarverfassung der Bundesrepublik und in die europäische Marktordnung sicherstellen. Das Gesetz ordnete die Aufhebung des umfassenden und dauerhaften Landnutzungsrechts der Produktionsgenossenschaften zum 1. Juli 1990 an, verlieh den Mitgliedern der LPG das Recht auf Austritt und einen Anspruch auf eine Restitution ihres Landes sowie eine Rückerstattung des in die Betriebe eingebrachten Vermögens. Die Produktionsgenossenschaften, denen Übergangsfristen und Rechtsschutzgarantien eingeräumt wurden, hatten Wiedereinrichter zu unterstützen.[74]

Das Landwirtschaftsanpassungsgesetz enthielt aber keine detaillierten Bestimmungen über die Verwendung des Vermögens der LPG und die vermögensrechtliche Auseinandersetzung mit ausscheidenden Mitgliedern. Zudem sah das Gesetz lediglich die Umwandlung von LPG in die Rechtsform der – ökonomisch wenig aussichtsreichen – eingetragenen Genossenschaft vor. Das Landwirtschaftsanpassungsgesetz wurde deshalb am 3. Juli 1991 novelliert. Nach der Neufassung ist die Transformation der LPG in alle in der Bundesrepublik schon vor 1990 zugelassenen Rechtsformen erlaubt, die allerdings bis zum 31. Dezember 1991 bei den zuständigen Registergerichten anzumelden waren. Das novellierte Landwirtschaftsanpassungsgesetz enthielt auch Regelungen zur Vermögensauseinandersetzung mit ausgetretenen LPG-Mitgliedern. Die Wirtschaftskraft der Unternehmen, die aus den Produktionsgenos-

---

72 *Steding*, Agrarrecht, S. 89; *Heuer*, Bodenrecht, S. 171.

73 *Krüger*, Rechtsnatur, S. 392f.; *Schildt*, Bodenreform, S. 99. Andere Interpretation in: *Heuer*, Bodenrecht, S. 168.

74 *U. Kluge*, »Grüne Grenze« und »Rote Junker«. Agrarpolitik am Ende der deutschen Teilung 1989/90, in: H. Schäfer (Hg.), Geschichte in Verantwortung. Festschrift für Hugo Ott zum 65. Geburtstag, Frankfurt am Main 1996, S. 353f. Konträre Deutung in: *Heuer*, Bodenrecht, S. 169; *Steding*, Agrarrecht, S. 91f.

senschaften hervorgegangen sind, wird jedoch nachhaltig durch die vor 1990 angefallenen Schulden eingeschränkt, die sie nach dem Urteil des BVG vom 8. April 1997 übernehmen müssen.[75]

Auch die anhaltende Kontroverse über den Restitutionsausschluß des von 1945 bis 1949 konfiszierten Gutslandes verdeutlicht die Barrieren, die sich aus der Divergenz in der Entwicklung der Agrarwirtschaft und ländlichen Gesellschaft in der Bundesrepublik und DDR zwischen 1945 und 1990 sowie aus den unterschiedlichen bodenrechtlichen und agrarpolitischen Leitbildern in beiden deutschen Staaten ergeben haben. In ihrer Gemeinsamen Erklärung vom 15. Juni 1990 hatten sich die Regierungen der Bundesrepublik und DDR geeinigt, die von 1945 bis 1949 auf besatzungsrechtlicher bzw. besatzungshoheitlicher Grundlage vollzogenen Enteignungen nicht zu revidieren. Die Erklärung wurde in den Art. 41 des Einigungsvertrags vom 31. August 1990 übernommen, so daß eine Neufassung des Art. 143 GG unabdingbar war. In seinen Urteilen vom 23. April 1991 und 9. Mai 1996 wies das BVG Verfassungsbeschwerden gegen die Grundgesetzänderung zurück. Auch das Gesetz zur Regelung offener Vermögensfragen (Vermögensgesetz), nach dem entzogene Vermögenswerte und Grundstücke zurückzugeben sind, schließt Bodenreformland aus der Restitution aus. Nachdem Bundesjustizminister Schmidt-Jortzig im Dezember 1996 aber öffentlich eine Wiedergutmachung für in der SBZ Enteignete gefordert hatte, gewann die politische Debatte erneut an Dynamik.[76]

Insgesamt wird die Anpassung des Bodenrechts in Ostdeutschland an das BGB durch Überlagerungen und Kollisionen zwischen dem Grundstücks-

75 *J. Lieser*, Umstrukturierung der ostdeutschen Landwirtschaft. Erfahrungen eines Experten, in: Deutschland Archiv 28, 1995, S. 831–835; *H. Luft*, Landwirtschaft Ost kontra Treuhandmodell, Berlin 1997, S. 18–69; *H. Mittelbach*, Zur Lage der Landwirtschaft in den neuen Bundesländern, in: Aus Politik und Zeitgeschichte. Beilage zur Wochenzeitung »Das Parlament«, B 33–34/ 11.8.1995, S. 16f.; *Chr. Panzig*, Die »Wende« auf dem Lande, in: H. Behrend (Hg.), Die Abwicklung der DDR. Wende und deutsche Vereinigung von innen gesehen, Köln 1996, S. 167f.; *Steding*, Agrarrecht, S. 93. Zum Urteil des BVG: Frankfurter Allgemeine Zeitung, 9.4.1997, Nr. 82, S. 8. Allgemein zum Problem der »Altschulden«: *G. Deter*, Die Agrarrevolution in den neuen Ländern, in: Zeitschrift für Agrargeschichte und Agrarsoziologie 43, 1995, S. 83–86.

76 Frankfurter Allgemeine Zeitung, 2.12.1996, Nr. 281, S. 6. Überblick über die Entwicklung 1990/91 in: *H.H. Lochen*, Grundlagen der Enteignungen zwischen 1945 und 1949, in: Deutschland Archiv 24, 1991, S. 1025–1027; *R. Herzog*, Das Bodenreform-Urteil des Bundesverfassungsgerichts, in: B.J. Sobotka (Hg.), Burgen, Schlösser, Gutshäuser in Mecklenburg-Vorpommern, Stuttgart 1993, S. 141–148; *W. Ehrenforth*, Bodenreform und Enteignungsentschädigung. Ein Beitrag zum Urteil des Bundesverfassungsgerichts vom 23.4.1991, in: Berichte über Landwirtschaft 69, 1991, S. 489–492. Zum Stand der juristischen Auseinandersetzung 1994: *J. Wagner*, Rückgabe und Entschädigung von konfisziertem Grundeigentum. Aktuelle Verfassungsrechtsfragen der Bodenreform in der SBZ, Baden-Baden 1995; *St. von der Beck*, Die Konfiskationen in der Sowjetischen Besatzungszone von 1945 bis 1949. Ein Beitrag zu Geschichte und Rechtsproblemen der Enteignungen auf besatzungsrechtlicher und besatzungshoheitlicher Grundlage, Frankfurt am Main 1996; Zum Vermögensgesetz: *Turner*, Agrarrecht, S. 24; *Grimm*, Agrarrecht, S. 44.

verkehrsrecht und anderen Rechtsgebieten sowie durch vielfältige Anwendungsprobleme behindert. Friktionen und Spannungen resultieren aber nicht nur aus der agrarrechtlichen Inkompatibilität der beiden deutschen Staaten bis 1990, sondern auch aus der Beharrungskraft von Mentalitäten. Während die skeptische Distanz gegenüber Privateigentum in Ostdeutschland noch keineswegs überwunden ist, wird das Postulat der Restitution, die sowohl Probleme der Eigentumsreform und Privatisierung als auch den Umgang mit der Geschichte nach dem Zweiten Weltkrieg berührt, ebenso wie in den osteuropäischen Staaten zwar moralisch gerechtfertigt, aber vielfach von konkreten Interessen und politischen Kalkülen bestimmt. Das vereinigte Deutschland wird deshalb voraussichtlich nicht nur weiterhin eine dualistische Agrarstruktur aufweisen, sondern unterhalb der Rechtsprechung auch durch unterschiedliche Leitbilder des Umgangs mit landwirtschaftlichem Bodeneigentum gekennzeichnet bleiben.[77]

77 Hierzu allgemein: *B. Lageman*, Strukturwandel der Landwirtschaft in den neuen Bundesländern, Teil 2, in: RWI-Mitteilungen 43, 1992, S. 110; *ders.*, Strukturwandel, Teil 1, S. 74f.; *K. Eckart*, Agrarpolitische Rahmenbedingungern und Ergebnisse des Agrarstrukturwandels in den neuen Bundesländern, in: Deutschland Archiv 27, 1994, S. 939; *Deter*, Agrarrevolution, S. 74. Zu den Problemen der Gesetzesanwendung und Rechtsprechung: *Grimm*, Agrarrecht, S. 21f. u. 44. Zu den Legitimationsmustern: *F. Bönker u. C. Offe*, Die moralische Rechtfertigung der Restitution des Eigentums. Überlegungen zu einigen normativen Problemen der Privatisierung in postkommunistischen Ökonomien, in: Leviathan 22, 1994, S. 318–352, bes. S. 349.

Stephan Merl

Einstellungen zum Privateigentum in Rußland und in der Sowjetunion

Als mit der Perestrojka Ende der achtziger Jahre die Änderung der Wirtschafts-ordnung diskutiert wurde, zeigte sich bei der sowjetischen Bevölkerung eine ausgesprochen negative Einstellung gegenüber dem Privateigentum. Es wurde mit Ausbeutung, Arbeitslosigkeit und sozialer Unsicherheit gleichgesetzt. Die von einigen Experten geforderte Privatisierung der Produktionsmittel er-schien deshalb zunächst nur auf genossenschaftlicher Grundlage akzeptabel. Das 1988 erlassene Genossenschaftsgesetz diente in der Praxis dann auch zur Einrichtung privater Betriebe unter dem Deckmantel der Genossenschaft.[1] Erst nach heftiger Diskussion wurde 1990 ein Eigentumsgesetz verabschiedet. Es klammerte aber nicht nur den zentralen und strittigsten Bereich des Boden-eigentums aus, sondern bemühte sich zudem, das Reizwort »Privateigentum« zu vermeiden, indem in Anlehnung an das zu Sowjetzeiten zulässige »persön-liche« Eigentum an Nichtproduktionsmitteln von »individuellem« Eigentum gesprochen wurde.[2] Die Bevölkerung beteiligte sich aktiv an der Diskussion dieses Gesetzentwurfs. Etwa 10.000 Zuschriften mit Änderungsvorschlägen gingen ein. Praktisch alle Zuschriften kamen von Städtern. Dabei zeigte sich eine deutlich ausgeprägte unterschiedliche Bewertung des Privateigentums im Bereich der Landwirtschaft und in den übrigen Wirtschaftsbereichen. Während Privateigentum an Produktionsmitteln außerhalb der Landwirtschaft nicht sonderlich strittig war, konzentrierte sich die Kritik auf die Forderung der Re-former, privates Eigentum auch am Boden zuzulassen: »Wenn man Privateigen-tum am Boden zuläßt, kaufen alle, Diebe und Mafia, und wir fallen als Knechte an sie.«[3] Selbst eine im Jahre 1991 veröffentlichte Vorlesung über das sowjeti-

---

1 Vgl. u.a. *A. Jones u. W. Moskoff*, New Cooperatives in the USSR, in: Problems of Commu-nism 6, 1989, S. 27–39; *D. Holtbrügge*, Genossenschaften in der UdSSR. Vorboten eines freien Unternehmertums?, in: Osteuropa-Wirtschaft 35, 1990, S. 198–207.

2 Zakon o sobstvennosti v SSSR ot 6 marta 1990, in: Vedomosti S-ezda narodnych deputatov SSSR i Verchovnogo Soveta SSSR 11, 1990, Art. 164.

3 Izvestija vom 17.2.1990 in einem Bericht über die Debatte im Obersten Sowjet. Vgl. auch: *S. Merl*, Steht die Reprivatisierung der sowjetischen Landwirtschaft bevor?, in: Deutsche Studien 28, 1990, S. 289–322.

sche Eigentumsrecht kam bei der Schilderung der gegenwärtigen Rechtslage noch vollständig mit Zitaten von Marx und Engels aus und bezeichnete das »Kollektiveigentum« weiterhin als wichtige Form für die (noch) existierende Sowjetunion.[4]

Bis heute blockiert das russische Parlament die vollständige Zulassung von privatem Bodeneigentum. Zwar wurde bereits 1990 für die Russische Föderation mit dem »Gesetz über die Bauernwirtschaften« die Einrichtung privater Agrarbetriebe auf überwiegend vom Staat zur Verfügung gestelltem Boden gestattet und durch eine Änderung der Verfassung die Möglichkeit des Bodeneigentums bei beabsichtigter landwirtschaftlicher Nutzung geschaffen. Dieses Eigentumsrecht beschränkte sich aber auf die Übergabe des Bodens in private Nutzung und schloß zugleich auf zehn Jahre das wichtigste Recht eines Eigentümers, nämlich die freie Verfügbarkeit über das Eigentum, aus, indem die Verpachtung und der Verkauf des Bodens untersagt wurden.[5] Mehrere Anläufe der Präsidentenadministration zur Herstellung von vollwertigem Bodeneigentum wurden vom Parlament gebremst. Mit der Reorganisation der Agrarbetriebe ging 1992–1993 das Bodeneigentum vom Staat an die Betriebe, in der Regel aber nur formal auch an die einzelnen Arbeiter und Rentner des Betriebs über. Die gegenwärtig oder früher dort Beschäftigten können zwar ihren Bodenanteil im Umfang von zumeist 5 bis 10 ha jetzt aus dem Großbetrieb abziehen, allerdings nur, um ihn anschließend selbst zu nutzen.[6] Das 1994 verabschiedete Zivilgesetzbuch der Russischen Föderation (Erster Teil) sieht im Kapitel 17 das uneingeschränkte Eigentum auch am Boden vor, doch das Parlament machte im Genehmigungsgesetz das Inkrafttreten dieses Kapitels von der vorherigen Verabschiedung des Bodenkodexes abhängig.[7] Angesichts der fortbestehenden gravierenden Meinungsverschiedenheiten zwischen Staatsduma und Präsidenten ist in absehbarer Zeit nicht mit dem Inkrafttreten des Bodengesetzes zu rechnen. Bis heute ist deshalb die groteske Beschränkung des Bodeneigentums, die die Wanderung des Bodens zum besseren Wirt ausschließt und ihn in Hände gibt, die ihn möglicherweise weder nutzen wollen noch können, nicht aufgehoben worden.

4 *E.A. Suchanov*, Lekcii o prave sobstvennosti, Moskau 1991.

5 Izvestija vom 4.12.1990 über den Beschluß des außerordentlichen Kongresses der Volksdeputierten der RSFSR vom 3.12.1990; Argumenty i fakty 49, 1990, S. 1.

6 Ukaz des Präsidenten der Russischen Föderation vom 27.12.1991 und Regierungsbeschluß vom 29.12.1991, der die Reorganisation der Agrarbetriebe regelt (Sel'skaja žizn' 4. u. 7.1.1992); Regierungsbeschluß vom 4.9.1992 über die Privatisierung der Betriebe des Agrar-Industrie-Komplexes; Ukaz des Präsidenten der Russischen Föderation vom 27.10.1993 zur Agrarreform; Regierungsbeschluß vom 1.2.1995 zu Verwirklichung der Rechte der Eigentümer von Boden- und Besitzanteilen.

7 Zivilgesetzbuch der Russischen Föderation (Erster Teil) von 1994, bearbeitet und eingeleitet von H. Roggemann und W. Bergmann, Berlin 1997, vgl. bes. S. 18, 214–226 u. 306; *St. Solotych*, Das Zivilgesetzbuch der Russischen Föderation, Erster Teil. Textübersetzung mit Einführung, Baden-Baden 1996, S. 17 u. 163f.

Der starke Widerstand gegen privates Bodeneigentum und die offensichtlich großen Schwierigkeiten Rußlands, im Transformationsprozeß eine vollständige Privatisierung der Produktionsmittel im vollen westlichen Sinne vorzunehmen, unterstreichen die Bedeutung der Frage nach der Tradition des Eigentumsrechts in diesem Land. Die Untersuchung der unterschiedlichen kulturellen Rezeption und Verwurzelung von Eigentumsrechten zwischen der russischen und den übrigen Rechtstraditionen in Europa ist auch relevant zur Beurteilung der Möglichkeiten Rußlands, sich zu einer Bürgergesellschaft zu entwickeln. Das vermeintlich einfache Erfolgsrezept für den Transformationsprozeß, die Wirtschaft zu privatisieren und einen freien Markt zuzulassen, trifft also in Rußland bei der Schaffung der erforderlichen institutionellen Rahmenbedingungen für eine Marktwirtschaft auf zusätzliche Schwierigkeiten.

Der vorliegende Beitrag will untersuchen, ob es in Rußland vor 1914 langfristig ausgeprägte Besonderheiten in der Einstellung zu Eigentumsrechten gab, die deutlich vom modernen westlichen Verständnis von Eigentum abwichen, und ob Kontinuitäten zwischen der Haltung zum Eigentum in Rußland und in der Sowjetunion bestanden. Eine wichtige Besonderheit ist sicherlich in der Vorstellung zu sehen, es gäbe neben privatem und Staatseigentum noch die dritte, eigenständige Form des Kollektiveigentums. Darauf bauten sowohl in der Zeit vor 1914 als dann auch wieder seit Mitte der achtziger Jahre die Vorstellungen von einem »Dritten Weg« auf, der Rußland oder Osteuropa nichtkapitalistische Entwicklungsmöglichkeiten unter Umgehung einer auf Privateigentum aufbauenden Gesellschaftsordnung erlaube.[8]

Da Untersuchungen zum Thema der Eigentumsrechte für Rußland und die Sowjetunion aus historischer Perspektive bisher praktisch nicht vorliegen, muß hier weitgehend Neuland betreten werden.[9] Die formulierten Thesen haben deshalb eher vorläufigen Charakter. Sie verstehen sich auch als Anregungen zur Einleitung vertiefter Forschungen, bei der sie dann möglicherweise falsifiziert werden.

1. Besitzrechte bis zum 18. Jahrhundert

Der Eigentumsbegriff, namentlich die Frage des Bodeneigentums, wurde in Rußland durch die Hypothek des Systems der Leibeigenschaft schwer belastet.

---

8 *E. Oberländer u.a.* (Hg.), Genossenschaften in Osteuropa – Alternative zur Planwirtschaft? Köln 1993. Vgl. auch: *O. Šik,* Der dritte Weg. Die marxistisch-leninistische Theorie und die moderne Industriegesellschaft, Hamburg 1972.

9 Von zeitgenössischen rechtswissenschaftlichen Dissertationen und Kommentaren zu Gesetzestexten abgesehen, liegt bisher nur ein Sammelband aus geschichtswissenschaftlicher Sicht für die Zeit vor 1914 vor: *O. Crisp u. L. Edmondson* (Hg.), Civil Rights in Imperial Russia, Oxford 1989.

Außerdem verlief die Ausprägung der Rechtskultur in Rußland zunächst unbeeinflußt von römisch-rechtlichen Traditionen. Zum Verständnis der Besonderheiten dieser Rechtskultur soll deshalb zuerst ein Blick auf die Vorstellungen von Eigentum und Besitz in Mittelalter und Früher Neuzeit geworfen werden.

In Rußland entwickelte sich im Mittelalter kein Lehnswesen mit feudal verschachteltem Eigentum. Das Dienstverhältnis zwischen Fürsten und Gefolgsleuten beruhte auf Entlohnung in Geld und Naturalien und war nicht mit der Vergabe von Land verbunden. Einflußreiche Dienstleute erwarben im Rahmen ihrer auf naturausbeuterischen Gewerben beruhenden Handelstätigkeit selbst Land, das sie mit ihrem Gesinde und Sklaven bewirtschafteten. Dem Dienstverhältnis fehlte somit ein dingliches Element. Der Gefolgsmann konnte zunächst seinen Herren frei wählen und jederzeit in die Dienste eines anderen Fürsten überwechseln, wenn er sich davon mehr Beute versprach. Erst mit dem Aufstieg des Moskauer Staates im 14. und 15. Jahrhundert trat hier ein Einschnitt ein, und das Recht zur freien Wahl des Dienstherren ging faktisch verloren. Gefolgsleute konnten zwar weiterhin in den Dienst des Moskauer Großfürsten überwechseln, doch der Versuch, das Dienstverhältnis mit dem Großfürsten aufzukündigen, wurde von diesem als Verrat betrachtet und mit Besitzentzug bestraft. Beim Ausbau seiner Macht stützte sich der Moskauer Großfürst auf die zu diesem Zeitpunkt neu entstehende Gruppe des Dienstadels, die für ihre lebenslange Dienstpflicht vom Fürsten mit Bauern besiedeltes Land zum Unterhalt erhielt. Diese »Dienstgüter« hatten zunächst im Vergleich zu den »Erbgütern« des Hochadels minderen Rechtscharakter. In dem Maße, wie die Dienstpflicht an die Kinder weitervererbt wurde, verwischte sich bald der Unterschied in der rechtlichen Qualität des Grundbesitzes, und auch die Dienstgüter wurden vererbt. In diesem Prozeß trat für den Hochadel eine Rechtsverschlechterung ein. Seine Machtstellung wurde gewaltsam gebrochen. Bei den umfangreichen Umsiedlungsaktionen wurden viele Erbgüter eingezogen und den Überlebenden an neuen Orten Dienstgüter zugewiesen. Auch der Hochadel wurde nun der lebenslangen, erblichen Dienstpflicht gegenüber dem Herrscher unterworfen.[10]

Der individuelle Charakter des Dienstverhältnisses, die Tatsache, daß der gesamte Adel stadtsässig war und im Hofdienst stand, und schließlich der Wettbewerb der Dienstleute untereinander um die Gunst des Zaren bewirkten, daß sich eine ständische Organisation des Adels gegenüber dem Herrscher in Rußland nicht herausbilden konnte. Die Macht des Großfürsten, der seit Ivan IV. den Titel »Zar« führte, war gegenüber den Dienstleuten nicht beschränkt. Er

---

10 Vgl. dazu *M. Hellmann*, Probleme des Feudalismus in Rußland, in: Studien zum mittelalterlichen Lehnswesen, Lindau 1960, S. 235–258; Handbuch der Geschichte Rußlands, Bd. 1: Von der Kiever Reichsbildung bis zum Moskauer Zartum, hg. v. M. Hellmann, Stuttgart 1981, S. 358–370, 683–712 u. 935–947; *K. Heller*, Russische Wirtschafts- und Sozialgeschichte, Bd. 1: Die Kiever und die Moskauer Periode (9.–17. Jahrhundert), Darmstadt 1987, S. 17–35 u. 77–99.

konnte auch den Adligen gegenüber Willkürakte begehen und sie öffentlich auspeitschen lassen. Wer als Verräter beschuldigt und verurteilt wurde, unterlag in der Regel auch der Strafe einer teilweisen oder vollständigen Konfiskation seines Besitzes.[11] Diese Bedingungen beeinträchtigten die Rechtssicherheit erheblich. Besitz bzw. Eigentum wurden zu einer vom Herrscher gewährten Sache, die jederzeit wieder entzogen werden konnte.

Auch Fernhändler und Kaufleute wurden im 15. Jahrhundert einer uneingeschränkten Dienstpflicht unterworfen. Die jeweils reichsten Kaufleute hatten als Fachleute Hofämter und hoheitliche Aufgaben zu übernehmen. Da sie für diese Ehrenämter nicht bezahlt wurden, obwohl sie daneben kaum Zeit fanden, ihrer eigenen Erwerbstätigkeit nachzugehen, verarmten diese Kaufleute – gewissermaßen ausgepreßt wie eine Zitrone – schnell und mußten durch andere ersetzt werden. Die damit angelegte Diskontinuität bei der Anhäufung von Kapital hielt bis zum Beginn des 19. Jahrhunderts an, als der Zar ein letztes Mal – in Verbindung mit den Befreiungskriegen – die zahlungskräftigste Schicht der Kaufleute durch eine Überlastung mit Steuern in den Ruin trieb. Die Kapitalakkumulation in den Händen von Adel und Kaufleuten wurde außerdem durch den Hang des Zaren, die private Konkurrenz in den jeweils lukrativsten Geschäftszweigen durch die Einführung staatlicher Monopole auszuschalten, beschränkt. So wurde der Handel mit Zobelpelzen genauso zum staatlichen Monopol erklärt wie schließlich im Jahre 1711 die Salzförderung, die zuvor der Familie der Stroganovs ihren geradezu unermeßlichen Reichtum verschafft hatte.[12]

Die geringe Rechtssicherheit im Zarenreich nahm auch die ausländischen Unternehmer nicht aus. Sie waren genauso wie die russischen Untertanen der Willkür der zaristischen Verwaltung unterworfen. Zwar erhielten sie häufig auf bestimmte Zeit Privilegien wie Monopolrechte und die Befreiung von Zöllen und Abgaben. »Aber obwohl sie die Unternehmen mit eigenem, zumeist im russischen Außenhandel erworbenen Kapital errichteten, wenngleich unter Zuschuß zaristischer Subsidien, waren sie weder de jure noch de facto Eigentümer ihrer eigenen Unternehmen. Sie durften sie ohne besondere zaristische Erlaubnis nicht einmal an ihre unmittelbaren Nachkommen vererben und erst recht nicht an Dritte verkaufen oder verpfänden. Nur auf Zeit waren sie die Besitzer ihrer Werke, für die sie das volle Risiko zu tragen hatten, ohne daß sie selbst über ihre Erzeugnisse frei verfügen konnten.«[13]

Auch unter Peter I. verbesserte sich die Rechtslage kaum, eher lassen sich weitere Einschränkungen der Verfügungsgewalt über den Besitz und Verstaatlichungen feststellen. So wurden nun alle privaten Fischereirechte auf den Staat übertragen und das Eigentumsrecht an Wäldern beschränkt: Jedem, der eine

11 Ebd., S. 77–99.
12 Ebd., S. 99–116 u. 147–155.
13 Ebd., S. 176.

Eiche fällte, drohte die Todesstrafe. 1704 ließ Peter I. die Mühlen verstaatlichen und beschränkte das Recht auf den Betrieb von Fabriken und Manufakturen, indem das staatliche Manufakturkollegium zum neuen Besitzer gemacht wurde.[14]

Bis ins beginnende 18. Jahrhundert finden wir in Rußland zwar einige sehr vermögende Personen mit erheblichem Besitz an Boden und leibeigenen Arbeitskräften oder an Manufakturen. Doch die Fluktuation in dieser Gruppe war sehr stark, und bei Aussterben der jeweiligen Linie oder bei Anklage fiel das angehäufte Vermögen an den Staat. Die Rechtlosigkeit selbst der adligen Untertanen gegenüber dem Zaren war also in Rußland weit schärfer ausgeprägt als in anderen Teilen Europas. Besitz und Eigentum wurden nicht garantiert.

2. Einstellungen zum Privateigentum nach der Übernahme des römisch-rechtlichen Eigentumsbegriffes im ausgehenden 18. Jahrhundert

Die Entlassung des grundbesitzenden Adels aus der Dienstpflicht im Jahre 1762 zwang zur Regelung der Besitzrechte am Boden. Im letzten Drittel des 18. Jahrhunderts kam es dabei unter Katharina II. zur Einführung des aus Westeuropa entlehnten römisch-rechtlichen Eigentumsbegriffs, der zuvor in Kernrußland keine Tradition hatte, wohl aber in den bis dahin ins Russische Reich integrierten Gebieten mit polnisch-litauischer Rechtstradition.[15]

Ein reiner Besitzerschutz wurde erstmalig mit der Landvermessungsinstruktion (»meževaja instrukcija«) und dann 1775 mit der Einrichtung von Gouvernements gewährt. Nun wurde die bisherige Rechtspraxis beendet, nach der Eigentum wegen Verbrechen konfisziert werden konnte, und festgelegt, daß Eigentumsentzug nur nach einer gerichtlichen Verurteilung zulässig sei. Mit dem Manifest vom 28.6.1782 wurde dem Adel das Bodeneigentum mit allen Konsequenzen, also einschließlich der Bodenschätze, die auf diesen Stücken lagerten, übertragen. Niemand, auch der Staat nicht, sollte Wälder ohne die Zustimmung des Eigentümers nutzen dürfen. Damit ging die russische Rechtsnorm des Schutzes für den Bodenbesitzer noch über die entsprechenden Regelungen in den meisten anderen europäischen Staaten hinaus.[16] Mit der Stadtverfassung von 1785 wurde das Eigentumsrecht neben dem Adel auch den

14 M.F. Vladimirskij-Budanov, Obzor istorii russkogo prava, Rostov-na-Donu 1995, S. 555–557 (die Originalausgabe erschien 1886 und wurde vor 1914 mehrfach neu aufgelegt).

15 Ebd., S. 552 u. 557. Vgl. auch W. von Seeler, Der Entwurf des Russischen Zivilgesetzbuches, Berlin 1911, S. 6f., der die in den unterschiedlichen Teilen des Russischen Reiches gültigen Rechtsnormen aufzählt.

16 Novyj Ėnciklopedičeskij Slovar', St. Petersburg 1911, Bd. 10, Sp. 954; Vladimirskij-Budanov, Obzor, S. 558f.; von Seeler, Entwurf, S. 144–149; C.E. Leuthold, Russische Rechtskunde. Systematische Darstellung des in Rußland geltenden Privat-, Handels- und Strafrechts, sowie des Prozesses, Leipzig 1889, S. 117–121.

Kaufleuten als Privileg verliehen. Auf Katharina II. geht auch die russische Sonderbestimmung für die Verjährung von Eigentumsklagen zurück. Sie führte 1787 für alle Klagen eine zehnjährige Verjährung ein, somit auch für die Bestreitung von Eigentumstiteln.[17] Im Verlauf der ersten Hälfte des 19. Jahrhunderts entwickelte sich das Eigentumsprivileg von Adel und Stadtbewohnern zu einem allgemeinen Recht, das 1848 auch den Bauern verliehen wurde. Zuvor hatte es nur für Bauern mit tradierten Sonderrechten, vorwiegend also für Angehörige nichtrussischer Ethnien, gegolten. Für die deutschen Kolonisten bestand eine spezifische Erbordnung, die weder Erbteilung noch Umteilung zuließ.[18]

Mit der von Nikolaus I. im Jahre 1814 in Auftrag gegebenen und dann mit dem Zivilkodex von 1835 vorgelegten Zusammenstellung der in Rußland geltenden Rechtsnormen erfolgte erstmals nach dem Gesetzbuch von 1649 eine umfassende Kodifizierung. Alle seit 1649 erlassenen Gesetze wurden dabei durch die »Zusammenfassung der Gesetze« (»Svod zakonov«) in eine systematische Ordnung gebracht. Der erste Teil des X. Bandes war dem Privatrecht und mithin auch dem Eigentumsrecht gewidmet. Mit dem Auftrag, ein umfassendes, systematisches Zivilgesetzbuch vorzulegen, wurde 1882 wiederum eine Kommission eingesetzt. Sie legte nach umfangreichen Vorarbeiten, bei denen die russischen mit den in anderen europäischen Staaten gültigen Rechtsnormen verglichen wurden, im Jahre 1905 den Entwurf eines Zivilgesetzbuches vor, das allerdings bis zum Ausbruch des Weltkrieges und der Revolution von 1917 keine Gesetzeskraft mehr erhalten sollte.[19] Der russische Eigentumsbegriff, so wie er in der Gesetzessammlung des 19. Jahrhunderts, dem »Svod zakonov«, erschien, unterschied sich nicht vom westlichen Begriff. Eigentum wurde als höchste, umfassende und ausschließliche, also absolute Herrschaftsmacht über eine Sache angesehen, nur für Grundstückseigentum galten nachbarrechtliche Beschränkungen und Schranken öffentlich-rechtlicher Art. Miteigentum und Gesamthandseigentum wurden als Formen des gemeinsamen Besitzes aufgeführt. Das Veräußerungsrecht am Boden konnte auch in Rußland durch Fidei-Kommisse eingeschränkt sein.[20]

17 *Von Seeler*, Entwurf, S. 26; *Vladimirskij-Budanov*, Obzor, S. 558; *Leuthold*, Rechtskunde, S. 117–125.

18 *A. Kappeler*, Rußland als Vielvölkerreich. Entstehung, Geschichte, Zerfall, München 1993, S. 42–53. Vgl. auch die Beschreibung der regionalen Besonderheiten bei *A. Moritsch*, Landwirtschaft und Agrarpolitik in Rußland vor der Revolution, Wien 1986, S. 119–157; *P. Scheibert*, Die russische Agrarreform von 1861. Ihre Probleme und der Stand ihrer Erforschung, Köln 1973, S. 50–56.

19 Handbuch des gesamten Russischen Zivilrechts, hg. u. bearbeitet von H.O. Klibanski, Bd.1, Berlin 1911 und Bd. 2, Berlin 1917; *von Seeler*, Entwurf, S. 8–14.

20 Ebd., S. 135–181; *H. Hause*, Das Privateigentum in Sowjetrußland nach dem Zivilkodex der R.S.F.S.R. (unter Berücksichtigung der Rechtsverhältnisse am Grund und Boden), Würzburg 1934, S. 67; *Leuthold*, Rechtskunde, S. 114–125.

Indem das Eigentumsrecht dem aus der Dienstpflicht entlassenen Adel dazu diente, seine Macht über die leibeigenen Bauern zu konsolidieren, geriet es in Gefahr, in der Bevölkerung negativ mit den Mißbräuchen des Systems der Leibeigenschaft in Zusammenhang gebracht zu werden. Die vom zaristischen Staat verliehenen Eigentumsrechte wurden mit staatlicher Gewalt gegen die Bauern durchgesetzt und dadurch mit staatlichem Despotismus identifiziert. Der Bezug zur Leibeigenschaftsordnung verstärkte sich noch dadurch, daß der russische Begriff für Recht (»pravo«) ansonsten nur für die Leibeigenschaftsordnung (»krepostnoe pravo«) benutzt und Recht somit gleichbedeutend mit Privileg gesetzt wurde.[21]

Während sich seit Anfang des 19. Jahrhunderts der Eigentumstitel an beweglichen Sachen und an Gebäuden allmählich verfestigte, verlief die Entwicklung hinsichtlich des Bodeneigentums anders. Hier gelang es nicht, eine allgemeine Anerkenntnis zu erreichen, da die bäuerliche Vorstellung vom Boden als »Gottesacker«, der demjenigen gehöre, der ihn bearbeite, der Eigentumsnorm unvereinbar entgegenstand. Der Eigentumstitel am Boden blieb bis zu seiner Abschaffung mit der Agrarrevolution von 1917 und dem Dekret über die Sozialisierung des Bodens strittig.

In Rußland konnten sich Vorstellungen, die Eigentum als Naturrecht und wesentlichen Bestandteil der persönlichen Freiheitsrechte ansahen oder gar die Funktion des Staates in der Garantie der individuellen Eigentumsrechte zur allgemeinen Wohlfahrt bestimmten, nie durchsetzen.[22] Das ist auf die besondere Prägung derjenigen Gruppen, die für die Persönlichkeitsrechte eintraten, zurückzuführen. Die Konzeption des Privateigentums wurde dadurch eher vom Staat als von gesellschaftlichen Gruppen vertreten. Beeinflußt von Vorstellungen der französischen Frühsozialisten (Eigentum ist Diebstahl) und geleitet von der Idealisierung der russischen bäuerlichen Umverteilungsgemeinde (»obščina«), in der sie das kollektive Grundprinzip der künftigen sozialistischen Gesellschaft bereits verwirklicht sahen, lehnten die Volkstümler genauso wie später die Sozialrevolutionäre Eigentum als Quelle von Ungleichheit und Armut ab. Die Ansicht, die Bauerngemeinde sei ein fortschrittliches Element der Gesellschaftsordnung, das Rußland erlauben würde, ohne kapitalistische Proletarisierung der Bauernschaft voranzuschreiten, einte Slavophile wie Westler. Erst die marxistische Bewegung, die dann auch in Rußland in den Arbeitern das Subjekt der revolutionären Veränderung erblickte und damit einer kapitalistischen Entwicklung etwas Positives abgewinnen konnte, stellte diesen Konsens in Frage, ohne deshalb aber zu-

21 *R. Wortman*, Property Rights, Populism, and Russian Political Culture, in: Crisp u. Edmondson (Hg.), Civil Rights, S. 16.

22 Ebd., S. 13–32; vgl. auch *O. Crisp*, Peasant Land Tenure and Civil Rights Implications before 1906, in: Crisp u. Edmondson (Hg.), Civil Rights, S. 33–35.

gleich eine versöhnlichere Haltung gegenüber dem Privateigentum einzunehmen.[23]

Mit diesen Grundüberzeugungen der revolutionären Bewegung in Rußland wurden Mitte des 19. Jahrhunderts Weichenstellungen vollzogen, die erklären, warum der moderne westliche Eigentumsbegriff in Rußland so wenig Fuß fassen und sich statt dessen die Idee vom »Kollektiveigentum« als spezifisch russische Form verbreiten konnte. Das störende Element beim Übergang zur künftigen, besseren Gesellschaftsordnung wurde in den Eigentumsrechten der adligen Gutsbesitzer gesehen. Für die Volkstümler und die später aus ihnen hervorgehenden Sozialrevolutionäre war die Sozialisierung des Bodens und damit die Expropriation der Bodeneigentümer eine selbstverständliche Vorbedingung der weiteren Entwicklung. Diese Vorstellungen finden sich bei der Mehrzahl der russischen Parteien bis hin zu den Menschewiki, die unter Demokratie nicht zuletzt die Nivellierung der Besitzverhältnisse verstanden.[24] Privates Bodeneigentum galt nicht etwa als Mittel, sondern als Haupthindernis für die Verbreitung ökonomischen Wohlstands. Wie Mill leitete man den Anspruch auf den Boden aus der auf ihm geleisteten Arbeit ab. Jedem sollten nur die »Arbeitsnorm« – andere sprachen von der »Konsumnorm« – an Boden zustehen, und zwar nicht als Eigentum, sondern lediglich zur dauerhaften Nutzung. Da persönliche Freiheitsrechte für alle nur über die Expropriation der Besitzenden erreichbar zu sein schienen, schloß der Kampf um Freiheitsrechte in Rußland damit das Eintreten für das Privateigentum aus.[25]

Aus diesem Grunde überrascht es, daß nach der Revolution von 1905/06 in dem vom Zaren mit den Staatsgrundsätzen von 1906 zugestandenen Katalog bürgerlicher Freiheitsrechte auch das Eigentumsrecht aufgeführt und erstmals verkündet wurde: »Das Eigentum ist unantastbar. Die Zwangsenteignung unbeweglicher Güter, wenn dies für irgend einen staatlichen oder öffentlichen Nutzen notwendig ist, ist nicht anders als gegen eine gerechte und angemessene Entschädigung zulässig.«[26] Palme erklärt diese unerwartete, weil nicht geforderte Zuschreibung des Eigentumsrechts zu den Freiheitsrechten als Abwehrhaltung des Staates gegen die von der Mehrzahl der politischen Kräfte geforderte entschädigungslose Enteignung der Grundeigentümer. Die Aufnahme dieser Bestimmung in die Staatsgrundsätze verfolgte vor allem den Zweck, die Zwangsenteignung des Großgrundbesitzes der Krone und Privater ohne vollwertige Entschädigung von vornherein auszuschließen.[27]

23 Vgl. dazu G. *Schramm* (Hg.), Handbuch der Geschichte Rußlands, Bd. 3: Von den autokratischen Reformen zum Sowjetstaat. 1856–1945, Stuttgart 1983, S. 145–169 u. 278–315.

24 Zum Eigentumsbegriff der Menschewiki vgl. *Th. Reißer*, Menschewismus und Nep. 1921–1928. Diskussion einer demokratischen Alternative, Münster 1996, S. 30–34 u. 102–105.

25 *Wortman*, Property Rights, S. 22–31.

26 *A. Palme*, Die Russische Verfassung, Berlin 1910, S. 148.

27 Ebd. Vgl. dazu auch die Schilderung der Gesetzesinitiativen zur Bauernfrage in der Duma, ebd., S. 87f.

Die Aufhebung der Leibeigenschaft in Rußland im Jahre 1861 zielte anders als die Agrarreformen in Westeuropa nicht auf Herstellung privaten Bodeneigentums für die Bauern. Hauptgesichtspunkt der Reform war die Vermeidung sozialer Unruhe, die ein in die Städte flutendes entwurzeltes Proletariat mit sich bringen würde. Die Eigentumsverleihung an die Bauern und die daran in Westeuropa zumeist geknüpfte Erwartung einer wesentlichen Steigerung der Agrarproduktion spielte in der russischen Diskussion praktisch keine Rolle. Zwar wurde zum Zeitpunkt der Reform keineswegs bäuerliches Bodeneigentum für die Zukunft ausgeschlossen. Von einer Eigentumsverleihung wurde aber keine Stärkung des wirtschaftlichen Anreizes erwartet. Als Produzenten für den Markt wurden alleine die Gutswirtschaften angesehen, während man den bäuerlichen Betrieben lediglich eine Selbstversorgungsfunktion beimaß. Jeder ehemalige Leibeigene sollte hinreichend Boden zur Nutzung erhalten, um sich selbst ernähren zu können, nicht aber privates Bodeneigentum wie der Adel. Zugleich blieb er an die Scholle gebunden. Die mit der Aufhebung der Leibeigenschaft in Rußland den Bauern verbliebenen persönlichen Freiheitsrechte bezogen das Recht auf die freie Wahl des Wohnortes also nicht ein. Für das Land, das die Bauern erhielten, mußten sie an den Adel eine hoch festgesetzte Entschädigung zahlen, die der Staat zum überwiegenden Teil vorstreckte. Mit der Aufhebung der Leibeigenschaft und der Einleitung der Regulierung wurden die Bauern also zu Schuldnern des Staates. Zur Sicherung der Rückzahlung dieses Geldes griff dieser auf die überkommene Form der Kollektivhaftung der Bodenumverteilungsgemeinde zurück.[28]

Die Denktradition, die im Individuum und dessen Beziehung zum Eigentum einen entscheidenden Antriebsfaktor für den Wohlstand der Gesellschaft erblickte, war in Rußland wenig verbreitet. Nicht das Individuum, der einzelne Bauer, sondern die Gemeinde wurde deshalb bei der Aufhebung der Leibeigenschaft zum Verhandlungspartner der Gutsherren und des Staates gemacht. Der den Bauern zur Nutzung zugeteilte Boden ging in den Besitz der Bodenumverteilungsgemeinde über, die ihren Mitgliedshaushalten Boden entsprechend dem Bedarf nach der Zahl der ihnen angehörigen männlichen Seelen zuwies. Die jeweiligen Bodenflächen erhielt der Haushalt nur auf Zeit. Periodisch erfolgte eine Neuverteilung des Bodens, wobei Bedarfsänderungen, insbesondere also Änderungen in der Familiengröße, Rechnung getragen wurde. Die Umverteilung sollte in der Regel nach drei Saatfolgen, also bei der Dreifelderwirtschaft alle neun Jahre, erfolgen.

Die russische Agrarreform unterschied sich damit wesentlich von ihrem preußischen Vorbild. In Rußland verloren die unterbäuerlichen Schichten (»nichtspannfähige Betriebe«) nicht das Recht auf die Bodennutzung. Hier ging das Bodeneigentum nicht an den einzelnen Bauern, sondern in der Form des

28 *Scheibert*, Agrarreform; Handbuch der Geschichte Rußlands, Bd. 3, S. 14–68.

Gesamthandseigentums ohne das Recht der Veräußerung oder Beleihung an die Gemeinde, genauer die Gesamtheit der »männlichen Seelen« der Gemeinde, über. Sie hafteten kollektiv für die Ablösezahlungen an den Staat. Diese Regelung sollte zwar nur »auf Zeit«, nämlich bis zur vollständigen Abtragung der Ablösezahlungen durch die Gemeinde, bestehen. Doch angesichts der sechsprozentigen Verzinsung war im Normalfall dafür ein Zeitraum von 49 Jahren, also im seltenen Fall der Unterzeichnung des Regulierungsvertrages noch im Jahr 1863, bis 1912 erforderlich. Erst zu diesem Zeitpunkt sollte denjenigen, die ihren Anteil an den Zahlungen erbracht hatten, ein Abtrennungsrecht aus der »obščina« und damit das Recht, das Anteilsland als privates Bodeneigentum zu erhalten, zustehen. Da keine Aufteilung des Bodeneigentums auf die einzelnen Haushalte erfolgte, unterblieben auch alle Maßnahmen der Gemeinheitsteilungen und Separation der einzelnen Betriebe, die in Deutschland wesentlich zur schnellen Produktivitäts- und Produktionssteigerung im Gefolge der Agrarreform beitrugen.[29] Der einzelne mit seinen Fähigkeiten blieb in der Betriebsführung weitgehend Gemeindeentscheidungen wie dem Flurzwang unterworfen. Ein Interesse an Maßnahmen zur Bodenverbesserung wurde so nicht geschaffen, ein Übergang zu fortschrittlicheren Fruchtfolgen zumindest bei den besseren Wirten nicht begünstigt.

Zum Zeitpunkt der Aufhebung der Leibeigenschaft war keine definitive Entscheidung in der Eigentumsfrage gefallen. Verbittert gestritten wurde allein über den Umfang der Zuteilung von Boden an die Bauern, nicht über dessen Rechtscharakter. Mitentscheidend für diese Entwicklung war sicherlich, daß es auf seiten der Bauern und ihrer Vertreter keine Forderungen nach Herstellung von bäuerlichem Bodeneigentum gab. Entsprechend ihren Rechtsvorstellungen verlangten die Bauern nur ein Nutzungsrecht, während sie ein über den persönlichen Bedarf hinausgehendes Recht auf Bodeneigentum generell bestritten. Die Bauern unterstützten deshalb in ihrer großen Masse Forderungen nach einer Sozialisierung des Bodens und schritten örtlich in Form der »schwarzen Umverteilung« durch eigenmächtige Aneignung von adligem Bodeneigentum zur Tat. Daß die Eigentumsfrage bei der konkreten Abfassung des Reformgesetzes in den Hintergrund trat, bedeutete nicht, daß nicht etwa auch in Rußland zuvor einzelne Vertreter der »aufgeklärten Bürokratie« entsprechend dem Vorbild Westeuropas die Eigentumsverleihung an die Bauern vorgeschlagen hätten. Bereits 1803 erteilte ein Gesetz den Gutsbesitzern das Recht, Leibeigene mit vollen individuellen Eigentumstiteln auf ihren Boden freizulassen. Für die Praxis hatte das kaum Folgen, denn nur wenige Adlige waren bereit, ihre Leibeigenen freizulassen. Außerdem warf die Unterscheidung zwischen individuellem und gemeinsamem Eigentum Schwierigkeiten

---

29 Vgl. *F.-W. Henning*, Deutsche Wirtschafts- und Sozialgeschichte im 19. Jahrhundert, Paderborn 1996, S. 40–110; *von Seeler*, Entwurf, S. 167–171; *Scheibert*, Agrarreform.

bei der Grenzziehung auf. Auch Ende der vierziger Jahre des 19. Jahrhunderts gab es Bestrebungen, Familienbesitz mit klaren Grenzen zu schaffen. Olga Crisp spricht davon, daß das Edikt von 1861 selbst noch mehr Spielraum für die Entwicklung von Privateigentum ließ, als meist gesehen wird. So erlaubte der Art. 36 der Gemeinde, mit Zweidrittelmehrheit den Boden Familien zuzuteilen und der Abtrennung einzelner Haushalte aus der »obščina« zuzustimmen. Außerdem ist zu bedenken, daß Mitte des 19. Jahrhunderts nur knapp die Hälfte der Bauern des russischen Imperiums der Leibeigenschaft unterworfen waren. Die anderen Bauern verfügten zum Teil über bessere Besitzverhältnisse am Boden. Soweit zuvor erblicher Familienbesitz am Boden bestanden hatte, wurde er nicht angetastet. Während in den sechziger und siebziger Jahren des 19. Jahrhunderts die offizielle Ansicht noch zugunsten des Privateigentums eingestellt war und 1874 noch einmal ein Versuch, bäuerliches Bodeneigentum herzustellen, unternommen wurde, gewann erst seit den achtziger Jahren eine andere Bewertung die Oberhand, gegen die sich dann die Stolypinsche Reform als radikaler Bruch erwies.[30]

Die Stolypinsche Agrarreform von 1906 zog die Konsequenzen aus der Beteiligung der Bauern an der Revolution von 1905/06. Offensichtlich hatte ihre Bindung an den Boden nicht die Entstehung sozialer Unruhe verhindern können. Das entscheidende ordnungspolitische Argument gegen privates Eigentum und zugunsten der Bodenumverteilungsgemeinde hatte damit seine Geltung verloren. Außerdem ist festzuhalten, daß zu diesem Zeitpunkt die Bedeutung der bäuerlichen Agrarproduktion für den Markt nicht mehr bestritten werden konnte. Etwa 80 Prozent der vermarkteten Agrarerzeugnisse stammten nach der Jahrhundertwende aus bäuerlicher Produktion, nur etwa 20 Prozent brachten die Gutsbesitzer auf den Markt. Die Regierung vollzog nun in der Frage der Eigentumsverleihung an die Bauern eine abrupte Kehrtwende. Zur neuen sozialen Stütze der Autokratie sollte ein kräftiger, wie der Adel über Bodeneigentum verfügender Bauernstand mit arrondiertem Besitz werden. Auch die Bauern sollten ihren Boden verkaufen dürfen. Das bedeutete die Zerschlagung der Bodenumverteilungsgemeinden und die Einleitung der 1861 unterbliebenen Maßnahmen zur Gemeinheitsteilung und Flurbereinigung.

Die ablehnende Einstellung der Bauern zum Privateigentum am Boden zeigte sich in ihrer Reaktion auf die Stolypinsche Agrarreform. Die vermeintliche Zwangsorganisation der »obščina« brach nicht zusammen. Nur etwa 20 Prozent der einer »obščina« angehörigen Bauern im europäischen Teil Rußlands stellten zwischen 1907 und 1909 einen Antrag auf das Ausscheiden aus der Gemeinde. Es handelte sich überwiegend nicht um die kräftigeren Betriebe, sondern überproportional zum einen um kleine Betriebe, die das Recht zum Bodenverkauf nutzen wollten, um Startkapital für die endgültige Ab-

30 Vgl. dazu *Crisp*, Land Tenure, S. 36–49.

wanderung in die Stadt zu erhalten, zum anderen um Betriebe mit »toten Seelen«, die von der nächsten Umverteilung eine Reduzierung ihres Landanteils befürchten mußten.[31] Die große Mehrheit der Bauern versprach sich vom Fortbestand der »obščina« weiterhin soziale Sicherheit und zeigte deshalb nur geringes Interesse an der Abtrennung und damit am Erhalt von individuellem Bodeneigentum.

3. Bewertung der Einstellungen zum Privateigentum Anfang des 20. Jahrhunderts

Die Einstellung zum Privateigentum in Rußland unmittelbar vor dem Ersten Weltkrieg war nicht einheitlich. Sicher ist, daß das Privateigentum am Boden keine Akzeptanz bei der Masse der Bevölkerung erlangt hatte. Demgegenüber wurden Eigentumsrechte an den übrigen Produktionsmitteln selbst von der großen Masse der Bauern anerkannt und die Abschaffung der Eigentumsrechte an gewerblichen und industriellen Anlagen nur von einer eher kleinen Gruppe der Angehörigen und Sympathisanten linker Parteien gefordert. Eigentum als Bestandteil einer Bürgergesellschaft hat es in Rußland vor 1914 nicht gegeben. Wir haben es vielmehr mit der eher paradoxen Erscheinung zu tun, daß die große Masse der russischen Bevölkerung vor 1914 – sicherlich ein größerer Bevölkerungsanteil als gleichzeitig in Deutschland – Eigentümer war, aber dennoch ein eher gespaltenes Eigentümerbewußtsein ausgeprägt hatte: Die Kleineigentümer forderten zugleich die entschädigungslose Enteignung der adligen Bodeneigentümer und standen damit der Eigentumsbewertung in der proletarischen Revolution nicht allzu fern. Soweit ihr Eigentum angetastet wurde, etwa durch Pferdediebstahl, verlangten sie aber selbst den Schutz des Eigentums durch den Staat. Die Intelligenzija, eine kleine Gruppe mehr oder minder gebildeter Habenichtse, prägte zusammen mit der bäuerlichen Rechtsauffassung vom Boden als Gottesacker das Volksempfinden. Damit ergab sich in der Eigentumsfrage auch ein ausgeprägter Unterschied zwischen Stadt und Land. Während im städtisch-gewerblichen Bereich Eigentum weitgehend respektiert wurde, war das auf dem Lande nicht gleichermaßen der Fall. Das Eigentumsverständnis der Bauern zeigt sich am deutlichsten am Beispiel der Kriminalität. Eigentumsdelikte gab es bereits unter der Leibeigenschaftsordnung. Als verwerflichstes Delikt galt der Pferdediebstahl, der unter Bauern genauso scharf geahndet wurde wie der Diebstahl des Pferdes eines Grundbesitzers. Während die Bauern in bezug auf totes und lebendes Inventar wie auch auf ihre Wohn- und Wirtschaftsgebäude Eigentum respektierten, fehlte ihnen offen-

---

31 Vgl. *Moritsch*, Landwirtschaft, S. 161–177.

sichtlich ein entsprechendes Rechtsbewußtsein gegenüber Wäldern und Boden im adligen Besitz.

Die Zeit zwischen der Jahrhundertwende und der Revolution von 1917 war zu kurz, um eine positive Einstellung zum Eigentum in der Bevölkerung zu verwurzeln. Dennoch gibt es Anhaltspunkte dafür, daß sich die Akzeptanz des Privateigentums über einen längeren Zeitraum auch in Rußland durchgesetzt hätte. Dafür sprechen das allmähliche Greifen der Beteiligung der Eigentümer an der Selbstverwaltung und die von der Stolypinschen Agrarreform mittelfristig auf dem Lande zu erwartenden Einstellungsänderungen. Mit der Einführung der landschaftlichen Selbstverwaltung im Jahre 1864 und der grundlegenden Reform der städtischen Selbstverwaltung im Jahre 1870 erhielten die Eigentümer auf dem Lande und in der Stadt (Unternehmer, Hausbesitzer, Bauern, Adel) in Anlehnung an das preußische Dreiklassenwahlrecht politische Mitwirkungsrechte. Da eine entsprechende Tradition in Rußland fehlte, dauerte es etwa drei Jahrzehnte, bis diese neuen Institutionen akzeptiert und die den Eigentümern verliehenen politischen Rechte allmählich angenommen und in kommunales Engagement umgesetzt wurden. Ende der neunziger Jahre des 19. Jahrhunderts entwickelte sich zunächst die landschaftliche Selbstverwaltung, wenig später dann auch die städtische zu wirkungsvollen und politisch einflußreichen Organen. Die Eigentümer zeigten sich bereit, eine besondere Verantwortung für das Gemeinwesen zu übernehmen.[32] Die Stolypinsche Agrarreform mußte mittelfristig Einstellungsänderungen bei zumindest einem Teil der Bauern zur Folge haben und damit die geschlossene Ablehnungsfront der Bauern in den zentralen Landesteilen gegen das Bodeneigentum weiter aufbrechen. Sicherlich erfüllte die Stolypinsche Agrarreform nicht die unmittelbaren Wünsche der Bauern, die weiterhin auf die Aufteilung des Gutslandes gerichtet waren. Dennoch läßt sich aus der großen Bereitschaft zur Einführung verbesserter Fruchtfolgen und zur Neueinrichtung des Bodens auf ein mittelfristiges Greifen zumindest der wirtschaftlichen, weniger der politischen Zielsetzung der Reform schließen. In den westlichen Landesteilen setzte ein allmählicher Übergang zu arrondierten Einzelhöfen (»chutora«), die auf Bodeneigentum beruhten, ein.[33]

Die Situation hinsichtlich des Bodeneigentums war unmittelbar vor dem Ersten Weltkrieg stark durchmischt. Formal hatte die Regierung etwa die Hälfte der Bauern – vielfach gegen deren erklärten Willen – zu »Bodeneigentümern« erklärt. An der Form der Bodennutzung hatte sich dadurch wenig geändert. Da

32 Vgl. dazu die Ergebnisse des Teilprojektes »Städtische Selbstverwaltung und bürgerliche Eliten vor 1914. Rußland im Vergleich mit Deutschland« im Rahmen des Bielefelder Sonderforschungsbereichs zum neuzeitlichen Bürgertum im internationalen Vergleich. Für 1999 ist das Erscheinen eines Sammelbandes geplant: G. *Hausmann* (Hg.), Perspektiven einer vergleichenden Untersuchung der neuzeitlichen Stadt in Deutschland und im Zarenreich.

33 *Moritsch*, Landwirtschaft, S. 165–176 u. 184–186.

gab es adlige Grundbesitzer, die über Bodeneigentum verfügten, ebenso wie Bauern vor allem in den Randgebieten, die besseres Recht hatten und deren Bodeneigentum schon vor Mitte des 19. Jahrhunderts festgeschrieben worden war. Tatsächlich setzte der Eigentumserwerb am Boden durch die übrigen Bauern keineswegs erst mit der Stolypinschen Reform ein. Seitdem sich der Bodenmarkt nach der Reform von 1861 schnell entwickelte, traten auch Bauern als Käufer und noch verbreiteter als Pächter auf. Die ersten »kapitalistischen« Agrarbetriebe entstanden vor allem in den Steppengebieten und im asiatischen Landesteil. Auffällig ist aber, daß häufig die Gemeinde oder Gruppen von Bauern als Käufer oder Pächter des Bodens auftraten, nur selten individuelle Bauern für ihren Eigenbedarf.[34] Daran änderte sich auch in den Jahren nach 1906 wenig. Bodeneigentum war also 1914 schon recht breit gestreut. Zu vermuten ist jedoch, daß die Bauern mehr auf den Umfang der von ihnen bewirtschafteten Fläche achteten als auf den Rechtscharakter und zwischen dauerhaftem Nutzungsrecht und Eigentum nicht unterschieden. Eigentum im vollen juristischen Sinne hatte nur für eine kleine Bevölkerungsgruppe Bedeutung. Soweit es den Boden betraf, ging es den Bauern um das Nutzungsrecht. Es fragt sich, ob Bodeneigentum unter den russischen Verhältnissen als unabdingbar anzusehen ist. Bodeneigentum und Bodenbesitz müssen nicht zusammenfallen. Langfristige Pachtverträge können den gleichen Effekt haben wie Eigentum. Eine vom Bodeneigentum ausgehende ökonomische Anreizfunktion läßt sich für Rußland nicht eindeutig nachweisen. Bis heute ist nicht schlüssig zu beantworten, ob die Erträge vom Bodeneigentum höher als vom Anteilsland waren, ob die Bauern also Bodeneigentum intensiver nutzten.

Der Schutz namentlich des Bodeneigentums litt erheblich unter den Mängeln des Systems der Registrierung, die für die Eigentumsübertragung von Grundstücken vorgesehen war. Die übermäßige Zentralisierung und Ungenauigkeiten der Eintragung bewirkten, daß das Eigentumsrecht an unbeweglichen Dingen selbst bei ernsthaften Verletzungen nur schwer zu beweisen war. Da die Eintragung umständlich und mit erheblichen Kosten verbunden war, die oft in keinem Verhältnis zum Wert des Grundstückes standen, kam es häufig vor, daß sich Grundstücke im Besitz von Personen befanden, die dafür keinen Titel anführen konnten, der den Anforderungen des Gesetzes entsprach. Das Fehlen eines einheitlichen Eigentums an Sachgesamtheiten verursachte weitere Probleme. So kam es vielfach vor, daß das Bodeneigentumsrecht durch die Errichtung von Häusern, die man in Rußland, wenn sie im ganzen versetzbar waren, dem Eigentum an beweglichen Sachen zurechnete, verletzt wurde. Eine zeitgenössische Schrift stellte fest, daß die starke Zunahme der in Westeuropa seltenen Klagen wegen der Verletzung des Bodeneigentums in Rußland auf die vollständige Ungeregeltheit des Bodenbesitzes deute. Als weiterer Man-

---

34 *Crisp*, Land Tenure, S. 58–64.

gel wurde aufgeführt, daß Besitz in Rußland nicht unter Anwendung von Gewalt verteidigt werden durfte.[35]

Die in Rußland verbreitete Ansicht vom Kollektivcharakter der »obščina« erweist sich bei näherer Prüfung als Fiktion. Es handelte sich nicht um eine grundlegend andere Eigentumsform als in kapitalistischen Gesellschaften. Die Form der »obščina«-Landnutzung entspricht annähernd der Rechtsform des Gesamthandseigentums: Die Bauern konnten über den Boden nur gemeinsam verfügen, ihn allerdings weder verpachten noch verkaufen. Innerhalb der »obščina« wirtschafteten die Bauern aber – von Notzeiten abgesehen – individuell und verfügten über Eigentum an landwirtschaftlichem Inventar und Gebäuden. Damit muß die Veranlagung zu einem spezifisch russischen »Dritten Weg« der Entwicklung in Frage gestellt werden. Das gemeinsame Bodeneigentum schloß nicht die individuelle Verfügung über den genutzten Boden aus. Die Verherrlichung der »obščina« war genauso wenig begründet wie die vorschnelle Erwartung, daß sich diese Institution überlebt hatte, die als soziale Form in vielen Landesteilen weiterhin Schutz bot.

4. Der Eigentumsbegriff nach der Revolution von 1917

Unmittelbar nach der Revolution wurde mit dem Dekret über den Boden und kurz darauf dem Dekret über die Sozialisierung des Bodens jegliches Privateigentum am Boden, an Bodenschätzen, Gewässern, Wäldern und Naturkräften für immer aufgehoben und bestimmt, daß der Boden weder verkauft noch gekauft, verpachtet, verpfändet oder in irgendeiner anderen Weise veräußert werden durfte.[36] Dabei ist zu beachten, daß diese Dekrete im wesentlichen nur das legalisierten, was die Bauern im Prozeß der Agrarrevolution mit der Aufteilung des Adelslandes spontan in den Orten vollzogen hatten. Die Bauern verhielten sich aber gegenüber allen weitergehenden Formen, den Boden in Staats- oder Kommunebesitz zu bringen, ablehnend. Das bedeutete die entschädigungslose Enteignung der Gutsbesitzer, aber auch der bäuerlichen Bodeneigentümer. Es mag als erstaunlich gelten, daß sich gegen die Sozialisierung des Bodens praktisch kein Widerstand der bäuerlichen Bodeneigentümer erhob. Aber dort, wo sich die Umverteilungsgemeinden noch erhalten hatten, einte die Bauernschaft in der Regel der Wunsch, ihre Bodenfläche um das Land des Adels zu

35 Novyj Ėnciklopedičeskij Slovar', Sp. 955. Vgl. dazu auch: *von Seeler*, Entwurf, S. 135–139 u. 145.

36 Dekret über den Grund und Boden, in: *S. Merl* (Hg.), Sowjetmacht und Bauern. Dokumente zur Agrarpolitik und zur Entwicklung der Landwirtschaft während des »Kriegskommunismus« und der Neuen Ökonomischen Politik, Berlin 1993, S. 81–84; *R.A. Wade* (Hg.), Documents of Soviet History, Bd. 1: The Triumph of Bolshevism 1917–1919, Gulf Breeze 1991, S. 98–100.

erweitern, und das Nutzungsrecht wurde für entscheidender als das abstrakte Eigentumsrecht gehalten. Soweit die Bodeneigentümer im Westen Rußlands über einen »chutor« verfügten, wurde ihr Nutzungsrecht zunächst nicht angetastet. Die Schaffung neuer »chutora« ging sogar während des Bürgerkriegs und den ersten Jahren der Neuen Ökonomischen Politik ungehindert weiter. Das Privateigentum an bäuerlichem Inventar blieb erhalten.

Im Sommer 1918 wurde die Nationalisierung auch des gesamten städtischen Grundbesitzes verkündet, nicht aber der auf diesem Grund stehenden Gebäude. Damit wurde das zuvor angelegte Auseinanderfallen des Eigentumsrechts am Haus und am Boden nun im Sowjetrecht auch bezüglich der nicht versetzbaren Häuser festgeschrieben und nach 1945 in die osteuropäischen Staaten »exportiert«: Nur die Gebäude konnten sich im privaten Eigentum von Personen befinden, nicht aber der Boden, auf dem sie errichtet worden waren. In Städten mit mehr als 10.000 Einwohnern bezog sich die Enteignung auch auf Wohnhäuser, die eine bestimmte Untergrenze überschritten. Gleichzeitig vollzog sich seit Ende 1917 die Nationalisierung der größeren Industriebetriebe, aller Handels-, Verkehrs-, Versicherungsunternehmungen sowie der Banken und Nachrichtenverbindungen. Bereits Ende 1918 war damit, abgesehen von kleinen Industriebetrieben und Häusern, das gesamte »kapitalistische« Privateigentum der Vorkriegszeit enteignet.[37]

Die radikale Umsetzung der Eigentumsvorstellungen der Kommunisten, die Eigentum an Produktionsmitteln mit Ausbeutung und sozialer Ungerechtigkeit gleichsetzten, erreichte während des »Kriegskommunismus« ihren Höhepunkt. Das Dekret vom 7.5.1918 schaffte das Erbrecht ab und verbot Schenkungen von mehr als 10.000 Rubel.[38] Damit griff der Staat tief in die Eigentumsrechte an persönlichen Gegenständen ein. Zu diesem Zeitpunkt, vor allem nach Ende des Bürgerkriegs 1920, trafen die Verstaatlichungstendenzen auch die Kleinbetriebe und die Bauernhöfe. Der Staat schränkte zur Feldbestellung im Frühjahr 1921 die Verfügungsgewalt des Bauern über seinen Boden ein, indem Aussaatpläne vorgeschrieben und das Saatgut an zentralen Stellen gesammelt wurde. Damit brachte man ihr eigentlich fremde kollektive Elemente in die Arbeitsweise der »obščina« ein.[39] Die nach der Jahrhundertwende entstandenen Genossenschaften waren einem Verstaatlichungsprozeß ausgesetzt, der sie zu staatlichen Verteilungsorganisationen degradierte, die nicht länger die Interessen der über Anteile verfügenden Mitglieder vertreten durften. Hier war zumindest ansatzweise Protest zu beobachten.[40] Erstmals

---

37 *R. Thomson*, Das persönliche Eigentum im Sowjetrecht, Freiburg 1959, S. 17–19.
38 Ebd., S. 19.
39 *Merl* (Hg.), Sowjetmacht, S. 30f.
40 *S. Merl*, Der Agrarmarkt und die Neue Ökonomische Politik. Die Anfänge staatlicher Lenkung der Landwirtschaft in der Sowjetunion 1925–1928, München 1981, S. 143–152.

stellte sich das Problem des vorgeblichen Kollektiveigentums in der Praxis und erwies sich als Vergewaltigung der Interessen der einzelnen.

Der Übergang zur »Neuen Ökonomischen Politik« brachte Anfang der zwanziger Jahre in der Frage der Verfügungsgewalt über die bäuerlichen Produktionsmittel und des Charakters der Genossenschaften ein kurzzeitiges Einlenken. In anderen Punkten, etwa beim Erbrecht und dem Recht auf das Wohnhaus, deutete sich aber schon jetzt ein dauerhaftes Abrücken von den radikalen Zielsetzungen an. Im Dezember 1921 wurden kleinere städtische Wohnungen denationalisiert, so daß sich 1928 in der Russischen Föderation 85 Prozent der städtischen Wohnhäuser und etwa 50 Prozent des Wohnraums in privatem Eigentum befanden.[41] Die individuelle Wirtschaftsweise der Bauern wurde für einige Jahre nicht mehr in Frage gestellt, ein Teil der gewerblichen Klein- und Mittelbetriebe reprivatisiert und schließlich Ende 1924 den Genossenschaften wieder gestattet, vorrangig die Interessen ihrer Mitglieder zu verfolgen. Das generell unentgeltliche Nutzungsrecht am Boden wurde langfristig vergeben und war in der Praxis häufig vererbbar. Genausowenig wie vor 1906 wurden den Bauern in der »obščina« der zwanziger Jahre aber Landstücke dauerhaft als Ackerland zugewiesen. Die periodische Umverteilung unter Berücksichtigung des Bedarfs bestand vielmehr bis zur Zwangskollektivierung fort. Damit wurde wiederum eine beschränkte Verfügung über den zugewiesenen Boden hergestellt, die – nach Freigabe der Landverpachtung im Bodenkodex von 1924[42] – nur die Veräußerung und die Verpfändung ausklammerte.[43] Einschränkungen hinsichtlich der Veräußerlichkeit stellten im Bodenrecht nichts Außergewöhnliches dar und fanden sich in Mitteleuropa in Form der Fideikommisse. Seit Mitte der dreißiger Jahre wurden Staatsurkunden ausgegeben, die den Kolchosen »auf ewig« die Bodennutzung zusicherten.

Das Zivilgesetzbuch von 1923 schrieb erstmals die Dreiteilung des Eigentums in staatliches, genossenschaftliches und privates Eigentum fest. Allerdings spielte zu diesem Zeitpunkt »genossenschaftliches« Eigentum als Sonderform des Sowjetrechts in der Praxis noch keine große Rolle, da die Diskussion um die Kollektivformen vornehmlich in der Landwirtschaft erst beginnen sollte und Genossenschaften Mitte der zwanziger Jahre noch weitgehend dem westlichen Begriff des Mit- oder Gesamthandseigentums entsprachen.[44] Die Unverletzlichkeit des Eigentums wurde abweichend von der Verfassung von 1906 nicht mehr festgeschrieben.[45] Der Schutz des privaten Eigentums durch den Staat war also beschränkt und offen für willkürliche Einschränkungen. So bot die

41 *Thomson*, Eigentum, S. 20.
42 *Merl* (Hg.), Sowjetmacht, S. 46f. u. 188–190.
43 *Hause*, Privateigentum, S. 31–34.
44 *Merl*, Agrarmarkt, S. 141–193. Zum Zivilgesetzbuch von 1923 insgesamt vgl. *Hause*, Privateigentum.
45 Ebd., S. 53.

Formulierung »mit Ausnahme derjenigen Fälle, in denen sie [die privaten Rechte] im Widerspruch zu ihrer sozial-wirtschaftlichen Bestimmung ausgeübt werden«[46] praktisch unbeschränkte Möglichkeiten zum Eingriff in private Rechte.

Die Ruhephase im Angriff auf die Eigentumsrechte ging 1927–1928 zu Ende. Das Privateigentum an landwirtschaftlichen Produktionsmitteln (totes und lebendes Inventar, Gebäude) wurde mit der Zwangskollektivierung ebenfalls entschädigungslos enteignet und damit das traditionelle bäuerliche Rechtsbewußtsein zutiefst verletzt. Nicht anders als zuvor die adligen Gutsbesitzer fielen jetzt die Bauern selbst der gegen das Privateigentum gerichteten Politik zum Opfer. Die Enteignung bezog sich im Winter 1929/30 häufig auch auf das persönliche Vieh und selbst auf Haushaltsgegenstände. Dagegen, insbesondere gegen die Expropriation der für die Familie und das Aufziehen der Kinder unentbehrlichen Kuh, richtete sich Anfang 1930 eine Protestbewegung der Bäuerinnen, der sogenannte »Weiberaufruhr«. Die spontanen Erhebungen bedrohten Anfang 1930 die Machtausübung der Bolschewiki und zwangen sie, den Bauern die Fortführung einer kleinen Nebenwirtschaft in Form des Hoflandes in allerdings strikt begrenztem Umfang zu erlauben.[47] Damit gelang es den Bäuerinnen letztlich, die Ausprägung des sowjetischen Eigentumsrechts auf Dauer wesentlich zu beeinflussen. Die Beibehaltung einer später dem »persönlichen« Eigentum zugeschlagenen Hoflandwirtschaft, die eine Kuh, etwas Kleinvieh und ein viertel bis einen halben Hektar Boden umfaßte, wurde im Frühjahr 1930 zunächst geduldet. Nach der Hungersnot 1932/33 mußten die Hoflandwirtschaften zur Überlebenssicherung für die Bauern staatlich gefördert und letztlich – nach zwei fehlgeschlagenen Versuchen 1939 und nach 1956 unter Chruschtschow, sie abzuschaffen – dauerhaft garantiert werden.[48] Die Hoflandwirtschaft diente dazu, das Überleben der Kolchosniki im Kolchos sicherzustellen, nachdem sich zeigte, daß eine Einkommensverteilung im Kolchos nicht erfolgte. Zugleich erzwang der Zusammenbruch des Lebensmittelmarktes die Bereitstellung von Schrebergärten zur Ermöglichung der Selbstversorgung für alle Arbeiter und Angestellten, die auf dem Lande lebten, sowie auch für viele städtische Arbeiterfamilien.[49] Die Zwangskollektivierung führte also zu dem überraschenden Ergebnis, daß die Revolution, die angetreten war, das Privateigentum am Boden vollständig abzuschaffen, die große Masse der Bevölkerung zu Bodennutzern und durch die Langfristigkeit des Nutzungsverhältnisses zu Quasi-Eigentümern machte.

---

46 *Thomson*, Eigentum, S. 23.
47 *S. Merl*, Die Anfänge der Kollektivierung in der Sowjetunion, Wiesbaden 1985, S. 148–153.
48 *S. Merl*, Bauern unter Stalin. Die Formierung des sowjetischen Kolchossystems 1930–1941, Berlin 1990, S. 257–288.
49 Ebd., S. 320–326.

Die Verfassung von 1936 hielt am Konstrukt der drei Eigentumsformen fest. Dabei wurden das staatliche wie das genossenschaftlich-kollektivwirtschaftliche Eigentum als »sozialistisch« bezeichnet. Der Begriff des privaten wurde durch den des persönlichen Eigentums ersetzt. Diese Eigentumsformen wichen bezüglich des Inhalts, des Umfangs und des Schutzes voneinander ab. Nur das staatliche wie das genossenschaftlich-kollektivwirtschaftliche Eigentum durfte Produktionsmittel einschließen. Hinsichtlich des kollektiven Eigentums war eine zeitlich beschränkte Existenzdauer vorgesehen, da es irgendwann in die höhere, staatliche Eigentumsform übergehen sollte. Das in der Verfassung als vierte Eigentumsform genannte »Eigentum der kleinen Privatwirtschaft« sollte nur noch für eine kurze Übergangzeit Bestand haben. Es durfte einfache Produktionsmittel umfassen, dabei aber nur auf persönlicher Arbeit ohne »Ausbeutung« von Lohnarbeitern beruhen. Ein gesetzlicher Schutz war nicht vorgesehen. Die steuerliche Diskriminierung dieser Form unterstrich, daß sie auf kurze Zeit angelegt war.[50]

Das Kollektiveigentum hatte seit der Zwangskollektivierung nichts mehr mit der westlichen Rechtsform der Genossenschaft gemein. Faktisch handelte es sich um Staatseigentum, da sich der Staat alle Verfügungsrechte über den Boden und die Produktion vorbehielt. Durch die Regelung, daß die Produktionsmittel der Kollektive in unteilbare Fonds einzubringen waren und diese bei der Auflösung des Kollektivs an den Staat fielen, wurde sichergestellt, daß sich aus dem »Kollektiveigentum« nicht wieder Privateigentum entwickeln konnte. Lediglich die Einkommensverteilung basierte fiktiv auf dem Kollektivprinzip und sollte sich als Gewinnverteilung vollziehen, wobei der Staat diese »Gewinne« beliebig nach unten manipulieren konnte, da allein er über die Produktion verfügte. Die Erklärung der Kolchosniki zu »Kollektiveigentümern« bedeutete also nur, daß sie keinen Anspruch auf die Entlohnung ihrer Arbeit hatten. Seit den sechziger Jahren ging mit der Verbesserung der Einkommenssituation und der Einführung der monatlichen Lohnzahlung auch in dieser Beziehung der Kollektivcharakter verloren. Eine Identifizierung mit dem »Kollektivcharakter« des Eigentums konnte sich bei den Landarbeitern unter diesen Umständen nicht herausbilden.[51]

Die entscheidend neue Form, die die Verfassung von 1936 kreierte, war das »persönliche Eigentum«, das den verfemten Begriff des Privateigentums ersetzte, in Abweichung von ihm aber keine Eigentumsrechte an Produktionsmitteln einschloß. Das persönliche Eigentum umfaßte die materielle Sphäre, die der Staat dem Bürger zur Befriedigung seiner persönlichen Bedürfnisse einräumte. Diese Eigentumsform sollte auf Dauer angelegt sein und sich auf

50 *Thomson*, Eigentum, S. 27–34; Die Sowjetverfassung, übersetzt und eingeleitet von H. Roggemann, Berlin 1971.
51 *Merl*, Bauern, S. 327–391.

154

den Konsumbedarf in weiterem Sinne beziehen. Artikel 10 der Verfassung von 1936 stellte es unter Schutz. Das persönliche Eigentum ist als Eigentum in seiner ursprünglichen Funktion der Überlebenssicherung anzusehen und stand damit zumindest im Widerspruch zu den ideologischen Zielsetzungen der Revolution, Privateigentum vollständig abzuschaffen. Es umfaßte die Hoflandwirtschaft bzw. für Stadtbewohner den Schrebergarten, die für die individuelle Überlebenssicherung bis heute entscheidende Bedeutung haben. Dies galt in besonderem Maße für die Zeit während des Zweiten Weltkriegs. Weiter gehörten dazu selbsterarbeitete Einkünfte, Ersparnisse, die Wohnung bzw. das Wohnhaus, Hauswirtschafts- und Haushaltsgegenstände ebenso wie Gegenstände des persönlichen Bedarfs und des Komforts, seit den sechziger Jahren auch der Pkw, sowie das Erbrecht an persönlichem Eigentum.[52] Das persönliche Eigentum konnte auch in Form des gemeinsamen Eigentums entweder – auf einen bestimmten Teil bezogen – als Miteigentum oder – in der Regel auf Familienbasis – als Gesamthandseigentum bestehen, so bei Eheleuten für die gemeinsam während der Ehe erworbenen Gegenstände oder für das Hofland der Kolchosniki.[53]

Die Zulassung des persönlichen Eigentums ist insbesondere als Maßnahme zur langfristigen Systemstabilisierung zu werten. Vor allem darauf ist zurückzuführen, daß der Umfang des persönlichen Eigentums noch unter Stalin, vor allem dann aber nach dessen Tod, namentlich in zwei wichtigen Bereichen, dem Erbrecht und dem Recht auf ein Wohnhaus, wesentlich verbessert und westlichen privatrechtlichen Regelungen angeglichen wurde.

Das Erbrecht wurde nach der zeitweiligen Abschaffung schon in den zwanziger Jahren in eingeschränkter Form wiederhergestellt. In den dreißiger Jahren wurde dieses Zugeständnis keineswegs zurückgenommen, sondern mit der Verfassung von 1936 das Erbrecht am persönlichen Eigentum der Bürger sogar unter Gesetzesschutz gestellt. 1943 wurde die zuvor hohe Erbschaftssteuer aufgehoben und 1945 der Kreis potentieller Erben erweitert.[54] Vererbung war damit auch an Nichtverwandte, an Universitäten oder andere juristische Personen möglich, ausgeschlossen blieb aber die Vererbung an religiöse Gruppen. Das Erbe fiel nunmehr nur noch dann an den Staat, wenn der Erblasser das so gewollt hatte oder wenn kein gesetzlicher Erbe vorhanden war und kein anderer eingesetzt wurde.[55] Sonderregelungen bestanden für das als Gesamthandseigentum angesehene Hofland der Kolchosniki. Der Erbfall konnte hier erst eintreten, wenn keine Person mit Anrecht auf dieses Land mehr vorhanden

---

52 *Thomson*, Eigentum, S. 35–63.
53 *R. Chalfina*, Das persönliche Eigentumsrecht in der UdSSR, Moskau 1976, S. 46f. Vgl. auch *Thomson*, Eigentum, S. 64–68.
54 Ebd., S. 68–72.
55 *E.B. Ejdinova*, Nasledovanie po zakonu i zaveščaniju, Moskau 1984, S. 4f.

war. Soweit der Erbe als Nichtmitglied des Kolchos kein Anrecht auf Hofland hatte, war mit dem Erbe des Wohnhauses nur das Nutzungsrecht an der zum Unterhalt der Gebäude notwendigen Fläche verbunden.[56] Entsprechend war auch das Nutzungsrecht an Genossenschaftswohnungen nicht vererbbar. Der Erbe hatte allerdings nach Entscheid über seinen Aufnahmeantrag das Vorrecht auf die weitere Nutzung. Bei Nichteintritt oder Nichtaufnahme erfolgte die Auszahlung der Anteilseinlage.[57]

Bezüglich des Hauseigentums war es zunächst nur möglich, ein Haus aufgrund des Baurechts zu besitzen, soweit nicht ein vor 1922 erbautes Haus im Besitz der Familie war. Zwischen 1922 und 1948 blieb der Hausbesitz zeitlich auf 65 Jahre beschränkt. Durch Erlaß des Präsidiums des Obersten Sowjets vom 26.8.1948 wurde dann aber ein persönliches Eigentum am Wohnhaus eingeführt. Jeder Sowjetbürger erhielt jetzt das Recht, in der Stadt oder auf dem Lande ein Haus mit 1–2 Stockwerken und 1–5 Zimmer zu bauen oder zu erwerben. Wer ein Haus bauen wollte, besaß Anspruch auf ein Grundstück, das in der Stadt eine Fläche zwischen 300 und 600 qm, auf dem Lande zwischen 700 und 1200 qm haben sollte. Der Boden wurde dabei dem Bauwilligen zur unbefristeten Nutzung zur Verfügung gestellt. Die Bestimmung des Zivilrechts, wonach sich in Händen einer Familie nicht mehr als ein Haus befinden durfte, wurde durch das Erbrecht durchbrochen. Ohnehin war es zulässig, neben dem Haus in der Stadt eine Datscha auf dem Lande zu besitzen. Hinzu kam, daß durch die Abwanderung in die Städte viele Familien über ein Elternhaus auf dem Dorf verfügten, das ihnen im Erbfall zufiel. Das Recht auf die Grundstücksnutzung war mit dem Eigentum am Haus untrennbar verknüpft. In der Praxis sah die Bevölkerung das Hausgrundstück genauso wie das Haus als persönliches Eigentum an und verfügte darüber, indem der Boden zusammen mit dem Haus vermietet, verpachtet oder gar verkauft wurde. »Im ganzen erscheint gegenwärtig der Erwerb eines Wohnhauses mit Gartennutzung als eine Art Ventil für das sonst in mancher Hinsicht unterdrückte, urtümliche Streben des Menschen nach Eigentum, das in der Sowjetunion mit der Besserung der materiellen Lage der Bevölkerung zunimmt.«[58] Die systemstabilisierende Funktion des persönlichen Eigentums wurde vom Staat im wachsenden Maße gefördert, indem für den Bau oder Kauf von Häusern Boden, Baumaterial und Kredite bereitgestellt wurden.

Die Rechtsqualität des persönlichen Eigentums stand allerdings deutlich hinter dem westlichen Eigentum zurück. Das tat aber dem Bewußtsein der Bevölkerung keinen Abbruch. Unabhängig davon, ob es sich um unter Schutz

56 Ebd., S. 69–75.
57 Sovetskoe graždanskoe pravo, C.2, Moskau 1986, S. 547–549. Vgl. auch *Ejdinova*, Nasledovanie, S. 76.
58 *Thomson*, Eigentum, S. 38–42, Zitat S. 42; *Chalfina*, Eigentumsrecht, S. 140.

gestelltes Eigentum oder nur um ein vom Staat gewährtes dauerhaftes Nutzungsrecht handelte, verfügten die Sowjetbürger über die Sachen so, als ob es sich um vollwertiges Eigentum im westlichen Sinne handeln würde. Tatsächlich schützte das Sowjetrecht das persönliche Eigentum nur sehr bedingt vor staatlichen Willkürhandlungen. So blieben staatliche Eingriffe in das persönliche Eigentum als Strafmaßnahme zulässig. Bei Straftaten, die sich gegen die Staats-, Gesellschafts- und Verwaltungsordnung der Sowjetunion richteten, konnte das Gericht die teilweise oder vollständige Vermögenskonfiskation als Nebenstrafe verhängen. Entzogen werden konnte aber nur vorhandenes Vermögen, nicht das Recht auf erneuten Erwerb persönlichen Eigentums für die Zukunft.[59] Während das westliche Eigentumsrecht z.T. eine soziale Verpflichtung des Eigentümers sieht und in Deutschland einen Gebrauch vorschreibt, der zugleich dem Wohl der Allgemeinheit dient, kannte das Sowjetrecht zusätzliche Einschränkungen in Form eines willkürlich auslegbaren Eigentumsentzugs aus moralischen Gründen. Während der Eigentumsentzug bei einem nicht ordnungsgemäß verwalteten Vermögen, so bei dem drohenden Zerfall von Wohnhäusern, noch nachvollziehbar war,[60] erscheint die vom Sowjetrecht vorgesehene entschädigungslose Enteignung auf dem Rechtswege, wenn das Eigentum zur moralisch verpönten Erzielung von »nichtwerktätigen Einkommen« genutzt wird, dubios. Auch wenn diese Bestimmung zunehmend seltener angewandt wurde, leistete sie doch staatlicher Willkür gegen Einzelpersonen Vorschub und unterstrich damit letztlich den Charakter des persönlichen Eigentums als einer vom Staat gewährten Sache, die jederzeit wieder entzogen werden konnte. So war die Vermietung von Wohnraum zu den – sehr niedrigen – staatlich festgesetzten Mieten unbegrenzt zulässig, nicht aber das Verlangen von »überhöhten« Mieten von Wohnungen in einem Haus, um dessen Instandhaltung sich der Vermieter nicht kümmert.[61]

Während das Eigentumsrecht in westlichen Staaten als wesentlicher Leistungsanreiz zu werten ist, begründete das persönliche Eigentum in der Sowjetunion offenbar nur im Ausnahmefall einen Leistungsanreiz. Angesichts seines überwiegenden Konsumcharakters und der Tatsache, daß es nur sehr bedingt durch die Arbeitsleistung des einzelnen, viel häufiger durch staatliche Privilegien oder Erbschaften erworben wurde, erwuchsen daraus statt des Leistungsanreizes geradezu Ansprüche an den Staat. Die Verwurzelung des Eigentumsgedankens in der Sowjetgesellschaft hatte also praktisch nichts mit der Eigentumsfunktion der Wohlstandsmehrung für die Gesellschaft zu tun.

59 *Thomson*, Eigentum, S. 94–97.
60 Ebd., S. 97–99.
61 *Chalfina*, Eigentumsrecht, S. 123f.

5. Unterschiede in den Einstellungen zum Privateigentum
in langfristiger Perspektive

Die Einstellungen der breiten Masse der Bevölkerung zum Eigentum wie auch die Besonderheiten der rechtlichen Regelung des Eigentums gegenüber westlichen Staaten weisen also zwischen dem zaristischen Rußland und der Sowjetunion trotz der Unterschiedlichkeit der Systeme recht große Kontinuität auf. So war die Denktradition vom Eigentum als Grundrecht im Sinne eines unverletzlichen und unveräußerlichen Menschenrechts der russischen genauso wie der sowjetischen Rechtspraxis fremd. Eigentum wurde nicht vom Individuum her definiert, sondern es behielt immer den Charakter eines vom Staat gewährten Privilegs, das der Staat auch widerrufen konnte. Daraus erwuchs aber auch der Primat der Staatsinteressen am Privateigentum. Der Staat setzte es zur Verfolgung seiner Ziele ein.

Die negative Einstellung zum Privateigentum am Boden und bedingt auch an anderen Produktionsmitteln war bereits im zaristischen Rußland vorhanden und wirkte auch Anfang der neunziger Jahre noch ungebrochen. Bis heute schließt das Bodeneigentum in Rußland das Recht auf den Verkauf und die Verpachtung des Bodens nicht ein. Dabei war zu jedem Zeitpunkt die große Masse der Bevölkerung in Rußland und der Sowjetunion »Eigentümer«, wenn auch nur bedingt Eigentümer an Produktionsmitteln. Wenn sich vor 1914 dennoch kein »Eigentümerbewußtsein« ausbreiten konnte, so weil zugleich das adlige Grundeigentum von der Masse der Bevölkerung nicht akzeptiert wurde. Angesichts dessen spielte die Tatsache, selbst Kleineigentümer zu sein, keine bewußtseinsprägende Rolle. Das veränderte sich nach der Revolution, spätestens seit den dreißiger Jahren. Das persönliche Eigentum erlangte zunehmende Bedeutung. Der Umfang und die rechtliche Absicherung wurden seit den dreißiger Jahren ausgedehnt, es konnte schließlich nahezu uneingeschränkt vererbt werden. Auch wenn es eher ein dauerhaft gewährtes Nutzungsrecht – wie das in bezug auf den genutzten Boden auch rechtlich der Fall war – darstellte, wurde es von der Bevölkerung als Eigentum angesehen und akzeptiert. Das Wohnhaus und der Boden, auf dem es stand, wurden als Einheit begriffen und von daher über beides zusammen verfügt. Damit zeigte sich aber auch, daß ein geringerer Schutzgrad ähnliche Wirkungen haben konnte. Das persönliche Eigentum erlangte dadurch systemstabilisierende Bedeutung. Es erfüllte nicht nur die Funktion der Existenzsicherung, sondern gab der Person auch Freiheit im Sinne des Ausbrechens aus staatlicher Bevormundung. Gerade die Revolution, die angetreten war, das Eigentum zu beseitigen, verfestigte daher die Beziehung zum Eigentum. Auch die meisten städtischen Familien verfügten über Boden und eine Datscha. Man konnte schließlich davon sprechen, daß die Masse der sowjetischen Bevölkerung zumindest im Unterbewußten ein Kleineigentümerbewußtsein ausgeprägt hatte und sich dementsprechend verhielt.

Das erklärt ihre Reaktion auf die soziale Umbruchssituation in den letzten Jahren: Kleineigentümer gehen nicht auf die Straße.

Die Ideologie vom Kollektiveigentum spiegelte weder vor noch nach der Revolution die Realität. Der angebliche Gemeinschaftsgeist der Russen war bezüglich der Nutzung des Eigentums wenig ausgeprägt. Das »obščina«-Eigentum ist als Privateigentum in Form des Gesamthandseigentums, das Kollektiveigentum eindeutig als Staatseigentum einzuordnen. Nicht die Vorzüge der Bodennutzung in Form der Umverteilungsgemeinden, sondern allein das Bestreiten des Rechts der Adligen auf das Bodeneigentum verhinderten vor 1914 die Ausprägung eines Eigentümerbewußtseins.

CHRIS HANN

Die Bauern und das Land*

Eigentumsrechte in sozialistischen und postsozialistischen Staatssystemen im Vergleich

Der herkömmliche sozial-anthropologische Ansatz versteht Eigentum nicht als Relation von Mensch und Ding, sondern als ein »Bündel von Rechten«. Diese Rechte existieren stets in einem eigenen sozialen und politischen Kontext, was bedeutet, daß die Vorstellung, es könne einen Anspruch auf irgendein »absolutes Privateigentum« geben, suspekt wird. Daher sollten eigentumsrechtliche Relationen besser als soziale und politische Beziehungsstrukturen definiert werden. Anthropologische Lehrmeinungen dieses Schlages entwickelten sich aus Arbeiten, die Rechtsgelehrte des 19. Jahrhunderts wie Sir Henry Maine vorgelegt haben. Im 20. Jahrhundert wurde diese Denktradition dann von Rechtswissenschaftlern wie Jack Goody[1] und Max Gluckman[2] fortgeführt.

In jüngster Vergangenheit hat sich die juristische Fachwelt erneut für das Problem der verschiedenen kulturellen Ausgangsgegebenheiten von Eigentumsrechten in einer Reihe nicht-westlicher Gesellschaften interessiert und Eigentum aus *diesem* Zusammenhang heraus zu verstehen versucht.[3] Im Großen und Ganzen können wir jedoch davon ausgehen, daß ein auf anthropologische Gesichtspunkte gegründetes Rechtsverständnis im Hinblick auf das, was ich das liberale Eigentumsparadigma nennen möchte, als subversiv gilt – subversiv jedenfalls im Lichte des im westlichen Kulturkreis zur Anwendung kommenden Paradigmas der Trennung von Politik und Wirtschaft – d.h. eines Systems, in dem das Recht auf Privateigentum als Garant einer gesunden und demokratischen Gesellschaft sowie einer leistungsfähigen Wirtschaft betrachtet wird. Wie gerne betont wird, ist diese Ideologie immer dann verwirklicht, wenn Wirtschaft und Politik getrennt bleiben und der Rechtssektor von beiden unabhängig seine Aufgabe erfüllt.

---

* Aus dem Englischen von Ingrid I. Racz.

1 *J.R. Goody*, Death, Property and the Ancestors, Stanford 1962.

2 *M. Gluckman*, The Ideas in Barotse Jurisprudence, New Haven 1965.

3 *M. Strathern*, The Gender of the Gift, Berkeley 1988; *S. Harrison*, Ritual as Intellectual Property, in: Man 27/2, 1992, S. 225–244.

Der vorliegende Beitrag bringt eigentumsrechtliche Fragen im Rahmen zweier verschiedener geographischer und kultureller Räume zur Sprache. Der erste dieser Räume ist Osteuropa, wo im Umfeld der postkommunistischen Übergangsstrategien – neben der schlagwortartigen Verkündigung von »Marktwirtschaft« und »Rechtsordnung« – ebenfalls die Reform des Eigentumsrechts in den Vordergrund der politischen Bemühungen gerückt ist. Dabei wird allgemein davon ausgegangen, daß der Übergang zu einer liberalen, demokratischen Gesellschaft nur dann Erfolg hat, wenn tragfähige Eigentumsstrukturen geschaffen werden – Strukturen, die vor allem gewährleisten, daß der Aktionsradius der Verantwortlichen der Wirtschaft von demjenigen der Politik kompromißlos getrennt bleibt.

Der zweite geographische Raum – für den einige zusätzliche ethnographische Details anzuführen sein werden – ist China. Dort ist der Status des liberalen Eigentumparadigmas besonders mehrdeutig. Denn trotz der in der Politik üblichen Rhetorik von der sozialistischen Waren-Ökonomie, gilt in China als selbstverständlich, daß das Eigentumsrecht nur einen Aspekt unter anderen der sich in ständigem Wandel befindlichen sozialen und politischen Gegebenheiten darstellt. Die liberale Idee, der Besitz von Grund und Boden sei eine Frage gesetzlich festgelegter Rechte, die außerhalb aller sozialen und politischen Regulierungen ihren Bestand haben, wird zurückgewiesen. Mit dieser Ansicht finden die sozialistischen Machthaber und die Vertreter der sozial-anthropologischen Rechtsauslegung einen gemeinsamen Nenner.[4]

Auf der Makroebene ist die Position der das Eigentum regulierenden Rechtsstrukturen in Phasen des »Übergangs« von Wirtschaftswissenschaftlern, Politologen und anderen Fachleuten schon vielfach diskutiert worden; unser Beitrag dagegen stellt das Problem des Eigentums von Grundbesitz aus der Perspektive und der Erfahrung des normalen Staatsbürgers am unteren Ende der Hierarchie zur Debatte. Bis in die jüngste Vergangenheit bildeten die Bauern in ganz Eurasien die größte Bevölkerungsgruppe, und der Besitz von Land war gewöhnlich der wichtigste Indikator für sozialen Status und wirtschaftliche Macht. In China sind die Bauern auch heute noch die größte Bevölkerungsgruppe; sie stellen ungefähr ein Drittel der Gesamtbevölkerung. In Polen und Ungarn – den beiden anderen von uns untersuchten Ländern – liegen die Zahlen zwar niedriger, doch da in diesen Staaten nicht selten auch Stadtbewohner

---

4 Der vorliegende Artikel wurde noch vor dem Kongreß der Kommunistischen Partei Chinas im September 1997 geschrieben, wo verschiedene Maßnahmen zur Stärkung der Eigentumsrechte im liberalen Sinne angekündigt wurden. Der enggefaßte Charakter dieser Geste sollte jedoch eher als eine Bestätigung meines hier geäußerten Standpunktes gewertet werden und nicht als ein Beweis dafür, daß von seiten der chinesischen Machthaber ein Paradigmawechsel vorliegt. Wie dem auch sei, es ist nicht anzunehmen, daß die neuen Veränderungen auf das Leben der im Rahmen dieses Artikels interessierenden Bauern irgendwelchen nennenswerten Einfluß haben werden.

in irgendeiner Weise landwirtschaftlich genutzte Parzellen dafür verwenden, ihr Einkommen aufzubessern, und im Laufe der Entkollektivierung etwas Grund und Boden erworben haben, ist auch hier die Frage der Rechtssituation in bezug auf den privaten Besitz von Land für viele Menschen von großem Interesse.

1. Bauern und Grundbesitz in Ungarn und Polen

Die Eigentumsproblematik bildete eines der wichtigsten Themen meiner Feldforschungsprojekte im sozialistischen Osteuropa; sie wurde dies jedoch auf seltsam indirekte Weise. Die mittsiebziger Jahre waren eine Zeit beschleunigten Wohlstands für die ganze ungarische Wirtschaft, inklusive des Landwirtschaftssektors. 1968 lancierte Ungarn seine »Neuen Wirtschaftsstrategien«, die im wesentlichen in Dezentralisierungsmaßnahmen sowie der Ankurbelung geordneter Marktaktivitäten und des Wettbewerbs bestanden, die Grundprinzipien der sozialistischen Eigentums- und Machtstrukturen jedoch unangetastet ließen. In der Praxis bedeutete dies, daß Mitte der 1970er Jahre spürbare Ungleichheiten im Bereich des Warenkonsums – inklusive des Automobil- und Zweithäusererwerbs – zutage traten, obwohl die Produktionsmittel weiterhin überwiegend kollektiver Kontrolle unterstellt und in Kollektivbesitz gebunden blieben. Diese Situation bestand fort bis zum Ende der sozialistischen Ära im Jahre 1989, als sich »reformistische« Regierungen immer abenteuerlichere Wege einfallen ließen, um die Warenproduktion zu expandieren und den marktförmigen Wettbewerb auf weitere Wirtschaftsbereiche auszudehnen, aber auch hier, ohne die formalen Prinzipien der bestehenden rechtlichen Eigentumslage anzutasten.[5]

Obwohl diese allgemeinen Entwicklungsmuster mein Interesse aufs höchste erregten, konnte ich der Frage nicht weiter nachgehen. Denn von einem Studenten mit besonderem Forschungsauftrag wurde erwartet, Feldforschung in einem relativ fernab gelegenen Dorf durchzuführen. Meine Untersuchungen konzentrierten sich deshalb auf Veränderungen im ländlichen Bereich. Dabei fand ich heraus, daß landwirtschaftliche Kollektivbetriebe ein sehr hohes Leistungsniveau erreichten, nicht nur infolge ihres intensiven Arbeitseinsatzes auf den Kollektivanbauflächen, sondern auch durch das hohe Arbeitsvolumen, das die Mitglieder der Kollektivbauernhöfe in ihre »privaten Parzellen« – d.h. die ihnen für privaten Anbau zur Verfügung gestellten Felder – investierten. Die Bauern bauten Gemüse oder Obst an, oder sie züchteten Geflügel und Schwei-

---

5 Vgl. zur Entwicklung des »Marktsozialismus« verschiedene Beiträge zu diesem Thema in *C.M. Hann* (Hg.), Market Economy and Civil Society in Hungary, London 1990, sowie *N. Swain*, The Rise and Fall of Feasible Socialism in Hungary, London 1993.

ne und bedienten sich dabei landwirtschaftlicher Geräte und anderer Materialien des Kollektivs – d.h. sie betrieben ihre persönliche Landwirtschaft, ohne auch nur das geringste Stückchen Land als Eigentum besitzen zu müssen. Westliche Fachleute interpretieren die Produktionsstatistiken über die privaten landwirtschaftlichen Aktivitäten dieser Bauern nicht selten als Beweis für die Überlegenheit privater Formen der Bodennutzung über kollektive. Sie tun dies im Sinne Wädekins mit dem Hinweis, daß die betreffenden Landwirte auf verhältnismäßig kleinen, aber ihrer direkten Kontrolle unterliegenden Anbauflächen einen verhältnismäßig hohen Prozentsatz der landeseigenen Gesamtproduktion erbringen konnten.[6] Eine solche Deutung der Indikatoren vernachlässigt die zahlreichen Möglichkeiten, die den Kollektiven zur Verfügung standen, die Eigenproduktion der Bauern z.B. durch preiswerte Futterzuschüsse und mechanisierte Hilfe zu unterstützen. Was Ungarn anbelangt, scheint es daher richtiger, von einer »Symbiose« der Landwirtschaft im kleinen mit der Landwirtschaft im großen Maßstab zu sprechen und zuzugeben, daß es diese flexible Variante der Kollektivierung war, durch die sich so bemerkenswerte Erfolge erzielen ließen.[7]

Die Flexibilität des von Ungarn eingeschlagenen Weges zeigte sich mit größter Eindringlichkeit an dem Dorf Tázlár. Das Bemerkenswerte an dieser Gemeinde war, daß hier nicht der allgemein übliche landwirtschaftliche Kollektivbetrieb eingerichtet worden war, der den Mitgliedern des Kollektivs zusätzliche Landparzellen zur Eigenbewirtschaftung zuteilte. Vielmehr bestand eine Variante dieser Kollektivierungsart – die sogenannte Spezialisierte Kooperative, die es der Mehrzahl der Dorfbewohner erlaubte, dieselben Felder zu bewirtschaften, die sie schon vor dem Ende des Kollektivierungsprozesses im Jahre 1962 bebaut hatten. Diese spezielle Form der Genossenschaft war dazu bestimmt, das bäuerliche Leistungsniveau bei hochwertigen Agrarprodukten (meist Obst und Wein) in dünn besiedelten Gebieten aufrechtzuerhalten. Offiziell galt diese Kollektivierungsvariante als vorübergehende Lösung, denn man ging davon aus, daß sie später in die Standardform des kollektiven Großbetriebs überführt werden würde.

Mitte der 1970er Jahre wurde den Leitern der Kooperativen befohlen, die Gebiete der großflächigen landwirtschaftlichen Bodennutzung zu erweitern. Dies aber bedeutete, daß bestimmten Mitgliedern ihre bislang im Eigenanbau bewirtschafteten Felder weggenommen wurden – eine in höchstem Maße unbeliebte Politik. In allen solchen Fällen wurde den Betroffenen jedoch an anderer Stelle ein Stück Land zur eigenen Nutzung als Ersatz angeboten. Dies war

6 *K.-E. Wädekin*, Agrarian Policies in Communist Europe. A Critical Introduction, The Hague 1982.
7 *C.M. Hann*, Tázlár. A Village in Hungary, Cambridge 1980; *N. Swain*, Collective Farms Which Work?, Cambridge 1985.

möglich, weil aufgrund der Landflucht in dieser Region kein Mangel an freiem Ackerboden bestand. In der Hauptsache wollten die Kooperativen mit diesen Maßnahmen nur ein möglichst hohes Ertragsniveau beibehalten, und zwar unter Einbeziehung der durch ihre Mitglieder privat erwirtschafteten Erträge, die zum größten Teil ohnehin über die Kooperative vermarktet wurden.

Bei meiner Feldforschung in Tázlár habe ich mich nicht näher mit der Frage des gesetzlichen Rechtsanspruchs auf Grundeigentum befaßt. Diese Problematik hat damals auch die Dorfbewohner selbst nicht weiter interessiert. Nur einige von ihnen – insbesondere jene, deren Parzellen im Hinblick auf weitflächige Kollektivierung von Rationalisierungsmaßnahmen betroffen waren – erzählten von einer Zeit, in der jeder Dorfbewohner unter Druck gesetzt worden war, der neuen Kooperative beizutreten. Sie suggerierten, daß ein solcher Beitritt das Ende aller Eigentumsrechte am Land bedeutet hätte. Doch diese Auskunft erwies sich als unrichtig. Die ihr Land betreffenden Rechtstitel blieben den Bauern zunächst – sowohl in den spezialisierten Kooperativen wie in den regulären Kollektivbetrieben – erhalten. Jedem Mitglied, dessen Felder durch den Kollektivbetrieb genutzt wurden, wurde eine der Größe seines eingezogenen Ackerlandes entsprechende Rente als Einkommen ausgezahlt – ein Einkommen, für das auch Steuern zu entrichten waren. Erst im Jahre 1967 wurde ein die Kollektivbewirtschaftung von Agrarland regelndes Gesetz dahingehend geändert, daß der sozialistische Staat vermittels der Produktionsgenossenschaften gesetzlicher Eigentümer des Landes werden konnte. Dieses Rechtsverhältnis trat jedoch nur in Kraft, wenn ein Mitglied des Kollektivs ohne Erben starb oder eine ganze Familie die Region verließ. Die Bauern konnten kein Land aus dem Kollektiv für sich herausnehmen, aber in der Spezialisierten Kooperative von Tázlár war das dazugehörende Land – ebenso wie in ähnlichen Fällen andernorts in Ungarn – ohnehin größtenteils noch Privateigentum. Infolge der Zusammenlegung bislang noch in privatem Besitz befindlicher Nutzflächen, für welche den Eigentümern die erwähnten Entschädigungen zuteil wurden, hatten zahlreiche Bauern von Tázlár Nutzungsrechte an Grundstücken, die an anderer Stelle lagen, als die ins Kollektiv inkorporierten Felder, die ihnen von Rechts wegen ja noch immer gehörten. Den meisten Bauern schien dies unwichtig zu sein; was sie interessierte, war vielmehr, daß die staatlichen Dienststellen ihre Produkte sowie die Erzeugnisse ihrer Kooperative gut bezahlten. Die Kooperative, die sie im Grunde als verlängerten Arm des Staates betrachteten, leistete ihnen jede nur erdenkliche Hilfe, wenn es darum ging, die »private« Produktion zu fördern. Auch griff die Kooperative nicht in die Art und Weise ein, wie die Bauern ihre Höfe bewirtschafteten, versuchte aber, zugunsten der Verbraucher die Produktqualität in geregelten Normen zu halten. Zu Beginn der 1980er Jahre begünstigte die Kooperative komplizierte Maßnahmen zur weiteren Intensivierung der Symbiose von Groß- und Kleinbetrieb. So legte sie z.B. weitflächige Weinanbaugebiete an, in denen einige der Arbeitsphasen maschinell erledigt werden konnten, während die feineren, anspruchsvolleren Arbeitsgänge von denjenigen Bauern ausgeführt wurden, die bestimmte Reihen von Weinstöcken – aber nicht den Boden, auf dem diese Reben wuchsen – als Eigentum privat besaßen.

Die ungarische Landwirtschaft war ertragsorientiert, doch nicht wie in anderen sozialistischen Staaten, wo die Ertragssteigerung ohne Rücksicht auf die vorhandene Nachfrage, den Bedarf und die der Gesellschaft verursachten Kosten betrieben wurde. Der Landwirtschaftssektor erzeugte Produkte, die in immer größerem Umfang von seiten der Bevölkerung nachgefragt wurden und maßgeblich dem Export zugute kamen. Ein Teil des hieraus erzielten Gewinns wurde investiert (z.B. in die erwähnten privaten Weinstöcke). In den meisten bäuerlichen Haushalten wurden solche Gewinne jedoch zum Grundeinkommen dazugenommen und für den Verbrauch von Konsumgütern verwendet: Man baute sich Badezimmer oder kaufte Luxusgüter, von welchen früher nur wenige auch nur zu träumen gewagt hätten. Neben dieser Belohnung für den privaten Einsatz ihrer Energien, gewährleistete der Sozialismus auf der Basis kostenfreier Schulbildung und Sozialleistungen den Dorfbewohnern eine allmähliche, doch allumfassende soziale Integration in die nationale sozialistische Gesellschaft. Die Mitglieder der spezialisierten Kooperativen waren – Jahre nach den Fabrikarbeitern und den Mitgliedern der großen landwirtschaftlichen Kollektive – die letzten Nutznießer dieser Entwicklung.

Für ein elementares Verständnis des »Bündels von Eigentumsrechten« eines Bauern in einem modernen Staat, empfiehlt sich die Unterscheidung dreier miteinander verbundener Sphären. Die *erste dieser Sphären* ist der eigentliche *Bauernhof als Produktionsbetrieb*. Hierher gehört auch die Problematik des Eigentums von Grund und Boden, denn gesetzlich verankerte Eigentumsrechte an einem Stück Land sind und bleiben der maßgebliche Faktor, an dem ein Bauer die Bedeutung des Begriffs »Eigentum« festmacht. Aber auch Nutzungs-, Bewirtschaftungs- und Aufsichtsrechte spielen hier eine Rolle. Die *zweite Sphäre* ist die *des Marktes* im weitesten Sinne – eines Marktes, der sich mit der landwirtschaftlichen Produktion des Bauern sowie dessen Warenkonsum überschneidet. An *dritter Stelle* steht die *Sphäre des Staates*.

Wenden wir dieses Raster auf Tázlár an für die Zeit, als der Sozialisierungsprozeß in Ungarn seine volle Reife erreicht hatte, ergibt sich zusammenfassend folgendes Bild: 1. Die meisten Bauern besaßen Rechtstitel für wenigstens einen Teil des Grundbesitzes der Familie. Es stand ihnen jedoch nicht frei, dieses Land zum Gegenstand einer geschäftlichen Transaktion zu machen. Es war meistens eine Frage des Glücks, ob sie dieses ihnen als Eigentum gehörende Land auch bewirtschaften konnten, oder nicht. Sie besaßen zwar das erklärte Recht, so viel Land, wie sie bebauen konnten, auch zu bebauen, doch diese Nutzungsrechte konnten je nach Gutdünken der Leitung des Kollektivbetriebs jederzeit und recht beliebig auf andere übertragen werden. Andererseits

166

griff die Leitung des Kollektivs nicht maßgeblich in die vom einzelnen Bauern getroffenen Entscheidungen darüber ein, wie er sein Land nutzen und die Arbeit im einzelnen gestalten wollte. 2. Dank großzügiger Investitionen und anderer staatlicher unterstützender Maßnahmen boten sich den Bauern gute Anreize, ihre kleinen Parzellen oder ihren Gemüsegarten hinter dem Haus zu bewirtschaften. Die erzielten Gewinne erlaubten es ihnen, in dem einsetzenden Konsumboom mitzuhalten, ihre Häuser aufzustocken und zahlreiche moderne Konsumgüter zum ersten Mal in ihrem Leben als Eigentum zu erwerben. 3. Die Einwohner von Tázlár genossen dieselben Grundrechte wie jeder andere Mensch in Ungarn, d.h. unter anderem auch das Recht auf einen garantierten Arbeitsplatz (insofern Lohnarbeit gesucht wurde, aber die meisten Leute in Tázlár zogen es vor, unabhängig zu bleiben), auf Altersversorgung, Bildung und Gesundheitsfürsorge.

In meinem ersten Forschungsprojekt nach dem Doktorat untersuchte ich dieselben Fragen, die ich in Ungarn bearbeitet hatte, nun im Hinblick auf Polen. Ich wollte überdies die Problematik der landwirtschaftlichen Umstrukturierung in den beiden Ländern vergleichen. Polen war das größte osteuropäische Land, das die Massenkollektivierung der Landwirtschaft nicht bis in die letzten Konsequenzen durchzuziehen imstande gewesen war. Während die politischen Umwälzungen von 1956 in Ungarn ein sozialistisches Regime hervorgebracht hatten, das fähig war, in den darauf folgenden Jahrzehnten programmatisch abgestützte wirtschaftliche Reformen durchzuführen, endeten die im selben Jahre in Polen eintretenden Ereignisse in einem langandauernden Stillstand. Obwohl hier nicht genauer auf diese Zusammenhänge eingegangen werden kann, glaube ich, daß eine Reihe der allgemeinen volkswirtschaftlichen Probleme, mit denen Polen unter dem Sozialismus zu kämpfen hatte, darauf zurückzuführen waren, daß der Kollektivierungprozeß in diesem Lande mißlang. Die große Mehrzahl der polnischen Bauern bewirtschaftete weiterhin die von ihnen ererbten Felder und konnte dieses Land bei ihrem Tode zerstückeln und unter ihren Erben aufteilen. Vielleicht brachte diese Möglichkeit den Bauern psychologische Befriedigung – etwas, das den ungarischen Landwirten, die in solchen Fällen frustriert dem Enteignungsentscheid von seiten der sozialistischen Dienststellen entgegenzusehen hatten, nicht zuteil wurde. Doch meine Forschungsergebnisse vermittelten mir den Eindruck, daß der Erfolg der polnischen Bauern bei ihren Bemühungen, der Massenkollektivierung aus dem Wege zu gehen, ganz und gar ein Pyrrhussieg war.[8]

Zu dieser Schlußfolgerung gelangte ich, nachdem ich mir ein breiteres Bild der Eigentumsverhältnisse in Polen hatte machen können. Eigentumsrechte auf ein Stück Grund und Boden sind bedeutungslos, wenn sich alles übrige im wirtschaftlichen und politischen Umfeld des Bauern nachteilig auf dessen Exi-

8 N. *Swain*, A Village Without Solidarity. Polish Peasants in Years of Crisis, New Haven 1985.

stenz auswirkt. Es scheint, daß gerade aufgrund der fortdauernden formalen Unabhängigkeit der polnischen Bauern eine Regierung nach der anderen den Landwirtschaftssektor vernachlässigte: Kaum etwas von der Investitionspolitik, der Flurbereinigung und den Modernisierungsmaßnahmen, die in Ungarn zu beobachten waren, kaum etwas von der Symbiose von groß- und kleinbetrieblicher Bewirtschaftung, die den ungarischen Bauern so viele Vorteile gebracht hatten, war auch in Polen zu sehen. Mit Institutionen wie den sogenannten Landwirtschaftskreisen und ähnlichen, später gegründeten Einrichtungen förderte die Regierung zwar den verstärkten Einsatz von Dienstleistungsorganisationen für die Zurverfügungstellung von landwirtschaftlichem Gerät und Maschinen, doch gab es nicht enden wollende Beschwerden über die Mängel dieser Verleihe. Als die Regierung dazu überging, die wichtigsten Gerätschaften den einzelnen Landwirten zum Dauergebrauch zu überlassen, zeigte sich bald, daß es – angesichts der Durchschnittsgröße der Bauernhöfe von nur 7 Hektar – im Hinblick auf die Gesamterträge nicht rationell war, jeden Hof vollständig zu mechanisieren, wenn die Großmaschinen nicht ausgelastet werden konnten. Und als die Regierung in den 1970er Jahren die Notwendigkeit erkannte, für bestimmte Bauern Anreize für den spezialisierten Anbau gewisser Sorten zu schaffen und größere Überschüsse für den landeseigenen Markt zu produzieren, stieß sie auf starke Widerstände im Dorf, wo auf das Prinzip der Gleichheit aller gepocht wurde. Außerdem waren viele Landwirte, die aus dieser Maßnahme Vorteile zu ziehen vermochten, nicht deshalb erfolgreich, weil sie besser zu wirtschaften verstanden, sondern weil sie über die entsprechenden politischen Beziehungen verfügten. So versuchten die Machthaber auf andere Weise einzugreifen und bäuerliches Eigentum, das keineswegs unantastbar war, durch örtliche Behörden einzuziehen, wenn sich herausstellte, daß das Land nicht ordentlich bewirtschaftet wurde – weil z.B. der Bauer Alkoholiker war. Aber letztlich wurden solche Verfügungen nur selten durchgesetzt.

Das Resultat dieser Entwicklung ist bekannt: Die Landwirtschaft Polens beruht auf Strukturen, die zu den antiquiertesten Europas zählen; diese Tatsache bildet auch das größte Hindernis für den Beitritt des Landes in die Europäische Union. Nicht selten litten in der Vergangenheit polnische Städte an Nahrungsmittelmangel. Die Landbevölkerung ist sehr groß geblieben, aber die vom Staat bereitgestellte Infrastruktur blieb weit hinter derjenigen der Städte zurück. Den Bauern, die ich in dem Dorf Wislok im Südwesten des Landes kennenlernte, standen weniger Möglichkeiten offen, einer regelmäßigen Lohnarbeit nachzugehen; auch die sozialen Leistungen von seiten des Staates waren geringer als in Ungarn. Der Besitz des Bodens als privates Eigentum spielte in Polen keine herausragende Rolle, doch aus ganz anderen Gründen als in Ungarn. In Wislok zum Beispiel stand eine große Menge zusätzlichen Ackerbodens zur Verfügung, doch wollten die Bauern kein weiteres Land als Eigentum erwerben, weil sie nicht an eine langfristige Zukunft der Landwirtschaft glaubten und nicht darauf vertrauten, daß der Staat die Produktion von Agrargütern subventionieren und gute Preise garantieren würde. Der landwirtschaftliche Flügel der Solidarnosz-Bewegung setzte sich im Jahre 1981 erfolgreich dafür ein, die Unantastbarkeit der privaten Eigentumsrechte der Bauern in der Verfassung zu verankern. Doch das Inkrafttreten dieser oder ähnlicher Gesetze zog in den letzten wechselvollen Jahren des Sozialismus keine Verbesserung der Lage der polnischen Bauern nach sich. Die gesellschaftlichen Folgen dieser ausweglosen Lage waren bedrückend. Während die ungarischen Bauern aufgrund des zusätzlichen Arbeitsvolumens, das sie in ihren eigenen Acker investieren mußten, nicht selten Symptome von Überarbeitung zeitigten, nutzten die »Arbeiter-Bauern-Haushalte« Polens nur vereinzelt ihre eigenen Felder als Quelle für einen Nebenverdienst. Viele beschränkten sich darauf, nur so viel zu erzeugen, wie sie selbst zum Leben brauchten, und verbrachten die entsprechend längere Freizeit mit ausgedehnten Trinkgelagen im Wirtshaus.

Legen wir das oben angeführte Modell der drei Dimensionen von Betrieb, Markt und Staat an diese Situation an, so läßt sich die gegen Ende des sozialistischen Regimes in Polen vorherrschende Eigentumssituation folgendermaßen zusammenfassen: 1. Die Bauern besaßen Land als Eigentum. Die meisten von ihnen bewirtschafteten dieses Land auch – aber auch nur dieses Land. In dem bestehenden System war das Recht, Land zu kaufen und zu verkaufen, beschränkt. Die staatlichen Stellen mischten sich nicht in die Bodenbewirtschaftungsmethoden und die innere Verwaltung des bäuerlichen Betriebes ein. Der Staat behielt sich jedoch das Recht vor, dem Bauer sein Land zu entziehen, wenn letzteres nicht ordentlich bewirtschaftet wurde, doch kam diese Maßnahme nur selten zum Einsatz. 2. Die staatlichen Organe leisteten den Bauern wenig Hilfestellung und boten ihnen kaum Anreize zur Produktion von Überschüssen für den Markt. Auf diese Weise blieb das Niveau der privaten Vermögensvermehrung niedrig. In vielen Teilen des Landes stammten höherwertige Verbrauchsgüter ausschließlich aus Geschenksendungen von Verwandten im Westen. 3. Was die allgemeinen Rechte eines Staatsbürgers und die Lebensqualität betraf, ging es den polnischen Bauern weniger gut als der ländlichen Bevölkerung in verschiedenen sozialistischen Nachbarländern, wo die Kollektivierung der Landwirtschaft erfolgreich durchgesetzt worden war.

Die während der späteren Jahre des Sozialismus bestehenden Kontraste zwischen Ungarn und Polen sind in den 1990er Jahren schwächer geworden. Wie die meisten osteuropäischen Staaten, hat heute auch Ungarn den Weg der Entkollektivierung eingeschlagen.[9] Subventionen für die Landwirtschaft sind in

9 In den 1990er Jahren habe ich keine ausgedehnte Feldforschung durchgeführt. Das folgende basiert auf Beobachtungen, die ich bei einigen kurzen Reisen nach Tázlár und Wislok machen konnte, sowie auf der von N. Swain vorgelegten Analyse. *N. Swain*, Getting Land in Central Europe, in: R. Abrahams (Hg.), After Socialism. Land Reform and Social Change in Eastern Europe, Oxford 1996, S. 193–215. Vgl. auch *S. Bridger u. F. Pine* (Hg.), Surviving Post-Socialism.

allen diesen Ländern gekürzt und die der Erweiterung der Ackerfläche der Bauernhöfe entgegenstehenden gesetzlichen Hindernisse beseitigt worden. Dennoch bleibt die Zahl unternehmerisch aktiver Bauernfamilien in der Region sehr gering. In Tázlár – wie auch anderenorts – haben die Resultate der postsozialistischen Politik die meisten Menschen mit Unzufriedenheit erfüllt. Nicht selten reagieren die Bauern mit Zynismus, wenn die Politiker von Eigentumsrechten und Marktwirtschaft sprechen. Manch einer hält zwar seine Besitzurkunde für ein Stück Land in Händen, und ein reger Grundstücksmarkt versorgt Rechtsanwälte und Notare mit gutem Einkommen, aber die Absatzmärkte für bestimmte Agrarprodukte sind verschwunden und frühere staatliche Stützmaßnahmen zurückgenommen worden. Werden die einstigen kollektiven Großanbauflächen jetzt in kleinere Parzellen unterteilt, bedeutet dies gewöhnlich einen Rückgang des Produktionsvolumens und der Effizienz. Unzufriedenheit schaffte auch der Entscheid der ungarischen Regierung, den ländlichen Familien keine Garantien dafür zu geben, daß ihnen genau jene Felder zurückgegeben werden, die sich vor der Kollektivierung in ihrem privatem Besitz befunden hatten.

Die Einzelheiten variieren innerhalb eines Landes ebenso wie von einem Land zum anderen, doch in den meisten Staaten ist zurückgeblieben, was die rumänische Forscherin Katherine Verdery eine allgemeine »verwirrte Nervosität« der Bevölkerung genannt hat.[10] Die neuen Eigentümer des Bodens sind außerstande, ihre Besitzrechte mit voller Effektivität auszuüben – teils aus praktisch-technischen Gründen (Felder zu vermessen, kann sehr zeitaufwendig sein), teils zuweilen auch, weil die alten sozialistischen Beamten bis heute die Bemühungen aufstrebender selbständiger Bauern blockieren, indem sie zum Beispiel alte Egalitätsprinzipien gegen eine potentielle neue Elite vorbringen.[11] Die allgemeinen Handelsbedingungen für den Agrarsektor sind in allen osteuropäischen Ländern erschwert worden; Arbeitslosigkeit und steigende Kosten des Gesundheitswesens lassen schwerwiegende soziale Probleme aufkommen; auch der Unterschied im Lebensstandard zwischen Stadt und Land hat sich wieder verschärft.

Local Strategies and Regional Responses in Eastern Europe and the Former Soviet Union, London 1998.

10 *K. Verdery*, Fuzzy Property. Rights, Power and Identity in Transylvania's Decollectivization, in: M. Burawoy u. K. Verdery (Hg.), Ethnographies of Transition (erscheint demnächst).

11 *K. Verdery*, The Elasticity of Land. Problems of Property Restitution in Transylvania, in: Slavic Review 53/4, 1994, S. 1071–1109.

2. China – Sinkiang

Seit Mao Tsetungs Tod ist Chinas Wirtschaft für Wissenschaftler und Politiker, die sich dem herrschenden liberalen (neoklassischen) Wirtschaftsparadigma verpflichet haben, ein Rätsel. So fällt es z.B. der Weltbank schwer zu begreifen, wie ein Staat, dessen politische Führung eine – wie sie es nennen – »sozialistische Waren-Ökonomie« betreibt, bemerkenswert hohe wirtschaftliche Wachstumsraten aufweist, ohne eine flächendeckende Privatisierung der maßgeblichen Wirtschaftssektoren einzuführen. Diese chinesische Erfahrung sollte liberale Politiker in Osteuropa und anderswo eigentlich dazu anregen, die Gleichung von Marktmechanismen (»freier Markt«) und Privateigentum zu hinterfragen. Manche Ökonomen geben zwar zu, daß der auf das Vorhandensein von Privateigentum gelegte Nachdruck deplaziert sein mag, doch halten die meisten daran fest, daß die Eigentumsrechte der Wirtschaftsakteure – seien sie nun privater, kollektiver oder staatlicher Natur – so präzise wie möglich ausformuliert sein müssen, um die Warenproduktion effizient zu halten. In China jedoch bietet sich dem Beobachter im Hinblick auf die bestehenden Besitz- und Eigentumsverhältnisse ein Bild höchster Verschwommenheit und Unbestimmtheit.[12]

Im Süden Sinkiangs, wo wir im Jahre 1996 eine Feldforschung durchgeführt haben, bilden die Bauern die größte soziale Gruppe.[13] Es ist nicht auszuschließen, daß – in Anbetracht der strengen Beschränkungen, die unserem Forschungsprojekt auferlegt waren – das Gesamtbild außerhalb der drei verhältnismäßig wohlhabenden, nicht weit von Kashgar gelegenen Uigur-Dörfer, die Gegenstand unserer Untersuchung waren, nicht mehr repräsentativ ist. Denn trotz der Sorgfalt, mit der uns die Vertreter der ortsansässigen Behörden zu den »Ausstellungsstücken der Region« – den sich durch neue Formen unternehmerischer Produktionsmethoden auszeichnenden Musterbetrieben – zu dirigieren versuchten, fanden wir heraus, daß in den letzten beiden Jahrzehnten der auf die Selbstversorgung mit lebensnotwendigen Grundnahrungsmitteln ausgerichtete Familienbetrieb das dominante Wirtschaftsmodell war. Dieses bäu-

---

12 Dieser frappante Tatbestand ist von Peter Nolan hervorgehoben worden. *P. Nolan*, Introduction, in: Q. Fan u. P. Nolan (Hg.), China's Economic Reforms. The Costs and Benefits of Incrementalism, London 1984, S. 1–20. Ich selbst habe überraschende Eigentumssachverhalte genereller untersucht: *C.M. Hann*, Introduction. The Embeddedness of Property, in: ders. (Hg.), Property Relations. Renewing the Anthropological Tradition, Cambridge 1998, S. 1–47.

13 Die Feldforschung erfolgte in den fünf Sommermonaten 1966 in Zusammenarbeit mit Dr. I. Bellér-Hann als Teil eines größeren Forschungsprojekts des Economic and Social Research Council unter der Bezeichnung »The Historical and Contemporary Anthropology of Eastern Turkestan« (Projektnummer »R 235709«). Unsere Mitarbeiter in Sinkiang waren Prof. Tsui Yenhu und Prof. Fang Xiaohua, beide von der Abteilung für Kulturanthropologie der Sinkiang Normal University in Urumchi. Eine ausführliche Darstellung dieses Forschungsprojekts befindet sich in Vorbereitung.

erliche Bewirtschaftungskonzept, das über Jahrzehnte hindurch unter staatlichen Repressionen zu leiden gehabt hatte, erwachte vor nicht allzu langer Zeit zu neuem Leben und neuer Blüte.

In der vorrevolutionären Ära (d.h. vor 1949) wollte die große Masse der Bauern nur eines: genug Getreide zum Essen. Dieser Wunsch war aber gleichzeitig auch ein Rechtsanspruch, der von verwandtschaftlich zusammengehörenden Gruppen ebenso wie durch das islamische Gebot, den Bedürftigen mildtätig zu unterstützen (»ösrä-zakat«), wie ein feststehendes Gesetz (»ösrä«) verstanden wurde. Dank der Fruchtbarkeit des Bodens und der leistungsfähigen Bewässerungskanäle war es der chinesischen Gesellschaft in ihrer Gesamtheit stets möglich gewesen, diesem Recht auf die Versorgung aller – trotz der nur einfachen Ackerbaugeräte und niedrigen Bodenerträge – Genüge zu leisten. Die Bauern hatten viele Rechte und noch mehr Pflichten, und sowohl die einen wie die anderen wurden von den politischen Veränderungen in der Region beeinflußt.

Seit dem späten 19. Jahrhundert waren einige wenige Landwirte allmählich zu einem immer umfangreicheren privaten Besitz an Land gekommen – einem Besitz, der sich scharf von den Domänen unterschied, die dem Staat gehörten und von staatlichen Beamten verwaltet wurden. Diese Situation änderte nicht notwendigerweise etwas an der Pflicht dieser reichen Bauern, Steuerabgaben in Form von Naturalien und Frondiensten für die herrschende Klasse zu entrichten. Die Mehrzahl der Bevölkerung »besaß« ihre eigene Arbeitskraft damals nicht als Eigentum. Es ist deshalb im Kontext unserer Fragestellung wichtig zu verstehen, daß die jeweiligen Veränderungen dieses Netzes von Pflichten und Rechten im Gefüge der vorrevolutionären Besitzverhältnisse eine bedeutendere Rolle gespielt haben, als irgendwelche Verschiebungen im Bereich des Eigentumsrechts. Tradition und Kontrolle von oben waren wichtiger als die eigentliche rechtliche Tatsache, Land zu besitzen. Einige reiche Familien konnten sich deshalb nach 1949 – einfach dadurch, daß sie einen sie belastenden Landbesitz leugneten – davor bewahren, den ausbeuterischen Klassen zugerechnet zu werden; sie wurden dementsprechend wie »mittlere Bauern« behandelt.

Diese alten sozialen Strukturen brachen nach 1949 rasch zusammen. Es erfolgte eine Neuverteilung des Landes, einige reiche Bauern verloren dabei ihr Leben, andere wurden gezwungen, die Region für immer zu verlassen. So mancher neuerdings mit Land bedachte Bauer hatte zuerst Schwierigkeiten, unabhängig zu wirtschaften, aber das brauchte er auch nicht lange zu tun. Schon ab 1952 mußten die Bauern einen bestimmten Prozentsatz ihrer Ernte dem Staate überlassen, bevor einige Jahre später die Kollektivierung begann. Diese erfolgte schrittweise. Nachdem die Bauern zunächst angehalten worden waren, »Gruppen für gegenseitige Hilfeleistung« zu gründen, wurden sie bald dazu ermutigt, ihr Land und ihre Geräte zum gemeinschaftlichen Gebrauch

172

zusammenzulegen, und schon im Jahre 1955 wurden weite Flächen kollektiv bewirtschaftet. Während der Zeit des »Großen Sprungs nach vorn« von 1959 bis 1962 wurde – mit Ausnahme einer eigenen Gartenparzelle von ungefähr einem halben Morgen Land pro Haushalt – alles Land in die Kollektivbewirtschaftung einbezogen. Sogar der Konsum wurde jetzt kollektiv organisiert. Niemand kochte mehr zuhause, und kleine Kinder wurden kollektiv versorgt, so daß ihre Mütter in der kommunalen Arbeitsbrigade ihre Arbeit tun konnten. Diese Extremlösung war verhältnismäßig kurzlebig, aber das Zeitalter des kollektiven Produktionsmodells dauerte fort bis zum Ende der 1970er Jahre. Die wichtigste politische Kontroll- und Bewirtschaftungseinheit war die »dadui« (»Brigade«), die in der Region von Kashgar gewöhnlich eine Dorfgemeinschaft von ca. 500 Personen umfaßte. Über der »dadui« stand die »gongshe« (»Kommune«, doch heute zumeist als »Kreisstadt« verstanden). Unter der »dadui« arbeitete die »xiaodui« (»kleine Produktionseinheit«), der bis zu 50 Familien angehören konnten. Der größte Teil der Arbeitsgänge wurde auf dieser Ebene geplant, und zwar von verantwortlichen Entscheidungsträgern, die selbst Bauern waren und der strikten Kontrolle der angestellten Kader der »dadui« unterstanden. Diese waren ihrerseits der Leitung der »gongshe« verantwortlich.

Nur selten haben Bauern etwas Positives über dieses System bzw. die gesamte Periode der Kollektivierung geäußert. In der Hauptsache bestand die Ernte aus Mais und Weizen, die zu gleichen Teilen unter allen Mitgliedern des Kollektivs aufgeteilt wurden. Damit war die Mildtätigkeitsregel des Islam überflüssig geworden. Die Leute sagen allerdings, daß die Rationen ungenügend waren, viel geringer als die Menge, die sie in der Vergangenheit gewohnt gewesen waren – sie hätten aber nicht gehungert. Es ist nicht klar, ob dank dieses Systems in Südsinkiang für die außerhalb der eigentlichen Dörfer lebende Bevölkerung Überschüsse erwirtschaftet werden konnten. Die Dorfbewohner selbst vermuten, daß ein solcher Überschuß – sofern er überhaupt zustande kam – klein gewesen sein, und – im Hinblick auf eventuelle Notsituationen in der Region – gespeichert worden sein muß. Die Bedürfnisse der wachsenden Bevölkerung in den Städten der Region wurden nicht mit Hilfe der Erzeugnisse der bäuerlichen Wirtschaft gedeckt, sondern durch landwirtschaftliche Großflächenbetriebe, die – nach militärischem Muster organisiert – dem Management des (unter anderem auch mit Han-Immigranten als Arbeitskräften wirtschaftenden) »Sinkiang Produktions- und Baubatallions« unterstanden. Diese Großbetriebe bewirtschafteten bisher ungenutztes Land und setzten Landwirtschaftsmaschinen und Kunstdünger auf ihren weitflächigen Feldern ein. Im Gegensatz zu dieser Bewirtschaftungsmethode arbeiteten die dörflichen Bauernkollektive fast ausschließlich mit herkömmlichen Mitteln.

Nach dem Dafürhalten der Bauern ist der Anfang der Ära, in der sie heute leben, um 1980 anzusetzen. Sie bezeichnen sie als »die Zeit, als das Land gegeben wurde«. Diese Umschreibung verweist sehr passend auf die zentrale Rolle,

die dem Besitz von Land beim Wiederaufbau eines von unabhängigen Klein-
bauern-Haushalten getragenen Wirtschaftssystems zugeschrieben wird. Diese
Bauern hatten auch während der Zeit der Kollektivierung nie aufgehört, Bauern zu sein, sie verdankten ihre Versorgung mit Lebensmitteln immer den Erträgen des Bodens, den sie mit einfachen, herkömmlichen Mitteln und unter
großem Arbeitseinsatz bewirtschafteten. Sie haben den landwirtschaftlichen
Kleinfamilienbetrieb immer als die Grundlage ihrer Gesellschaftsordnung betrachtet, was erklärt, warum die Rückkehr zu dieser Lebensweise fast aus-
nahmslos auf Zustimmung stieß.

Bei der neuen Vergabe des Landes ging es nicht darum, vor der Kollektivierung im Besitz der einzelnen Bauern befindliches Land diesen mit größter
Genauigkeit zurückzuerstatten, denn die meisten bäuerlichen Familien hatten
kein oder nur wenig bebaubares Land als Eigentum besessen. Alles Land – und
sogar die Häuser und Gartenparzellen – befand sich weiterhin im öffentlichen
Besitz der »dadui«, die sich das Recht, Land zu konfiszieren und nach Gutdünken zu verteilen, vorbehielten. Erst ab 1980 wurde das Recht zur selbständigen
Bewirtschaftung mit dem Recht zu entscheiden, wie diese Bewirtschaftung
aussehen sollte, durch langfristige Pachtverträge den Bauernfamilien übertragen. Die Gültigkeitsdauer dieser Verträge wurde bald auf 30 Jahre festgelegt,
den betroffenen Bauern wurde allerdings kein Dokument ausgehändigt, das
ihre Rechte klar belegt hätte. Die Pächter selbst bezeichnen das von ihnen bewirtschaftete Pachtland als »bleibendes« und »unser« Land, und unterscheiden
es von anderen Parzellen, die privat (d.h. inoffiziell) von anderen Personen oder
der »dadui« im Rahmen kurzfristiger Zusatzverträge gepachtet sind. Von größter Bedeutung ist jedenfalls, daß das zugewiesene Pachtland innerhalb der Familie gemäß der alten patriarchalen Tradition vererbt werden kann, d.h. im
Erbfall wird zu gleichen Teilen unter Brüdern geteilt, Frauen erben nur, wenn
kein männlicher Nachkomme vorhanden ist.

Bei der Wiedereinführung des bäuerlichen Familienbetriebs war vor allem
die Größe des zur Verfügung zu stellenden Ackerlandes zu berücksichtigen. Als
grundlegendes Prinzip galt hier, daß das Land nach der absoluten Größe des
Haushalts (inklusive Kinder und Alte) zu bemessen war. Diese Regel wurde
jedoch durch ein zweites Prinzip insofern modifiziert, als – je nach der Zahl
aktiver Arbeitskräfte in der Familie – weiteres Ackerland zugeteilt werden
konnte. Die endgültige Landmenge ergab sich schließlich aus der Verfügbarkeit bewässerten Landes und der Bevölkerungsdichte der Region. Als Ausgangspunkt solcher Berechnungen diente stets die Brigade (»dadui«). Deshalb
konnte innerhalb einer Dorfgemeinde die Größe des Pachtlandes von einer
Familie zur anderen erheblich variieren. In den dichter besiedelten Landstri-
chen war das pro Person vergebene Ackerland sehr gering – in einem der Dörfer
durchschnittlich ein *mu*, in einem anderen einundeinhalb *mu* und 2,2 *mu* in
einem dritten Dorf (1 *mu* entspricht dem Sechstel eines Morgens). Die zuge-

teilte Landmenge hing also von der Größe der Familie zum Zeitpunkt der Landvergabe ab. Nach diesem Datum geborene Kinder erhöhten den Anspruch der Familie auf zusätzliches Land nicht, noch verminderte der Tod eines Familienmitglieds diesen. Die verantwortlichen Behörden wiesen das Land zu, danach aber hielten sie sich aus jeder weiteren Entwicklung heraus und begnügten sich damit zu registrieren, wie das zu Anfang übergebene Land – je nach den demographischen Verschiebungen innerhalb der Haushalte – entweder neu unter den Familienmitgliedern aufgeteilt, oder aber zusammengezogen wurde. Diese Praxis führte dazu, daß eine anfänglich gerechte Verteilung des Bodens bald weniger gerecht war, da einige Bauernfamilien in Anbetracht der Anzahl ihrer Mitglieder über mehr Boden verfügten als andere. Wir hörten von einzelnen Fällen, in denen Land an das Kollektiv zurückgegeben und damit für weitere Zuteilungen an die zahlreichen Antragsteller für mehr Land frei wurde. Obwohl viele bäuerliche Haushalte weniger Land zugewiesen bekamen als das, was sie unmittelbar vor der Kollektivierung besessen hatten, waren die meisten Familien dennoch in der Lage, dank verbesserter Anbautechniken und einer besseren Wasserversorgung jetzt höhere Erträge zu erwirtschaften als einst.

Ackerland kann man in China zwar nicht auf dem Markt kaufen und verkaufen, doch ist es heute üblich geworden, mit Grundstücken wie mit einer Ware umzugehen. Man stelle sich das Dilemma einer Familie vor, die nur ein kleines Haus, aber mehrere Söhne hat, die normalerweise wenige Jahre, nachdem sie sich verheiratet haben, ihre eigenen Häuser benötigen. Im günstigsten Fall hat die Familie Glück und verfügt auf dem ihr einstmals zugeteilten Grund und Boden über genügend Gelände, um nach Erhalt der Baugenehmigung ein weiteres Haus zu errichten. Oft aber gibt es kein überschüssiges Gebäude und liegen die Felder der Familie in einiger Entfernung; oder es wird keine Baugenehmigung erteilt, weil dort, wo sich dieses Ackerland befindet, keine Häuser gebaut werden dürfen. Unter diesen Bedingungen kann ein schon existierendes Haus mit der dazugehörenden Parzelle von einer anderen Familie im Dorf gekauft werden. Doch dieser Fall tritt selten ein. In der Regel muß eine Familie, die daran interessiert ist zu bauen, entweder mit der »dadui« oder einer Familie verhandeln, die Land in einem Gebiet hat, wo gebaut werden darf. Im letzteren Fall muß der Käufer dem Verkäufer ein Ersatzgrundstück besorgen, damit dessen landwirtschaftliche Erträge nicht durch Landverminderung beeinträchtigt werden. Außerdem ist eine nicht geringfügige Bargeldsumme als Vergütung an den »Verkäufer« zu entrichten. Die Bauern betrachten eine solche Transaktion als »Verkauf« (»alis«) und unterscheiden sie von besonderen Zahlungen, die in Fällen wie diesem zuweilen auch an leitende Beamte entrichtet werden müssen und als Bestechungsgelder (»para«) gelten.

Was meint ein sinkiangesischer Bauer wirklich, wenn er und seinesgleichen sagen, dies Land »gehört uns«? Die Bauern wissen, daß die gesetzlichen Eigentumsrechte an anderer Stelle liegen. Einige bemerken ganz richtig, daß diese Stelle die »dadui« ist, doch die meisten sagen einfach, es sei der Staat. Erkundigt man sich nach ihrem gegenwärtigen Rechtsanspruch auf das von ihnen bewirtschaftete Land, verwenden einige von ihnen einen Begriff, der dem Juristen und Ethnologen nicht unbekannt ist – sie sagen, Land als Eigentum sei ein »Bündel von Rechten«, und obwohl der Staat als faktischer Eigentümer des Bodens zu gelten habe, sei das Recht, dieses Land zu bewirtschaften und Nutzen daraus zu ziehen, seit 1980 wieder an die bäuerlichen Haushalte zurückgegeben worden. Freilich ist die allgemeine Annahme, daß Nutzungs- und »Bewirtschaftungsrechte« auch de facto bei den Haushalten liegen, zu hinterfragen. Die heutige Lage unterscheidet sich maßgeblich von derjenigen während der Kollektivierung, als große Bauerngruppen den Kern der kollektiven Produktionseinheiten bildeten. Es wäre aber falsch zu glauben, daß die bäuerlichen Haushalte von heute – in ihrer Rolle als Bewirtschafter des ihnen zugewiesenen Landes – volle Autonomie besäßen. Die ständigen politischen Maßnahmen sorgen dafür, daß jeder Aspekt des die Eigentumssituation regelnden »Rechtsbündels« genauester staatlicher Kontrolle unterstellt bleibt.

So unterliegt z.B. seit vielen Jahren jede landwirtschaftliche Betätigung in der Umgebung von Kashgar der Vorschrift, einen Teil des Ackerlandes für den Anbau einer industriell nutzbaren Pflanze – in diesem Falle Baumwolle – zu reservieren. Jedes Jahr wird in Peking entschieden, daß die Provinz Sinkiang eine festgelegte Menge Baumwolle zu produzieren habe. Seit dem Beginn der Landreform gehört Baumwolle zu denjenigen Erzeugnissen, die China mit einem beachtlichen Prozentsatz der benötigten Devisen versorgen. Von Urumtschi wird ein Feldnutzungsplan an die Provinzpräfekturen (»wilayät«) – deren eine ihren Sitz in Kashgar hat – geschickt. Hier werden die Produktionsvorgaben für die Bezirke (»nahiyä«) ausgearbeitet, und die Bezirke setzen die Ertragsziele für die innerhalb ihrer jeweiligen Verwaltungsgebiete liegenden Gemeinden und Kreisstädte fest. Ausgehend von der Kommune (»gongshe«) werden die Zahlen des Planes gemäß der Anzahl der Dorfbrigaden (»dadui«) aufgespalten und dann innerhalb der jeweiligen »dadui« die Planziele jeder Baumwollparzelle für den für diese Anbaufläche zuständigen »Leiter der Produktionseinheit« (»xiaodui zhang«) festgelegt. Zuletzt obliegt es diesem »xiaodui zhang« sicherzustellen, daß die Haushalte seiner Einheit die erforderliche Ackerfläche mit Baumwolle bepflanzen. Das bedeutet gewöhnlich, daß dieselbe Menge wie im Vorjahr angebaut wird (obwohl sich inzwischen alle darüber einig sind, daß eine erneute Baumwollernte auf derselben Parzelle ökologisch nicht ratsam ist). Es besteht nur ein kleiner Verhandlungsspielraum. So können Familien mit wenig Land und vielen hungrigen Mäulern darum bitten, mehr Weizen anbauen zu dürfen als andere Haushalte; es ist jedoch damit zu rechnen, daß sie ein Bußgeld bezahlen müssen, wenn sie diese Lösung wählen. Andererseits kommt es gewöhnlich nicht vor, daß eine Familie um das Gegen-

176

teil bittet. In den von uns besuchten Dörfern hatten sehr wenige Familien nennenswert mehr Ackerland als sie brauchten, um ihren jährlichen Eigenbedarf an Getreide zu decken – und daß dieses Grundbedürfnis abgedeckt sei, war stets das vordringlichste Anliegen aller Haushalte. Manche Familien berichteten, daß – sollten sie überhaupt in der Lage sein, irgendeinen Überschuß für den Verkauf auf dem Markt zu erzielen – es einträglicher wäre, mehr Weizen und nicht zusätzliche Baumwolle zu pflanzen. Weizen verlange weniger Arbeit, es gebe damit weniger Risiken (seltenerer Ungezieferbefall), während Baumwolle nur dann Sinn mache, wenn sie in großem Maßstab gepflanzt werde. Kurz gesagt: Viele Bauern machten deutlich, daß sie Baumwolle nur unter Zwang anbauen, nur weil der Staat es ihnen befiehlt. Einmal entschlüpfte es dem Leiter einer uigurischen Dorfbrigade sogar, daß ohne diesen Zwang die mit Baumwolle bepflanzten Flächen drastisch zurückgehen würden.

Demgegenüber behaupten staatliche Planungsbeamte, die Bauern bauten Baumwolle freiwillig an, und daß verschiedene staatliche Einrichtungen durch Lieferungen von Saatgut und Dünger sowie durch Verkaufsgarantien sie dabei unterstützen. Ein Beamter in Kashagar sagte mir, derartige Planungsmaßnahmen seien notwendig, damit die staatlichen Dienststellen ihre Hilfeleistungen mit der größtmöglichen Effizienz koordinieren könnten. Derselbe Beamte, ein Han, bestritt jeglichen Zwang seitens der Behörden, gab jedoch zu, daß es für den Staat problematisch würde, wenn die abgesprochenen Planziele nicht auch durch die Bauern umgesetzt würden. Die Bauern bestreiten ihrerseits, daß sie den Entscheidungen von oben einfach und ohne Zwang zustimmen. Sie sagen, daß sie nur anbauen, was der Leiter der Produktionseinheit (»xiaodui zhang«) ihnen befiehlt, weil sie bei Weigerung Strafgelder zu bezahlen hätten. Dies alles macht deutlich, daß in Südsinkiang – trotz der offiziellen Verkündigung von Marktwirtschaft und freier Entscheidung – staatliche Planung und Regulierung auch weiterhin bestimmend sind.

So überrascht es kaum, daß die in der Region ansässigen Kader den gesamten Prozeß der Baumwollproduktion mit größter Aufmerksamkeit verfolgen. Der »Leiter der Produktionseinheit« bestimmt, wann die Setzlinge zu pflanzen und wann die Pestizide einzusetzen sind, überwacht die Felder im Hinblick auf Schädlinge und organisiert groß angelegte Aktionen, wenn die Ernte in Gefahr zu sein scheint. In solchen Fällen sind alle Haushalte (außer deren ältere Mitglieder) und alle Beamten verpflichtet mitanzupacken. Ebensowenig dürfte es überraschen, daß der Staat auch in Bereiche eingreift, die normalerweise einzig der bäuerlichen Entscheidung anheim gestellt sein sollten – nicht nur im Zusammenhang mit dem Anbau von Weizen, sondern auch im Hinblick auf die Maisernte, die im Anschluß an die Weizenernte während der letzten Phase der pflanzlichen Wachstumsperiode erfolgt und nicht dazu bestimmt ist, verkauft zu werden. Die staatlichen Agronomen haben festgestellt, daß die Erträge erhöht werden können, wenn neue Sorten und Plastikplanen zur Abdeckung der in geraden Furchen ausgestreuten Saat verwendet werden. Wie die Bauern in vielen anderen Teilen der Welt, sind auch die Dorfbewohner von Kashgar diesen Neuerungen der »Grünen Revolution« gegenüber skeptisch. So mancher dieser Bauern war sich sicher, daß die durch diese neuen Materialien verursachten zusätzlichen Kosten höher sind als der hierdurch erzielte Gewinn. Andere fanden, es wäre einfach unmöglich, die neuen Methoden anzuwenden, da die für die Aufspannung der Plastikfolien notwendigen Maschinen nicht überall vorhanden seien. Wieder andere beteuerten, daß – selbst wenn die neuen Sorten mehr Ertrag bringen sollten – der Geschmack der neuen Maisart nicht so gut ist wie der der herkömmlichen Variante. Infolgedessen ziehen es die Bauern vor, die traditionellen Sorten anzubauen, obwohl sie gezwungen sind, die neue Sorte zu akzeptieren, wenn ihr »xiaodui zhang« ihnen das notwendige Saatgut liefert – Saatgut, das sie dann am Ende des Jahres bezahlen müssen. Werden sie dabei ertappt, die Saatkörner mit der Hand auszusäen, anstatt die mechanische Folien-Mulch-Methode einzusetzen, kann es geschehen, daß sie abermals ein Bußgeld zu entrichten haben.[14] Man sieht, daß das angebliche Recht auf freie »Bewirtschaftungsentscheidung«, von dem die Bauern sagen, sie hätten es in den Jahren der Reform noch besessen, bis heute erheblich durch den Staat beschnitten wird.

Im Rahmen des von mir gewählten breiten Ansatzes zur Analyse der Zuordnung von Eigentumsrechten sind außer den Rechtsansprüchen auf die Nutzung von Grund und Boden noch einige weitere Faktoren zu beachten. Zunächst ist davon auszugehen, daß in diesem Teil Chinas das unter Mao Tsetung entwickelte Statussystem bis heute von großer Bedeutung geblieben ist. So werden ländliche Kader und Schullehrer in diesem System weiterhin als »Weißkragen« geführt, was bedeutet, daß sie, obwohl sie auf dem Lande leben, denselben Anspruch auf subventionierte Lebensmittel haben wie Stadtbewohner. In der Praxis haben zahlreiche Lehrer und Beamte über ihre Ehepartner bäuerlicher Herkunft außerdem noch Anspruch auf Ackerland. Einen solchen Anspruch können sie sich ebenfalls dadurch sichern, daß sie ihren Posten beim Staat aufgeben, sobald eines ihrer bäuerlichen Elternteile stirbt – wodurch sie zu »Dörflern« werden und die Nutzungsrechte am Land des Verstorbenen bekommen. In diesem Teil des Landes ist der Status eines Weißkragens immer noch sehr geschätzt, da die mit einem staatlichen Posten einhergehenden Vorteile sowie der Stand des Stadtbewohners per se hier nicht so schnell an Wert verloren haben wie in anderen Regionen. Andererseits aber verweisen die Bau-

14 Im Jahre 1996 wurden die Anbauquoten für jede einzelne »xiaodui« festgelegt, und sofern diese auch erreicht wurden, brauchten die Bauern, die ihre Aussaat nach der alten Methode tätigten, kein Bußgeld zu entrichten. Bußgelder bilden ebenfalls das hauptsächliche vom Staat angewandte Druckmittel bei der Durchsetzung von Familienplanungsmaßnahmen. Obwohl im Prinzip auch der »Besitz« von Kindern als eine Art Eigentumsverhältnis gesehen werden könnte, möchte ich diese Frage hier beiseite lassen.

ern auf die steigenden Kosten für Gesundheit und Bildung und auf die schlechter werdenden Aussichten, in der Stadt Arbeit zu finden. Sie illustrieren damit
den generellen Niedergang aller Rechte und Ansprüche des chinesischen
Staatsbürgers. Sie geben zu, daß die Versorgungslage unter Mao oft beklagens-
wert gewesen ist und manchmal Bestechungsgelder bezahlt werden mußten.
Aber auch heute noch sind sie vom Grundsatz überzeugt, daß Gesundheitsfürsorge und Bildung allen Landesbewohnern gleichermaßen und kostenlos zur
Verfügung zu stellen sind. Sie bedauern, daß dieser Grundsatz gegenwärtig
durch viel weniger egalitäre Verteilungspraktiken aufgeweicht wird.

Der typische ländliche Haushalt hat zahlreiche weitere Verpflichtungen gegenüber den staatlichen Stellen zu erfüllen. Immer noch muß ein wesentlicher
Teil der Ernte der öffentlichen Hand überlassen werden. Obwohl diese für
solche Abgaben bezahlt, liegt der Preis doch stets unter dem Marktpreis. Hinzu
kommen Steuern, die entsprechend der erwirtschafteten Ackerfläche und dem
Wasserverbrauch zu entrichten sind. Darüber hinaus müssen die Bauern eine
auf der Grundlage der von ihnen bebauten Bodenfläche errechnete Zahl von
Tagen für die »dadui« arbeiten. Wer diese moderne Art des Frondienstes, der in
der Amtssprache als »freiwillige Arbeit« bezeichnet wird, umgehen möchte,
kann einen anderen dafür bezahlen, an seiner Stelle zu arbeiten. Der in solchen
Fällen übliche Lohnsatz liegt gewöhnlich etwas niedriger als der normale Tarif
für privat eingestellte Taglöhner.

Das wichtigste materiell meßbare Resultat des in Südsinkiang bestehenden
Vertragssystems zwischen bäuerlichen Haushalten und dem Staat bestand in
der Erwirtschaftung größerer Mengen Nahrungsmittel für die Landbevölkerung. Niemand weiß, ob insgesamt auch mehr Getreide auf den Markt gelangte. Die Baumwollproduktion jedenfalls nahm in erheblichem Maße zu – doch
war dies eher die Folge staatlichen Drucks als freier, von seiten der Bauern
getroffener Entscheidungen. Die Übertragung begrenzter Bewirtschaftungs-
und Nutzungsrechte auf die Bauern setzte allerdings keine verbesserte Bodennutzung oder intensivere Wiederinvestition in Gang. Für den liberal denken-
den Wirtschaftswissenschaftler könnte dergleichen ja auch nur dann eintreten,
wenn die schwere Hand des Staates ganz wegfiele und Land wie jede andere
Ware gehandelt werden könnte, d.h. zu einem Gegenstand mit vollem Privatei-
gentumsstatus und freier Transaktionskapazität auf dem Gütermarkt umdefi-
niert würde. Dem ist entgegenzuhalten, daß die bäuerliche Wirtschaft chinesischen Typs heute eine nicht zu übersehende Blüte erlebt. Es geht dabei nicht
um eine »Involution« im Geertz'schen Sinne,[15] denn die von den Bauern ein-
gesetzten Maschinen und Geräte sind dank staatlicher Kontrolle technologisch
zunehmend leistungsfähiger geworden. Vielmehr handelt es sich um einen
Aufschwung, der einer größeren Anzahl von Menschen zwar die Eigenversor-

---

15 *C. Geertz*, Agricultural Involution, Berkeley 1963.

gung sichert, ihnen aber weder langfristiges wirtschaftliches Wachstum noch eine Zunahme des Kapitalflusses und der Zinsen in Aussicht stellt. Obwohl in anderen Wirtschaftssektoren privatunternehmerische Bestrebungen sowie der Wunsch nach dem privaten Besitz von Konsumgütern klar zu Tage getreten sind – und auch in den Dörfern zahlreiche Fälle neuen Ehrgeizes beobachtet werden –, betrachten nur wenige Bauern ihr Ackerland als Quelle möglicher Einkommensschöpfung. Wenn sie sich privates Eigentum schaffen wollen, halten sie nach anderen Möglichkeiten Ausschau.[16]

Die Hauptmerkmale der gegenwärtig bei den Uigur-Bauern in Sinkiang zu verzeichnenden Eigentumsbeziehungen lassen sich folgendermaßen zusammenfassen: 1. Die Bauern besitzen das von ihnen bewirtschaftete Land nicht als Eigentum; sie haben keinen Eigentumstitel darauf. Der Bauer kann dieses Land weder kaufen noch verkaufen, aber die Nutzungsrechte können innerhalb seiner Familie vererbt werden. Die staatlichen Behörden kontrollieren nicht nur die Zuteilung der Parzellen, sie versuchen auch, Einfluß auf die Wahl der Produktionsmethoden zu nehmen, und verlangen bis heute Frondienstleistungen von den Bauern. 2. In einer Region, in der nur wenig fruchtbares Ackerland vorhanden ist, kommt dem Grundstücksmarkt im landwirtschaftlichen Geschehen nur eine begrenzte Bedeutung zu. Da Ackerbau überwiegend der Selbstversorgung dient, müssen die Bauern ihre Tätigkeiten diversifizieren, um Einkommen zu schaffen. Eine steigende Anzahl außerhalb der Landwirtschaft angesiedelter sowohl produktionsorientierter wie nichtproduktionsorientierter Tätigkeitsbereiche bieten hier Anreize für neue Formen unternehmerischer Initiative und die Schaffung privaten Eigentums. 3. Im weiteren Zusammenhang der allgemeinen Entwicklung eigentumsrechtlicher Regelungen zugunsten von Privatpersonen liegt Sinkiang hinter anderen Teilen Chinas zurück. Bestimmte Bevölkerungsteile halten bis heute an den Sicherheiten der »eisernen Reisschale« des maoistischen Systems fest, und eine große Anzahl der Bauern zeigt sich zunehmend darüber besorgt, daß die Richtung, in die sich die Reformen bewegen, ihnen, den Bauern, auf den Gebieten des Gesundheitswesens, der Erziehung und sozialen Absicherungen weniger Vorteile bringt, als sie früher genossen haben.

16 Der enge Rahmen des vorliegenden Beitrags gestattet es nicht, näher auf die zunehmende Bedeutung des Besitzes anderer Formen produktiven Eigentums (Tiere, Bäume und Traktoren) einzugehen.

3. Bürgerstatus (»citizenship«) und kulturelle Identität als Grundlage des Eigenverständnisses als Person (»personhood«)

Die sozialanthropologisch ausgerichtete Erforschung der Eigentumsproblematik teilt sich in zwei Stränge, die im Idealfall komplementären Charakter haben. Der erste dieser Stränge befaßt sich in umfassendem Sinne mit der Volkswirtschaft oder politischen Ökonomie, d.h. mit materiellen und immateriellen Erwartungen im Kontext moderner Staatssysteme. Damit wird weit mehr als bloß das Bodennutzungssystem behandelt. Die Untersuchung darüber, wie Eigentum genutzt wird, muß alle Rechtsansprüche der Staatsbürger berücksichtigen und versuchen, die soziale Existenz als integriertes Ganzes zu betrachten. Im Hintergrund steht dabei die Frage nach dem Zusammenhang von Eigentum und Bürgerrechten bzw. bürgerliche Stellung (»citizenship«). Davon ist im vorliegenden Beitrag bisher vor allem die Rede gewesen.

Der zweite Strang, dem ich mich jetzt – wenn auch weniger ausführlich – zuwenden möchte, widmet sich den kulturellen Besonderheiten und fragt nach den Bedeutungsinhalten, die die Menschen den verschiedenen Kategorien von »Dingen« zuweisen. Eine Betrachtung dieser Art begnügt sich nicht damit zu sagen, Eigentumsbeziehungsmuster seien soziale Beziehungsmuster. Die Beziehungen, die der Mensch mit den Dingen seines Umfelds eingeht und aufrechterhält, sind von prinzipieller Wichtigkeit bei der Herausbildung seines Eigenverständnisses als Person (»personhood«).

Wie wichtig es für ländliche Bevölkerungsteile sein kann, Land als Eigentum zu besitzen, wurde mir in Tázlár sehr früh durch die Vermieterin meiner dortigen Unterkunft klar. Diese Frau stammte aus einer der ersten Familien, die sich im 19. Jahrhundert in der Region niedergelassen hatten, und gehörte jenem mittleren Bauerntum an, das in der Zeit des aggressiven Vorgehens gegen reichere Bauern in den frühen 1950er Jahren gezwungen worden war, große Teile seines Landes aufzugeben. Sie sprach oft über dieses Land, und die Stärke ihres Verwachsenseins mit der Scholle trat noch deutlicher zutage, als es in den 1990er Jahren möglich wurde, Wiedergutmachungsansprüche zu stellen. Wie viele andere Angehörige der älteren Generation, war auch sie entschlossen, ihre Eigentumsansprüche auf genau jene Felder geltend zu machen, die von ihrer Familie in frühereren Generationen bestellt worden waren – auch wenn diese Haltung aus rein wirtschaftlichen Gesichtspunkten nicht die empfehlenswerteste zu sein schien.[17]

Die jüngere Generation hingegen hat eine deutlich schwächere Bindung an den Boden. Viele junge Dorfbewohner betrachten sich nicht mehr als Bauern. Entweder wollen sie überhaupt kein Land als Eigentum besitzen, da sie die

17 C.M. Hann, From Production to Property. Decollectivization and the Family-Land Relationship in Contemporary Hungary, in: Man 28/3, 1993, S. 299–320.

Zukunftsaussichten des Agrarsektors pessimistisch bewerten, oder sie wollen es, dann aber wünschen sie sich nur wirtschaftlich einträglichen Boden, nicht aber Parzellen, deren Besitz in der Vergangenheit in irgendeiner Weise an die eigene Familie gebunden gewesen war. Das bedeutet nun allerdings nicht, daß der Standpunkt dieser jungen Menschen zum Eigentum ausschließlich durch wirtschaftlich-rationale Überlegungen bestimmt ist. Die Beziehung zwischen dem Besitz von privatem Eigentum und sozialer Identität läßt sich bei ihnen auf andere Weise feststellen. Für meine Hauswirtin in Tázlár wird es eine Enttäuschung gewesen sein, daß ihr Enkel keine Ansprüche auf jenes Land erhob, das sie im Auge hatte. Aber zu ungefähr demselben Zeitpunkt investierten dieser und seine Familie in ein Ladengeschäft und eine Tankstelle, waren dabei, ihrem ultramodernen Haus mit einer Menge von Gebrauchsgegenständen aus dem Westen den letzten Touch zu verleihen und zahlreiche andere »Dinge« (u.a. einen BMW) anzuschaffen, die ihren hohen Status in der Dorfgemeinschaft festigen sollten.

Auch in Sinkiang hängt man aus psychologischen Gründen heute mehr an Konsumgütern und Häusern als an landwirtschaftlich genutztem Boden oder anderen produktiven Vermögenswerten. In den Dörfern von Kashgar scheint dies in erster Linie das eigene Haus zu betreffen. Häuser waren niemals – auch nicht in der Zeit des »Großen Sprungs nach vorn« – zu Kollektiveigentum erklärt worden. Selbst wenn der Staat der letztendliche Eigentümer allen Landes ist, d.h. auch des Stück Landes, auf dem ein Haus steht, sagen die Menschen: »Das Gebäude gehört uns«. Sie zeigen auf die geschnitzten Deckenbalken ihres Hauses und betonen deren besonderen Wert, weil sie doch aus einem früheren, inzwischen abgerissenen Haus der Familie stammen. Teppiche und Mitgifttruhen sind ebenfalls Kostbarkeiten in diesem Sinne. Nie stießen wir jedoch – weder bei Frauen noch bei Männern – auf so etwas wie ein »Familienerbstück«. Wahrscheinlich ist in dem Typ von Konsumgebaren, das seit dem Ende der maoistischen Ära in ganz China zu beobachten ist, der Grund dafür zu sehen, daß der höchste Wert immer den neuesten Waren und Stilen beigemessen wird. Höhere weibliche Kader, aber auch die Frauen aus dem Dorf, achten besonders auf ihre Kleidung, für die sie viel Geld ausgeben. Sie versuchen stets, der neuesten Mode zu folgen – einer Mode, die zum Teil durch tonangebende Zeitungen und die Medien in den größeren Städten der Provinz, zum Teil durch allgemeine Trends diktiert und kontrolliert wird. Der Fernsehapparat ist heute ein Luxus, den sich die meisten dörflichen Haushalte in Kashgar leisten können, Farbfernseher sind allerdings noch selten. Die Sendungen stammen aus Indien, Japan und Hong Kong. Der Staat greift immer noch entscheidend in die Auswahl ausländischer Programmbeiträge ein und achtet sorgfältig darauf, daß islamische Einflüsse durch Sendungen aus den Nachbarstaaten möglichst gering gehalten werden. Dennoch ist es gerade auf diesem Konsumsektor offensichtlich, daß sich die Vorstellungen von privatem und persönlichem Eigentum in der Welt der »sozialistischen Waren-Ökonomie« durchgesetzt und die größte Freiheit gegenüber der herkömmlichen politischen Überwachung errungen haben. Die zwei Stränge der sozial-anthropologischen Forschung über Eigentum lassen sich also auf fruchtbare Weise kombinieren.

Unsere Untersuchungen der Eigentumsstrukturen in Sinkiang wurden allerdings durch die Tatsache erschwert, daß im Bewußtsein unserer akademischen Partner (allesamt Han-Chinesen) Privateigentum einen anderen Stellenwert besaß, als bei den uigurischen Bauern. Pläne, ein detailliertes gemeinsames Forschungsprojekt über Eigentumsprobleme durchzuführen, wurden von chinesischer Seite abgesagt – angeblich, weil der Gegenstand der Untersuchung »zu kompliziert« sei, um in der kurzen zur Verfügung stehenden Zeit bearbeitet zu werden. Zweifellos ist der Gegenstand kompliziert, aber ich vermute, daß es eine andere Erklärung für diese Verweigerung der Zusammenarbeit gibt: Während die große Mehrzahl der Uiguren – und da sogar die ärmsten unter den Dorfbewohnern – einen Sinn dafür haben, was es bedeutet, ein eigenes Haus zu besitzen, leben die meisten Han-Chinesen der Region in Wohnungen, deren Eigentümer der Staat ist. Dies gilt vor allem für die Kader. Während die Mehrzahl der uigurischen Kader ein eigenes Haus gebaut hat und nicht beabsichtigt, für immer in der Dienstwohnung (die einige von ihnen sogar nie bekommen bzw. bezogen haben) zu leben, besitzen die meisten Vertreter der chinesischen Elite kein immobiles Eigentum. Sie leben ihr Leben lang in ihrer Dienstwohnung, werden dies auch nach ihrer Pensionierung tun und sind nicht darauf eingestellt, diese Wohnung dereinst ihren Kindern zu vermachen. So überrascht es nicht, daß die neue, auf den Markt ausgerichtete Mentalität der 1980er und 1990er Jahre von dieser Bevölkerungsschicht nicht begrüßt wurde – jedenfalls nicht von solchen Vertretern dieser Gruppe, die kaum Gelegenheit haben, ihre staatlichen Gehälter durch Nebenverdienste aufzubessern. Sie beobachten ängstlich, wie die Gesellschaft um sie herum langsam, aber stetig auf dem Wege der Verbürgerlichung voranschreitet. Ungeachtet der Tatsache, daß Deng Xiaoping diese Entwicklung explizit begrüßte, sprechen sie nicht selten mit Zorn von den Neureichen.

In diesem Punkt decken sich die Ansichten der Han-Akademiker mit denen vieler kommunistischer Apparatschiks in den Staaten des einstigen sowjetischen Blocks. Doch während in den meisten Teilen Chinas die Han-Kader an diesem Verbürgerlichungsprozeß teilhaben und ihr politisches Kapital in wirtschaftliches, soziales und kulturelles Kapital umsetzen können, sind in Provinzregionen wie Sinkiang die Chancen der Beamtenschaft und Akademiker weniger günstig. Hier hat die Reformpolitik der letzten zwei Jahrzehnte erstmalig Möglichkeiten für das Entstehen einer neuen bürgerlichen Schicht von privaten Grund- und Bodeneigentümern eröffnet. Einige Uiguren nutzen diese Situation – darunter auch die uigurischen Kader –, obwohl die Aktionsfreiheit der meisten dieser Beamten im Bereich des Marktes, des Privateigentums und der Produktionsmittel immer noch stark durch staatliche Restriktionen eingeengt bleibt. Aber auch die der ethnischen Gruppe der Han-Chinesen zuzurechnenden Kader haben mit gravierenderen Schwierigkeiten zu kämpfen – damit nämlich, daß sie sich, als *Person*[18] nicht mit Sinkiang identifizieren. Dies erklärt unter anderem, warum unsere Han-chinesischen Ansprechpartner nicht nur positiv über die maoistische Zeit dachten, sondern auch das von uns vorgeschlagene gemeinsame Projekt zur Erforschung der Eigentumssituation in der Region ablehnten. Eine solche Feldstudie hätte nämlich deutlich gemacht, daß sich diese Kader in Sinkiang nur in einer Kolonie der Han befinden und zutiefst an einem Gefühl des Nichtdazugehörens zu tragen haben. Man sieht, daß sich eine sinnvolle Untersuchung der Eigentumslage in dieser Region sowohl mit den rechtlichen, politischen und sozialen Aspekten des Bürgerstatus (»citizenship«) als auch solchen der ethnisch-kulturellen Identität der Person (»personhood«) zu befassen hat.

18 »Person« (»personhood«) ist ein relatives Konzept. Verglichen mit Han-Chinesen in anderen Teilen des Landes verstanden sich die meisten unserer Han-Mitarbeiter vor Ort nicht als Bürger Sinkiangs, obwohl sie den größten Teil ihres Lebens in der Provinz verbracht hatten. In Peking würden sie sich als Leute von Sinkiang ausgegeben haben, aber in Sinkiang selbst fühlten sie sich, trotz der intensiven Immigration von Han-Chinesen in den letzten Jahren in die Region und des Nachdrucks, der in der Provinz auf die lange gemeinsame Geschichte mit dem chinesischen Staat gelegt wird, nie anders als fremd.

Jakob Vogel

Moderner Traditionalismus

Mythos und Realität des Bergwerkseigentums im preußisch-deutschen Bergrecht des 19. Jahrhunderts

Das im 17. und 18. Jahrhundert in England entwickelte moderne, liberale Konzept des Eigentums war abgeleitet von dem Bild des Grundeigentums, dem eine hohe Priorität beim Schutz vor Eingriffen Dritter eingeräumt wurde.[1] Obgleich dieser liberale Eigentums-Begriff einen bedeutenden Einfluß auf die Kodifikation des deutschen Rechts im 19. Jahrhundert besaß,[2] wich die preußisch-deutsche Rechtsordnung doch in einem entscheidenden Punkt von der ursprünglichen Konzeption ab: Sie sprach dem sonst so geschützten Grundeigentümer das Recht zur Ausbeutung von einzelnen, namentlich aufgeführten Bodenschätzen auf bzw. unter seinem Grundstück ab, um es statt dessen einer anderen Person, dem Bergwerksbetreiber, zu übertragen. Das mit dem Grundeigentum verknüpfte Bündel von Rechten wurde damit in einem entscheidenden Punkt aufgesplittert und teilweise der Verfügungsgewalt des Eigentümers entzogen.

Das 1865 erlassene »Allgemeine Berggesetz für die Preußischen Staaten« (ABG) sprach dem Bergwerksbetreiber nicht nur das alleinige Eigentum an den im Bergbau gewonnenen Mineralien zu, sondern gewährte ihm sogar noch eine Reihe von weitergehenden Ansprüchen gegen den oder die Grundeigentümer. Diese waren beispielsweise verpflichtet, Grundstücke abzutreten, auf denen die für den Betrieb des Bergwerkes notwendigen Gebäude, Halden, aber auch Kanäle, Teiche oder Eisenbahnanlagen errichtet werden sollten. Selbst der Bau von sogenannten »Aufbereitungsanstalten« für die gewonnenen Bodenschätze wurde auf diese Weise zu einem Recht, das der Bergwerksbetreiber gegen die Interessen des Grundeigentümers durchsetzen konnte. Zwar forder-

---

1 Zur Entwicklung des liberalen Eigentums-Konzepts und zu seinem Einfluß auf die Rechtsentwicklung im 19. Jahrhundert siehe die Einleitung von H. Siegrist u. D. Sugarman in diesem Band. Vgl. auch: *U. Margedant u. M. Zimmer*, Eigentum und Freiheit. Eigentumstheorien im 17. und 18. Jahrhundert, Idstein 1993; *G. Lottes* (Hg.), Der Eigentumsbegriff im englischen politischen Denken, Bochum 1995; *J. Brewer u. S. Staves* (Hg.), Early Modern Conceptions of Property, London 1995.
2 Siehe auch *H. Coing*, Europäisches Privatrecht, Bd. 2, München 1989, S. 382–388.

te das Gesetz vom Bergbaubetreiber eine Entschädigung des Grundeigentümers, dieser besaß jedoch kaum eine Möglichkeit, die Einschränkungen seiner Verfügungsgewalt über das Bodeneigentum abzuwenden. Mit derartigen Regelungen wurde das preußische Recht in der Folgezeit stilbildend für die in den anderen Bundesstaaten des Deutschen Reiches erlassenen Berggesetze und prägte die weitere Rechtsentwicklung in Deutschland.

Die im Vergleich zu den im gleichen Zeitraum in England und Frankreich gültigen Regelungen sehr weitgehende Bevorzugung des Bergwerkbetreibers im preußisch-deutschen Recht läßt sich nicht allein durch das allgemeine Vordringen des liberalen Privatrechts und die Notwendigkeit zur Förderung des industriellen Bergbaus erklären, wie es in der Literatur zur Begründung für die Regelungen des ABG angeführt wurde.[3] So konnte, wie sich etwa am Beispiel Englands zeigt, ein moderner kapitalistischer Bergbau durchaus auf der Basis einer Eigentumsordnung entstehen, die das Recht zum Abbau der Bodenschätze dem Grundeigentümer zuschrieb. Dieser trat dann als Inhaber der Bergwerksunternehmen auf oder überließ seine Abbaurechte einem anderen Privatunternehmer gegen jährliche Zahlungen.[4] In den Beratungen der Kommission des Preußischen Abgeordnetenhauses über den Entwurf des ABG stellte entsprechend ein Abgeordneter die in dem Gesetz vorgesehene Bevorzugung des Bergwerksbesitzers in Frage und begründete dies durch den Verweis auf das englische Bergrecht. Seine Einwände wurden von den übrigen Kommissionsmitgliedern mit dem Argument beseite geschoben, »daß der Entwurf von zeitgemäßen, richtigen Prinzipien ausgehe« und daher in diesem zentralen Punkt nicht geändert werden solle.[5]

Die spezifische Ausgestaltung der bergrechtlichen Eigentumsordnung in Preußen-Deutschland wird daher nur verständlich, wenn neben dem politi-

3 In diesem Sinne etwa: *W. Fischer*, Die Stellung der preußischen Bergrechtsreform von 1851–1865 in der Wirtschafts- und Sozialverfassung des 19. Jahrhunderts, in: ders., Wirtschaft und Gesellschaft im Zeitalter der Industrialisierung, Göttingen 1972, S. 148–160, bes. S. 149f. Ähnlich auch: *M.D. Jankowsky*, Public Policy in Industrial Growth. The Case of Ruhr Mining Region 1776–1865, New York 1977; *P.C. Brown*, Mining Legislation, the Consultation Process and the Reform of Mining Law. Their Significance for Company Form in Ruhr Coal Mining in the 19th Century, in: E. Westermann (Hg.), Vom Bergbau zum Industrierevier, Stuttgart 1995, S. 295–314.

4 Vgl. *A.R. Griffin*, Mining in the East Midlands 1550–1947, London 1971, S. 21–28; *R. Church u.a.*, The History of the British Coal Industry, Bd. 3: 1830–1913. Victorian Pre-eminence, Oxford 1986, S. 122f. Frankreich nahm demgegenüber eine gewisse Zwischenstellung zwischen Preußen und England ein, da es einerseits ein staatlich konzessioniertes Bergwerkseigentum unabhängig vom Bodenbesitz kannte, andererseits aber dem Grundeigentümer hierauf gewisse Vorrechte gewährte. Vgl. *H. Achenbach*, Das französische Bergrecht (1. Folge), in: Zeitschrift für Bergrecht 1, 1860, S. 153–179; *E. Holthöfer*, Frankreich, in: H. Coing (Hg.), Handbuch der Quellen und Literatur der neueren europäischen Privatrechtsgeschichte, Bd. 3.1, München 1982, S. 863–1068, bes. S. 1027f.

5 Verhandlungen des Preußischen Hauses der Abgeordneten, 8. Legislaturperiode, 2. Session, Stenographische Berichte – Anlagen, Bd. 7, Berlin 1865, S. 1213.

schen, sozialen und ökonomischen Kontext, in welchem die Kodifikation des preußischen Bergrechts in der ersten Hälfte der sechziger Jahre des 19. Jahrhunderts vorgenommen wurde, ebenfalls die kulturellen Vorstellungen und Bilder betrachtet werden, auf deren Basis die Bevorzugung der privaten Bergwerksbetreiber konstruiert und legitimiert wurde.[6] Die Regelung des bergrechtlichen Eigentums im Preußischen ABG von 1865 bietet dabei ein anschauliches Beispiel für die Bedeutung, die der Rückgriff auf historische Mythen und außerrechtliche Bilder bei der Gestaltung der modernen Eigentumsordnung besitzen konnte. Das Abweichen von den Prinzipien der liberalen Eigentumskonzeption war nämlich nur unter Berufung auf das mythische Konstrukt eines »Gemeinen Bergrechts« und die Vorstellung einer »traditionellen« technologischen und sozialen Eigentümlichkeit des Bergbaus möglich, da erst auf diese Weise die spezifische Behandlung der bergrechtlichen Materie gerechtfertigt schien.

Wie alle historischen Mythen, die als legitimatorische Geschichtserzählungen ein äußerst selektives Bild der Vergangenheit zeichnen, entfalteten auch diese gedanklichen Konzepte ihre Wirkung nur, weil sie von einem breiten Konsens der unterschiedlichsten Gruppen getragen wurden.[7] Eine solche Koalition konnte damit erreicht werden, daß bei der Ausformulierung des Mythos in den einzelnen Bereichen unterschiedliche Positionen berücksichtigt wurden, die sich alle jedoch auf die mythische Geschichte des deutschen Bergbaus beriefen. Erst dieser Kompromiß ermöglichte es den liberalen Juristen, den Beamten der staatlichen Bergbauverwaltung sowie den privaten Bergwerksunternehmern, unter Berufung auf die Vergangenheit ein modernes, industriefreundliches Eigentumsrecht als Sonderrecht des Bergbaus durchzusetzen. Gleichzeitig besaßen die zur Legitimation der gesetzlichen Regelungen verwandten Bilder eine gewisse Eigendynamik, da sie der Konstruktion der rechtlichen Ordnung eine Struktur vorgaben, die, wiewohl wandelbar, den Akteuren nur ein begrenztes Spektrum von alternativen Entscheidungsmöglichkeiten eröffnete.[8] Im Fall des preußisch-deutschen Bergrechts waren hier-

---

6 Vgl. mit einem ähnlichen Ansatz: *D. Sugarman u. R. Warrington*, Land Law, Citizenship, and the Invention of »Englishness«. The Strange World of the Equity of Redemption, in: Brewer u. Staves (Hg.), Conceptions, S. 111–143. Siehe auch allgemeiner *D. Sugarman* (Hg.), Law in History. Histories of Law and Society, 2 Bde., Dartmouth 1996.

7 Vgl. u.a. *W. Burkert*, Mythos – Begriff, Struktur, Funktionen, in: F. Graf (Hg.), Mythos in mythenloser Gesellschaft. Das Paradigma Roms, Stuttgart 1993, S. 9–24. Zur Bedeutung von historischen Mythen bei der Legitimation der Nation siehe: *E. François, H. Siegrist u. J. Vogel*, Die Nation. Vorstellungen, Inszenierungen, Emotionen, in: dies. (Hg.), Nation und Emotion. Deutschland und Frankreich im Vergleich. 19. und 20. Jahrhundert, Göttingen 1995, S. 13–35, bes. S. 23f.

8 Vgl. allgemeiner *R. Koselleck*, Sprachwandel und Ereignisgeschichte, in: Merkur 43, 1989, S. 657–673; *W. Steinmetz*, Das Sagbare und das Machbare. Zum Wandel politischer Handlungsspielräume. England 1780–1867, Stuttgart 1993.

von in erster Linie die Grundeigentümer betroffen, denen es nicht gelang, bei der Ausarbeitung des ABG eine dem englischen Recht vergleichbare Vorrangstellung gegenüber der privaten Bergbauindustrie zu erreichen. Statt dessen waren sie gezwungen, unter Hinweis auf bestehende »alte Rechte« ihre Interessen eher im Einzelfall bei der praktischen Anwendung des Gesetzes zu verteidigen. Daß ihnen dies in beträchtlichem Ausmaß gelang, davon zeugt die große Zahl von Ausnahmeregeln, welche die Wirksamkeit des Gesetzes letztlich auf einen relativ kleinen Bereich der neu eingerichteten Bergwerke beschränkte.

1. Der Mythos vom »Deutschen Bergrecht«

Die Situation des Bergrechts in Deutschland zu Beginn des 19. Jahrhunderts war gekennzeichnet durch eine Vielzahl von zum Teil sehr unterschiedlichen territorialen Einzelregelungen, die den Bergbau zumeist zu einem Regal des Staates erklärten, die Reichweite dieses Regalbergbaus und die davon betroffenen Bodenschätze aber nur selten genau bestimmten.[9] In Preußen galt als subsidiäres Recht das Allgemeine Landrecht. Nach seinen bergrechtlichen Bestimmungen besaß der Staat das Vorrecht für die Gewinnung der Bodenschätze, konnte ihren Abbau aber Privatpersonen gegen die Gewährung von Abgaben (in der Regel ein Zehntel des Ertrags) überlassen.[10] In den Provinzen und Regionen des Staates herrschte tatsächlich jedoch eine große Zahl von Spezialregelungen, die teilweise noch auf landesherrliche Bergordnungen aus vor-preußischer Zeit zurückgingen und den Abbau bestimmter Bodenschätze wie Kohle oder Eisenerz den Grundeigentümern zuschrieben.[11] Der in den linksrheinischen Gebieten eingeführte französische »Code des mines« von 1810, der ebenso wie der »Code civil« nach der Wiedereingliederung der Territorien in den preußischen Staat in Kraft blieb, betrachtete den Bergbau dagegen erstmals als ein im wesentlichen freies, wenn auch staatlich konzessioniertes Eigentum,

---

9 *W. Ebel*, Über das landesherrliche Bergregal, in: ders., Probleme der deutschen Rechtsgeschichte, Göttingen 1978, S. 195–238.

10 Einen detaillierten Einblick in die bergrechtlichen Regelungen des Allgemeinen Landrechts und ihre Entstehungsgeschichte vermittelt: *H. Brassert*, Das Bergrecht des Allgemeinen Preußischen Landrechts in seinen Materialien nach amtlichen Quellen, Bonn 1861.

11 Braunkohle etwa galt in der Bergbauregion Ober- und Niederlausitz als Teil des Grundeigentums, während in Schlesien der Abbau von Eisenerz schon seit dem 16. Jahrhundert ein Teil der Vorrechte der adeligen Grundbesitzer war. Siehe: *A. Arndt*, Bergbau und Bergbaupolitik, Leipzig 1894, S. 39f.; *Michael*, Braunkohlebergbau, o.O, o.J. [etwa 1900]. Vgl. auch die Übersicht der noch 1865 in Preußen gültigen Provinzialrechte, abgedruckt in: Bericht der Neunten Kommission des Herrenhauses über den Entwurf eines Allgemeinen Bergesetzes für die Preußischen Staaten, in: Verhandlungen des Preußischen Herrenhauses, 8. Legislaturperiode, 2. Session, Stenographische Berichte – Anlagen, Bd. 2, Berlin 1865, S. 225–256, bes. S. 225f.

wobei dem Grundeigentümer ein gewisses Vorrecht auf die Gewinnung der Bodenschätze eingeräumt wurde.[12]

Vor diesem Hintergrund erscheint die 1828 von dem preußischen Geheimen Oberbergrat, Geologen und Chemiker Carl J.B. Karsten in seinem Buch »Grundriß der deutschen Bergrechtslehre« entwickelte Vorstellung von einem spezifischen »Deutschen Bergrecht« trotz der gegen das französische Recht gerichteten Rhetorik zunächst einmal als der Versuch, die Vereinheitlichung des Bergrechts in ganz Deutschland voranzutreiben.[13] Kernpunkte seiner idealistischen Vision eines vermeintlich auf die gewohnheitsrechtlichen Regeln des gemeinen Rechts zurückgehenden »Deutschen Bergrechts« waren die Institute der »allgemeinen Bergbaufreiheit« und des »Rechts des ersten Finders«, die Karsten als die Grundprinzipien des grundsätzlich freien deutschen Bergbaus ansah. Zwar konzedierte der Autor in der Einleitung des Buches, in Deutschland habe niemals ein derartiges »Gemeines Bergrecht« bestanden, »welches sich über alle Theile des Berg- Staats- und Privatrechtes verbreitet hätte«. Dennoch nahm er für sich und sein Werk in Anspruch, den spezifischen »Geist der deutschen Bergwerksgesetzgebung im Allgemeinen zu entwickeln«, der – »unbedeutende Abweichungen abgerechnet« – die bergrechtlichen Regelungen in ganz Deutschland charakterisiere.[14] Trotz negativer Einflüsse des Feudalrechts und des römischen Rechts sei dieser ursprüngliche »Geist« des deutschen Bergrechts auch in den neueren Berggesetzen Deutschlands erhalten geblieben.

Karstens Vision einer auf den Grundsätzen des Gemeinen Rechts basierenden Bergrechtsordnung propagierte das Bild eines vom Staat beaufsichtigten, privatwirtschaftlich organisierten Bergbaus, was ihren Autor als Vertreter einer auf den Staatsminister Friedrich von Heynitz zurückgehenden Schule innerhalb der preußischen Bergverwaltung auswies.[15] Das französische Recht diente dabei ebenso als Gegen- wie auch als Vorbild, da es in seiner Fassung von 1810 in vielen Punkten durchaus jene »dem Geiste der Zeit am mehrsten angemessenen« Grundsätze einer für die Entwicklung des Bergbaus förderlichen Gesetzgebung verwirkliche, auch wenn diese, wie Karsten meinte, zumeist im

---

12 *Achenbach*, Das französische Bergrecht.

13 *C.J.B. Karsten*, Grundriss der deutschen Bergrechtslehre mit Rücksicht auf die französische Bergwerksgesetzgebung, Berlin 1828. Zur Person Karstens und seiner Arbeit als Leiter der schlesischen Bergbehörden siehe: *K. Fuchs*, Vom Dirigismus zum Liberalismus. Die Entwicklung Oberschlesiens als preußisches Berg- und Hüttenrevier. Ein Beitrag zur Wirtschaftsgeschichte Deutschlands im 18. und 19. Jahrhundert, Wiesbaden 1970, bes. S. 81f.

14 Ebd., S. IIIf. Zu Karstens Umdeutungen und Mißinterpretationen bei der Darstellung der Entwicklung des Bergrechts siehe *Ebel*, Bergregal, S. 235f.

15 *Karsten*, Grundriss, S. 33–38. Zu den engen Beziehungen von Karsten zum Preußischen Staatsminister von Heynitz vgl. *W. Weber*, Innovationen im frühindustriellen deutschen Bergbau und Hüttenwesen. Friedrich Anton von Heynitz, Göttingen 1976, bes. S. 218f.

gemeinen deutschen Bergrecht schon lange eingeführt seien.[16] Doch sei es auch in Deutschland notwendig, die Vielzahl von Spezialregelungen in den Provinzen abzuschaffen, um die bergrechtliche Ordnung den Anforderungen des modernen Bergbaus anzupasssen. Neben der im französischen Gesetz nicht ausreichend gewährleisteten Rechtssicherheit sah Karsten die besondere Leistung des deutschen Bergrechts vor allem in dem »uralten« Institut des »Rechts des ersten Finders«.[17] Dies besagte, daß das Eigentum an den bergmännisch abgebauten Bodenschätzen nicht dem Grundbesitzer, sondern derjenigen Person zustünde, welche als erste ihr Vorhandensein unter der Erdoberfläche nachweise. Dem Grundeigentümer sprach Karsten den Anspruch auf eine angemessene Entschädigung zu, allerdings nur insoweit dies »mit der Ausübung des Bergbaues, sowie mit der Beförderung des allgemeinen Wohls durch denselben, verträglich« sei. Die freie Durchführung des Bergbaus sollte auf jeden Fall nicht »zu sehr« erschwert werden.[18]

Das 1828 von Karsten skizzierte Konzept einer gewohnheitsrechtlich begründeten, privatwirtschaftlichen Eigentumsordnung des deutschen Bergbaus verdichtete sich in den Schriften der Vertreter der germanistischen Rechtsschule bis zur Jahrhundertmitte zu dem Mythos von einem »bis in die neueste Zeit bewahrten echt nationalen Charakter des deutschen Bergrechtes«, in welchem sich »das sinnige Wirken des deutschen Geistes in Vereinigung mit einem richtigen praktischen Takte und einem strengen Rechtsgefühle« erweise.[19] »Orginalität, Sinnigkeit und Freiheit« seien das durchgängige Kennzeichen der deutschen Bergrechtsnormen und Institutionen.[20] Wichtigstes Sprachrohr dieser sogenannten »deutschen Bergrechtslehre« war die 1860 von Hermann Brassert, Oberbergrat und Justitiar des Bonner Oberbergamtes, und Heinrich Achenbach, Privatdozent an der Bonner Universität, gegründete »Zeitschrift für Bergrecht«. Auch einer der bedeutensten Vertreter der germanistischen Privatrechtsschule, Carl von Gerber, propagierte die auf Karsten zurückgehenden Ideen in seinem einflußreichen Lehrbuch über das »System des deutschen Privatrechts«.[21]

Der spätere preußische Handelsminister Achenbach kann als der entschiedenste Verfechter des liberalen Mythos vom »Deutschen Bergrecht« gelten.[22]

16 Vgl. etwa *Karsten*, Grundriss, S. 32f. Siehe auch: *Achenbach*, Das französische Bergrecht, S. 154.

17 *Karsten*, Grundriss, S. 50.

18 Ebd., S. 33.

19 So das Vorwort im ersten Heft der »Zeitschrift für Bergrecht«, Zeitschrift für Bergrecht 1, 1860, S. VIf.

20 *P.M. Kreßner*, Systematischer Abriß der Bergrechte in Deutschland mit vorzüglicher Rücksicht auf das Königreich Sachsen, Freiberg 1858, S. V.

21 *C.F. von Gerber*, System des deutschen Privatrechts, Jena 1860[7], S. 233–243.

22 Zu Heinrich von Achenbach, seiner Karriere innerhalb der preußischen Verwaltung und seiner Amtszeit als preußischer Handelsminister unter Bismarck in den Jahren 1873 bis 1878

190

Ähnlich wie schon Karsten sah er es als seine Hauptaufgabe an, das gemeine deutsche Bergrecht »nicht nur als ein organisches Glied in der Kette deutscher Rechtsentwickelung nachzuweisen, sondern auch dem künftigen Erlasse einer formell einheitlichen Berggesetzgebung die Wege vorzubereiten«.[23] Entsprechend vertrat er konsequent das Bild von der historischen Überlegenheit des deutschen Bergrechts gegenüber der französischen Gesetzgebung, die er als den Hauptgegner in einem weltweiten Konkurrenzkampf um die einflußreichste Berggesetzgebung ausmachte.[24] Aufgrund des »großen Grundprincips« vom Recht des ersten Finders sei das deutsche Bergrecht in der Vergangenheit das »vorzüglichste der civilisierten Welt« gewesen und entsprechend von den deutschen Bergleuten in den verschiedenen Bergbauregionen verbreitet worden. Seinen durch das französische Gesetz von 1810 geschwächten Einfluß in der Welt könne das »Deutsche Bergrecht« nur dann zurückerhalten, wenn es vereinfacht und vereinheitlicht, sowie die Position des Bergwerksbetreibers »von jeder überflüssigen staatlichen Bevormundung« befreit würde. Damit wich Achenbach wie andere Verfechter des »Deutschen Bergrechts« der sechziger Jahre von dem von Karsten vertretenen Konzept eines vom Staat beaufsichtigten Bergbaus ab und vertrat das Modell eines eigenständigen Unternehmerbergbaus, d.h., daß die Bodenschätze frei von jeder staatlichen Direktion, aber auch ohne wesentliche Einschränkungen durch die Grundbesitzer abgebaut werden könnten.[25]

Der Mythos vom »Deutschen Bergrecht« beeinflußte in den sechziger Jahren die wichtigsten Autoren der bergrechtlichen Literatur Preußens wie Brassert, Achenbach oder Klostermann[26] und fand über diese auch seinen Weg direkt in die Ausarbeitung des ABG von 1865. Schon der von Hermann Brassert konzipierte Entwurf des Gesetzes bezog sich auf die vermeintlich »deutschrechtlichen« Regelungen wie die Bergbaufreiheit, das Finderrecht, die Gewerkschafts- und Knappschaftsverfassung, die – wie die offiziellen »Motive« des Gesetzentwurfes erklärten – »sich auf Deutschem Boden mit dem Bergbau entwickelt und den eigenthümlichen Zuständen und Bedürfnissen des letzte-

siehe: *K. Adamy u. K. Hübener*, Karrieren nichtbrandenburgischer Verwaltungsbeamter. Das Beispiel des nobilitierten Regierungs- und Oberpräsidenten Dr. Heinrich von Achenbach (1879–1899), in: dies. (Hg.), Adel und Staatsverwaltung in Brandenburg im 19. und 20. Jahrhundert. Ein historischer Vergleich, Berlin 1996, S. 103–120, bes. S. 108–111.

23 *H. Achenbach*, Das gemeine deutsche Bergrecht in Verbindung mit dem preußischen Bergrechte unter Berücksichtigung der Berggesetze Bayerns, Sachsens, Österreichs und anderer deutscher Länder, Bonn 1871, S. 8.

24 Vgl. hierzu und zum folgenden: *Achenbach*, Das französische Bergrecht, S. 153f.

25 Vgl. ausführlicher zu den Etappen der Abkehr vom Direktionsprinzip im preußischen Bergbau: *Jankowsky*, Public Policy.

26 Vgl. *R. Klostermann*, Das Allgemeine Bergrecht für die Preußischen Staaten vom 24. Juni 1865, nebst Einleitung und Kommentar mit vergleichender Berücksichtigung der übrigen deutschen Berggesetze, Berlin 1885⁴.

ren« angepaßt hätten.[27] Der Bericht der für die Beratung des Gesetzes zuständigen Kommission des Preußischen Abgeordnetenhauses verwies ebenfalls auf das »Deutsche Bergrecht« als eine wesentliche Grundlage des neuen Gesetzbuches, unterstrich aber zugleich, daß hieran einige zeitgemäße Veränderungen vorgenommen worden seien.[28] Diese betrafen allerdings weniger die zentralen Rechtsinstitute des »Deutschen Bergrechts« als vielmehr in erster Linie die noch bestehenden Überreste des staatlichen Einflusses auf den privaten Bergbau.

Obwohl der von Karsten begründete Mythos vom »Deutschen Bergrecht« einen entscheidenden Einfluß auf die Kodifizierung des Preußischen Bergrechts besaß, war und blieb er sowohl in seiner rechtshistorischen Begründung als auch in seinen rechtspolitischen Implikationen in der bergrechtlichen Literatur der Mitte des 19. Jahrhunderts nicht unumstritten. Der »Papst« der österreichischen Bergrechtsforschung, Otto v. Hingenau, hatte bereits in der ersten Ausgabe der »Zeitschrift für Bergrecht« gegen die Vorstellung eines positiv bestehenden, spezifisch *deutschen* »gemeinen Bergrechts« ironisch angemerkt: »Es mag den Publicisten des Tages überlassen bleiben, die Gränzen eines imaginären oder optativen Deutschlands so weit oder so enge zu ziehen, als ihnen gelüstet«.[29] Starke Einwände wurden vor allem gegen die Auffassung der »deutschen Bergrechtslehre« erhoben, nach der der Staat kein historisches Vorrecht auf die Nutzung der Bodenschätze besäße.[30] Schon in den vierziger Jahren vertrat Julius Weiske dagegen die Meinung, daß »das Streben und der Grundsatz des teutschen Bergmannes« vielmehr in einem staatlich betriebenen bzw. gelenkten Bergbau bestehe.[31] Die Lehre von der traditionellen Prärogative des Staates bei der Ausbeutung der Bodenschätze gewann aber erst Ende der siebziger Jahre durch die rechtshistorische Habilitationsschrift Adolf Arndts an Boden, in der dieser das Bergregal als das ursprünglichere Rechtsinstitut des Bergbaus nachzuweisen versuchte.[32] Die von den Anhängern der »deutschen Bergrechtslehre« herausgestellte Bergbaufreiheit und das Erstfinderrecht gin-

27 Motive zu dem Entwurf eines Allgemeinen Berggesetzes für die Preußischen Staaten, in: Verhandlungen des Preußischen Herrenhauses, 8. Legislaturperiode, 2. Session (1865), Stenographische Berichte (Anlagen), Band 7, Berlin 1865, S. 174–225, bes. S. 179.

28 Bericht der XIX. Kommission über den Entwurf eines Allgemeinen Berggesetzes für die Preußischen Staaten, in: Verhandlungen des Preußischen Hauses der Abgeordneten, 8. Legislaturperiode, 2. Session (1865), Stenographische Berichte (Anlagen), Band 7, Berlin 1865, S. 1210–1255, bes. S. 1210f.

29 O. *von Hingenau*, Beiträge zur Reform des deutschen Bergrechts, in: Zeitschrift für Bergrecht 1, 1869, S. 45–53, bes. S. 47.

30 Zu diesem »wissenschaftlichen Mythos« in der »deutschen Bergrechtslehre« vgl. *Ebel*, Bergregal, S. 235.

31 *J. Weiske*, Der Bergbau und das Bergregal. Eine Entgegnung auf die Schrift ›Über den Ursprung des Bergregals in Teutschland‹ von C.J.B. Carsten, Eisleben 1845, S. 19.

32 *A. Arndt*, Zur Geschichte und Theorie des Bergregals und der Bergbaufreiheit, Halle 1879.

gen seiner Auffassung nach erst auf die Ausübung der staatlichen Vorrechte zurück.[33] Die Lehre vom ursprünglich regalen Bergbau wurde damit zum zweiten Pol der Debatte um die Ausgestaltung einer im ganzen Deutschen Reich gültigen Bergrechtsordnung. Bei der Ausarbeitung des Allgemeinen Preußischen Berggesetzes von 1865 spielte sie allerdings – dem liberalen Zeitgeist entsprechend – praktisch keine Rolle, so daß die Vertreter der »deutschen Bergrechtslehre« die Diskussion zu diesem Zeitpunkt noch weitgehend mit ihren Vorstellungen dominierten.

2. Des Mythos Kern: Das Bild vom alten »deutschen Bergbau«

Zugute kam der »deutschen Bergrechtslehre« die Berufung auf die »alten Traditionen« und die besondere Kunstfertigkeit des »deutschen Bergbaus« – eine Vorstellung, die auch von vielen Gegnern seiner Liberalisierung anerkannt und bekräftigt wurde.[34] Diese zogen allerdings aus dem Bekenntnis zu der »echt teutschen Kunst« des Bergbaus den gegenteiligen Schluß und propagierten die Notwendigkeit eines staatlich gelenkten Bergbaus als Schranke gegen den Egoismus des freien Unternehmertums.[35] Dennoch erlaubte es gerade die Vorstellung von der langen Tradition des »deutschen Bergbaus« als ›Kern‹ des Mythos vom »Deutschen Bergrecht«, die einflußreichen staatlichen Bergbeamten in die Phalanx der Befürworter einer Liberalisierung der Bergbauwirtschaft zu integrieren, obwohl viele von ihnen noch in den fünfziger Jahren zunächst nicht zu den Befürwortern einer Stärkung des freien Unternehmertums gezählt hatten.[36]

Die bergrechtliche Literatur berief sich nicht nur auf die spezifische Rechtsentwicklung des Bergbaus in Deutschland, sondern reklamierte auch seine technologische und soziale Eigentümlichkeit, die ihm den Rang eines besonderen deutschen Kulturguts verleihe.[37] »Der Bergbautreibende«, erklärte 1916 ein Standardwerk zum Preußischen Bergrecht, »ist schon seit dem deutschen Mittelalter, in dem sich Deutschland zu dem ersten Bergbaulande der Erde entwickelt, ein wichtiges Rädchen im Getriebe der deutschen Volkswirtschaft geworden und als ein Träger der mittelalterlichen deutschen Kolonisationsbewegung bringt er mit seiner Kunst auf der Suche nach den Schätzen deutsche

---

33 *A. Arndt*, Bergbau, S. 27f.

34 *Weiske*, Bergbau, S. 18–29; *von Hingenau*, Beiträge, S. 51f.; *Arndt*, Geschichte.

35 So z.B. *Weiske*, Bergbau, S. 19f.

36 Für die Widerstände unter den Beamten gegenüber der von dem sog. »Miteigentümer-Gesetz« von 1851 vorgenommenen Abkehr vom Staatsbergbau vgl. *Jankowsky*, Public Policy, S. 218–226.

37 Siehe u.a. auch: *Klostermann*, Bergrecht, S. 6; *Kreßner*, Abriß, S. 18–34; *G.E. Otto*, Studien auf dem Gebiete des Bergrechtes, Freiberg 1856, S. 3f.

Art und Kultur und seine urwüchsige Bergmannssprache in die benachbarten Länder und in die entlegensten Täler des Gebirges.«[38] In der Abgeschiedenheit der Bergwerke habe sich, so die allgemeine Anschauung, über die Arbeit ein spezifisches »Bergmannsleben« mit eigenen Bräuchen und einer eigentümlichen Sprache, aber auch mit einer besonderen Tradition der sozialen Absicherung der Bergleute herausgebildet.[39] Der Mythos vom »Deutschen Bergrecht« hielt damit das Bild einer traditionellen Einheit und besonderen technologischen Fertigkeit des deutschen Bergbaus aufrecht, das bereits die romantische Bergbau-Literatur des frühen 19. Jahrhunderts verbreitet hatte.[40] Die besondere Eigentümlichkeit des Bergbaus, durch die dieser »Zweig der Gewerbethätigkeit des Volkes ein abgeschlossenes Ganzes bilde«, rechtfertigte nach Auffassung der Vertreter der »deutschen Bergrechtslehre« wie auch der Preußischen Regierung jene Sonderbehandlung, welche das Bergrecht im Vergleich zu anderen Bereichen der Eigentumsordnung durch seine Kodifikation im ABG erfuhr.[41] Damit stellten sie sich gegen die Sicht einer ultra-liberalen Strömung, die das Bergrecht ausschließlich auf die Regelung der Beziehungen zwischen Grundeigentümer und Bergwerksbetreiber eingrenzen wollte, da nach ihrer Auffassung die eigentliche Eigentümlichkeit des Bergbaus nur in der Zuordnung der unterirdischen Mineralien an den privaten Bergwerksbetreiber bestand, während er sich ansonsten nicht von anderen industriellen Gewerben unterschied.[42]

Das Bild von einer seit Jahrhunderten bestehenden rechtlichen, technologischen und sozialen Einheitlichkeit der verschiedenen Formen des Abbaus von Bodenschätzen, das nach der Auffassung der Anhänger des ABG den umfassenderen Regelungsanspruch des Gesetzes rechtfertigte, beruhte jedoch auf einer mehrfachen Fiktion. Denn *erstens* unterschieden sich die Gegenstände des späteren Bergbaus in ihrer rechtlichen Eigenschaft als Regale des Territorialfürsten in der Frühneuzeit zunächst nicht von anderen, ebenfalls dem landesherrlichen Regal unterliegenden Objekten, wie der Jagd oder der Fischerei.[43] Die im späteren Berggesetz als Objekte des Bergbaus definierten Bodenschätze,

---

38 *R. Müller-Erzbach*, Das Bergrecht Preußens und des weiteren Deutschlands, Stuttgart 1916, S. 1.

39 Ebd., S. 1–4. Vgl. auch *Weiske*, Bergbau, S. 18f.; *Kreßner*, Abriß, S. 18–34.

40 Vgl. etwa den Reflex der »bergmännischen« Werke von Novalis und Freiesleben in der Schrift von Julius Weiske (*Weiske*, Bergbau, S. 22f.).

41 Siehe die Antwort des Kommissars der Preußischen Regierung auf die Einwände des liberalen Abgeordneten von Beughem, der den Verfassern des Gesetzentwurfs eine zu weitgehende Interpretation der »Eigentümlichkeiten« des Bergrechts vorwarf, in: Bericht der XIX. Kommission, S. 1214.

42 Siehe die Äußerungen des Mitglieds der Kommission des Preußischen Abgeordnetenhauses von Beughem über den Entwurf des ABG von 1863: *v. Beughem*, Bemerkungen zu dem Entwurfe eines allgemeinen Bergwerksgesetzes, Neuwied 1863, S. 6f.

43 *Ebel*, Bergregal, S. 203–209.

194

wie etwa das Salz, wurden daher in den mittelalterlichen und frühneuzeitlichen Quellen sprachlich meist von den Gegenständen des Bergrechts getrennt, das als »ius metallicorum« üblicherweise mit dem Abbau von Eisenerzen und anderen Metallen verbunden wurde.[44] Der Regalcharakter der Kohle, die erst im Verlauf der Industrialisierung zu einem wesentlichen Objekt bergbaulicher Aktivitäten aufstieg, war sogar noch bis ins 19. Jahrhundert hinein umstritten.[45] *Zweitens* bestand bis ins 18. Jahrhundert (und teilweise darüber hinaus) keine technologische Einheitlichkeit für die im preußischen ABG als Objekte des Bergbaus angegebenen »Mineralien«, da einige der im Paragraph 1 aufgezählten Bodenschätze, wie das Salz und die Kohle, in der Frühneuzeit noch zumeist an der Oberfläche gewonnen wurden.[46] Erst in der Mitte des 19. Jahrhunderts setzte sich in Preußen bei der Salzgewinnung der bergmännische Abbau durch.[47] Braunkohle wurde aber auch weiterhin vor allem im Tagebau gewonnen. Entsprechend unterschiedlich waren daher *drittens* zunächst noch die soziale Organisation und die Sprache der durch das Bergrecht zusammengefaßten Wirtschaftszweige. Die aus dem Erzbergbau entlehnten, 1865 in das ABG übernommenen Begriffe wie »Mutung«, »Konsolidation« oder »Kuxe«, aber auch Organisationsformen wie die »Gewerkschaft« oder »Knappschaft« waren vor dem 19. Jahrhundert im Salinenwesen unbekannt und setzten sich erst im Laufe der Zeit durch die diversen gesetzlichen Regelungen in dem ehemals eigenständigen Wirtschaftszweig durch.[48]

Die Wurzeln der dem Preußischen Berggesetz zugrundeliegenden Vorstellung von der Einheitlichkeit der verschiedenen mit dem Abbau von Boden-

44 Die Mißachtung der sprachlichen Unterscheidung der einzelnen Regalien ist ein wesentliches Problem in der Argumentation von Ebel, der gegen die von Karsten und anderen vertretene Lehre von der grundsätzlichen Freiheit des Bergbaus ein generelles Regal des Landesherrn in der Frühneuzeit für den Abbau von Mineralien nachzuweisen versucht (vgl. ebd., S. 214f.). Denn auch wenn die verschiedenen Mineralien wie viele andere Gegenstände grundsätzlich vom Landesherrn als Gegenstand des Regals reklamiert werden konnten, so kann jedoch für die Frühneuzeit noch kaum von einem einheitlichen »Bergregal« oder »Bergrecht«, wie es das 19. Jahrhundert kannte, gesprochen werden (für die langwierigen Klärungsversuche der Rechtwissenschaft vgl. ebd., S. 216–221).

45 Ebd., S. 224f. In Sachsen war die Kohle noch am Ende des 19. Jahrhunderts ein Teil des Grundeigentums. Vgl. *F. Schlesier*, Das öffentliche Interesse bei der bergrechtlichen Enteignung, Diss. iur., Leipzig 1930, S. 12f.

46 Konsequenterweise verzeichnet der frühneuzeitliche Humanist Georg Agricola in seiner bergbaukundlichen Abhandlung »De re metallica libri XII« Kohle und Salze nicht als eigentliche Gegenstände des Bergbaus. Vgl. die moderne Übersetzung des lateinischen Werkes: *G. Agricola*, Zwölf Bücher vom Berg- und Hüttenwesen [sic!], München ND 1994 (urspr. 1961).

47 *H. Etzold*, Salzbergbau und industrielle Revolution im Regierungsbezirk Magdeburg, in: Magdeburger Blätter. Jahresschrift für Heimat- und Kulturgeschichte im Bezirk Magdeburg, Magdeburg 1986, S. 37–46.

48 So verlangte erst das Gesetz von 1854 über das Knappschaftswesen auch von den Arbeitern der Preußischen Salinen die Gründung von »Knappschaftsvereinen« anstelle der bislang üblichen Hilfskassen.

schätzen befaßten Wirtschaftszweige müssen vielmehr im Aufbau der spezialisierten staatlichen Bergbau-Verwaltung am Ende des 18. Jahrhunderts gesucht werden. 1768 entstand als Zentralbehörde des Preußischen Staates für den Bergbau das sogenannte »Bergwerks- und Hüttendepartement«, dem seit 1805 auch die technische Leitung über das Salinenwesen übertragen wurde.[49] Für die Ausbildung der Bergbeamten übernahm man das in der sächsischen Bergakademie Freiberg entwickelte Modell der »Bergbauwissenschaft«, das sich an den Gegebenheiten des sächsischen Silber- und Erzbergbaus orientierte. Die mit breiten natur- und staatswissenschaftlichen Kenntnissen ausgestatteten Bergbeamten hatten nicht nur einen entscheidenden Anteil an den technologischen Neuerungen im 19. Jahrhundert, sondern sorgten auch für die Propagierung eines weiterentwickelten »ius metallicorum« als rechtlicher Grundlage des modernen Bergbaus.[50] Die Übernahme der im Erzgebirge entwickelten modernen Bergbauwissenschaft erklärt den zentralen Einfluß, den Sprache und Organisation des Erzbergbaus auf die Gestaltung des bergrechtlichen Eigentums im ABG von 1865 besaßen.[51] In der Salzwirtschaft führte dies beispielsweise dazu, daß aufgrund der gesetzlichen Regelung nun als Normmodell der Salinen die aus dem Erzbergbau stammende Gewerkschafts-Verfassung an die Stelle der älteren pfännerschaftlichen Ordnung trat.[52] Die bergrechtliche Literatur ignorierte den hierdurch hervorgerufenen Wandel in der rechtlichen Struktur der Salinen, da sie beide Institutionen fälschlicherweise als nahezu identisch darstellte und damit die historisch gewachsene Rechtsform der Pfännerschaft von ihrem technologischen Bezug auf die Methoden der frühneuzeitlichen Salzgewinnung trennte.[53]

Die Festschreibung und Institutionalisierung der »Bergbauwissenschaft« in dem Gesetz von 1865 bestätigte somit die am Freiberger Modell geschulten Beamten in ihrem Status als Spezialisten eines auf diese Weise vereinheitlichten »Bergbaus«, die ihr Expertenwissen nun endgültig auf die ehemals eigen-

49 Vgl. hierzu die Behördengeschichte von *C. Krause* im Findbuch des Bestandes der »Abteilung für Bergwerks-, Hütten- und Salinenwesen«, in: Geheimes Staatsarchiv Preußischer Kulturbesitz Berlin, I HA Rep. 121 Ministerium für Handel und Gewerbe.

50 Freiberger Professoren und Dozenten, wie etwa Paul Kreßner, finden sich daher auch unter den Propagandisten der deutschen Bergrechtslehre.

51 Bergbautechnische Begriffe wie »Gewerkschaft« oder »Kuxe« wurden sogar noch nachträglich bei den Beratungen des Gesetzes durch die Mitglieder des Preußischen Herrenhauses redaktionell in den Regierungsentwurf eingefügt (Bericht der XIX. Kommission, S. 1233).

52 Während es sich bei der Gewerkschaft um ein gemeinschaftliches Unternehmen zum Abbau von Bodenschätzen handelte, stellte die Pfännerschaft eher eine Art Verband von Kleinunternehmern dar, die als Besitzer der Siedepfannen (»Pfänner«) einen Teil des Produktionsprozesses des Salzes übernahmen. Vgl. *P. Hornburg*, Die Pfännerschaft in ihrer Entwicklung zur Unternehmensform, staatswiss. Diss., Göttingen 1928.

53 Vgl. etwa *Gerber*, System, S. 243; *Müller-Erzbach*, Bergrecht Preußens, S. 223–231. Zur engen Beziehung zwischen den frühneuzeitlichen Produktionstechniken der Salinen und der Rechtsform der Pfännerschaft vgl. *Hornburg*, Pfännerschaft, S. 18–58.

ständigen Wirtschaftszweige wie den Kohleabbau und die Salzgewinnung aus-
dehnen konnten. Es ist insofern kein Wunder, daß preußischen Bergassessoren
am Ende des 19. Jahrhunderts im Ruhrgebiet entscheidende Führungsposi-
tionen in den privaten Bergwerksunternehmen des Steinkohlenbergbaus ein-
nahmen.[54] Die seit den fünfziger Jahren zunehmende Einschränkung des staatlichen Einflusses im Bergbau bedeutete für die Schüler der staatlichen
Bergakademien und preußischen Bergbeamten daher auch keinerlei Verlust
von Karriereaussichten und gesellschaftlichem Ansehen, sondern eröffnete ihnen vielmehr neue Arbeitsmöglichkeiten in einer liberalisierten Bergbauwirtschaft.

3. Tradition und Moderne im preußisch-deutschen Bergrecht

Die Berufung auf die vermeintlichen Traditionen des deutschen Bergbaus half
aber auch, weitere Gruppen in die Ausarbeitung der bergrechtlichen Eigentumsordnung zu integrieren. In erster Linie betraf dies die privaten Bergbaubetreiber, die mit der Einführung der Gesellschaftsform der modernen »bergrechtlichen Gewerkschaft« im ABG ihre Vorstellungen einer eigenständigen,
industriefreundlichen Unternehmensverfassung des Bergbaus durchzusetzen
vermochten. Der vorläufige Gesetzentwurf aus dem Jahre 1862 hatte zwar
noch erklärt, es bestehe nach dem Inkrafttreten des allgemeinen deutschen
Handelsgesetzbuches von 1862 kein Bedürfnis, neben der Aktiengesellschaft
»durch Umgestaltung der Gewerkschaft noch eine neue, besondere Gesellschaftsform ins Leben zu rufen«. Der »Industrielle Verein für die bergbaulichen
Interessen im Oberbergamtsbezirk Dortmund« und andere Industrievertreter
behaupteten aber, daß die Aktiengesellschaft für die spezifischen Verhältnisse
des Bergbaus ungeeignet sei.[55] Die Unternehmer plädierten für eine Reform
der Gewerkschaftsverfassung, die ihre besondere Eignung als spezifische Unternehmensform des Bergbaus durch die Jahrhunderte unter Beweis gestellt
und diesen vor den schädlichen Folgen der Spekulation bewahrt habe.[56] Damit
appellierten sie an die nicht nur auf Seiten der Konservativen bestehende

54 *B. Faulenbach*, Die Preußischen Bergassessoren im Ruhrbergbau. Unternehmermentalität
zwischen Obrigkeitsstaat und Privatindustrie, in: Mentalitäten und Lebensverhältnisse. Beispiele
aus der Sozialgeschichte der Neuzeit. Rudolf Vierhaus zum 60. Geburtstag, Göttingen 1982,
S. 225–242; *T. Pierenkemper*, Die westfälischen Schwerindustriellen 1852–1913. Soziale Struktur
und unternehmerischer Erfolg, Göttingen 1979, S. 56–59.
55 *W. Friedrich*, Die Entwicklung des Rechts der bergrechtlichen Gewerkschaft in Preußen von
1850 bis zum Ersten Weltkrieg, in: *N. Horn u. J. Kocka* (Hg.), Recht und Entwicklung der Großunternehmen im 19. und 20. Jahrhundert. Wirtschafts-, Sozial- und rechtshistorische Untersuchungen zur Industrialisierung in Deutschland, Frankreich, England und den USA, Göttingen
1979, S. 190–203, bes. S. 195.
56 *Brown*, Legislation, S. 307f.

Furcht vor einem zu starken Einfluß des internationalen Kapitalmarkts auf die preußisch-deutsche Wirtschaft.

Die aufgrund der massiven Interventionen revidierte Fassung des Gesetzes bekräftigte die besondere rechtliche Ordnung des Bergbaus in Form des »dem Deutschen und Preußischen Bergrecht eigentümliche[n]« Gewerkschaftsrechts.[57] Seine Ausgestaltung verschaffte den Bergwerksunternehmern eine Reihe von nicht zu unterschätzenden Vorteilen gegenüber den bestehenden Rechtsinstituten der Personen- bzw. Aktiengesellschaft, ließ ihnen aber grundsätzlich die Wahlmöglichkeit bei der Festlegung der Unternehmensform.[58] Gegenüber der Aktiengesellschaft, von der sie die wichtigsten verfahrenstechnischen Grundsätze übernahm, unterschied sich die bergrechtliche Gewerkschaft vor allem durch den Verzicht auf ein festes Grundkapital des Unternehmens und die fehlende Publikationspflicht für ihre Bilanzen. Dagegen sah die Gewerkschaftsverfassung ähnlich wie eine Personengesellschaft aber auch eine generelle Haftung des Anteilsinhabers für die Verbindlichkeiten des Unternehmens vor: die sogenannte »Zubuße«-Verpflichtung. Gleichzeitig erlaubte das Gesetz es den Kuxen-Inhabern, sich durch den Verkauf ihres Anteils an die Gewerkschaft von der Haftungsverpflichtung zu befreien (§§ 130, 131 ABG). Die Vorteile des Gewerkschaftsrechts führten dazu, daß speziell die neugegründeten Bergbaubetriebe des Ruhrgebiets die vom Gesetz geschaffene Unternehmensform annahmen.[59]

Wie beim Gewerkschaftsrecht zeigte sich auch bei der Gestaltung der Verhältnisse der Bergarbeiter und insbesondere bei der Knappschaftsverfassung die Tendenz des Gesetzes, unter dem Deckmantel eines Rückgriffs auf vermeintlich »traditionelle« Rechtsformen des Bergbaus eine vergleichsweise »moderne« Eigentumsordnung zu schaffen. Allerdings setzte sich in diesem Bereich dabei nicht eine unternehmerfreundliche Interpretation des Mythos vom »deutschen Bergbau« durch, vielmehr ermöglichte es der Verweis auf die »vielfach althergebrachten Einrichtungen«[60] zur sozialen Absicherung der Bergleute, eine relativ arbeiterfreundliche Sozialverfassung zu erreichen, die zu einem Vorläufer des späteren deutschen Pflichtversicherungssystems wurde.[61] Die Vertreter eines konsequent liberalen Bergrechts wandten gegen die Bestimmungen ein, daß sie eine nicht zu rechtfertigende Sonderbehandlung der Bergleute gegenüber anderen Arbeitern bedeuten würden: »Der Bergbau

57 Bericht der XIX. Kommission, S. 1226.
58 Vgl. hierzu auch: *Friedrich*, Entwicklung, S. 197.
59 Ebd., S. 198f. Allerdings zeigte sich, wie Friedrich und Brown übereinstimmend darstellen, auf längere Sicht die Überlegenheit der Aktiengesellschaft gegenüber der Gewerkschaftsverfassung (ebd., S. 200; *Brown*, Legislation, S. 312f.).
60 Bericht der XIX. Kommission, S. 1226. Vgl. auch mit einer ähnlichen Argumentation in bezug auf das Knappschaftswesen: Motive, S. 178.
61 *Fischer*, Stellung, S. 157f.

ist ... weder gefährlicher, noch in dieser Beziehung eigentümlicher als viele andere Gewerbe, und das Verhältnis der Bergarbeiter zu den Bergwerksbesitzern an und für sich durchaus nicht verschieden von dem, welches bei anderen Gewerben zwischen Arbeitgebern und Arbeitnehmern besteht.«[62] Gegen diese Einwände gelang es den staatlichen Bergbeamten mit Hilfe des in der bergrechtlichen Literatur beständig kolportierten Mythos vom »deutschen Bergmann« und dank der Vorstellung einer »traditionellen« sozialen Absicherung im Bergbau,[63] die auch in vielen anderen Wirtschaftszweigen bestehende Hilfskassen der Gesellen und Berufsverbände als eine staatliche Pflichtversicherung beizubehalten.

Diese Umwandlung bedeutete zugleich aber die Durchsetzung eines vereinheitlichten Bildes des »Bergarbeiters«, das die alten Differenzierungen zwischen den einzelnen Berufsgruppen des Wirtschaftszweiges aufhob. Denn neben den eigentlichen Bergleuten mußten nach den gesetzlichen Bestimmungen nun auch Hilfsarbeiter in die Knappschaften aufgenommen werden.[64] Bereits seit dem Knappschaftsgesetz von 1854 wurden ebenfalls alle Arbeiter in den mit dem Bergbau verbundenen Produktionszweigen, also in den sogenannten Aufbereitungsanstalten und in den Salinen, zu den versicherungspflichtigen »Bergleuten« gezählt, obwohl dies einem historisch gewachsenen Berufsverständnis widersprach.[65] Die Gesetzesregelung führte somit zu einer deutlichen Nivellierung der ehemals äußerst verschiedenen Berufsbilder, welche die unterschiedlichen Gruppen von Arbeitern in den Bergwerken, Salinen und Aufbereitungsanstalten im Laufe der Zeit herausgebildet hatten.

Die Mißachtung der differenzierten Berufstraditionen unterstreicht die randständige Position der Arbeiter in der Debatte um die Ausarbeitung des preußischen ABG von 1865, die ganz von den liberalen Juristen, den staatlichen Beamten und Bergwerksunternehmern dominiert wurde. Eine Berücksichtigung der Arbeiterinteressen war weder von seiten der Politik noch von der Verwaltung vorgesehen, bevor die großen Bergarbeiterstreiks an der Ruhr von 1872 und 1889 sowie die Wahlerfolge der Sozialdemokratie die staatlichen Stellen zur Veränderung ihrer Sozialpolitik »von oben« zwangen.[66] Der in das

62 *Von Beughem*, Bemerkungen, S. 33.

63 Vgl. *Karsten*, Grundriss, S. 300–317; *Weiske*, Bergbau, S. 23 (mit Verweis auf das Werk von *C.F.G. Freiesleben*, Darstellung der Grundlagen der sächsischen Bergwerksverfassung, Leipzig 1837, S. 270f.); *H. Brassert*, Allgemeines Berggesetz für die Preußischen Staaten vom 24. Juni 1865. Mit Einführungsgesetzen und Kommentar, Bonn 1888, S. 436f.; *Müller-Erzbach*, Bergrecht Preußens, S. 374–386. Ein Reflex des Bergmann-Mythos findet sich auch in der neueren Bergbau-Literatur, siehe *W. Fischer*, Das Ordnungsbild der preußischen Bergrechtsreform 1851–1865, in: ders., Wirtschaft , S. 139–147, bes. S. 145.

64 Ebd., S. 144.

65 Für die Salinenarbeiter in Halle vgl. *J. Mager*, Kulturgeschichte der Halleschen Salinen, Halle 1995², S. 103–109.

66 Vgl. *Fischer*, Stellung, S. 157.

Gesetz einfließende Mythos vom »Bergmann« muß daher auch eher als eine Vision der bürgerlichen Beamtenschaft von den Arbeits- und Lebensbedingungen im Bergbau als ein unter den Arbeitern verbreitetes Selbstbild verstanden werden.

4. Die (Ohn-)Macht des Mythos

Auch wenn die staatlichen Behörden ebenso wie die Vertreter der beiden Häuser des Preußischen Landtages unisono die Förderung des privatwirtschaftlichen Bergbaus als Hauptaufgabe des neu ausgearbeiteten ABG anführten,[67] beeilten sie sich doch gleichzeitig zu versichern, daß die Interessen des Grundeigentümers durch die Regelungen des Gesetzes besser geschützt seien.[68] Vor allem der Berichterstatter des Herrenhauses, in dem nach der Preußischen Verfassung die Angehörigen des grundbesitzenden Adels dominierten, hob die große »Rücksicht« des Gesetzentwurfs gegenüber dem Grundeigentümer hervor. Dieser habe »eben nur so weit Beschränkungen sich zu unterwerfen ..., als das Interesse des Bergbaues es im Allgemeinen erfordert«.[69] Eine genauere Betrachtung der Einzelbestimmungen des ABG macht jedoch die Diskrepanz deutlich, die zwischen derartigen Beruhigungsformeln und der tatsächlichen Rechtsstellung des Grundeigentümers im neu kodifizierten Preußischen Bergrecht bestand.

In der Tat wurden die Rechte des Grundeigentümers durch die gesetzlichen Neuregelungen in einigen wichtigen Punkten eingeschränkt: Abgeschafft wurde etwa sein Anspruch, unabhängig von anderweitigen Entschädigungen durch eine sogenannte »Erbkux« an dem Ertrag des Bergwerksunternehmens beteiligt zu werden. Dieses noch im Allgemeinen Landrecht (§ 117 Tit. 16 Th. II) vorgesehene Recht des Grundeigentümers wurde nun von den Verfassern des Gesetzentwurfes mit der Begründung verworfen, es handele sich um eine »den Bergbau unverhältnißmäßig belastende Naturalabgabe«.[70] Auch ähnliche Regelungen einzelner Bergordnungen, nach denen dem Grundeigentümer ein »Mitbaurecht« bei der Gewinnung der Bodenschätze zustand, wurden durch das ABG aufgehoben.[71] Dagegen blieb es bei dem bereits nach der älteren

67 Motive, S. 176; Bericht der Neunten Kommission, S. 236; Bericht der XIX. Kommission, S. 1247.

68 Motive, S. 180; Bericht der Neunten Kommission, S. 229; Bericht der XIX. Kommission, S. 1217.

69 Zit. nach: Zeitschrift für Bergrecht 6, 1865, S. 291.

70 Zu den §§ 224, 225 und ihrer Begründung vgl. Motive, S. 220f.

71 Zu den vor 1865 existierenden Rechten der Grundeigentümer zur Beteiligung am Bergwerksunternehmen siehe auch: H. *Achenbach*, Die gegenseitigen Rechtsverhältnisse des Grundeigenthumes und der Industrie, in: Zeitschrift für Bergrecht 4, 1863, S. 196–224, 324–365, bes. S. 207–210.

Rechtslage bestehenden Anrecht des Grundbesitzers auf vollständiger Entschädigung bei Enteignung sowie bei einer Beeinträchtigung seines Eigentums durch den Grubenbetrieb.[72] Gestärkt wurde die Position des Grundeigentümers lediglich darin, daß er von dem Bergwerksbetreiber nicht nur eine Kaution für mögliche Beschädigungen, sondern auch die Übernahme eines für ihn nicht mehr nutzbaren Grundstücks verlangen konnte. Durch die Bevorzugung von Geldzahlungen gegenüber den dinglichen Abgaben, welche die älteren Berggesetze und -ordnungen noch üblicherweise als Kompensation für den Eingriff in das Bodeneigentum vorgesehen hatten, traten damit auch im Bergrecht die schon in anderen Bereichen der modernen Eigentumsordnung üblichen Kapitalbeziehungen an die Stelle der alten, an das Grundeigentum geknüpften Sonderrechte und Reallasten.

Obwohl die preußische Regierung gemäß dem vorherrschenden Mythos vom »Deutschen Bergrecht« die Förderung der privaten Bergwerksindustrie als wichtigstes Ziel der Kodifikation des Bergrechts erklärte,[73] bedeutete dies in der Praxis dennoch nicht die Verdrängung der Grundeigentümer aus der realen Eigentumsordnung der preußischen Bergbauwirtschaft. Vielmehr hatten die allgemeine Regel, daß alle alten, »wohlerworbenen« Rechte durch die Neuregelung des Bergrechts nicht angetastet werden sollten,[74] sowie eine Reihe von provinzialrechtlichen Sonderregelungen zur Folge, daß zumindest in den älteren Bergbauregionen Preußens die Stellung der Grundeigentümer tatsächlich nur unwesentlich eingeschränkt wurde. Zwar betonte die Regierung in den »Motiven« zum Gesetzentwurf, daß es »im Interesse des Bergbaues der betreffenden Landestheile und gleichförmiger bergrechtlicher Zustände« prinzipiell wünschenswert gewesen wäre, auch die in einzelnen Regionen und Provinzen weiterhin bestehenden Vorrechte der Grundeigentümer abzuschaffen, doch sah sie sich angesichts der im Lande bestehenden Machtverhältnisse außerstande, eine derartige Maßnahme durchzusetzen.[75] Begünstigt wurden hierdurch insbesondere die schlesischen Adeligen, die aufgrund alter Privilegien auf ihrem Grundbesitz ausgedehnte Bergwerke zum Abbau von Eisenerz, Zink und Steinkohle betrieben.[76] Vier ihrer Vertreter, die als Angehörige der Kommission

72 Vgl. zu den Bestimmungen der §§ 135–152 über die Enteignung bzw. Entschädigung des Grundeigentümers und zu ihren Vorläufern in der Gesetzgebung und Rechtsprechung insbesondere Bericht der XIX. Kommission, S. 1237–1245.

73 Vgl. u.a. Motive, S. 176.

74 So bestimmte etwa § 250,1 des ABG: »An den Rechten der früher reichsunmittelbaren Standesherren, sowie derjenigen, welchen auf Grund besonderer Rechtstitel das Bergregal in gewissen Bezirken allgemein oder für einzelne Mineralien zusteht, wird durch das gegenwärtige Gesetz nichts geändert.« Vgl. auch: Motive, S. 181 u. 219–225.

75 Ebd., S. 225.

76 Zur rechtlichen Situation des Schlesischen Bergbaus siehe: *Müller-Erzbach*, Bergrecht Preußens, S. 93; *Arndt*, Bergbau, S. 40. Allgemein zum Bergbau der adeligen Grundeigentümer in Schlesien: *Fuchs*, Dirigismus, passim; *T. Pierenkemper*, Struktur und Entwicklung der Schwerindu-

des Preußischen Herrenhauses den Gesetzentwurf der Regierung zum ABG begutachteten, sorgten dafür, daß die Interessen der adligen Bergwerksbetreiber bei der Ausarbeitung des Gesetzes nicht wesentlich beeinträchtigt wurden. In der Person des Fürsten zu Hohenlohe-Oehringen, einem der reichsten Männer Preußens und unter anderem Besitzer ausgedehnter Steinkohlebergwerke in Schlesien, stellte diese Gruppe sogar den Vorsitzenden der Kommission, in der mit dem Fürsten von Pleß, dem Herzog von Ratibor und dem Grafen von Ballestrem drei weitere Betreiber großer schlesischer Berg- und Hüttenwerke vertreten waren.[77] Den vier Industriemagnaten war es zu verdanken, daß nicht nur die verschiedenen in Schlesien geltenden Sonderrechte, sondern etwa auch die Frage der Entschädigung von Bergwerksunternehmen für die beim Bau von Eisenbahnen notwendigen Sicherungsmaßnahmen zu zentralen Themen bei der Beratung des Gesetzes wurden.[78]

Zur Doppelstellung der schlesischen Adeligen als Bergbaubetreiber und Großgrundbesitzer kam die Tatsache hinzu, daß aufgrund der fortgeschrittenen Entwicklung des schlesischen Bergbaus 1865 überhaupt nur noch wenige Felder in der Provinz für den Abbau von Bodenschätzen verliehen werden konnten.[79] Zusätzlich war nach § 211 ABG hier wie auch in einigen anderen Landesteilen das Eisenerz von den Bestimmungen des Berggesetzes ausgenommen. Die Gültigkeit des ABG für den schlesischen Bergbau beschränkte sich somit lediglich auf die relativ geringe Zahl der nach dem Inkrafttreten des Gesetzes neu eingerichteten Bergwerke. Ähnlich waren auch die Grundbesitzer in den preußischen Besitzungen Mitteldeutschlands nur selten von der Neuordnung des Bergrechts betroffen, da der Bergbau in diesen Gegenden zumeist schon auf eine lange Tradition zurückblicken konnte. Die Eigentumsverhältnisse in den meisten Bergwerken und Salinen dieser Landstriche wurden daher von den Bestimmungen des Gesetzes kaum berührt.[80] Noch eindeutiger war die Situation für den Kohleabbau in den meisten Teilen der früher zum Königreich Sachsen gehörenden Territorien, wo nach § 212 ABG das alte Grundeigentümerrecht auf Stein- und Braunkohle weiterhin seine Gültigkeit behielt.[81]

strie in Oberschlesien und im westfälischen Ruhrgebiet 1852–1913, in: Zeitschrift für Unternehmensgeschichte 24, 1979, H. 2, S. 1–28, bes. S. 7 u. 12f.

77 Vgl. die Liste der Kommissionsmitglieder des Herrenhauses in: Bericht der Neunten Kommission, S. 256. Vgl. die Liste der schlesischen Hüttenbesitzer bei: *Fuchs*, Dirigismus, S. 129. Zum Bergwerksbesitz des Fürsten zu Hohenlohe-Oehringen: ebd., S. 7. Zu den Besitzverhältnissen der vier Familien im Jahr 1912 siehe: *R. Martin*, Jahrbuch des Vermögens und Einkommens der Millionäre in der Provinz Schlesien, Berlin 1913, S. 100–108, 129–134 u. 138.

78 Vgl. Bericht der Neunten Kommission, S. 253 u. 256.

79 Ebd., S. 253.

80 Siehe etwa für den Mansfelder Bergbau und die Hallesche Saline: *W. Mück*, Der Mansfelder Kupferschieferbergbau in seiner rechtsgeschichtlichen Entwicklung, Bd. 1, Leipzig 1910, S. 241–261; *Freydank*, Die Hallesche Pfännerschaft, Bd. 2: 1500–1926, Halle 1930, S. 274–279.

81 Hierzu gehörten die wichtigsten mitteldeutschen Regionen des Braunkohletagebaus (vgl. *Michael*, Braunkohlebergbau, S. 1–12).

Sieht man von einigen Ausnahmen ab, zu denen unter anderem die nach 1865 in der Provinz Sachsen erschlossenen Kali- bzw. Steinsalz-Bergwerke gehörten,[82] betrafen die allgemeinen Bestimmungen des Gesetzes in erster Linie den seit Mitte des Jahrhunderts boomenden Steinkohlebergbau im Ruhrgebiet, da nur hier nach dem Inkrafttreten des Gesetzes in wesentlichem Umfang neue Gruben eingerichtet wurden.[83] Zwar bestanden auch im Ruhrrevier viele Zechen schon vor 1865,[84] doch ließ die wirtschaftliche Entwicklung in der Region noch am ehesten eine nennenswerte Zahl von Bergwerks-Neugründungen erwarten. In der Kommission des Preußischen Abgeordnetenhauses wurde die Entwicklung »des bei weitem wichtigsten Theiles unserer Bergwerks-Industrie, nämlich des Steinkohlen-Bergbaus«, daher auch als eines der Hauptziele des Gesetzes genannt.[85] Insbesondere das Gewerkschaftsrecht des ABG nahm starke Rücksicht auf die Bedingungen des Ruhrbergbaus, der im Gegensatz zu den Bergbauunternehmen des schlesischen Adels auf die Bereitstellung von privatem Kapital angewiesen war, um die Erschließung der hier seit den fünfziger Jahren aufkommenden Tiefbauzechen zu finanzieren.[86] Die Bestimmungen des Gesetzes erlaubten es überdies der Steinkohle-Industrie, ihre Beziehungen zu den Grundeigentümern in den seit den Gründerjahren neu erschlossenen Bergbaugebieten entlang der Emscher zu rationalisieren und die Enteignung großer Grundstücke für den Bau ihrer Betriebsgebäude durchzusetzen. Auf der anderen Seite profitierten auch die Grundeigentümer der Region von dem Bergbauboom, da die Zechengesellschaften viele Grundstücke in der Nähe der Bergwerke ankauften, um Entschädigungsprozesse wegen der nicht selten auftretenden Bergschäden zu vermeiden.[87] Gerade in diesem Punkt versuchten die rheinisch-westfälischen Grundeigentümer nämlich schon bald nach dem Inkrafttreten des ABG, eine Verschärfung der gesetzlichen Bestimmungen zu erreichen und damit ihre Rechtsansprüche gegenüber den Bergwerksbesitzern auszuweiten.[88]

Die begrenzte Reichweite des Gesetzes und die große Zahl provinzialrechtlicher Ausnahmebestimmungen sind insofern als ein Zeichen für die einflußreiche Stellung anzusehen, welche sich ein bedeutender Teil der Grundeigen-

82 *Etzold*, Salzbergbau, S. 39.

83 Vgl. u.a. *J. Huske*, Die Steinkohlenzechen im Ruhrrevier. Daten und Fakten von den Anfängen bis 1986, Bochum 1987; *H.G. Steinberg*, Die Entwicklung des Ruhrgebietes – eine wirtschafts- und sozialgeographische Studie, Düsseldorf 1967.

84 Vgl. die Daten in: *Huske*, Steinkohlenzechen, passim.

85 Bericht der XIX. Kommission, S. 1247.

86 *Friedrich*, Entwicklung, S. 195.

87 *Steinberg*, Entwicklung, S. 36f. Für die großen Landaufkäufe der Zechengesellschaften siehe auch: *H. Reif*, Landwirtschaft im industriellen Ballungsraum, in: W. Köhlmann (Hg.), Das Ruhrgebiet im Industrie-Zeitalter, Bd. 1: Geschichte und Entwicklung, Düsseldorf 1990, S. 337–393, bes. S. 345.

88 *Brassert*, Allgemeines Berggesetz, S. 386.

tümer bei der ›Aushandlung‹ der realen Eigentumsordnung im preußischen Bergbau bewahren konnten. Dennoch gelang es den Grundeigentümern in Preußen bei der Ausarbeitung des ABG nicht, einen Vorrang gegenüber den Ansprüchen der Bergbaubesitzer zu erreichen. Verantwortlich hierfür war nicht zuletzt die Polarisierung der bergrechtlichen Debatte zwischen einer den privaten Unternehmern zugute kommenden Liberalisierung des Bergbaus auf der einen und seiner im »nationalen« Interesse vorgenommenen Verstaatlichung auf der anderen Seite, während die Interessen der Grundeigentümer immer als nachrangig bewertet wurden.[89] Diese Debatte prägte auch die weitere Entwicklung des Bergrechts und insbesondere die 1905 von der preußischen Regierung verabschiedete Sperre auf die Erschließung neuer Steinkohlen-, Kali- und Steinsalzgruben.[90] Damit erweist sich einerseits die Wirkungsmacht des Mythos vom »Deutschen Bergrecht« bei der Ausgestaltung der bergrechtlichen Eigentumsordnung, andererseits aber ebenso auch seine Ohnmacht gegenüber den realen Machtbeziehungen, die den preußischen Bergbau in den verschiedenen Landesteilen charakterisierten.

5. Zusammenfassung

Das Beispiel der Ausgestaltung des bergrechtlichen Eigentums im Preußischen Allgemeinen Bergrecht von 1865 unterstreicht die These, daß auch die moderne, im 19. Jahrhundert kodifizierte Eigentumsordnung sich nicht ohne die Berufung auf ein vermeintlich traditionelles »altes Recht« verstehen läßt. Der Rückgriff auf das mythische Bild einer vergangenen Rechtsordnung darf aber nicht mit dem Versuch einer tatsächlichen Fortführung ehemals existierender Rechtsregeln gleichgesetzt werden. Vielmehr diente die Konstruktion eines traditionellen Rechts nur als Argument zur Durchsetzung einer spezifischen Rechtsauffassung, die durchaus die Bedingungen der modernen Wirtschafts- und Gesellschaftsordnung berücksichtigte. Für die Kodifizierung des preußisch-deutschen Bergrechts bedeutete dies, daß unter dem Deckmantel des Mythos vom »Deutschen Bergrecht« etwa Kapitalbeziehungen die ehemals geltenden dinglichen Rechte und Reallasten zwischen Grundeigentümern und Bergbaubetreibern ablösten, die staatliche Pflichtversicherung an die Stelle der alten, von den Berufsvereinigungen getragenen Hilfskassen trat und die früheren Gewerk- und Pfännerschaften durch eine Spezialform der modernen Kapitalgesellschaft ersetzt wurden.

89 Einer der seltenen Artikel der »Zeitschrift für Bergrecht«, der die Rechte der Grundeigentümer relativ stark berücksichtigte, war bezeichnenderweise schon 1861 – d.h. noch vor der Diskussion über den Gesetzentwurf zum ABG – in den »Annalen der Landwirthschaft« (Jahrgang 19, 1861) veröffentlicht worden. Siehe: *Achenbach*, Rechtsverhältnisse.
90 *Fischer*, Stellung, S. 156.

Der von einer Koalition von liberalen Juristen, Bergbaubeamten und Bergwerksbesitzern getragene Mythos vom »Deutschen Bergrecht« hatte somit bedeutende Auswirkungen auf die rechtlichen Formen, in denen sich nach 1865 der Bergbau in Preußen und Deutschland entwickelte. Allerdings gelang den Vertretern der liberalen »deutschen Bergrechtslehre« in der Frage des Interessensausgleichs zwischen Bergwerksbesitzern und Grundeigentümern aufgrund der realen Machtverhältnisse in Preußen nur in einem sehr begrenzten Umfang, ihre industriefreundlichen Vorstellungen auch in der eigentumsrechtlichen Praxis umzusetzen. Hierbei zeigte sich die faktische Stärke einer vor allem von den schlesischen Magnaten vertretenen Position, die das Fortbestehen »wohlerworbener Rechte« gegen die allgemeinen Prinzipien der Kodifikation stellte.

Die rhetorische Übermacht des Mythos vom »Deutschen Bergrecht« führte jedoch zumindest dazu, daß das Spannungsverhältnis zwischen Staat, Bergwerksbetreiber und Grundeigentümer in der Eigentumsordnung des preußisch-deutschen Bergbaus eine sehr spezifische Gestalt annahm. Die Aufteilung der mit dem Eigentum an Grund und Boden verbundenen Rechte unterschied sich dabei deutlich von der Situation in England und – mit Einschränkungen – auch in Frankreich, wo die Grundeigentümer ihre Interessen in einem weitaus größerem Maß in der »offiziellen« Rechtsordnung durchzusetzen vermochten. Damit reifizierten die Vertreter der »deutschen Bergrechtslehre« aber eine Reihe von Eigentümlichkeiten des preußisch-deutschen Bergrechts, von denen sie glaubten, daß sie bereits seit vielen Jahrhunderten im deutschen Bergbau bestehen würden.

IV.
Das Recht auf Wohnen und Kultur.
Soziale und kulturelle Bindung des Eigentums

Winfried Speitkamp

Eigentum, Heimatschutz und Denkmalpflege in Deutschland seit dem ausgehenden 19. Jahrhundert

Seit dem ausgehenden 19. Jahrhundert rückte das Verhältnis von Eigentum, Heimatschutz und Denkmalpflege in den Blick der deutschen Öffentlichkeit. Dabei offenbarte sich ein Paradigmenwandel. Exemplarisch drückte er sich in einer im Jahre 1908 veröffentlichten Abhandlung des Jenaer Kunsthistorikers Paul Weber über »Denkmalpflege und Heimatschutz in der Gesetzgebung der Gegenwart« aus: »Neben dem geschichtlich-nationalen Ausgangspunkt hat … die moderne Denkmalpflege noch einen anderen, scheinbar ganz entgegengesetzten, den sozialen oder richtiger sozialistischen. Von Jahrzehnt zu Jahrzehnt ist das Empfinden dafür erstarkt, daß die Allgemeinheit ein Anrecht, eine Art Mitbesitzrecht an den Kulturdenkmälern der Vergangenheit hat. Sie will sich nicht mehr absperren lassen von dem Mitgenusse dessen, was die Vorzeit geschaffen, sie empfindet es als eine persönliche Kränkung, wenn der zufällige Besitzer eines alten Denkmales, etwa einer Burg, eines Stadttores, eines kunstreichen alten Patrizierhauses, dieses verändert oder verfallen läßt oder abreißt oder etwa ein wertvolles bewegliches Kunstwerk, das ein Stolz der Stadt oder des Landes war, ins Ausland verkauft, bloß weil es ihm so behagt.«[1]

Paul Weber stand nicht nur der Heimat- und Denkmalpflegebewegung, sondern auch der Bodenreformbewegung in Deutschland nahe.[2] Seine Wertung des sozialistischen Charakters der Denkmalpflege wurde nach der Jahrhundertwende zum Topos der bürgerlichen Sozial- und Kulturreform. Sie zielte auf den Konflikt zwischen kulturpolitischem Anspruch und privatem Eigentum, der Schlüsselfrage von Recht und Praxis der Denkmalpflege.[3] Die Eigen-

1 *P. Weber*, Denkmalpflege und Heimatschutz in der Gesetzgebung der Gegenwart, in: Blätter für Rechtspflege in Thüringen und Anhalt 35, 1908, S. 161–181, hier S. 164.
2 Siehe etwa: *P. Weber*, Heimatschutz, Denkmalpflege und Bodenreform. Vortrag, gehalten auf dem 15. Bundestage deutscher Bodenreformer zu Berlin am 4. Oktober 1905, Berlin 1906.
3 Zur Eigentumsproblematik in der Denkmalpflege: *H. Melchinger*, Die Eigentumsdogmatik des Grundgesetzes und das Recht des Denkmalschutzes, Berlin 1994; *W. Speitkamp*, Die Verwaltung der Geschichte. Denkmalpflege und Staat in Deutschland 1871–1933, Göttingen 1996, S. 365–393; *P. May*, Denkmalschutz und Eigentum, Diss. iur. München 1972/73; *G. Leibholz*,

tumsdebatte spiegelte den Zusammenhang von Sozial-, Kultur- und Rechtsordnung und zeigte den Wandel des gesellschaftlichen Bewußtseins an. Dies soll in drei Schritten vertieft werden: Zunächst geht es um die Vorstellungen der Heimat- und Denkmalpflegebewegung in Deutschland seit dem ausgehenden 19. Jahrhundert. Sodann wird die Umsetzung der neuen Ideen in Verwaltung und Recht an und nach der Jahrhundertwende betrachtet. Schließlich steht die Politisierung und Ideologisierung der Debatte um die Eigentumsfrage vom Beginn des 20. Jahrhunderts bis in die nationalsozialistische Zeit im Mittelpunkt.

1. Heimat, Denkmal und Eigentum

Bevölkerungswachstum, Industrialisierung und Urbanisierung riefen im wilhelminischen Deutschland des ausgehenden 19. Jahrhunderts zivilisationskritische Gegenbewegungen hervor, die eine Neuorientierung in Gesellschaft und Kultur verlangten und zu einer umfassenden Kulturreform aufriefen. Zu diesen Bewegungen zählte auch die Heimatbewegung, die in den 1880er Jahren in Deutschland aufkam und seit den 1890er Jahren schnell Zulauf erhielt.[4] Sie kritisierte die kapitalistische Industriewirtschaft, die Großstadt, die Zerstörung des traditionalen Landlebens, den modernen Massenverkehr und den Tourismus. Dagegen wurde der Heimatbegriff gestellt. Er bündelte positiv verstandene Elemente wie Tradition, Gemeinschaft und Gemeinverantwortung und kontrastierte die sozialen, ethischen und ästhetischen Mängel der Gegenwart. Heimat war ein Konstrukt, sie sollte, auf der Vergangenheit basierend, neu gestiftet werden, um Gegenwart und Zukunft zu gestalten. Deshalb ging es der Heimatbewegung nicht nur um den Schutz von Natur und Landschaft,

Denkmalschutz im Rahmen der Sozialbindung des Eigentums und öffentlicher Förderung, in: Deutsche Kunst und Denkmalpflege 34, 1976, S. 39–45. Vgl. aus der neueren Literatur zur Eigentumsfrage im Baurecht ferner *S. Fisch*, Stadtplanung im 19. Jahrhundert. Das Beispiel München bis zur Ära Theodor Fischer, München 1988; *ders.*, Administratives Fachwissen und private Bauinteressen in der deutschen und französischen Stadtplanung bis 1918, in: Jahrbuch für Europäische Verwaltungsgeschichte 1, 1989, S. 221–262; *R. Wittenbrock*, Das Enteignungsrecht als Instrument der Stadtplanung in Belgien, Luxemburg und Elsaß-Lothringen. Die bodenrechtliche Debatte im Einflußbereich französischer und deutscher Normen (1800–1918), in: Zeitschrift für Neuere Rechtsgeschichte 14, 1992, S. 1–31. Zur Geschichte des Eigentumsbegriffs: *D. Schwab*, Eigentum, in: O. Brunner, W. Conze u. R. Koselleck (Hg.), Geschichtliche Grundbegriffe. Historisches Lexikon zur politisch-sozialen Sprache in Deutschland, Bd. 2, Stuttgart 1975, S. 65–115.

4 Vgl. dazu *A. Knaut*, Zurück zur Natur! Die Wurzeln der Ökologiebewegung, Bonn 1993; *K. Ditt*, Die deutsche Heimatbewegung 1871–1945, in: Heimat. Analysen, Themen, Perspektiven, Bonn 1990, S. 135–154; *E. Klueting* (Hg.), Antimodernismus und Reform. Zur Geschichte der deutschen Heimatbewegung, Darmstadt 1991; *Speitkamp*, Verwaltung, S. 119f.

baulichen und kulturellen Überresten sowie Sitten und Gebräuchen, sondern auch um die Prägung von Lebensformen und Werthaltungen.

Der Heimatschutz war eine bürgerliche Bewegung. Anders als die älteren, eher elitären Geschichtsvereine, die vor allem Bildungsbürger und Beamte vereinten, erfaßten die Heimatvereine, welche die Geschichtsvereine an Mitgliederzahl und öffentlicher Wirkung schnell überholten, eine breitere und heterogene bürgerliche Klientel. Darin fanden sich neben den kleinstädtischen und dörflichen Honoratioren auch weitere kleinstädtische Bürgerkreise, etwa Angehörige des Gewerbebürgertums, dazu Akademiker und Publizisten, die durch die Modernisierung ihren sozialen Status bedroht glaubten. Dagegen fehlten Bauern, Adel und Arbeiter. Die soziale Zusammensetzung erklärt, warum die Heimatbewegung gegen die moderne bürgerliche Gesellschaft mit ihrem Primat materialistischer und individuell-egoistischer Interessen das Ideal einer am Gemeinwohl orientierten Gesellschaft der selbständigen kleinen Bürger setzte, gewissermaßen das alte mittelständische Bürgerideal. Heimatpflege wurde insofern als eine Antwort auf die soziale Frage angesehen, als Sozialpolitik im weiteren Sinn. Es galt, den durch die Urbanisierung von Entwurzelung bedrohten Bevölkerungsmassen einen Zusammenhalt zu vermitteln, gemeinsame Werte und Patriotismus wiederzubeleben. In ideeller und zum Teil auch in personeller Hinsicht knüpfte die Heimatbewegung an die bürgerliche Sozialreform an. Das schloß ein neues Verhältnis zu materiellen Eigentümerinteressen und Privatwirtschaft ein.

Beispielhaft dafür steht der aufsehenerregende Konflikt, der kurz nach der Jahrhundertwende um die Stromschnellen am Rhein bei Laufenburg in Baden ausbrach.[5] Hier war das bis dahin größte Wasserkraftwerk Europas geplant. Die Stromschnellen sollten dafür geopfert werden. Davon erhofften sich die umliegenden Gemeinden ebenso wie die badische Regierung einen wirtschaftlichen Aufschwung. Die Regierung ließ deshalb verlauten, daß angesichts der ökonomischen Erwartungen »Rücksichten auf landschaftliche Schönheiten zurücktreten« müßten.[6] Die Heimatbewegung und besonders der im Jahr 1904 gegründete, reichsweit arbeitende »Bund Heimatschutz« initiierten daraufhin eine massive Kampagne, um die Stromschnellen zu retten und den Primat kapitalistischer Gewinninteressen zu bekämpfen. Tatsächlich erhielt die Heimatbewegung Unterstützung aus den Kreisen von Wissenschaft und Sozialreform. Persönlichkeiten des öffentlichen Lebens von Friedrich Naumann über Werner Sombart, Adolph Wagner und Max Weber bis hin zu Adolf Damaschke

---

5 Vgl. *C.J. Fuchs*, Heimatschutz und Volkswirtschaft, Halle a.S. 1905, S. 19f.; *ders. u. P. Schultze-Naumburg*, Die Stromschnellen des Rheins bei Laufenburg und ihre Erhaltung, Halle 1906. Ferner *R.P. Sieferle*, Fortschrittsfeinde? Opposition gegen Technik und Industrie von der Romantik bis zur Gegenwart, München 1984, S. 168–171.

6 Zit. nach: *Fuchs*, Heimatschutz, S. 20.

stellten sich hinter die Forderungen des Heimatschutzes. Obwohl oder gerade weil die badische Regierung schließlich den wirtschaftlichen Erwägungen Vorrang einräumte, konnte sich der »Bund Heimatschutz« organisatorisch festigen und gewannen die Werte der Heimatbewegung weiter an Resonanz.

Der Aufschwung der Heimatbewegung wirkte sich nicht nur auf die Wertung des Verhältnisses von ökologischen und ökonomischen Zielen aus, sondern führte auch zu einem anderen Verständnis der Geschichte. Ein neues Interesse an Geschichte und Kultur der eigenen Lebenswelt griff um sich. Das entsprach der Infragestellung des älteren Historismus durch die neue Kulturgeschichtsschreibung im Sinne Karl Lamprechts. Setzte sich dessen Ansatz auf der akademischen Ebene auch nicht durch, so erhielten die Vorstellungen Lamprechts auf der Ebene der Lokalgeschichtsforschung und Heimatpflege doch breite Resonanz.[7] Man wollte nunmehr die Gesamtheit der sozialen und kulturellen Bezüge der Heimat in ihrem historischen Werden in den Blick rücken. Die Wiederaneignung der Geschichte durch die lokale Gemeinschaft hatte wesentliche Auswirkungen auf den Umgang mit den Überresten der Vergangenheit. Denn die Überlieferung wurde durch das Denken der Heimatbewegung gewissermaßen vergemeinschaftet; sie umfaßte nun das gemeinsame Erbe.

Vor diesem Hintergrund wandelte sich an der Jahrhundertwende die Denkmalpflege.[8] War sie zuvor auf monumentale Objekte mit herausragender künstlerischer und historischer Bedeutung beschränkt, namentlich auf sakrale und herrschaftliche Gebäude mittelalterlichen oder allenfalls frühneuzeitlichen Ursprungs, konnten nunmehr weder der politische Rang noch die ästhetische Qualität oder die zeitliche Entfernung Kriterien zur Erhaltung eines Objektes darstellen, wenn es darum ging, die heimatliche Geschichte zu pflegen, um die heimatliche Gemeinschaft zu stiften. Der Denkmalbegriff wurde deshalb in sozialer, zeitlicher und topographischer Sicht erweitert. In sozialer Hinsicht rückten neben herrschaftlichen Gebäuden, etwa Schlössern, Burgen und Domen, auch die Objekte mit bloß regionaler oder lokaler Bedeutung, beispielsweise Bürgerhäuser, Dorfkirchen oder handwerkliche Produktionsstätten, in den Blick, waren sie doch Ausdruck der vorindustriellen Gesell-

7 *L. Schorn-Schütte*, Territorialgeschichte – Provinzialgeschichte – Landesgeschichte – Regionalgeschichte. Ein Beitrag zur Wissenschaftsgeschichte der Landesgeschichtsschreibung, in: H. Jäger u.a. (Hg.), Civitatum Communitas. Studien zum europäischen Städtewesen. Festschrift Heinz Stoob zum 65. Geburtstag, T. 1, Köln 1984, S. 390–416; *H. Klueting*, Rückwärtigkeit des Örtlichen – Individualisierung des Allgemeinen. Heimatgeschichtsschreibung (Historische Heimatkunde) als unprofessionelle Lokalgeschichtsschreibung neben der professionellen Geschichtswissenschaft, in: Klueting (Hg.), Antimodernismus, S. 50–89.

8 Vgl. *M. Wohlleben*, Konservieren oder restaurieren? Zur Diskussion über Aufgaben, Ziele und Probleme der Denkmalpflege um die Jahrhundertwende, Zürich 1989; *Speitkamp*, Verwaltung, S. 82f.; *ders.*, »Ein dauerndes und ehrenvolles Denkmal deutscher Kulturtätigkeit«. Denkmalpflege im Kaiserreich 1871–1918, in: Die alte Stadt 18, 1991, S. 173–197, hier S. 181ff.

schaft und ihrer Werte.[9] In zeitlicher Hinsicht war nicht mehr das Alter entscheidend, sondern umgekehrt die fortwährende Bedeutung eines Objekts für Gegenwart und Gemeinschaft. Das konnte auch Bauten aus der biedermeierlichen Epoche betreffen. In topographischer Hinsicht sollte nun weniger das Einzelobjekt als der bauliche und landschaftliche Zusammenhang bewahrt werden, galt es doch, nicht singuläre Zeugen einer heroischen Vergangenheit zu erhalten, sondern die fortwährende Lebendigkeit der heimatlichen Gemeinschaft zu dokumentieren.

Heimat- und Denkmalpflege waren in diesem Sinn Dienst an der Gemeinschaft, und Denkmäler hatten eine verpflichtende öffentliche Funktion. Diese stand nicht mehr im Belieben der Denkmaleigner, sondern war den Objekten selbst immanent. Der Anspruch auf die gemeinsame Geschichte und ihre Überreste lenkte mithin den Blick auf die Eigentumsproblematik. Es war unvermeidlich und im Wesen der neuen Denkansätze begründet, daß der Zugriff auf das Privateigentum zur Schlüsselfrage von Heimat- und Denkmalpflege wurde. Bis in die 1880er Jahre hatte Denkmalschutz sich vor allem auf öffentliches Eigentum bezogen, denn die als denkmalwürdig betrachteten Objekte hatten sich zumeist in der Gewalt des Staats oder der dem staatlichen Aufsichtsrecht unterworfenen Körperschaften, der Kirchen und Kommunen, befunden. Ein Eingriff in Privateigentum im Rahmen der Ästhetikpflege war – abgesehen von vereinzelten älteren, kaum noch angewendeten Bestimmungen – rechtlich weitgehend ausgeschlossen gewesen. An der Jahrhundertwende mit der Erweiterung des Denkmalbegriffs änderte sich dies. Das von der Heimatbewegung propagierte Verständnis der Denkmäler als lebendiger Elemente der Gemeinschaft kollidierte mit der Rechtslage. Soziale Entwicklung, kulturelle Vorstellung und rechtliche Lage korrespondierten nicht mehr miteinander. Folglich wurden neue theoretische Ansätze entwickelt, um Gesellschaft, Kultur und Recht wieder in Einklang zu bringen und die Gemeinpflichtigkeit des Eigentums an Denkmälern zu begründen.

Die geeignete Basis dafür fand sich in der germanistischen Rechtslehre. Zwar handelte es sich keineswegs um ein neues Theorieangebot. Aber die Voraussetzung für eine breite Rezeption im Bereich der Kulturpolitik bot sich erst, als die Vorstellung einer Gemeinverpflichtung der historischen Überlieferung populär geworden war. Traditionale Rechtsbestände wurden nun in modifizierter Form wiederbelebt. Die Ideologie des deutschen Rechts schien eine nicht marxistische, sondern zugleich nationale wie soziale Antwort auf die gesellschaftliche und kulturelle Krise der wilhelminischen Epoche zu bieten. Juristen wie Otto von Gierke und Friedrich Endemann erläuterten nun, daß das Eigentum nicht wie im römischen Recht als völlig frei und ungebunden ange-

---

9 Vgl. beispielsweise *O. Hoßfeld*, Unsere Dorfkirchen, in: Die Denkmalpflege 2, 1900, S. 41f.; *ders.*, Denkmalpflege auf dem Lande, München 1906; *W. Lindner*, Technische Kulturdenkmale, in: Zeitschrift für Denkmalpflege und Heimatschutz 32/4, 1930, S. 235–237.

sehen werden könne, sondern »Schranken in seinem Begriff« trage. Es könne »die Sache nur innerhalb des vom öffentlichen Recht frei gelassenen Bereiches ergreifen« und sei »mit Pflichten gegen die Familie, die Nachbarn und die Allgemeinheit durchsetzt«.[10] Das Eigentumsrecht begründe lediglich »eine rechtlich und sozial gebundene Herrschaft«.[11] Dies ließ sich unmittelbar mit den Zielen der Heimatbewegung verknüpfen, und mit dem Tübinger Juristen Arthur B. Schmidt war tatsächlich ein Vertreter der germanistischen Rechtslehre an der Vorbereitung des ersten in Deutschland realisierten Denkmalschutzgesetzes, des hessischen aus dem Jahr 1902, beteiligt.[12]

In Verbindung mit dem germanistischen Ansatz gewann dabei ein keineswegs ausschließlich deutscher Grundsatz der Denkmalpflege eine neue Akzentuierung. Historische Denkmäler galten in den Nationalstaaten des 19. Jahrhunderts, von Frankreich bis Griechenland, als Teil des ideellen Nationaleigentums, das den jeweiligen Besitzern gewissermaßen nur zur Nutzung überlassen sei.[13] Heimatbewegung und germanistische Rechtslehre boten die Legitimation, um die gesamte Überlieferung in die Pflicht zu nehmen und für die Gemeinschaft nutzbar zu machen. Der Gedanke eines Mitbesitzrechtes der Gemeinschaft an den Denkmälern, wie er etwa von Paul Weber in dem eingangs angeführten Zitat ausgedrückt wurde, rückte binnen weniger Jahre nicht nur in den Mittelpunkt der öffentlichen Diskussionen um Denkmalpflege, sondern diente auch als Legitimation staatlicher Denkmalpflege überhaupt. So stellten für den preußischen Verwaltungsjuristen Hermann Lezius in seiner Zusammenstellung über »Das Recht der Denkmalpflege in Preußen« aus dem Jahr 1908 die »nationalen Denkmäler« den »sächlichen Besitzstand des Landes in kunst- und kulturgeschichtlicher Beziehung« dar. Daraus folge »das Recht und die Pflicht« des Staates, Denkmalpflege unter »Anwendung staatlicher Zwangsmittel« zu betreiben und so die »öffentliche Wohlfahrt«, das heißt das Gemeinwohl, zu fördern.[14] Damit war der Schritt von Heimatidee und Rechtstheorie hin zur staatlichen Institutionalisierung von Denkmalpflege und Heimatschutz sowie zur rechtlichen Normierung von Eingriffen in das Eigentum vorbereitet.

10 *O. Gierke*, Deutsches Privatrecht, Bd. 2: Sachenrecht, Leipzig 1905, S. 358 u. 362–365.

11 *F. Endemann*, Lehrbuch des bürgerlichen Rechts. Einführung in das Studium des Bürgerlichen Gesetzbuchs, Bd. 2, 1. Abt.: Sachenrecht, Berlin 1905[8/9], S. 439.

12 Zu Schmidts Position: *A.B. Schmidt*, Rechtsfragen des deutschen Denkmalschutzes, in: Festgabe für Rudolph Sohm, dargebracht zum Goldenen Doktorjubiläum von Freunden, Schülern und Verehrern, München 1914, S. 143–197.

13 Vgl. *P. Clemen*, Die Fürsorge für die mittelalterlichen Denkmäler in Griechenland, in: Die Denkmalpflege 1, 1899, S. 31–33; *ders.*, Die Denkmalpflege in Frankreich, Berlin 1898.

14 *H. Lezius*, Das Recht der Denkmalpflege in Preußen. Begriff, Geschichte und Organisation der Denkmalpflege nebst sämtlichen gesetzlichen Vorschriften und Verordnungen der Verwaltungsbehörden einschließlich der Gesetzgebung gegen die Verunstaltung von Ortschaften und landschaftlich hervorragenden Gegenden, Berlin 1908, S. 8.

2. Behörden, Recht und Eigentum

Der institutionelle Aufbau der modernen Denkmalpflege folgte mithin unmittelbar aus dem Gemeinwohlanspruch. Staatliche Heimat- und Denkmalpflege wurde insofern nicht primär wissenschaftlich, sondern politisch und namentlich sozialpolitisch begründet. Bei Heimatschutz und Denkmalpflege handele es sich, so formulierte etwa die nationalliberale »Kölnische Zeitung« im Juni 1912, um »ein Eingreifen im Interesse der Allgemeinheit«, um »ein Stück Sozialpolitik«.[15] Die deutschen Einzelstaaten brachten auch aus dieser Motivation heraus seit den 1880er Jahren und verstärkt nach der Jahrhundertwende die Einrichtung von Denkmalämtern auf den Weg. Bis zum Vorabend des Ersten Weltkriegs verfügten fast alle deutsche Staaten über einschlägige Behörden mit allerdings noch bescheidenem Etat, geringem, teilweise nebenamtlich tätigen Personal und beschränkten Befugnissen. Über die Ämter hatten die Staaten nunmehr die Möglichkeit, das Gemeinwohl nach ihrem Verständnis in der Kulturpflege durchzusetzen. Es gelang ihnen somit, die letzte Entscheidung über das Erhaltenswerte zu fällen und den Umgang mit der Vergangenheit zu prägen.

Zudem konnten die Staatsverwaltungen nunmehr die Kriterien der Denkmäler-Inventarisation bestimmen.[16] Gerade die Bestandsaufnahme im Rahmen von Inventarisationen galt als ein geeignetes Mittel, um das öffentliche Interesse an der kulturellen Überlieferung zu heben und die Denkmäler für die Gemeinschaft zu reklamieren. Eine Inventarisation war Voraussetzung für die rechtliche und administrative Erfassung des Denkmälerbestandes und damit für die faktische wie demonstrative Inbesitznahme eines Territoriums und für die Ausübung politischer Herrschaft. Deshalb wurden moderne Inventarisationen gerade in neu erworbenen Gebieten eingeleitet, etwa nach 1866 in dem von Preußen annektierten Kurhessen und nach 1871 im Reichsland Elsaß-Lothringen. In diesem Sinn versuchten die Behörden auch, Einfluß auf die Inventare zu nehmen und aus wissenschaftlichen Abhandlungen attraktive Verzeichnisse des Landesbesitzes an Denkmälern zu machen, die wissenschaftliche Inventarisation also zur öffentlichkeitswirksamen Dokumentation des nationalen Kulturguts umzugestalten.

Bei alledem schöpften gerade die in der Zeit des Kaiserreichs expandierenden und sich ausdifferenzierenden Fachbürokratien aus ihrem Amt die primäre Legitimation, für das Gemeinwohl zu sprechen. Dabei konkurrierten sie freilich mit den ebenfalls zunehmend spezialisierten Wissenschaften, namentlich mit der jungen Disziplin der Kunstgeschichte. Diese verlangte eine Be-

15 *A. Wirminghaus*, Die soziale Bedeutung des Heimatschutzes, in: Kölnische Zeitung, 6.6.1912.
16 *Speitkamp*, Verwaltung, S. 201ff.

rücksichtigung fachwissenschaftlicher Erkenntnisse und grenzte sich von der dilettierenden Heimatpflege der Laien ebenso ab wie vom politisch-bürokratischen Denkmalschutz des Staats. Die Wissenschaft beanspruchte ihrerseits für sich die ausschließliche Kompetenz, die Qualität eines Objekts und die Erhaltenswürdigkeit fachgerecht zu beurteilen. Das schloß ein, daß das öffentliche Interesse am Erhalt, das Gemeinwohl also, nur von der Wissenschaft zu bestimmen war. Auch angesichts dieser Konkurrenz waren die Kultusbürokratien bestrebt, den Primat des Staats durch Denkmalschutzgesetze abzustützen. Gesetze sollten das heterogene, zerstreute und lückenhafte Denkmalschutzrecht zusammenfassen, vereinheitlichen und komplettieren. Sie schienen geeignet, die Öffentlichkeit auf die Bedeutung der Denkmalpflege aufmerksam zu machen und die staatliche Regelungskompetenz abzusichern. Erste Entwürfe entstanden in Baden und Preußen in den 1880er Jahren. In Preußen orientierte man sich dabei unmittelbar an dem etatistischen französischen Denkmalschutzgesetz aus dem Jahr 1887. Nach der Jahrhundertwende wurden dann, zunächst in kleineren Staaten wie Hessen-Darmstadt im Jahr 1902 und Oldenburg 1911, Gesetze realisiert. In weiteren Staaten wurden Entwürfe vorgelegt und diskutiert.[17]

Alle Gesetzesprojekte hatten zwei unabdingbare Elemente: Zum einen definierten sie, was als Denkmal gelten sollte. In diesem Zusammenhang regelten sie auch, wer befugt war, die Denkmaleigenschaft rechtsverbindlich zu konstatieren. Zum anderen fixierten sie die Beschränkungen der Verfügungsgewalt des Denkmaleigentümers. Die Definition des Denkmals war dabei nicht neu: Die geschichtliche oder kulturelle Bedeutung eines Objektes gab den Ausschlag. Das reichte aber noch nicht aus. Entscheidend war vielmehr, daß der Erhalt »im öffentlichen Interesse« lag, wie die Formulierung in der Regel lautete. Das Vorbild stammte aus dem französischen Denkmalschutzgesetz von 1887, das von einem »nationalen Interesse« sprach und dadurch den Schutz auf herausragende Bauwerke beschränkte. Seit der Jahrhundertwende wurde das öffentliche Interesse auch auf regional und lokal bedeutsame Objekte bezogen. Wer über das öffentliche Interesse entschied, hatte mithin das letzte Wort in der Denkmalpflege. Dies wurde durch einen Verwaltungsakt fixiert, durch die Eintragung in eine Liste, die sogenannte Klassierung. Die Wissenschaft konnte zwar die potentiellen Denkmäler benennen, aber erst die Behörden, in letzter Instanz die Ministerien, entschieden über das öffentliche Interesse und damit über die rechtsverbindliche Denkmalqualität. Insofern entsprach das Klassierungsverfahren administrativen Interessen, obwohl es wegen der Beschränkung auf einen genau umrissenen Denkmäler-Kanon wissenschaftlich umstritten war.

17 Ebd., S. 193ff. u. 321ff.; *F. Hammer*, Die geschichtliche Entwicklung des Denkmalrechts in Deutschland, Tübingen 1995, S. 151ff.

Die Bezugnahme auf das öffentliche Interesse hatte vor allem den Zweck, Eigentumsbeschränkungen zu legitimieren. Vor einem konsequenten Eingriff in Privateigentum schreckten aber alle Gesetzesprojekte letztlich zurück. Meist wurde die Eintragung in die Denkmalliste bei privaten Objekten von der Zustimmung des Eigentümers abhängig gemacht, wie es auch dem französischen Denkmalschutzrecht bis zu einer Novellierung im Jahr 1913 entsprach. Privateigentum wurde in vielfacher Hinsicht gegenüber öffentlichem Eigentum privilegiert, und den Eigentümern wurden durch eine Reihe von Mitwirkungs-, Widerspruchs- oder Entschädigungsvorkehrungen Sicherungen zugestanden. Dennoch konnte die Eigentumsproblematik nicht gelöst werden, und nicht zuletzt daran lag es, daß zahlreiche Gesetzentwürfe zwischen dem Jahrhundertbeginn und dem Ende der Weimarer Republik steckenblieben oder nur gegen Einsprüche und mit Einschränkungen realisiert werden konnten. Wo Gesetzentwürfe Entschädigungen für Eingriffe in private Verfügungsrechte in Aussicht stellten, fürchteten namentlich die Finanzbehörden unkalkulierbare Folgekosten für den Staat. Wo dagegen keine Entschädigungen vorgesehen waren, scheiterten die Projekte an Einwänden von Juristen und Eigentümern. Haus- und Grundbesitzerkreise, Adel und Standesherren, Kommunen und Kirchen verteidigten massiv ihre Eigentumsrechte und widersetzten sich dem bürokratischen Anspruch auf eine alleinige Definition von Gemeinwohl und öffentlichem Interesse.

Auch bei der Aufnahme von Heimatschutzideen in das Baurecht kollidierten staatliche Ziele und Eigentümerinteressen. Das galt namentlich für die sogenannten Verunstaltungsbestimmungen, die sich seit der Jahrhundertwende in novellierten Bauordnungen und besonderen Gesetzen fanden.[18] Noch unmittelbarer und weiterreichend als beim Denkmalschutz waren hier Privateigentümer betroffen. Denn es ging nicht um einzelne herausragende Objekte, sondern um Landschaft und Ortsbilder, etwa um ganze Straßenzüge in Dörfern und Kleinstädten. Ziel war von vornherein, die Eigentümerwillkür beim Bauen in historischer Umgebung zu beschränken. Dahinter standen neben ideellen, eher heimatbewegten und landespatriotischen Bestrebungen auch touristisch-materielle Interessen an der Bewahrung der Attraktivität von Landschaften und historischen Stadtbildern. Meist übertrugen derartige Landesbestimmungen den Kommunen oder den Ortspolizeibehörden das Recht, durch besondere Ortsstatuten oder Verordnungen bauliche Veränderungen zu untersagen, die Straßen und Landschaft verunstalteten. Äußere Gestaltung, Baustoffe und Farbgebung konnten vorgegeben werden. Damit wurde die Befugnis zum Eingriff in Privateigentum sogar auf untere Organe delegiert.

---

18 Vgl. P. *Alexander-Katz*, Ortsstatutarische Bauverbote in Preußen, Berlin 1911; E. *Gassner*, Geschichtliche Entwicklung des Denkmalrechts und des städtebaulichen Gestaltungsrechts, in: R. Stich u. W.E. Burhenne (Hg. u. Bearb.), Denkmalrecht der Länder und des Bundes, o.O. [Berlin] 1983, S. 1–52, bes. S. 29f.; *Speitkamp*, Verwaltung, S. 291ff.

Beispielhaft für die Konflikte, die durch derartige Gesetzesprojekte ausgelöst wurden, steht die Diskussion um ein Verunstaltungsgesetz in Sachsen. Der im Jahr 1907 vorgelegte Entwurf provozierte den organisierten Protest industrieller Interessen. Man solle zwar, so wurde von seiten der Kritiker zugestanden, »ideale Güter schützen, als da sind: Heimat- und Vaterlandsliebe, Liebe zur Kunst, Verständnis für das Schöne und dergleichen«, dies aber nicht derart, »daß das ästhetische Gefühl, der Geschmack, über den sich bekanntlich streiten läßt, im Gegensatze zu *allen redlichen* Erwerbsinteressen nach Schema F in eine allgemein gültige Uniform hineingepreßt wird, sondern so, daß man jedem im Staate, was Geschmack und ästhetisches Gefühl anlangt, *nach seiner Fasson selig werden läßt*«.[19] Dahinter standen freilich vor allem die Interessen von Dachpappenfabrikanten, die ein Verbot des Flachdachs fürchteten. Die sächsische Regierung bezog hier eine andere Position als die badische im Fall der Laufenburger Stromschnellen. Sie präsentierte sich nämlich als Vertreterin des Gemeinwohls und behauptete die Vereinbarkeit von Heimatschutz und ökonomischer Vernunft. Der Grundgedanke des Gesetzes, so der Schöpfer, der sächsische Ministerialdirektor Walter Schelcher im Oktober 1908, sei »ein konservativer im eigentlichen Sinne des Wortes: Schutz und Pflege des Bestehenden, des guten Alten, das wir von unseren Vorfahren übernommen haben, Anknüpfen an dieses Überlieferte und Weiterbauen an ihm, Schutz und Pflege der Schönheit der Landschaft, die überall in der Natur zu finden ist«. Dieser Gedanke habe »gegenüber dem rücksichtslosen Walten des Erwerbsgeistes … immer weitere Kreise ergriffen«.[20] Zugleich wies die sächsische Regierung Vorwürfe zurück, das Gesetzesprojekt sei ökonomisch unvernünftig. Sie betonte vielmehr die »wirtschaftlichen Vorzüge einer heimatlicheren Bauweise«, zumal dadurch auch Mittelstand und Handwerk im eigenen Land gefördert würden.[21]

Mit dieser Argumentation wurde deutlich, daß Heimatschutz und Denkmalpflege Teil des politischen Kalküls geworden waren. Auch deshalb kritisierten allerdings nicht nur Eigentümer und Vertreter der Bauwirtschaft die neue Gesetzgebung. Städtebautheoretiker fürchteten eine Bevormundung der Bautätigkeit, und Teile der Heimat- und Denkmalpflegebewegung monierten den Handlungsspielraum inkompetenter Orts- und Polizeibehörden, die allenfalls in der Lage seien, Kriterien äußerer Dorfbildverschönerung und eines populä-

19 So eine Broschüre mit dem Titel: »Die den sächsischen Industrien, in erster Linie den Rohpappen- und Dachpappenfabriken, wie auch den Gasanstalten, der allgemeinen Industrie und der Landwirtschaft drohenden Gefahren durch das im Entwurf vorliegende Gesetz gegen die Verunstaltung von Stadt und Land«, hier wiedergegeben nach *P. Adolph*, Das Kgl. Sächsische Gesetz gegen die Verunstaltung von Stadt und Land vom 10. März 1909 nebst der Ausführungsverordnung vom 15. März 1909, Leipzig 1909, S. 77 (Hervorhebungen ebd.).
20 Zit. nach: ebd., S. 34f.
21 Ebd., S. 76f.

ren Historismus umzusetzen.[22] Auch hier war mithin nicht allein bedeutsam, *daß* Eigentum zugunsten des Gemeinwohls beschränkt wurde, entscheidend war vielmehr, *wer* die Befugnis haben sollte, die inhaltlichen Kriterien zu bestimmen. Aus diesem Grunde aber beharrten die Staatsbehörden auf gesetzlichen Regelungen. Allerdings versuchten sie zugleich, die sich anbahnenden Konflikte um Eigentumsfreiheit und Zwangsmittel mit dem Verweis auf den erzieherischen Charakter der vorgesehenen Maßnahmen abzufedern. So ergänzten zwar fast alle Länder ihr Recht um einschlägige Bestimmungen, sie unterließen es aber, auf eine konsequente Durchsetzung zu drängen. Insgesamt war die Heimat- und Denkmalpflege bis zum Beginn des Ersten Weltkriegs in Deutschland institutionalisiert und rechtlich fixiert. Die administrativen und rechtlichen Möglichkeiten änderten sich in den folgenden Jahrzehnten nicht mehr grundlegend. Die Heimat- und Denkmalpflege blieb Element des modernen Sozial- und Kulturstaats, der die Gegenwart gestalten und das Gemeinwohl vertreten wollte, der in die Gesellschaft eingriff. Gerade deshalb wurde der zentrale Konflikt zwischen Gemeinwohl und Privateigentum zunehmend politisiert und ideologisiert.

3. Politisierung und Ideologisierung der Eigentumsdebatte

Die zivilisationskritischen und kulturreformerischen Bewegungen der Jahrhundertwende erhoben den Anspruch, nationale und soziale Interessen zu verknüpfen. Das galt auch für die Heimatbewegung in Deutschland. Trotz deutlicher Parallelen zu Naturschutzbewegungen und Denkmalschutzrecht im Ausland, namentlich in Frankreich,[23] stilisierte sie seit dem zweiten Jahrzehnt

22 Zur Kritik an der Verunstaltungsgesetzgebung: *Speitkamp*, Verwaltung, S. 304ff. Nur am Rande sei vermerkt, daß die Verwendung rechtlicher und staatlicher Zwangsmittel ohnehin keineswegs unumstritten war. Vielmehr begriff sich namentlich die Heimatbewegung primär als pädagogische Bewegung und wollte dementsprechend vor allem durch Erziehung und Vorbild wirken. Rechtlichen Zwang hielt sie in vielen Fälle für kontraproduktiv.

23 Vgl. zur Geschichte der Natur- und Denkmalpflege in Frankreich: *Clemen*, Denkmalpflege in Frankreich; *F. Graf Wolff Metternich*, Die Denkmalpflege in Frankreich, Berlin 1944; *P. Léon*, La vie des monuments français. Destruction – restauration, Paris 1951; *F. Rücker*, Les origines de la conservation des monuments historiques en France (1790–1830), Paris 1913; *D. Trom*, Natur und nationale Identität. Der Streit um den Schutz der »Natur« um die Jahrhundertwende in Deutschland und Frankreich, in: E. François, H. Siegrist u. J. Vogel (Hg.), Nation und Emotion. Deutschland und Frankreich im Vergleich. 19. und 20. Jahrhundert, Göttingen 1995, S. 147–167. Das französische Denkmalschutzgesetz vom 30.3.1887 diente den frühen deutschen Gesetzentwürfen als Muster, wenn auch das Prinzip der Klassierung in Deutschland später kritisiert wurde, und es lehnte sich seinerseits an ein italienisches Gesetzesprojekt von 1872 an. Die Parallelen bezogen sich auch auf die Frage des Privateigentums und der Enteignung. Vgl. *G.B. Brown*, The Care of Ancient Monuments. An Account of the Legislative and Other Measures Adopted in European Countries for Protecting Ancient Monuments and Objects and Scenes of Natural Beauty, and for Preserving the Aspect of Historical Cities, Cambridge 1905, S. 67–69; *C.A. Wieland*, Der Denk-

des 20. Jahrhunderts das soziale Element der Denkmalpflege zunehmend zur spezifisch deutschen kulturellen Errungenschaft. Seit dem Ersten Weltkrieg diente es auch zur Konstruktion nationaler Gegensätze. Der Architekt und Städtebautheoretiker Cornelius Gurlitt sah 1917 in der Kulturpflege »den Kampf zweier grundverschiedener Auffassungen des Verhältnisses des Bürgers zum Staat, der französischen und der deutschen«. Während Frankreich »das höchste Ideal in der Freiheit« sehe, »das heißt im Rechte des Einzelnen, seinem eigenen Willen gemäß zu handeln«, denke man in Deutschland »an die Freiheit der anderen«, an das Beste der »Allgemeinheit«. »Der Staat, die ihm verliehene ausgleichende Gewalt, die den Bürger in seinem Wollen und Tun beschränkt, wird von uns als sittlich und notwendig anerkannt.«[24]

Die Vorstellung, daß die Gemeinschaft vor dem Individuum stehe und es sich bei Denkmälern um Gemeinbesitz handele, daß die Kulturpolitik keine Konkurrenz zur Sozialpolitik, sondern deren Ergänzung sei und erst ihre nationale Verantwortung ausdrücke, überlebte auch den Weltkrieg. Vor dem Hintergrund von Niederlage und materieller Not versuchten Politiker wie der Liberale Carl Heinrich Becker oder der Sozialdemokrat Konrad Haenisch, das Augenmerk wieder auf die Kultur zu lenken, in der Besinnung auf die kulturellen Errungenschaften Deutschlands in der Vergangenheit und die kulturpolitischen Aufgaben in der Gegenwart das Gemeinschaftsbewußtsein zu fördern. Sozial- und Kulturstaat sollten zusammengeführt werden, um den Nationalstaat nach innen zu festigen und in der Auseinandersetzung mit anderen Staaten zu stärken.[25] Sollte die Besinnung auf deutsche Vergangenheit und Kultur freilich Wirksamkeit entfalten, so mußte sie von einer straffen Kulturpolitik gesteuert sein, durfte sie nicht an den Schranken des Privateigentums scheitern.

Die Weimarer Verfassung vom 11. August 1919 spiegelte den Versuch, den sozial- und kulturstaatlichen Gedanken gegenüber den liberalen Freiheitsrechten zu bewahren. Die Verfassung fixierte in Art. 153 Absatz 3 die Sozialpflichtigkeit des Eigentums. Damit schien der Primat des öffentlichen Interesses gegenüber jeder Eigentümerwillkür gewährleistet. Das galt auch für die Denkmalpflege. Denn die Verfassung enthielt zugleich Bestimmungen zum Umwelt- und Kulturschutz. In Art. 150 Absatz 1 erklärte sie die Denkmalpflege zur staatlichen Aufgabe: »Die Denkmäler der Kunst, der Geschichte und der Natur sowie die Landschaft genießen den Schutz und die Pflege des Staates.«[26]

---

mal- und Heimatschutz in der Gesetzgebung der Gegenwart. Programm zur Rektoratsfeier der Universität Basel 1905; *J.W. Frederiks*, Monumentenrecht, Diss. iur. Leiden 1912.

24 *C. Gurlitt*, Die Zukunft Belgiens, Berlin 1917, S. 159f.

25 *C.H. Becker*, Kulturpolitische Aufgaben des Reichs, Leipzig 1919; *K. Haenisch*, Neue Bahnen der Kulturpolitik. Aus der Reformpraxis der deutschen Republik, Stuttgart 1921.

26 Druck der Weimarer Reichsverfassung: *E.R. Huber* (Hg.), Dokumente zur deutschen Verfassungsgeschichte, Bd. 4: Deutsche Verfassungsdokumente 1919–1933, Stuttgart 1991³, S. 151–179, hier S. 173f.

Dieser Artikel, so der Zentrumspolitiker Konrad Beyerle, richte sich gegen den Mißbrauch der Eigentümergewalt. Die Verfassung habe auch in der Denkmalpflege den Gedanken einer »Überwindung der Ichsucht zugunsten der Allgemeinheit« verfolgt.[27] Der Jurist Albert Hensel folgerte daraus, der Denkmalschutzartikel der Reichsverfassung enthalte kein individuelles Grundrecht, sondern das Grundrecht der Kulturgemeinschaft, die es gegen die Willkür des individuellen Eigentümers wahrnehmen müsse.[28]

Zwar blieb umstritten, ob es sich bei dem Artikel um unmittelbar geltendes Recht oder einen bloßen Programmsatz handelte. Aber Reich und Länder beanspruchten nun Kompetenzen in der Denkmalpflege und leiteten aus der Verfassung auch den Anspruch ab, dabei in privates Eigentum einzugreifen.[29] Allerdings hatten sie damit kaum Erfolg, der sozialstaatliche Anspruch konnte in der Kulturpolitik nicht durchgesetzt werden. In der Weimarer Zeit scheiterten mehrere Entwürfe zu Denkmalschutzgesetzen an der Eigentumsproblematik. Auch das Reichsgericht behandelte die Sozialpflichtigkeit des Eigentums nur als Programmsatz. Es stellte sich auf den Standpunkt, daß jede Beschränkung der Verfügungsgewalt eines Eigentümers schon eine Entziehung von Eigentumsrechten darstelle und damit enteignenden Charakter habe. Selbst gesetzlich legitimierte Eingriffe des Denkmalschutzes verlangten deshalb Entschädigungen aus der Staatskasse und waren kaum finanzierbar. Berühmt wurde das sogenannte Galgenberg-Urteil des Reichsgerichts vom 11. März 1927. Der Stadtstaat Hamburg hatte dem Eigentümer einer Sand- und Kiesgrube bei Cuxhaven die Nutzung untersagt, weil er eine benachbarte germanische Grab- und Wehrstätte, den Galgenberg, gefährdet sah. Die Grube wurde deshalb sogar als Umgebung des Denkmals in die Denkmalliste eingetragen. Das Reichsgericht wertete die Beschränkung als entschädigungspflichtige Enteignung, da das Recht des Eigentümers, mit seinem Objekt »nach Belieben zu verfahren, zugunsten eines Dritten beeinträchtigt wird«.[30] Die Verfechter der Denkmalpflege sahen dadurch dem staatlichen Denkmalschutz »den Boden entzogen«[31] oder werteten die Entscheidung des Reichsgerichts gar als »das Todesurteil dieses Kulturzweiges«.[32]

27 Zit. nach: Die Denkmalpflege 22, 1920, S. 98.

28 *A. Hensel*, Art. 150 der Weimarer Verfassung und seine Auswirkung im preußischen Recht, in: Archiv des öffentlichen Rechts 53, NF 14, 1928, S. 321–421.

29 Vgl. *K. Asal*, Die neuen reichsrechtlichen Eigentumsbestimmungen, Diss. iur. Heidelberg 1923 (Ms.).

30 Zit. nach: *J. Krayer*, Denkmalschutz, Diss. iur. Würzburg 1930, S. 52. Zum Galgenberg-Urteil ferner *Hensel*, Weimarer Verfassung, S. 361 u. 415–417; *O. Kirchheimer*, Die Grenzen der Enteignung. Ein Beitrag zur Entwicklungsgeschichte des Enteignungsinstituts und zur Auslegung des Art. 153 der Weimarer Verfassung, Berlin 1930, S. 56–59.

31 *Krayer*, Denkmalschutz, S. 52f.

32 *Hensel*, Weimarer Verfassung, S. 416.

Tatsächlich blieb die Diskrepanz zwischen den von den Gerichten abgeschirmten privatwirtschaftlichen Interessen einerseits und den gleichermaßen durch die Verfassung legitimierten Zielen von Denkmalpflege und Heimatschutz andererseits bestehen, kollidierten also die Grundsätze der »privatwirtschaftlichen Wertordnung« mit der »Kulturwertordnung« der Verfassung.[33] Die Verfechter der Denkmalpflege beriefen sich auf den Sozial- und Kulturstaatsanspruch der Verfassung, kritisierten wie der Nationalökonom und führende Vertreter der Heimatbewegung Carl Johannes Fuchs 1930 »schrankenloses Gewinnstreben des einzelnen« und den »platte[n] privatwirtschaftliche[n] Nützlichkeitsstandpunkt« und verlangten die »Unterordnung der Einzelinteressen unter das Gesamtinteresse«, letztlich die »Einschränkung des Kapitalismus«.[34] Denn in der Denkmalpflege, so Joseph Krayer 1930, lägen »Werte nationaler, ethischer, sozialer und wirtschaftlicher Art …, deren Erhaltung für die Geltung des Volkes als Kulturnation wesentlich mitbestimmend« sei.[35] Die juristische Legitimation konnte dabei nach wie vor auch die germanistische Rechtslehre liefern. Das Eigentum war demnach an die Kulturordnung zu binden, es gehörte strenggenommen nicht zum Privatrecht, sondern zum öffentlichen Recht. Die Beschränkung, so Josef Kohler schon 1919, sei »in den Grundbegriffen des Eigentums enthalten«, »das soziale Element ebenso wichtig wie das individualistische«.[36]

Die Ansätze eines gemeinschaftsverpflichteten Eigentumsverständnisses flossen am Ende der Republik in die völkische Interpretation ein, die zum Nationalsozialismus überleitete. Der Konflikt zwischen Individualrechten und Gemeinschaft sollte mit dem Primat des Gemeinwohls aufgelöst werden, ein rassisch fundiertes deutsches Volksrecht an die Stelle von liberal-westlichen Rechtsansätzen treten. Der Vorrang der Wirtschaft sollte demnach zugunsten von Staat und Volk beseitigt werden. Das neue Volksrecht, so der Jenaer Rechtswissenschaftler Justus Wilhelm Hedemann 1935, dürfe »nicht eine Addition subjektiver Berechtigungen« darstellen, sondern müsse »ein Recht der Pflichten« sein und auf dem Grundsatz »Gemeinnutz geht vor Eigennutz« basieren. Eigentum sei nur als Volkseigentum vorstellbar, das zur treuhänderischen Nutzung an die »Volksgenossen« – und nur an diese – ausgegeben werden könne. Das Eigentum war damit »vom Privateigentum zum Diensteigentum erhoben«, die »juristische Gestaltung« entsprach wieder der »sittliche[n] Anforderung«.[37]

33 Ebd., S. 391.
34 *C.J. Fuchs*, Heimatschutz und Volkswirtschaft, in: Der Deutsche Heimatschutz. Ein Rückblick und Ausblick, hg. von der Gesellschaft der Freunde des deutschen Heimatschutzes, München 1930, S. 145–153, hier S. 146 u. 149.
35 *Krayer*, Denkmalschutz, S. 8f.
36 *J. Kohler*, Lehrbuch des Bürgerlichen Rechts, Bd. 2: Vermögensrecht, Teil 2: Sachenrecht, Berlin 1919, S. 120f.
37 *J.W. Hedemann*, Die Fortschritte des Zivilrechts im 19. Jahrhundert. Ein Überblick über die

In derartigen Ausführungen spiegelte sich der Versuch, politische Vorstellungen, gesellschaftliche Ziele und denkmalpflegerische Forderungen in Einklang zu bringen. Das kam der Heimatbewegung entgegen, die sich von der nationalsozialistischen »Machtergreifung« abgesehen von vielen ideologischen Affinitäten einerseits eine stärkere Integration und Anerkennung, andererseits die reibungslosere Durchsetzung der Gemeinpflichtigkeit und damit einen effizienten Heimat- und Denkmalschutz versprach.[38] Der Primat der »Volksgemeinschaft« erlaubte es, das bislang als Blockade effizienter Denkmalpflege empfundene Selbstbestimmungsrecht der Eigentümer als individualistisch und egoistisch, als in sozialer und nationaler Perspektive verwerflich zu kritisieren. Auch die Denkmaleigner, so das Bayerische Landesamt für Denkmalpflege im Jahr 1935, sollten sich dem Grundsatz beugen, daß »jeder Mensch … Teil eines größeren Organismus, einer größeren Gemeinschaft« sei. Es gehe nicht, »daß jeder in falsch aufgefaßtem Individualismus sein Haus gestalten darf, wie es ihm sein nicht immer guter Geschmack eingibt. Das ganze Elend des Bauwirrwarrs der vergangenen Jahrzehnte hat in diesem Irrtum seine Ursache.«[39]

Vor allem ein gesetzlich fixierter Vorrang der »Volksgemeinschaft« schien nun die Blockade eines wirksamen Heimat- und Denkmalschutzes durch individuelle Eigentümerrechte aufheben zu können. Tatsächlich wurden seit 1933 mehrere recht weitgehende Gesetzesprojekte diskutiert. Sie basierten auf den gescheiterten Planungen der Weimarer Zeit. So verlangte das preußische Kultusministerium im Mai 1933, die Länder aufgrund des Ermächtigungsgesetzes vom 24. März 1933 zu autorisieren, »zum Wohle der Allgemeinheit« die erforderlichen Maßnahmen zum Schutz von Natur und Kulturdenkmälern »auch ohne Entschädigung des Eigentümers« zu ergreifen.[40] Ein entsprechendes »Reichsgesetz zum Schutz der deutschen Kunst und der deutschen Heimat« wurde im Juli 1933 im Reichsinnenministerium vorbereitet.[41] In den Jahren bis 1938 entstanden weitere Gesetzentwürfe, die im völkischen Ton gehalten waren und »deutsches Kulturgut« als »deutsches Volksgut« für die Allgemeinheit

Entfaltung des Privatrechts in Deutschland, Österreich, Frankreich und der Schweiz, Teil 2: Die Entwicklung des Bodenrechts von der französischen Revolution bis zur Gegenwart, 2. Hälfte: Die Entwicklung des formellen Bodenrechts. Mit einem Anhang: Bodenrecht und neue Zeit, Berlin 1935 (Unveränderter Neudruck Frankfurt am Main 1968), S. 339ff. passim.

38 Beispielhaft für Affinitäten und die Verknüpfung von nationalsozialistischen Ideen und Heimatschutz, hier gerade für die vermittelnde Funktion der Volksgemeinschafts-Ideologie und des Prinzips »Gemeinnutz geht vor Eigennutz«, steht die Schrift Werner Lindners, der als ehemaliger Geschäftsführer des »Deutschen Bundes Heimatschutz« dessen Eingliederung in den »Reichsbund Volkstum und Heimat« zu organisieren hatte: W. Lindner, Der Heimatschutz im neuen Reich, Leipzig 1934, hier beispielsweise S. 7 u. 78.

39 Merkblätter des Bayerischen Landesamtes für Denkmalpflege 7, München 1935.

40 Geheimes Staatsarchiv Berlin-Dahlem, I.HA, Rep. 84a, Nr. 10750.

41 Ein Exemplar des Gesetzentwurfs ebd., Rep. 90, Nr. 1797.

reklamierten.[42] Sie wurden aber abgesehen vom Reichsnaturschutzgesetz von 1935 sämtlich nicht verwirklicht.[43] Ausschlaggebend dafür war indes nicht mehr die Eigentumsfrage, sondern das polykratische Kompetenzgerangel von Reichsministerien und Länderbehörden. Durch eine ideologische Aufwertung der Heimatschutzideen etwa bei Dorfverschönerungsaktionen und eine erhebliche Verbesserung der finanziellen Ausstattung des Denkmalschutzes konnte gleichwohl der Eindruck erweckt werden, als würden Heimat- und Denkmalpflege nun erst wirklich im Sinne der Gemeinschaft ausgeübt, als habe der Nationalsozialismus mit seiner Aufwertung des Gemeininteresses die Ziele von Heimatschutz und Denkmalpflege vollendet.

Die Vorstellung freilich, nunmehr sei der endgültige Sieg des sozialen Gedankens herbeigeführt und der »Volksgemeinschaft« mit der Verfügung über die Vergangenheit die Verfügung über die Zukunft wiedergegeben worden, erwies sich als Illusion. Der Konflikt zwischen denkmalpflegerischen Ansprüchen und individuellen Eigentumsrechten konnte letztlich nicht aufgehoben werden. Die ganzheitlichen bürgerlichen Lösungsangebote für die soziale und kulturelle Krise seit der Jahrhundertwende hielten mit der gesellschaftlichen Realität in der Weimarer Zeit nicht Schritt, und auch der Versuch einer nationalen und schließlich völkischen Überwölbung von Sozial- und Kulturpolitik scheiterte. Die Eigentumsproblematik blieb die Schlüsselfrage der Denkmalpflege. Umgekehrt spiegelte ein scheinbar marginales Feld wie die Denkmalpflege das Auseinanderklaffen von gesellschaftlicher Entwicklung, kulturellen Vorstellungen und rechtlicher Lösung. Die bürgerliche Sozial- und Kulturreform im Sinne Paul Webers konnte die Verbindung nicht herstellen. Die Erklärungsversuche der wilhelminischen Epoche mit ihrer sozialistischen, gemeinschaftsorientierten Rhetorik stellten vielmehr eine Reaktion auf die konkrete Umbruchsituation dar. Im Verlauf der folgenden Jahrzehnte offenbarte sich, daß die Ansätze der Jahrhundertwende einer weiteren politischen Ausdeutung und ideologischen Instrumentalisierung Raum boten. Die Eigentumsdebatte in Heimatschutz und Denkmalpflege seit dem ausgehenden 19. Jahrhundert war insofern Indikator einer sozialen und kulturellen Krise, sie konnte indes nicht Ausgangspunkt einer gesellschaftlichen Neuordnung werden.

42 Als Beispiel ein Gesetzentwurf Albert Hensels in: Generallandesarchiv Karlsruhe, 235, Nr. 39859. Vgl. auch *Hammer*, Entwicklung, S. 261–263.
43 Zum Naturschutzgesetz: *M. Wettengel*, Staat und Naturschutz 1906–1945. Zur Geschichte der Staatlichen Stelle für Naturdenkmalpflege in Preußen und der Reichsstelle für Naturschutz, in: Historische Zeitschrift 257, 1993, S. 355–399, hier S. 382ff.

Karl Christian Führer

Die Rechte von Hausbesitzern und Mietern im Ersten Weltkrieg und in der Zwischenkriegszeit

Frankreich, Großbritannien und Deutschland im Vergleich

Die Abgrenzung der Rechte von Hausbesitzern und Mietern war in den drei hier untersuchten Ländern in längeren Abschnitten dieses Jahrhunderts ein wichtiger innenpolitischer Streitpunkt. In der jüngeren Geschichte des Eigentumsrechts kommt diesen Auseinandersetzungen eine zentrale Rolle zu: Staatliche Eingriffe in den juristischen Status quo beraubten die »Besitzenden« im Wohnungswesen in den Jahren nach 1914 weitgehend ihrer bislang verbrieften Rechte. In der oft erbittert geführten Diskussion um die Berechtigung dieser öffentlichen Interventionen, die von den Hauseigentümern weitgehend als »kalte Enteignung« verstanden wurden, verhandelten die Kontrahenten mit den praktischen Regelungen des Mieterschutzes stets auch die Frage, wie weitgehend Eigentumsrechte mit Rücksicht auf soziale und nationale Notwendigkeiten beschnitten werden dürften. Bei der Darstellung dieser grundlegend wichtigen Debatte um die »Sozialpflichtigkeit« des Privateigentums konzentriere ich mich im folgenden auf die Jahre des Ersten Weltkrieges und auf die 1920er Jahre. Dies war in allen drei Nationen insofern die entscheidende Epoche in der Geschichte der Eigentumsrechte der Hauswirte, als in diesen Jahren die Abgrenzung der Vermieter-/Mieterrechte erstmals eindeutig zugunsten der Wohnungsinhaber erfolgte. Anhand des Verlaufs und des Hintergrunds der drei weitgehend parallel verlaufenden »mietrechtlichen Revolutionen« läßt sich Grundlegendes über ihren Anlaß, ihre Berechtigung, ihre Konsequenzen und die aus ihnen erwachsenden Probleme sagen. Freilich ist hier der Hinweis wichtig, daß es sich nur um eine erste problemorientierte Skizze handelt. Für Großbritannien und insbesondere für Frankreich stellt sich die Literaturlage sehr viel lückenhafter dar als für Deutschland. Zumal die Auswirkungen der neuen staatlichen Interventionen im Wohnungswesen auf die soziale Lage der Vermieter für die beiden westeuropäischen Nationen noch weitgehend unerforscht sind. Das gleiche gilt für die Reaktionen der organisierten Grundbesitzer auf die rechtlichen Neuerungen. Im Rahmen der hier vorgelegten Arbeit konnte dieses Manko nicht wettgemacht werden. Auch auf die weitere Geschichte des Mieterschutzes, der in den drei hier untersuchten Ländern in Zusammenhang mit dem Zweiten Weltkrieg erneut umfassend ausgebaut wurde und teilweise bis weit in die zweite Nachkriegszeit hinein Gültigkeit besaß, kann in den vorliegenden Ausführungen nicht eingegangen werden.[1]

Bei der Darstellung und Analyse der mietrechtlichen Innovationen während des Ersten Weltkrieges und in den 1920er Jahren gehe ich auf folgende Weise vor: Einleitend wird sehr knapp einiges zur Ausgangslage gesagt, d.h. die Situation vor 1914, vor der Revolution im Mietrecht charakterisiert. Zweitens erfolgt dann eine genauere Darstellung des Verlaufs und des Charakters der Umwälzungen im Hausbesitzer-/Mieterrecht in den drei Nationen. Im Anschluß wird drittens versucht, im Vergleich einige Gemeinsamkeiten wie Unterschiede dieser drei nationalen Rechtsrevolutionen zu kennzeichnen.

I.

Ohne auf Details einzugehen, läßt sich feststellen, daß die juristische Ausgangslage in den drei Ländern im Kern nahezu identisch war: Der Hauswirt genoß gegenüber seinen Mietern de facto sehr weitgehende Rechte; der Mieter befand sich in einer eindeutig unterlegenen Position, d.h. seine Möglichkeiten, sich gegen eine Kündigung des Vermieters oder gegen dessen Forderung nach höherer Miete zu wehren, fielen äußerst bescheiden aus.[2] Zwar ist der Hinweis wichtig, daß dieses starke Gefälle bei den gesetzlich oder privat-vertraglich fixierten Rechten sich nicht durchgängig in Recht- und Machtlosigkeit umsetzte. Vielmehr entschied im wesentlichen die Wohnungsmarktlage darüber, wie sich das Verhältnis von Vermieter und Mieter gestaltete: Dort, wo es lokal oder in bestimmten Wohnungsmarktsegmenten zu einer ausgeglichenen Marktlage oder sogar zu einem Überangebot an Wohnraum kam, hatte ihre weitgehende juristische Schutzlosigkeit für die Mieter keine oder doch nur geringe Bedeutung. Anders verhielt es sich logischerweise in Situationen des Wohnungsmangels, in denen Mieter den Forderungen des Hauswirts kaum etwas entgegensetzen konnten.[3]

Die anspruchsvolle, eine differenzierte Antwort erfordernde Frage, wo – in welchen Gemeindegrößen und Wohnungsmarktsegmenten – solche Engpässe

---

1 Vgl. für Deutschland den Abriß in *K.Chr. Führer*, Managing Scarcity. The German Housing Shortage and the Controlled Economy, 1914–1990, in: German History 13, 1995, S. 326–354.

2 Vgl. dazu etwa: *A.C. Jacobs*, Landlord and Tenant, in: Encyclopedia of the Social Sciences, New York 1930/35, Bd. 9, S. 143–148.

3 Vgl. für das Beispiel Deutschland: *K.Chr. Führer*, Mieter, Hausbesitzer, Staat und Wohnungsmarkt. Wohnungsmangel und Wohnungszwangswirtschaft in Deutschland 1914–1960, Stuttgart 1995, S. 25f. Nach der Logik der Dinge dürfte es sich – bei vergleichbarer juristischer Lage – in Frankreich und in Großbritannien kaum anders verhalten haben.

in den Jahren vor 1914 auftraten, muß hier offenbleiben. Unabhängig davon aber läßt sich die Tatsache konstatieren, daß der juristische Status quo in allen drei Ländern schon vor dem Krieg zunehmend in die innenpolitische Auseinandersetzung geriet. Den Ansatzpunkt dafür lieferte in jedem Fall der Eindruck, die Hausbesitzer würden durch ständig erhöhte Mietforderungen alle Lohnsteigerungen der Arbeiter in ihre Taschen umlenken und so jeden Fortschritt in der Lebenshaltung der unteren Klassen verhindern. Zugleich galt der Wohnungsmarkt für preiswerte Kleinwohnungen als permanent unbefriedigend.[4] Es etablierte sich ein populäres Negativbild des ausbeuterischen Vermieters, der unbeeindruckt von allen sozialen und nationalen Erwägungen nur auf seinen Vorteil bedacht war. Die Entstehung von Mieterorganisationen, die sich bemühten, die Interessen der »Verbraucher« in die wohnungspolitische Diskussion einzubringen, ist ein Reflex dieser zunehmenden Unzufriedenheit mit dem juristischen Status quo.[5] Politisch wirkte sich das zwar noch kaum aus, da die weit besser organisierten Haus- und Grundbesitzer in allen drei Nationen (vor allem dank ihrer starken Stellung in der Kommunalpolitik) einen durchaus gewichtigen innenpolitischen Machtfaktor darstellten und die Wohnungspolitik der jeweiligen Zentralregierung durchgängig unterentwickelt blieb. Die Meinungsführerschaft in der wohnungspolitischen Debatte aber hatten die Hauswirte in jedem Fall bereits verloren. Zentral dafür verantwortlich war die Tatsache, daß die übergroße Mehrheit der Bevölkerung in allen drei hier betrachteten Nationen zumindest in den Städten zur Miete wohnte. Die Hauseigentümer und Vermieter bildeten jeweils nur eine kleine Minderheit.[6] Zwar verhielt es sich in ländlichen Regionen zum Teil durchaus auch anders; angesichts des in allen drei Ländern weit fortgeschrittenen Urbanisierungsprozesses aber hatte diese Tatsache politisch keine Bedeutung. Für den weiteren Verlauf war vielmehr die Dichotomisierung der Besitzverhältnisse an Grund und Boden in den Städten von entscheidender Bedeutung.

II.

Die Darstellung der »mietrechtlichen Revolutionen« in den drei Ländern beginnt mit Frankreich, weil der wohnungspolitische Kurswechsel sich hier am raschesten und am radikalsten vollzog. Bereits unmittelbar nach Kriegsbeginn,

4 Vgl. *N. Bullock u. J. Read*, The Movement for Housing Reform in Germany and France, 1840–1914, Cambridge 1985, S. 52f. u. 286f.

5 Vgl. *S. Magri*, Le mouvement des locataires à Paris et dans sa banlieue, 1919–1925, in: Le mouvement social 137, 1986, S. 55–76, bes. S. 55; *K.Chr. Führer*, Die deutsche Mieterbewegung 1918–1945, in: *G. Schulz* (Hg.), Wohnungspolitik im Sozialstaat. Deutsche und europäische Lösungen 1918–1960, Düsseldorf 1993, S. 223–246, bes. S. 223.

6 *S. Magri*, Housing, in: J. Winter u. J.-L. Robert (Hg.), Capital Cities at War. Paris, London, Berlin 1914–1919, Cambridge 1997, S. 374–417, bes. S. 374.

am 14. August 1914, verfügte die französische Regierung per Erlaß ein »Mietzinsmoratorium« für die Dauer von drei Monaten. Damit wurden alle innerhalb dieser Frist ablaufenden Mietverträge verlängert und die Rechtskraft von erfolgten Kündigungen aufgeschoben; zugleich konnten die Mieter die Zahlung der fälligen Miete unter bestimmten Voraussetzungen an das Ende der Moratoriumsdauer verlegen. Damit griff die Regierung auf Bestimmungen zurück, die bereits während des deutsch-französischen Krieges von 1870/71 gegolten hatten. Die Verordnung reflektierte eine Besonderheit des französischen Mietrechts: Anders als in Deutschland und in Großbritannien waren in Frankreich (wie in allen romanischen Ländern) befristete Mietverträge, die einfach mit dem Ablauf der Vertragsdauer endeten, allgemein üblich. Diese Vertragsform wurde durch die Verordnung hinfällig; auch Kündigungen durch den Vermieter waren nicht mehr möglich. Die wie 1870/71 als kurzfristige Notstandsmaßnahme konzipierte Verordnung entwickelte sich aufgrund des anderen Kriegsverlaufs in der Folgezeit aber zu einem Dauerrecht: Das Moratorium wurde in jeweils dreimonatigen Abständen bis 1918 fortlaufend verlängert. Die Regierung stand dabei unter dem Druck einer Vielzahl von Mietervereinigungen, die in Paris und anderen Städten 1915 starken Zulauf fanden.[7]

Für Mieter und Hauswirte hatte die ständige Verlängerung des Moratoriums insofern dramatische Folgen, als ein großer Teil der französischen Mieter aufgrund dieser Bestimmungen fast vier Jahre lang keinerlei Mietzahlungen leistete. Möglich war dies zum einen – ohne Berücksichtigung der sozialen Stellung – allen Familien, in denen das Familienoberhaupt als Soldat diente, zum anderen allen Inhabern von »Kleinwohnungen«, wobei der Status der »Kleinwohnung« durch regional unterschiedlich festgesetzte Mietwerte abgegrenzt wurde. Hierbei verfuhr der Gesetzgeber sehr großzügig: Zumal in den Städten fiel die übergroße Mehrheit der Wohnungen unter das Moratorium. In Paris etwa betraf dies zunächst 88 Prozent aller Wohnungen, nach einer Änderung im Januar 1915 immer noch 77 Prozent. Insofern müssen auch weite Teile des zur Miete wohnenden Mittelstandes von dem Moratorium profitiert haben. In den 20 Departments des Nordens und Ostens Frankreichs, die unmittelbar durch den Krieg in Mitleidenschaft gezogen wurden, galten der Zahlungsaufschub und der Schutz vor Kündigung ohnehin für alle Mietwohnungen.[8] Einzige Bedingung für die Aussetzung der Mietzahlung war in jedem Fall eine einfache Erklärung des Mieters vor dem Friedensrichter, er sei nicht imstande, die Miete aufzubringen. Zwar konnte der Hauswirt diese Erklärung anfechten; solche Fälle aber blieben äußerst selten.[9] Auf die sich rasch mehrenden Klagen der Hauswirte über ihre ökonomische Schädigung reagierte die Regierung nur in

---

7 Ebd., S. 377–380.

8 Die Wohnungsprobleme Europas nach dem Kriege, Genf 1924 (Internationales Arbeitsamt, Studien und Berichte, Reihe G, Nr. 1), S. 134f.

9 Vgl. *Magri*, Housing, S. 385.

einem Punkt: Sie schützte die Hauseigentümer während des Krieges zumindest vor Forderungen nach Zurückzahlung fällig werdender Hypotheken. Hinzu kam ein Moratorium auf die Zahlung der Grundsteuer.[10] Der Geldkreislauf in der französischen Wohnungswirtschaft wurde damit für die Dauer des Krieges gewissermaßen suspendiert. Dies geschah eindeutig zu Lasten der Hauseigentümer, die weitgehend ohne öffentliche Hilfe blieben. »The landlord was completely deprived of his rights of possession« – mit diesen Worten resümierte selbst ein Verfechter des Mieterschutzes die Situation der französischen Hauswirte in den Kriegsjahren.[11]

Erst im März 1918 rang sich die Regierung zu einer Klärung der bislang auf Druck der Mieterverbände – insbesondere der sozialistisch inspirierten »Union fédérale des locataires« – in der Schwebe gehaltenen Frage durch, was mit den aufgelaufenen Mietschulden geschehen solle. Das Mietengesetz (»code des loyers«) vom 9. März blieb – wiederum unter dem Druck der populären Mieterbewegung – dem Geist der bisherigen Politik verpflichtet und gestand den Vermietern nur eingeschränkte Rechte auf Rückforderung der aufgelaufenen Mieten zu. Allen Soldatenfamilien, die in »Kleinwohnungen« lebten, wurde pauschal eine vollständige Befreiung von der Mietzahlung für die gesamte Kriegsdauer und für die ersten sechs Monate nach Kriegsende zugestanden. Die zur Abgrenzung der Gruppe der »Kleinwohnungen« benutzten Mietwerte ließen auch Familien des unteren Mittelstandes in den Genuß dieser sozialen Wohltat kommen. Ebenso pauschal wurden Arbeitslose sowie Flüchtlingsfamilien, die ihre ursprüngliche Wohnung durch den Vormarsch der deutschen Truppen verloren hatten, von aufgelaufenen Mietschulden befreit. Andere nichtmobilisierte Mieter konnten unter Hinweis auf Einkommensverluste in der Zeit des Krieges einen Nachlaß oder die vollständige Niederschlagung ihrer Verpflichtungen gegenüber dem Hauswirt beantragen. Die Vermieter besaßen in diesen Fällen ein Widerspruchsrecht vor einem paritätisch mit Vertretern der Mieter- und der Grundeigentümerorganisationen besetzten lokalen Schlichtungsausschuß; hier konnten sie auch die pauschal verfügte Mietbefreiung für Soldatenfamilien im Einzelfall anfechten, wenn sie den Beweis erbringen konnten, daß eine bestimmte Mietpartei während des Krieges doch zahlungsfähig gewesen war.[12] Ein Recht auf staatliche Entschädigung für die niedergeschlagenen Mietschulden wurde einkommensstärkeren Hauswirten vollständig verwehrt (dies galt für Vermieter mit einem Jahreseinkommen über 10.000 Francs in Paris, über 8.000 Francs in anderen Großstädten und über 5.000 Francs in allen anderen Kommunen); und selbst die Vermieter, die einen Ausgleich erhielten, bekamen höchstens 50 Prozent der Mietverluste direkt

10 Ebd.
11 *A.A. Friedrich*, Rent Regulation, in: Encyclopedia of the Social Sciences 13, S. 293–299, bes. S. 195.
12 Wohnungsprobleme, S. 137–139.

erstattet. Die andere Hälfte ihres Verlustes sollte durch Steuernachlässe ausgeglichen werden.[13]

Diese rückwirkend gewährte staatliche Kompensation scheint die meisten französischen Hauswirte dazu bewogen zu haben, sich in ihr Schicksal zu fügen. Die Zahl der vor die Schlichtungsausschüsse getragenen Fälle blieb insgesamt recht gering: Bis Ende Mai 1920 verhandelten diese in ganz Frankreich 1.036.388 Streitigkeiten; 420.815 (40,6 Prozent) davon konnten durch einen Vergleich gütlich beigelegt werden. Erstaunlich selten waren – angesichts der einseitig die Belange der Mieter berücksichtigenden Bestimmungen des Gesetzes – vollständige Befreiungen von der Mietzahlung. Ihre Zahl wird auf rund 800.000 für ganz Frankreich geschätzt.[14] Fälle, in denen die Mieter gar nichts zu den Kosten ihrer Wohnung beitrugen, traten somit nur selten auf; die Norm war eine nachträgliche Deckung der aufgelaufenen Mietschulden durch Teilzahlungen der Wohnungsinhaber und durch staatliche Zuschüsse, die sowohl direkt als auch indirekt (in Gestalt von Steuernachlässen) gewährt wurden. Eine Rekonstruktion des Status quo ante aber leisteten diese Redistributionszahlungen nicht, denn die Vermieter erhielten keinen Ausgleich für die seit 1914 eingetretenen Kaufkraftverluste der nun rückwirkend geleisteten Mietzahlungen. Das ökonomische Gefüge der französischen Wohnungswirtschaft blieb daher auch nach dem »code des loyers« empfindlich gestört. Angesichts der drastisch gestiegenen Löhne und Materialkosten fehlten den Vermietern die Mittel zur Durchführung selbst dringender Reparaturarbeiten. Zudem hatte das Gesetz das Grundprinzip der Wohnungspolitik der Kriegsjahre eher bestätigt als dementiert: Die Einstufung der Miete als die Verbindlichkeit des Verbrauchers, die – anders als alle anderen Zahlungen – in nationalen Notzeiten eingestellt werden durfte, bestätigte populäre Vorstellungen von der ungerechtfertigten Bereicherung der Hauswirte und von der grundsätzlichen Amoralität des Marktgeschehens im Wohnungswesen.

Die weitere Entwicklung des französischen Mietrechts gestaltete sich extrem unübersichtlich. Bis 1923 folgten nicht weniger als acht verschiedene gesetzliche Regelungen unmittelbar aufeinander. Dieses legislatorische Chaos kann hier nicht im einzelnen vorgestellt werden.[15] Es belegt im übrigen die Schwierigkeiten des Gesetzgebers, die Interessen der nach wie vor starken Mieterverbände einerseits und die Belange der Hauswirte andererseits gegeneinander politisch auszutarieren. Im Endeffekt wurde das die Mieter privilegierende Kriegsnotrecht weitgehend in die Nachkriegszeit hinübergerettet. Der größte

13 Ebd., S. 139. Die Summe von 10.000 Francs entsprach dem Jahreseinkommen eines Richters am Obersten Gerichtshof (*Magri*, Housing, S. 410); d.h. der Ausschluß von staatlicher Hilfe betraf nur die oberen sozialen Schichten.

14 Wohnungsprobleme, S. 137 u. 139.

15 Vgl. die Details in: Wohnungsprobleme, S. 139–146; *R. Maus*, Traité théorique et pratique de la législation des loyers, 1918–1924, Paris 1924.

Teil der Mieter blieb auch weiterhin vor Kündigungen, dem Ablauf ursprünglich befristeter Verträge und Mieterhöhungen des Hauswirts geschützt. Lediglich für sehr große und teure Wohnungen besaßen die Schutzbestimmungen keine Gültigkeit mehr. Die Mieten schließlich wurden trotz weiter fortschreitender Geldentwertung bis 1920 auf der Höhe der Vorkriegszeit gehalten und erst danach in begrenztem Umfang gesteigert, da der Erhaltungszustand vieler Häuser wegen ausgebliebener Reparaturen zunehmend zu wünschen übrig ließ. Die öffentlich festgelegten und kontrollierten Mieterhöhungen blieben jedoch deutlich hinter dem Anstieg aller anderen Konsumpreise zurück, die seit 1919 nicht mehr reglementiert wurden. Noch 1930 etwa zahlten die Mieter in Vorkriegsbauten in Frankreich real lediglich 58 Prozent der Miete von 1914.[16] Ein ausgefeilter Plan zum schrittweisen Abbau der Zwangswirtschaft, 1929 in Gesetzesform festgelegt, wurde mit Rücksicht auf die sozialen Auswirkungen der Großen Depression in den Folgejahren nicht ausgeführt. Die von 1914 datierende Privilegierung der Inhaber von Altbauwohnungen blieb somit auch in den 1930er Jahren noch bestehen.[17] Die Belastung der Haushalte durch die Miete ging daher langfristig spürbar zurück. Am deutlichsten war die Entlastung für die Mieter, die langfristig in ein- und derselben Wohnung lebten. Die öffentliche Wohnungspolitik gewährte damit so etwas wie eine Prämie auf Immobilität. Zugleich bewirkte sie eine zunehmende Verschlechterung des baulichen Zustandes vieler Häuser, da die Grundeigentümer wegen der unzureichenden Erträge der vermieteten Wohnungen vielfach auf Ausbesserungsarbeiten verzichteten.[18]

Auch die mangelnde Bereitschaft privater Investoren, in vergleichbarem Umfang wie vor 1914 Gelder für den Bau von Mietwohnungen – zumal von kleinen und preiswerten Unterkünften – bereitzustellen, steht in einem direkten Zusammenhang mit den staatlichen Interventionen im Wohnungswesen. Die öffentliche Fixierung der Mieten nahezu aller vor dem Krieg erstellter Wohnungen ließ, da die Baupreise in der Nachkriegszeit sehr viel höher als vor 1914 lagen, einen »gespaltenen Wohnungsmarkt« mit geringen Altbau- und deutlich höheren Neubaumieten entstehen. Da Löhne und Gehälter sich am Niveau der künstlich niedrig gehaltenen Altbaumieten orientierten, kamen normal verdienende Familien kaum noch als Interessenten für privat finanzierte Neubauten in Frage. Entsprechende Bauprojekte blieben deshalb selten. Dies ging zum einen auf Kosten vor allem junger Ehepaare, die im preiswerten Altbaubestand allenfalls als Untermieter, nicht aber als Hauptmieter einer eigenen Wohnung unterkamen; zum andern – im Wortsinne – auf Kosten der öffentlichen Hand, die sich aufgerufen sah, die ausbleibenden privaten Woh-

16 *Vosen*, Das neue französische Mietengesetz, in: Reichsarbeitsblatt N.F. 10, 1930, T. II, S. 76–78, bes. S. 77.

17 *M. Ebel*, Mietsenkung in Frankreich, in: Reichsarbeitsblatt N.F. 15, 1935, T. II, S. 361f.

18 *E. Weber*, The Hollow Years. France in the 1930s, New York 1994, S. 47.

nungsbauinvestitionen zu ersetzen, um die angespannte Lage auf dem Wohnungsmarkt zu lindern. Die Begrenztheit der öffentlichen Mittel verhinderte allerdings einen wirklichen Erfolg: Der Wohnungsmangel blieb daher in Frankreich ein Signum der gesamten Zwischenkriegszeit.[19] Insgesamt bewirkten die Nachkriegsgesetze eine fortdauernde »Versteinerung des [französischen] Wohnungswesens« – so schon das zeitgenössische Fazit des Internationalen Arbeitsamtes in Genf, einer sozialpolitisch durchaus fortschrittlich eingestellten Institution.[20]

Das französische Beispiel kann als prototypisch für die Errungenschaften und für die Probleme der staatlichen Interventionen in das Wohnungswesen angesehen werden. Auf der einen Seite läßt sich berechtigt argumentieren, daß die soziale Stabilität der städtischen Gesellschaft Frankreichs in den Kriegs- und Nachkriegsjahren zu einem bedeutenden Teil auf der konsequenten Bevorrechtung der Mieter gegenüber den Vermietern beruhte. Auf der anderen Seite gebar dieser Erfolg eine ganze Reihe von neuen Problemen: Der voranschreitende Verfall der Mietshäuser gehört ebenso in diese Negativbilanz wie das Darniederliegen des privatfinanzierten Wohnungsbaues und die Benachteiligung der Familien, die nicht zu den glücklichen Inhabern einer vor 1914 fertiggestellten Wohnung zählten.

Im Vergleich zur rasch handelnden französischen Regierung verharrte das britische Kabinett in wohnungspolitischen Angelegenheiten auch nach Beginn des Krieges noch längere Zeit in Untätigkeit. Sowohl 1914 als auch 1915 blieb der Wohnungsmarkt weitgehend sich selbst überlassen. Diese Tatenlosigkeit wurde 1915 jedoch durch eine rasch an Stärke gewinnende Mieterbewegung radikal in Frage gestellt. Sie nahm ihren Anfang in den Zentren der Rüstungsproduktion, in denen es durch starke Zuwanderung und steigende Löhne bei darniederliegendem Wohnungsbau rasch zu Engpässen auf dem Wohnungsmarkt und zu zahlreichen Mieterhöhungen kam. Diese Entwicklung aktualisierte das bereits ältere Bild vom Hauswirt als ausbeuterischem Parasiten.[21] Befeuert auch durch das Wissen um die französische Regelung entstand eine disparate, aktiv vor allem von Arbeitern – bzw. von deren Frauen – getragene, aber auch in Mittelstandskreisen mit Sympathie betrachtete Bewegung gegen die Zulässigkeit weiterer Mieterhöhungen. Erste lokal organisierte »Mieterstreiks« fanden bereits im August 1914 statt; 1915 breiteten sie sich sowohl in England als auch in Schottland immer weiter aus. Ende des Jahres schließlich reagierte das Londoner Kabinett mit dem »Rent Restriction Act« vom 23. Dezember 1915. Es untersagte jegliche Mieterhöhung über den Stand vom August 1914 hinaus und erlaubte die Kündigung durch den Hauswirt nur noch in ganz

19 Ebd., S. 47f.; *M. Lescure*, France, in: C.G. Pooley (Hg.), Housing Strategies in Europe, 1880–1930, London 1992, S. 221–239, bes. S. 232–237.
20 Wohnungsprobleme, S. 144.
21 *Magri*, Housing, S. 390.

bestimmten Ausnahmefällen (z.B. bei Eigenbedarf des Besitzers). Anders als das französische Provisorium war dies von vornherein eine Dauerlösung für die Zeit des Krieges: Das Gesetz sollte erst sechs Monate nach Kriegsende wieder außer Kraft treten.[22]

Ähnlich wie in Frankreich aber beschränkte der Gesetzgeber seine Wohltaten keineswegs auf die unteren sozialen Schichten. Die Bestimmungen trafen etwa 88 Prozent aller Wohnungen in London und sogar 97 Prozent aller Unterkünfte in den übrigen Regionen des United Kingdom. Der Mittelklassenbezug der neuen Wohnungspolitik war damit noch stärker ausgeprägt als in Frankreich. Ähnlich wie südlich des Kanals erzwang der staatliche Eingriff in das ökonomische Gefüge des Wohnungswesens auch in Großbritannien dessen Ausweitung auf die Hypothekenbesitzer. Da die Hauswirte keine Mieterhöhungen mehr durchsetzen konnten, wurde auch die Steigerung der Hypothekenzinsen untersagt.[23] Allerdings blieb die britische Mietrechtsrevolution im Vergleich zum französischen Modell doch noch moderat. Nicht die Unterbrechung, sondern nur die Fixierung der Mietzahlungen auf dem Vorkriegsstand war der Effekt des »Rent Restriction Act«.

In der Praxis erwies sich das Gesetz vom Standpunkt der Mieter aus rasch als recht mangelhaft. Zum einen war der Gedanke des Mieterschutzes für den gesamten Justizapparat – für Richter wie für Rechtsanwälte – so neu, daß die Rechtsprechung die schützenden Intentionen des Gesetzgebers nur zögerlich und unvollkommen umsetzte. Dies galt zumal in Fällen, in denen Mieter aus der Unterschicht auf ihre neuen Rechte pochen wollten. Zum anderen war auch das Gesetz selbst fehlerhaft: Für Verstöße des Hauswirts gegen die Bestimmungen kannte es nur die Rückführung der Miete auf deren alte Höhe, aber keine Strafe für den allzu begehrlichen Vermieter. Der illegale Versuch der Mieterhöhung war nicht strafbewehrt; dementsprechend häufig kam er vor. Viele Mieter aber scheinen – aus Unkenntnis oder aber aus Furcht vor einem Prozeß – die unzulässige Mehrforderung stillschweigend akzeptiert zu haben. Auch war es für den Käufer eines Hauses relativ einfach, für sich selbst oder auch nur für Familienangehörige »Eigenbedarf« anzumelden und die bisherigen Mieter zu verdrängen.[24]

Aus all diesen Gründen blieb das Geschehen auf den städtischen Wohnungsmärkten in Großbritannien für die Dauer des Krieges konfliktträchtig. Die Mieterbewegung gewann insbesondere von Frauen weiteren Zulauf. Vor allem dank der unausgesetzten Agitation dieser vielen lokalen Vereine wurde das Kriegsnotrecht auch in Großbritannien nicht – wie ursprünglich versprochen –

---

22 Vgl. dazu ausführlich: D. *Englander*, Landlord and Tenant in Urban Britain, 1838–1918, Oxford 1983, S. 194–242. Zu den Mieterstreiks vgl. u.a. auch: J. *Melling*, Rent Strikes. People's Struggle for Housing in West Scotland, 1890–1916, Edinburgh 1983, S. 50–114.

23 Wohnungsprobleme, S. 88.

24 *Englander*, Landlord, S. 254f.

nach Kriegsende rasch beseitigt. Im Interesse der sozialen Stabilität wurde es vielmehr durch neue Gesetze im Kern gesichert und sogar noch weiter ausgebaut, da die Wohnungsmarktlage sich bei Kriegsende noch schwieriger darstellte als 1914/15. So wurde der Schutz vor Kündigungen und vor Mieterhöhungen 1919 und 1920 in zwei weiteren »Rent Restriction Acts« jeweils auf noch teurere Wohnungen ausgedehnt, also sozial noch weiter nach oben geöffnet. Zugleich führten die beiden Gesetze im Interesse der Instandhaltung begrenzte, öffentlich festgesetzte Mietsteigerungen ein. Bereits diese Änderungen komplizierten die Regelungen des Mieterschutzes so sehr, daß selbst der Lord Chief Justice of England, Lord Hewart, sie Mitte der 1920er Jahre öffentlich als »labyrinth and jungle of sections and schedules« bezeichnete.[25] Ob die Mieter und die Hausbesitzer sich in diesem Labyrinth mit gleicher Geschicklichkeit zurechtfanden, muß hier offenbleiben. Unzweifelhaft aber blieben die staatlicherseits verfügten Mietsteigerungen – ebenso wie in Frankreich – deutlich hinter der allgemeinen Teuerungsrate zurück. Der Indexpreis (1914 = 100) lag für Wohnungsmieten z.B. im Dezember 1923 auf dem Wert 147, während er für Nahrungsmittel 175 und für Kleidung 222 Punkte betrug. Daraus ergab sich – ebenso wie in Frankreich – eine Entlastung der Haushaltsbudgets aller zur Miete wohnenden Familien auf Kosten der Hauswirte und der zunehmend schlechter erhaltenen Haussubstanz.[26]

Viele Mieter allerdings zeigten sich empört darüber, daß die Miete überhaupt erhöht wurde. Es kam erneut zu einer Reihe von »rent strikes«.[27] Dies war – nicht nur in Großbritannien – ein grundsätzliches Problem der neuen staatlichen Mietenpolitik: Viele Mieter betrachteten ihre Privilegierung durch künstlich niedrig gehaltene Wohnungspreise innerhalb kürzester Zeit als unveräußerliches soziales Recht. Jeder Versuch der verantwortlichen Politiker zur Korrektur führte zu Protesten und gefährdete ihren Wahlerfolg. Die Methode, zu der die britische Regierung 1923 in einem weiteren »Rent Restriction Act« griff, versuchte dieses Problem zu lösen, indem sie die Beseitigung des Mieterschutzes gleichsam individualisierte: Die Kriegs- und Nachkriegsgesetze verloren seit Verabschiedung dieser Bestimmungen jeweils für diejenigen Wohnungen ihre Gültigkeit, die vom Mieter freigemacht wurden – sei es durch Auszug, durch Tod oder durch Aussetzung nach einer Eigenbedarfsklage des Hauseigentümers.[28] Dieses Prinzip der »creeping decontrol« verschlechterte vielfach die Beziehungen zwischen Mieter und Vermieter, da dieser nun ein gesteigertes Interesse am Auszug des Wohnungsinhabers hatte. Auch Eigenbe-

---

25 Zit. nach: *H. Heathcote-Williams*, The Rent Acts, 1920 to 1933, London 1933, S. V.

26 Wohnungsprobleme, S. 89–95. Vgl. auch: *E.L. Schaub*, The Regulation of Rentals during the War Period, in: Journal of Political Economy 28, 1920, S. 1–36.

27 *Englander*, Landlord, S. 294f.

28 Wohnungsprobleme, S. 97–99; *Vosen*, Mieterschutz in England, in: Reichsarbeitsblatt N.F. 8, 1928, T. II, S. 546f.

darfsklagen für Familienangehörige des Hauswirts mehrten sich.[29] Erst 1933, auf dem Höhepunkt der wirtschaftlichen Depression, forcierte die Regierung das Abbautempo: Ein neues Gesetz verschob die Grenze zwischen Wohnungen mit und ohne Mieterschutz entschieden nach unten in den Bereich der Kleinwohnungen. In London und Schottland unterlagen nur noch Unterkünfte mit einer Jahresmiete bis zu 45 Pfund (vorher: 105 Pfund) den Schutzbestimmungen; in den übrigen Regionen des Vereinigten Königreichs lag die Grenze bei 35 Pfund (vorher: 78 Pfund).[30] Dieses Gesetz wirkte als entscheidender Schritt zur Wiederherstellung der Vorkriegssituation: 1935 unterlagen nur noch ca. 40 Prozent der britischen Wohnungen (4,5 Millionen von rund 11 Millionen) dem Mieterschutz.[31] Die Miete in freigestellten Unterkünften lag in der zweiten Hälfte der 1930er Jahre durchschnittlich um 50 Prozent höher als in vergleichbaren Wohnungen, die noch zum Bereich des Kündigungschutzes gehörten. Dies verdeutlicht noch einmal die enorme Bedeutung der öffentlichen Vorschriften sowohl für die individuelle Lebenshaltung der Mieterhaushalte als für die Volkswirtschaft insgesamt.[32]

Deutschland schließlich legte den größten Teil der Kriegsjahre zumindest auf der Ebene der Reichs- und Landespolitik ein nur sehr geringes wohnungspolitisches Engagement an den Tag. Ein Gesetz vom 4. August 1914 unterbrach für die Dauer des Krieges alle Gerichtsverfahren gegen Angehörige der mobilen Truppen. Damit waren Räumungsklagen gegen Soldatenfamilien de facto nicht mehr durchzusetzen; normale und auch fristlose Vertragskündigungen aber, gegen die sich der Mieter nicht zur Wehr setzte, blieben jedoch nach wie vor möglich. Für Mieterhaushalte ohne Kriegsdienst leistendes Familienoberhaupt blieb zudem rechtlich alles beim alten. Zwar gab es auf lokaler Ebene teilweise neuartige »Mieteinigungsämter«, die beim Auftreten von Streitigkeiten über die Mietzahlung sowohl vom Mieter als auch vom Hauswirt als Schlichtungsinstanz angerufen werden konnten. Auf freiwilliger Basis handelten diese paritätisch mit Vertretern von Mieter- und Hausbesitzerkreisen besetzten Gremien Kompromißlösungen aus, die meist darauf hinausliefen, daß der Hauswirt seine Mietforderung reduzierte (üblich waren Nachlässe um 25 bis 30 Prozent), der Mieter im Rahmen seiner überprüften finanziellen Möglichkeiten weiterzahlte und ein eventuell auftretender Restbetrag von der Gemeinde übernommen wurde. Dies alles erfolgte – wie gesagt – auf freiwilliger Basis und nahm daher nur in 63 meist größeren Städten Gestalt an. Daneben leisteten 250 Kommunen Mietbeihilfen für finanziell bedrängte Mieter. Auch hier wurde eine vollständige Sozialisierung der dem Vermieter drohenden

29 *Englander*, Landlord, S. 307f.
30 *Heathcote-Williams*, Rent Acts, S. IX.
31 *Englander*, Landlord, S. 311.
32 *C.C. Pooley*, England and Wales, in: Pooley (Hg.), Strategies, S. 73–104, bes. S. 81.

Verluste vermieden: Die Stadtverwaltung zahlte in der Regel nur etwa 70 bis 80 Prozent der vom Hauswirt verlangten Miete; auf den Rest mußte dieser verzichten, um in den Genuß der öffentlichen Hilfe zu kommen.[33] Unruhe unter Mietern, die sich in Frankreich und in Großbritannien in den Aktionen der Mieterverbände und in den »rent strikes« manifestierte, scheint es im Deutschen Reich nicht im vergleichbaren Umfang gegeben zu haben. Zwar existierte auch im Deutschen Reich eine bereits ältere Mieterbewegung; die Kriegsjahre aber waren für diese Vereine und ihren nationalen Dachverband eine Phase völliger Bedeutungslosigkeit.[34]

Erst 1917 – als sich die Wohnungsmarktlage im Deutschen Reich allgemein deutlich verschlechterte – erfolgte ein Wandel. Alarmiert durch Meldungen über zahlreiche Versuche der Hauswirte, Mieterhöhungen durchzusetzen, erließ der Bundesrat am 17. Juli 1917 die »Bekanntmachung zum Schutze der Mieter«. Verglichen mit der französischen oder der englischen Regelung blieb auch dies eine überaus halbherzige Angelegenheit: Die jeweiligen Landeszentralbehörden konnten bestehende Mieteinigungsämter ermächtigen, auf Antrag eines Mieters nun verbindlich über eine vom Hauswirt zwecks Mietsteigerung ausgesprochene Kündigung zu entscheiden. Dabei durfte die Einigungsstelle »nach billigem Ermessen« eine Fortsetzung des Mietverhältnisses, dessen Dauer und den Umfang einer eventuellen Mieterhöhung bestimmen.[35]

Dies war nicht mehr als der Kern einer diesen Namen verdienenden deutschen Politik des Mieterschutzes. Sie entwickelte sich in der Praxis – nach einer im September 1918, also kurz vor dem Ende des Kaiserreichs verfügten Verschärfung – im wesentlichen erst nach Kriegsende, erreichte dafür aber in den Jahren der Inflation bis 1923 eine Schärfe, die sowohl dem französischen als auch dem englischen Beispiel fremd gewesen war. Drei Reichsgesetze – das Wohnungsmangelgesetz von 1920, das Reichsmietengesetz von 1922 und das Mieterschutzgesetz von 1923 – regelten die Materie, vereinheitlichten vielfach aber nur Länder- und Kommunalverordnungen aus den Jahren 1918 und 1919. Im Endeffekt nahmen diese Bestimmungen den deutschen Hauswirten fast vollständig die Verfügungsmacht über ihren Besitz. Lediglich der Besitztitel und das Recht zum Verkauf und zur Beleihung blieben bestehen. Ansonsten aber regierten öffentliche Instanzen: Vertragskündigungen durch den Hauswirt waren de facto vollständig unmöglich; eine Entfernung mißliebiger Mieter war nur noch durch eine Klage des Hausbesitzers möglich; die Mieten wurden unter öffentliche Kontrolle gestellt und der Geldentwertung so unzureichend angepasst, daß sie spätestens 1920/21 weitgehend und 1922/23 dann völlig wertlos waren. 1922 betrug der Anteil der Miete an den Ausgaben eines durchschnitt-

---

33 Vgl. zu den Details: *Führer*, Mieter, S. 119f.
34 Ebd., S. 223.
35 Ebd., S. 50f.

lichen Arbeiterhaushaltes nur noch rund zwei Prozent, während die Miete vor dem Krieg meist 15 bis 20 Prozent des Haushaltsbudgets oder noch mehr verschlungen hatte. 1923 schließlich reichten vier bis fünf Stundenlöhne eines normalen Industriearbeiters für die Jahresmiete einer typischen Arbeiterwohnung.[36] Schließlich übernahmen die Kommunen auch noch die Vermietung freiwerdenden Wohnraums in eigener Regie, d.h. sie entmachteten die Hauswirte bei der Auswahl neuer Mieter, die nun vom Wohnungsamt nach sozialen Kriterien »zugewiesen« wurden. Lehnte der Vermieter einen »zugewiesenen« Bewerber ab, konnte das Wohnungsamt den Abschluß eines Zwangsmietvertrages verfügen. Der Hausbesitzer hatte so kaum noch Einfluß auf die Zusammensetzung der »Hausgemeinschaft« in seinem Eigentum – ein Element, das der französischen und englischen Wohnungszwangswirtschaft vollständig fehlte. Die Mieterbewegung, die nach 1919/20 auch in Deutschland rasch Zulauf gewonnen hatte, wertete dies bereits als einen vollständigen Wandel des privatwirtschaftlichen Wohnungswesens: Der Hauswirt sei nun nichts anderes mehr als »der Angestellte der Mieter«.[37] Auch die SPD sah völlig neue Verhältnisse. Sie stellte 1920 fest: »Wer eine Wohnung [als Mieter] innehat, ist heute eigentlich nicht mehr ihr Mieter, sondern ihr Besitzer. Denn was heißt Besitz? Die dauernde rechtmäßige Innehabung einer Sache, die mir niemand nehmen darf.« Diesen Zustand aber habe die deutsche Wohnungszwangswirtschaft herbeigeführt.[38]

1923/24 begann auch in Deutschland der Prozeß des zögerlichen schrittweisen Abbaus der staatlichen Interventionen auf dem Wohnungsmarkt. Mit dem Ende der Inflation im Herbst 1923 wurde zumal im Bereich der öffentlichen Mietpreispolitik ein Kurswechsel eingeleitet: In einem dank parallel erfolgender Lohnerhöhungen bemerkenswert konfliktfrei ablaufenden Prozeß wurden die vollständig entwerteten Mieten durch amtlich verfügte Mieterhöhungen bis zum Sommer 1926 wieder auf den Stand der Vorkriegszeit zurückgeführt (d.h. der Mieter zahlte die seinerzeit in »Goldmark« geleistete Summe nun in Reichsmark); seit April 1927 mußten die Wohnungsinhaber 120 Prozent der Vorkriegsmiete aufbringen. Wegen des Kaufkraftunterschiedes zwischen Vorkriegs-Mark und Reichsmark entsprach auch dies zwar nicht dem realen Wert der Vorkriegsmiete; zumindest die ordnungsgemäße Unterhaltung der Mietshäuser aber war den Grundeigentümern seitdem wieder möglich.[39] Auch in den anderen Bereichen der deutschen Wohnungswirtschaft erfolgten nun Än-

36 Ebd., S. 141–144.

37 Vom Hypothekenverwalter zum Angestellten der Mieter, in: Deutsche Mieter-Zeitung 18, 1921, Nr. 7. Zum plötzlichen Aufschwung der deutschen Mieterbewegung nach 1919 vgl. *Führer*, Mieterbewegung, S. 223f.

38 *L. Quessel*, Die Enteignung des städtischen Hausbesitzes, in: Sozialistische Monatshefte 26, 1920, Bd. 2, S. 852–860, bes. S. 857.

39 *Führer*, Mieter, S. 166f.

derungen: Die bei den Vermietern wie bei den Wohnungsuchenden gleichermaßen unbeliebte öffentliche Wohnraumbewirtschaftung wurde zusehends eingeschränkt; Großwohnungen fielen in einzelnen Ländern auf Beschluß der jeweiligen Landesregierung aus dem System der Schutzbestimmungen heraus.[40]

Bedeutsamer allerdings war die im Dezember 1930 durch eine Notverordnung des Präsidialkabinetts Brüning erfolgte Einführung des Prinzips der »creeping decontrol« auch in Deutschland: Bei einer Neuvermietung konnte sich der neue Wohnungsinhaber jetzt nur noch unter bestimmten Bedingungen auf die »gesetzliche Miete« von 120 Prozent der Vorkriegsmiete berufen. Mieterhöhungen beim Wechsel des Mieters, die dem Hauswirt zuvor kaum möglich gewesen waren, wurden so zu einer Alltäglichkeit, zumal da die Einschränkung der öffentlichen Wohnraumbewirtschaftung dem Hauswirt wieder freiere Hand bei der Auswahl des »richtigen« Bewerbers ließ.[41] Im Dezember 1931 wurde dieser Abbauprozeß wieder durch eine Notverordnung noch weiter vorangetrieben: Bei einem Mieterwechsel fielen Wohnungen mit drei bis vier Räumen seitdem aus dem Mieterschutz heraus; lediglich in kleineren Unterkünften galt der Kündigungsschutz noch pauschal weiter. Durch diese Bestimmung ergab sich auf den deutschen Wohnungsmärkten innerhalb von kurzer Zeit eine erhebliche Verzerrung des Preisgefüges. Da die Mieter dazu neigten, Wohnungen in guter Lage und mit guter Ausstattung möglichst lange zu halten, während unattraktivere Unterkünfte oft rasch wieder aufgegeben wurden, entstand ein neues paradoxes Preissystem: »Gute« Altbauwohnungen blieben wegen der Seßhaftigkeit ihrer Mieter weiterhin billig, während schlechtere Räume, die häufiger einen Mieterwechsel sahen, aufgrund der neuen Bestimmungen stark im Preis stiegen.[42] Dieser Effekt, der sich ganz ähnlich auch in Großbritannien ergeben haben dürfte, belegt noch einmal die Komplexität der durch die staatliche Intervention auf den Wohnungsmärkten ausgelösten Effekte und die Probleme, vor denen die politisch Verantwortlichen beim Abbau der Mieterschutzbestimmungen standen. Das zur Minimierung des öffentlichen Widerstandes gewählte Verfahren zu deren Beseitigung kreierte ein neues Problem, das bei dem angestrebten Übergang zum »freien« Wohnungsmarkt bedacht werden mußte.

III.

Abschließend soll noch kurz die Frage nach Gemeinsamkeiten, Unterschieden und nach der Bedeutung der Wohnungszwangswirtschaft in der Kriegs- und

40 Vgl. ebd., S. 79f. u. 327f.
41 Ebd., S. 206f.
42 Ebd., S. 270f.

238

Nachkriegszeit allgemein untersucht werden. Beim Blick auf die Unterschiede frappiert vor allem die Tatsache, daß Deutschland die Kriegsjahre überstand, ohne vergleichbar weitgehende wohnungspolitische Zwangsmaßnahmen wie Frankreich und Großbritannien zu erlassen. Diese »Klassengesellschaft im Kriege« wirkt, beim Blick auf das hier behandelte Politikfeld, wesentlich konfliktloser als die der beiden westlichen Nationen. Die Zahlungsbereitschaft der größeren Kommunen scheint die Probleme auf dem Wohnungsmarkt weitgehend entschärft zu haben. Die direkt in das Verhältnis von Mieter und Vermieter intervenierende deutsche Wohnungszwangswirtschaft war vor allem ein Instrument zur Bewältigung der Inflation und der mit ihr verbundenen Umwälzungen im gesellschaftlichen Gefüge; für die Kriegsjahre selbst, in denen die Geldentwertung dank öffentlicher Preiskontrollen noch weitgehend im Verborgenen ablief, hatte sie nur vergleichsweise untergeordnete Bedeutung. Die Frage, wie der vermerkte Unterschied zu erklären ist, ob die mietrechtlichen Neuerungen in Frankreich und in Großbritannien staatlicherseits als wohlfeile Alternative zum deutschen System der Mietbeihilfen verstanden wurden, ob etwa auch die öffentliche Unterstützung der Soldatenfamilien im Deutschen Reich vergleichsweise großzügiger ausfiel als westlich des Rheins und jenseits des Ärmelkanals, ob sich die deutschen Hauswirte bei Kündigungen und Mietsteigerungen zurückhaltender verhielten oder ob sie nur politisch einflußreicher waren als ihre westlichen »Standeskollegen«, bedarf ebenso weiterer Klärung wie die Frage nach eventuellen Unterschieden in der Entwicklung der lokalen Wohnungsmärkte. Auch die Frage, warum es im Deutschen Reich bis 1919/20 kein auch nur ansatzweise vergleichbares Pendant zu den Mietervereinigungen in Frankreich und in Großbritannien gegeben hat, gehört in diesen Bereich der offenen Fragen.

Trotz dieser Unterschiede ist der Entwicklung in allen drei Ländern eines gemeinsam: Die Revolutionierung des Hausbesitzer-/Mieterrechtes besaß in jedem Fall eine klassenübergreifende Schutzfunktion. Sie darf keinesfalls als Auseinandersetzung zwischen besitzender Klasse und Arbeiterschaft begriffen werden. Die neuartigen Schutzrechte wurden in allen drei Nationen ganz bewußt und gezielt immer auch mittelständischen Mietern gewährt. Sie gehörten daher in den Bereich des »Konsumentensozialismus«, der im Krieg ja auch in anderen Bereichen – vor allem bei den Lebensmittelpreisen – auf Kosten der Produzenten realisiert wurde. Die Tatsache, daß die Hausbesitzer zumindest in den größeren Städten in allen drei Nationen stets nur eine kleine Minderheit in der Gesamtbevölkerung darstellten, während die Mehrheit zur Miete wohnte, erleichterte die Implementierung dieser Politik. Sie opferte die Interessen einer kleinen, nach populären Begriffen ohnehin privilegierten Gruppe zugunsten der Lebensnotwendigkeiten der großen Mehrheit. Im Hintergrund stand dabei nicht nur die Sorge um Ruhe an der »Heimatfront«, sondern auch das konkrete Problem der Geldentwertung der Kriegs- und Nachkriegsjahre. In diesem inflationären Prozeß verfügten gerade die Mittelschichten über schlechtere Möglichkeiten zur Sicherung ihrer Realeinkommen als die unteren Einkommensgruppen. Die Wohnungszwangswirtschaft – mit ihrem Kernstück der Niedrighaltung oder Suspendierung der Mietzahlungen – diente in allen drei Ländern zentral auch als Kompensation dieser Benachteiligung der mittleren Einkommensgruppen im inflationären Verteilungskampf. Deshalb wurden die entscheidenden Gesetze im wesentlichen von bürgerlichen Politikern entwickelt und durchgesetzt; deshalb hielten bürgerliche Regierungen trotz der mit der Zeit unübersehbar werdenden negativen wohnungs- und volkswirtschaftlichen Auswirkungen an diesem Vorgehen auch noch nach Kriegsende fest. Zwar konzipierten sie die Mieterschutzgesetze stets nur als Notstandslösungen, die nach Überwindung der kriegsbedingten nationalen und sozialen Krisensituation und bei Wiederherstellung eines ausgeglichenen Wohnungsmarktes wieder zu beseitigen seien. Dies erwies sich jedoch als leichter gesagt als getan: Die Abschaffung und Lockerung der eingeführten Regelungen war in allen drei Ländern nur mit Schwierigkeiten zu realisieren, da sie Unruhe unter den betroffenen Mietern hervorrief. In Frankreich schreckten die Politiker deshalb vor wirklich bedeutsamen Abbaumaßnahmen zurück; das in Großbritannien und in Deutschland zur Minimierung der öffentlichen Proteste gewählte Verfahren der »creeping decontrol« wiederum zog neue Probleme nach sich.

In allen drei Nationen wurde mit der »Mietrechtsrevolution« eine gesellschaftliche Gruppe, die sich zuvor dezidiert als Kern des staatstragenden Bürgertums verstanden hatte, materiell geschädigt und in eine isolierte oppositionelle Position hineingetrieben. Das Ausmaß ihrer materiellen Schädigung ist kaum exakt zu bemessen. Sicher ist lediglich, daß die Existenz von sogenannten »Hausrentiers«, also von Personen, die ausschließlich von den Erträgen vermieteten Wohnraums lebten, in Großbritannien enorm erschwert, in Frankreich und Deutschland aber vollständig vernichtet wurde. Anders verhielt es sich bei der Mehrheit der Hauswirte, die das Vermietungsgeschäft nur nebenbei betrieben. Für sie nahmen die Verluste wohl keine existenzbedrohende Größenordnung an, da die parallele Entlastung bei den Hypothekenzahlungen und auch bei den Steuern den größten Druck von ihnen nahm. In jedem Fall blieb die Verschlechterung des baulichen Zustandes der Häuser durch unterlassene Reparaturen als Verlust bestehen. Wichtiger aber waren vielleicht die politischen Entfremdungswirkungen, da die Angehörigen einer Kerngruppe des Bürgertums sich nun plötzlich staatlicherseits unter Druck gesetzt und drangsaliert sahen.

Die Tagungen der »Union Internationale de la Propriété Foncière Bâtie« in den 1920er Jahren können als besonders eindringlicher Beleg für diese politischen Wirkungen der Mieterschutzgesetze dienen. Diese 1923 in Paris gegründete internationale Dachorganisation von zunächst 12, später (1929) dann 34

240

nationalen Haus- und Grundbesitzerverbänden vertrat nach ihren eigenen Angaben Ende der 1920er Jahre rund fünf Millionen Hauswirte.[43] Auf jährlichen Tagungen polemisierte sie mit zunehmender Radikalität gegen den Fortbestand der staatlichen Eingriffe in den Wohnungsmarkt. Bezeichnenderweise verband sich die Forderung nach Rückkehr zum rechtlichen Stand der Vorkriegsjahre dabei zusehends mit Distanz gegenüber dem System der parlamentarischen Demokratie und mit Sympathie für autoritäre politische Strukturen. So identifizierte der Festredner auf der 1929er Tagung der »Union«, der Pariser Rechtsprofessor Achille Mestre, das allgemeine Wahlrecht, das den Staat zum »gehorsamen Diener der Wählerschaft« gemacht habe, als den Ursprung der mietrechtlichen Änderungen der Kriegs- und Nachkriegszeit. Aus Rücksicht auf die »Mehrzahl« entrechte die Politik die Grundeigentümer und untergrabe damit doch nur die Fundamente des Staates: »Grundbesitz ist die Basis eines jeglichen Rechtszustandes in einem Volke.«[44] Zumal die deutschen Hausbesitzer fanden auf dieser Tagung lobende Worte für die faschistische Regierung Italiens unter Mussolini, der kurz zuvor die Beseitigung der letzten Reste der italienischen Kriegsgesetzgebung im Bereich des Wohnungswesens verfügt hatte.[45] Die Diffamierung jeder juristischen Vorschrift zum Schutze des Mieters als »Sozialismus« bzw. als »Kommunismus« und der emphatische Aufruf, mit der Freiheit des Vermieters stehe stets auch die »Basis unserer westeuropäischen Kultur«, d.h. das Privateigentum an sich, zur Debatte, belegt die rhetorische Aggressivität dieser »steinere[n] Internationale des Grundeigentums«, die sich selbst als Front gegen die »rote Internationale des Sozialismus« verstand.[46]

Die Geschichte der Wohnungsmarktgesetzgebung gewinnt so ihren Stellenwert in der politischen Geschichte der bürgerlichen Mittelschichten des 20. Jahrhunderts. Die Frage, ob die bei den gewählten Repräsentanten des Haus- und Grundbesitzes zu beobachtende Distanz gegenüber dem demokratischen System auch für die Basis der Eigentümerbewegung typisch war, ist allerdings weitgehend offen. Sie bedürfte – zumal für Frankreich und Großbritannien – dringend der näheren Untersuchung, um den Anteil der hier beschriebenen Entwicklungen und Geschehnisse am politischen Weg der besitzenden Mittelschichten in der bewegten ersten Hälfte dieses Jahrhunderts genauer bestimmen zu können.

43 *J. Humar*, Die Bedeutung der Internationalen Union des Haus- und Grundbesitzes, in: Deutsche Hausbesitzer-Zeitung 36, 1929, S. 614f.

44 *A. Mestre*, Der soziale Nutzen des Privateigentums, in: ebd., S. 637f., bes. S. 638.

45 *J. Humar*, Der gegenwärtige Stand der Raumwirtschaft, in: ebd., S. 615–618, bes. S. 616.

46 *Humar*, Bedeutung, S. 615; Kongreßbericht, in: Deutsche Hausbesitzer-Zeitung 36, 1929, S. 631f.; *S. Bak*, Zur Internationalen Haus- und Grundeigentümer-Tagung in Berlin, in: ebd., S. 618f.

V.
Geistiges Eigentum.
Neue Formen des Eigentums
in der modernen Kultur
und Gesellschaft

Elmar Wadle

Entwicklungsschritte des Geistigen Eigentums in Frankreich und Deutschland

Eine vergleichende Studie

Die Formel »Geistiges Eigentum« (»propriété intellectuelle«/»intellectual property«) ist überall auf der Welt geläufig. Sie dient als Sammelbezeichnung für
jene Rechtsmaterien, die nach bisheriger deutscher Gepflogenheit »Urheberrecht« und »Gewerblicher Rechtsschutz« (bisweilen auch »Gewerbliche
Schutzrechte«) genannt werden.[1] Trotz solcher Übereinstimmungen gibt es
immer noch erhebliche Divergenzen. Am Beispiel der Rechtsordnungen
Frankreichs und Deutschlands ist dies besonders deutlich zu erkennen.

Der *französische* Gesetzgeber hat im Jahre 1992 die wichtigsten gesetzlichen
Regeln zum Gewerblichen Rechtsschutz und Urheberrecht in einem einheitlichen Gesetzbuch neu geordnet und bekanntgemacht; dieses Gesetzbuch trägt
den Namen »Code de la propriété intellectuelle«. Der neue Code umfaßt in
seinem ersten Abschnitt die »propriété littéraire et artistique«, also das Ur-

---

1 Die Literatur zur Geschichte der mit der Formel »Geistiges Eigentum« angesprochenen
Rechtsmaterie ist kaum noch zu überblicken (nähere Hinweise in den folgenden Anmerkungen);
hingegen sind speziellere Untersuchungen zur Geschichte der Bezeichnungsweise eher selten.
Am aufschlußreichsten sind die einführenden Kapitel in breiter angelegten Darstellungen. Beispielhaft für die ältere französische Literatur: A. Gastambide, Traité théorique et pratique des con-
trefaçons en tous genres ou de la propriété en matière de littérature, théatre, musique, peinture...,
Paris 1837 (bes. S. 1–36: »Introduction«); G. Bry, La propriété industrielle, littéraire et artistique,
Paris 1914³ (bes. S. 1–11: »Introduction: notions préliminaires«). Exemplarisch für die ältere deutsche Literatur: M. Lange, Kritik der Grundbegriffe vom geistigen Eigenthum, Schoenebeck 1858;
J. Kohler, Deutsches Patentrecht, systematisch bearbeitet unter vergleichender Berücksichtigung
des französischen Patentrechts, Mannheim 1878 (Nachdruck Aalen 1974), S. 1f. (Einleitung);
ders., Das Autorrecht, eine zivilistische Abhandlung, zugleich ein Beitrag zur Lehre vom Eigenthum, vom Miteigenthum, vom Rechtsgeschäft und vom Individualrecht, Jena 1880; *ders.*, Die
Idee des geistigen Eigenthums, in: Archiv für Civilistische Praxis 1894, S. 141–242. Aus neuerer
Zeit vgl. M.-C. Dock, Genèse et évolution de la notion de propriété littéraire, in: Revue internationale du droit d'auteur 1974, S. 126–205; *J.-M. Mousseron,* L'Evolution de la propriété industrielle,
in: L'Evolution contemporaine du droit des biens, Troisième Journées Renée Savatier, Paris 1991,
S. 157–165; *E. Wadle,* Zur Wiederkehr der Formel »geistiges Eigentum«, in: ders., Geistiges Eigentum, Bausteine zur Rechtsgeschichte, Weinheim 1996, S. 3–13; *F. Seifert,* Geistiges Eigentum –
ein unverzichtbarer Begriff, in: W. Erdmann, W. Gloy u. R. Herber (Hg.), Festschrift für Henning
Piper, München 1996, S. 769–786.

heberrecht und die verwandten Schutzrechte, in seinem zweiten Teil die »propriété industrielle«, nämlich das Musterrecht, das Recht der Erfindungen (Patentrecht) und des »technischen Wissens« (Betriebsgeheimnisse, Halbleitererzeugnisse, Pflanzenzüchtungen) und das Recht der Marken und anderer Unterscheidungszeichen. Das Gesetzbuch bildet den (vorläufigen) Schlußpunkt einer rund zweihundertjährigen Entwicklung; es bedient sich derselben Bezeichnungen, die schon in den Anfängen der revolutionären Gesetzgebung verwendet worden sind, nämlich »propriété industrielle«, »propriété littéraire et artistique» und – beide zusammenfassend – »propriété intellectuelle«.

In *Deutschland* wird es wohl kaum zu einer vergleichbaren Kodifikation kommen. Man hat sich hierzulande zu sehr an die Aufteilung der Materien auf verschiedene Gesetze gewöhnt. Überdies darf als ziemlich sicher gelten, daß man einem solchen Gesetzbuch, käme es denn zustande, nicht den Namen »Gesetzbuch über das Geistige Eigentum« geben würde. Zwar ist nicht zu übersehen, daß in jüngerer Zeit die in Frankreich und vielen Ländern der Erde gängige Formel vom Geistigen Eigentum auch in Deutschland ein gewisses Ansehen zurückgewonnen hat. Dennoch dürfte es noch geraume Zeit dauern, bis diese umfassende und deshalb auch wenig genaue Bezeichnung auf breite Akzeptanz bei uns stößt.

Die Gründe dafür liegen in der Geschichte: Die deutschen Staaten des 19. Jahrhunderts sind der französischen Gesetzgebung auf den genannten Bereichen mit unterschiedlicher Geschwindigkeit gefolgt; die Terminologie wurde dabei nur zögerlich akzeptiert und dann, etwa seit der Jahrhundertmitte, bewußt abgelehnt und durch andere Begriffe ersetzt. Dies geschah, wohlbemerkt, nicht aus sprachlichen Gründen; es geht auch nicht auf die tiefer werdenden Gräben zwischen den Nationen zurück; es ist vielmehr in der Sache selbst begründet, liegt zum Teil in einem anderen Verständnis dessen, was Geistiges Eigentum ausmacht, und vor allem daran, daß der zivilrechtliche Eigentumsbegriff in der deutschen Rechtskultur seit dem 19. Jahrhundert auf die Zuordnung von Sachen zu Personen beschränkt wird. Für die sich langsam durchsetzenden neuen Figuren des Urheberrechts oder der gewerblichen Schutzrechte fand man andere und – wie man damals überzeugt war – genauere Bezeichnungen.[2]

---

2 Näheres bei *B. Dölemeyer* u. *D. Klippel,* Der Beitrag der deutschen Rechtswissenschaft zur Theorie des gewerblichen Rechtsschutzes und des Urheberrechts, in: F.-K. Beier u.a. (Hg.), Gewerblicher Rechtsschutz und Urheberrecht in Deutschland, Festschrift zum 100-jährigen Bestehen der Deutschen Vereinigung für Gewerblichen Rechtsschutz und Urheberrecht und ihrer Zeitschrift, 2 Bde., Weinheim 1991, hier Bd. 1, S. 185–237; *D. Klippel,* Die Idee des geistigen Eigentums in Naturrecht und Rechtsphilosophie des 19. Jahrhunderts, in: E. Wadle (Hg.), Historische Studien zum Urheberrecht in Europa, Entwicklungslinien und Grundfragen, Berlin 1993, S. 121–138.

Der Wandel der Terminologie bietet zwar nicht immer zuverlässige Hinweise auf den Wandel in der Sache, aber der Zusammenhang beider Entwicklungen ist evident. Wenn wir heute eine Wiederkehr der Formel »Geistiges Eigentum« im deutschen Recht verzeichnen, so hat dies unzweifelhaft mit einem Wandel in der Sache zu tun. Die nationalen Gesetzgeber, namentlich jene Deutschlands und Frankreichs, haben sich mittlerweile so weit aufeinander zubewegt, daß es kaum mehr sinnvoll erscheint, an der terminologischen Trennlinie festzuhalten. Es ist dies eine Folge der Tatsache, daß die unter dem Schlagwort »Geistiges Eigentum« versammelten Rechtsvorstellungen seit gut einhundert Jahren einem wachsenden Anpassungsdruck unterliegen, der vor allem auf ökonomische und technische Entwicklungen zurückzuführen ist. Internationale Konventionen und Abkommen haben diese Tendenzen verstärkt. Den Auftakt bilden zum Gewerblichen Rechtsschutz die Pariser Verbandsunion von 1883 und zum Urheberrecht die Berner Übereinkunft von 1886. Die europäische Integrationsbewegung nach dem Zweiten Weltkrieg hat diesen Prozeß der Angleichung und der Vereinheitlichung in ungeahnter Weise beschleunigt; die wachsende Globalisierung der Wirtschaftsbeziehungen in den letzten Jahrzehnten hat ihn noch weiter vorangetrieben.

Im folgenden soll versucht werden, vor diesem Hintergrund einige Thesen zur Entwicklung des Geistigen Eigentums in Deutschland und Frankreich zu formulieren. Angesichts der Länge des Zeitraumes, der zu überblicken ist, sind Beschränkungen und Verkürzungen unvermeidbar. Es bleibt zu hoffen, daß alle zentralen Aspekte wenigstens andeutungsweise zur Sprache kommen. Im übrigen muß darauf verzichtet werden, die Auswirkungen der »Europäisierung« und »Globalisierung« der letzten Jahrzehnte in die Betrachtung einzubeziehen; es verbleibt ohnehin ein zeitlicher Rahmen, der weit genug gespannt ist: Er reicht von der großen Französischen Revolution bis in die beiden Jahrzehnte nach dem Zweiten Weltkrieg. Zum Zwecke des Vergleichs zwischen der französischen und der deutschen Entwicklung scheint es angebracht, eine weitere Zäsur um die Jahrhundertwende, also um das Jahr 1900 herum, zu legen. Die Gründe dafür mögen die nachfolgenden Überlegungen liefern.

1. 1800 – 1900: Grundlagen und Entfaltung

Die erste Periode (ca. 1800–1900) weist unter mehreren Gesichtspunkten vergleichbare Konstanten, aber auch charakteristische Unterschiede auf. Hinsichtlich des äußeren Ablaufs der Gesetzgebung ist festzuhalten, daß sich in beiden Ländern eine reiche Einzelgesetzgebung auf allen Gebieten des Gewerblichen Rechtsschutzes und des Urheberrechts entfaltet. In *Frankreich* setzt sie allerdings sehr viel früher ein als in Deutschland und erreicht auch wesentlich schneller einen hohen, man könnte hier sagen, modernen Standard.[3] Bereits in der Revolutionszeit sind grundlegende Gesetze für das Patentrecht, das Urheberrecht und den Musterschutz formuliert worden, nämlich in den Jahren 1791 und 1793; für das Markenrecht und den Musterschutz folgten Gesetze im Jahr XI und 1806. Um das Jahr 1860 herum ist diese Entwicklung bereits im wesentlichen abgeschlossen. Das Geschehen in *Deutschland* unterscheidet sich davon in charakteristischer Weise.[4] Die verfassungsrechtlichen Grundla-

3 Die französische Rechtsentwicklung steht im Vordergrund zahlreicher umfassender historischer und/oder rechtsvergleichender Darstellungen. Vgl. etwa *P. Roubier,* Le droit de la propriété industrielle, 2 Bde., Paris 1952; *M.-C. Dock,* Etudes sur le droit d'auteur, Paris 1963; *S. Strömholm,* Le droit moral de l'auteur en droit allemand, français et scandinave avec un aperçu de l'evolution internationale, Etude de droit comparé, 2 Bde., Stockholm 1967/1973; *P. Recht,* Le Droit d'auteur, une nouvelle forme de propriété. Histoire et théorie, Paris 1969; *Y. Plasseraud* u. *F. Savignon,* L'Etat et l'invention, Histoire des brevets, Paris 1986; *A. Strowell,* Droit d'auteur et copyright. Divergences et convergences, Bruxelles 1993; *J. Ellins,* Copyright Law, Urheberrecht und ihre Harmonisierung in der Europäischen Gemeinschaft. Von den Anfängen bis ins Informationszeitalter, Berlin 1997. Weitere Hinweise zum französischen Recht: *H. Desbois,* Le droit d'auteur en France, Paris 1978; *R. Kraßer,* Frankreich. Das Recht des unlauteren Wettbewerbs in den Mitgliedsstaaten der Europäischen Wirtschaftsgemeinschaft, Bd. 4, München 1968; *C. Colombet,* Propriété littéraire et artistique et droits voisins, Paris 1990[5], S. 6f.; *A. Chavanne* u. *J.J. Burst,* Droit de la propriété industrielle, Paris 1993[4], bes. S. 25f., 378f. u. 454f. Übersichten über die ältere Literatur bei: *B. Dölemeyer,* Urheber- und Verlagsrecht, in: H. Coing (Hg.), Handbuch der Quellen und Literatur der neueren europäischen Privatrechtsgeschichte, Bd. 3.3, München 1986, S. 3955–4066, bes. S. 3960f.; *dies.,* Patentrecht und Musterschutz, in: ebd., S. 4067–4213, bes. S. 4074f.; *S. Lammel,* Recht zur Ordnung des Wettbewebs, in: ebd., S. 3749–3954, bes. S. 3769f. Aus der Aufsatzliteratur vgl. *F. Neumeyer,* Die historischen Grundlagen der ersten modernen Patentgesetze in den USA und in Frankreich, in: Gewerblicher Rechtsschutz und Urheberrecht (GRUR), 1956, S. 241–252; *O. Lagigant,* La révolution française et le droit d'auteur, in: Revue de la Recherche Juridique, Droit Prospectif 1989, S. 343–391; *J. Schmidt-Szalewski,* Evolution du droit d'auteur en France, in: E. Wadle (Hg.), Historische Studien, S. 151–166; *dies.,* Die theoretischen Grundlagen des französischen Urheberrechts im 19. und 20. Jahrhundert, in: GRUR Internationaler Teil 1993, S. 187–194.

4 Umfassende Hinweise zum deutschen Recht und seiner Entwicklung bei: *Dölemeyer,* Urheber- und Verlagsrecht, S. 4008f. u. 4037f.; *dies.,* Patentrecht und Musterschutz, S. 4140f. u. 4172f.; *Lammel,* Ordnung, S. 3806f.; *D. Reimer,* Das Recht des unlauteren Wettbewerbs in den Mitgliedsstaaten der Europäischen Wirtschaftsgemeinschaft, Bd. 3: Deutschland, München 1967; *E. Wadle,* Fabrikzeichen- und Markenrecht, Geschichte und Gestalt des deutschen Markenschutzes im 19. Jahrhundert, 2 Bde., Berlin 1977/1983; *W. Bernhardt* u. *R. Kraßer,* Lehrbuch des Patentrechts, München 1986[4], S. 40f.; Patentgesetz, Gebrauchsmustergesetz, Kurz-Kommentar, begr. v. Georg Benkard, München 1988[8], Einl. Rdnr. 2–20f.; *M. Vogel,* Geschichte des Urheberrechts, in: G. Schricker (Hg.), Urheberrecht, Kommentar, München 1987, bes. S. 50–79; *H. Hubmann,* Gewerblicher Rechtsschutz, München 1988[5], bes. S. 8f. u. 29f.; *L. Gieseke,* Vom Privileg zum Urheberrecht, Die Entwicklung des Urheberrechts in Deutschland bis 1845, Göttingen 1995; *M. Rehbinder,* Urheberrecht, München 1996[9], bes. S. 19f. u. 30f. Umfassende Hinweise zur Entwicklung der letzten 100 Jahre in den einschlägigen Beiträgen zu der in Anm. 2 genannten GRUR-Festschrift. Aus der neueren Aufsatzliteratur seien ergänzend genannt: *M. Vogel,* Die Geschichte des Urheberrechts im Kaiserreich, in: Archiv für Geschichte des Buchwesens 31, 1985, S. 203–319; *E. Wadle,* La protection des marques en Allemagne, Un précis d'histoire bicentenaire, in: Réunion annuelle de l'ATRIP, Casablanca 1996, S. 105–118; *ders.,* Markenschutz für Konsumartikel. Ent-

gen geben den Rahmen vor: In der Zeit des Deutschen Bundes konnten allein die Einzelstaaten als Gesetzgeber aktiv werden, sei es, daß sie einzeln, sei es, daß sie gemeinsam handelten. Die gemeinsame Ebene konnte einerseits jene des Deutschen Bundes bilden, andererseits aber auch neu geschaffen werden. Im Prinzip waren demnach mehrere Ebenen für gemeinschaftliche Aktivitäten denkbar. Allerdings spielte neben den Organen des Deutschen Bundes nur der 1834 gegründete Deutsche Zollverein eine besondere Rolle auf den Rechtsgebieten, um die es hier geht. Nach der Gründung des Deutschen Reiches erhielt der Gesamtprozeß neuen Auftrieb, denn die Gesetzgebungskompetenz auf den Gebieten des Geistigen Eigentums wurde dem Reich zugesprochen.

Blicken wir zunächst auf die Zeit vor 1870/71 zurück und versuchen wir, das Bild, das die Einzelgesetzgebung im Bereich des Geistigen Eigentums bietet, näher zu erfassen. Zunächst ist festzuhalten, daß einige deutsche Staaten auf bestimmten Feldern dem französischen Vorbild gefolgt sind. In Teilen des Rheinlandes, die nach dem Frieden von Lunéville mehrere Jahre zu Frankreich gehört haben, sind die Einflüsse am deutlichsten zu spüren. In einigen Staaten kommt es zu einer deutlich an französische Konzeptionen angelehnten Gesetzgebung, insbesondere im Urheberrecht. Soweit im übrigen überhaupt Gesetze erlassen werden, herrscht die Tendenz vor, die überkommene Praxis der Einzelfallregelung durch Privileg zu generalisieren. Das bedeutet: Man fixiert die Gesichtspunkte, die für einen Schutz im Einzelfall sprechen, in allgemeiner Weise. Damit werden die Kriterien für die Gewährung des Schutzes zuverlässiger und berechenbarer. Eine grundsätzliche Anerkennung bestimmter Leistungen ist damit aber noch nicht verbunden, ein Anspruch auf Gewährung des Schutzes noch nicht anerkannt.

Diese Haltung wird zuerst im Bereich des Urheberrechts aufgegeben. Auf der Ebene des Deutschen Bundes gelingt es zunächst nicht, die Versprechungen der Bundesakte von 1815 (Art. 18d) einzulösen, wonach »gleichförmige Verfügungen über die ... Sicherstellung der Rechte der Schriftsteller und Verleger gegen den Nachdruck« erarbeitet werden sollten. 1837 gelangt man nur zu »gemeinsamen Grundsätzen«, die zwar später ergänzt werden, aber eben doch nur einen gemeinsamen Mindeststandard verbindlich festlegen. Den Durchbruch zu einer generell konzipierten, von allem Privilegiendenken befreiten Urheberrecht schaffen nur einzelne deutsche Staaten, allen voran Preußen (1837) und Bayern (1840). Im übrigen kann man eine gewisse Annäherung der Rechtsgrundsätze verzeichnen. Im Markenrecht und im Patentrecht wird auf der Ebene des Deutschen Zollvereins eine Angleichung bewerkstelligt. Ein allgemeiner grundsätzlicher Durchbruch gelingt damit aber noch nicht. Im

wicklungsstufen des modernen Markenrechts in Deutschland, in: H. Siegrist, H. Kaelble u. J. Kocka (Hg.), Europäische Konsumgeschichte. Zur Gesellschafts- und Kulturgeschichte des Konsums, 18. bis 20. Jahrhundert, Frankfurt am Main 1997, S. 649–670.

Musterschutz kommt es nicht einmal zu einem solchen Minimalprogramm. Etwas günstiger sieht es auf der Ebene der einzelnen deutschen Staaten aus; hier werden eine ganze Reihe von Sondergesetzen erlassen. Einige von ihnen, namentlich jene zum Markenschutz, decken die im Wirtschaftsleben sichtbar werdenden Bedürfnisse aber nur sehr unvollkommen ab. Im Patentrecht hält sich zum Teil das administrativ-kleinliche Verfahren der Privilegienzeit. Erst die Reichsgründung ermöglicht einen Neubeginn. Eine erste Welle von Gesetzen zwischen 1870 und 1877 legt die Grundlagen auf allen Rechtsgebieten neu. Eine zweite Welle zwischen 1884 und 1907 bringt zahlreiche Verbesserungen und Ergänzungen.

Der Blick auf die Entwicklung der Einzelgesetzgebung bedarf der Ergänzung durch einen Blick auf den rechtlichen Gesamtrahmen, in den diese Gesetze einzuordnen sind. Hier zeigt sich sofort ein gravierender Unterschied zwischen Deutschland und Frankreich. *Frankreich* besitzt seit Napoleons Zeiten ein durch Kodifikation fundiertes modernes Privatrecht.[5] Die »Cinq Codes«, vor allem der »Code Civil« (1804), bildeten das Gesamtgerüst eines Rechtssystems, in das die einzelnen Gesetze zum Geistigen Eigentum eingeordnet werden konnten. Im *Deutschland* des 19. Jahrhunderts ist Vergleichbares allenfalls in Ansätzen vorhanden.[6] Das preußische Allgemeine Landrecht (1794) etwa bedurfte, wie man seit den 1820er Jahren wußte, dringend der Revision. Andere Kodifikationen kamen erst sehr viel später zustande, obgleich es an Versuchen zur gemeinsamen Lösung nicht gefehlt hat. Nach der Reichsgründung konnte zunächst nur ein Teilbereich neu und einheitlich geregelt werden; insbesondere Gerichtsbarkeit und Verfahrensrecht waren Gegenstand dieser frühen Gesetzgebung. Die Vereinheitlichung des materiellen Privatrechts brauchte Zeit; sie ist erst mit dem Erlaß des Bürgerlichen Gesetzbuches, mithin zum Ende des Jahrhunderts, gelungen.

Versucht man, in einem dritten Schritt etwas tiefer einzudringen und die Ordnungsmodelle zu erfassen, denen die Einzelgesetzgebung gefolgt ist, lassen sich die entscheidenden Vorstellungen, aber auch ihr Wandel im Laufe des Jahrhunderts mit Hilfe der Formel vom Geistigen Eigentum relativ gut ausmachen. In *Frankreich* fielen schon in der Anfangszeit der Revolution eine ganze Reihe von Grundsatzentscheidungen.[7] Eine der wichtigsten war die Entschei-

5 Zur Geschichte der privatrechtlichen Kodifikation und Gesetzgebung in Frankreich vgl. *E. Holthöfer,* Frankreich, in: Coing (Hg.), Handbuch, Bd. 3.1, München 1982, S. 863f.

6 Zur Geschichte der Kodifikation und Gesetzgebung zum Privatrecht in Deutschland, insbesondere zum BGB: *B. Dölemeyer,* Deutschland, in: Coing (Hg.), Handbuch, Bd. 3.2, München 1984, S. 1406–1625. Weitere umfassende Hinweise bei *A. Laufs,* Rechtsentwicklungen in Deutschland, Berlin 1995[5], 289f.

7 *A. Bürge,* Das französische Privatrecht im 19. Jahrhundert. Zwischen Tradition und Pandektenwissenschaft, Liberalismus und Etatismus, Frankfurt am Main 1991, bes. S. 3f., 327f. u. 427f.; *E. Botsch,* Eigentum in der Französischen Revolution, München 1992.

dung für den bürgerlichen Eigentumsbegriff, der auf dem freien Verfügungsrecht über Privateigentum beruhte. Dies gilt zunächst für das Eigentum an Sachen, auch für das Grundeigentum. Streit gab es in jener Epoche lediglich um Einschränkungen und Grenzen, nicht aber um das Prinzip des freien individuellen Besitzes. Wo und wie die Grenzen im Sinne sozialer Verantwortung zu ziehen seien, war auch nach der Festlegung des Prinzips weiterhin umkämpft.

Da »propriété« als allgemeiner Begriff der Zuordnung von Gütern zu Personen verstanden wurde, galt diese Grundentscheidung auch für die Ausprägungen der »propriété intellectuelle«. Natürlich stellte sich auch hier die Frage, in welcher Weise aus sozialer Verantwortung noch andere Interessen, etwa jene der Konsumenten, der Öffentlichkeit oder des Fiskus, rechtlich fixiert werden sollten. Diese Interessen kamen, wenngleich in unterschiedlicher Weise, ebenfalls zum Zuge. Allerdings blieb die Priorität der Privatnützigkeit jeder Form des geistigen Eigentums immer gewahrt. In der deutschen Gesetzgebung hingegen hat sich dieses Prinzip erst durchsetzen müssen.

An dieser Stelle muß die strukturelle Besonderheit der Positionen verdeutlicht werden, für die wir die Formel »Geistiges Eigentum« verwenden. Auszugehen ist von dem Begriff »Eigentum«.[8] Eigentum ist eine Kurzformel; sie meint ein rechtliches Modell für die Zuordnung von Sachen zu Personen. Mit der Kurzformel ist die Gesamtheit von Rechtsbeziehungen gemeint, die zwischen Privatrechtssubjekten im Blick auf die Zuordnung einer Sache entstehen können. Dies bedeutet, daß dem Rechtsinhaber, also dem Eigentümer, Befug-

8 Die folgenden Überlegungen konzentrieren sich auf den privatrechtlichen Eigentumsbegriff; zum Einstieg in die umfängliche Literatur sind hilfreich: *D. Schwab,* Eigentum, in: O. Brunner, W. Conze u. R. Koselleck (Hg.), Geschichtliche Grundbegriffe, Bd. II, Stuttgart 1975, S. 65–115; *A. Georgiades,* Eigentumsbegriff und Eigentumsverhältnisse, in: F. Baur u.a. (Hg.), Beiträge zur europäischen Rechtsgeschichte und zum geltenden Zivilrecht, Festgabe für Johannes Sontis, München 1977, S. 149–166; *D. Olzen,* Die geschichtliche Entwicklung des zivilrechtlichen Eigentumsbegriffs, in: Juristische Schulung 1984, S. 328–335; *T. Mayer-Maly,* Das Eigentumsverständnis der Gegenwart und die Rechtsgeschichte, in: G. Baumgärtel u.a. (Hg.), Festschrift zum 70. Geburtstag von Heinz Hübner, Berlin 1984, S. 145–158; *D. Hecker,* Eigentum als Sachherrschaft. Zur Genese und Kritik eines besonderen Herrschaftsanspruchs, Paderborn 1990; *F. Zenati,* Pour une rénovation de la théorie de la propriété, in: Revue trimestrielle de Droit Civil 1993, S. 305–323; *J.-M. Mousseron, J. Raynard* u. *T. Revet,* La propriété comme modèle, in: Mélanges offerts à André Colomer, Paris 1993, S. 281–305. Zum verfassungsrechtlichen Eigentumsbegriff, namentlich im Rahmen des Art.14 GG, vgl. etwa: *R. Wendt,* Eigentum und Gesetzgebung, Hamburg 1985; *P. Kirchhof,* Der verfassungsrechtliche Gehalt des geistigen Eigentums, in: W. Fürst, R. Herzog u. D.C. Umbach (Hg.), Festschrift für Wolfgang Zeidler, Bd. 2, Berlin 1987, S. 1639–1661; *W. Leisner,* Eigentum, in: J. Isensee u. P. Kirchhof (Hg.), Handbuch des Staatsrechts der Bundesrepublik Deutschland, Bd. 6, Heidelberg 1989, S. 1023–1097 (§ 149); *ders.,* Eigentum, Schriften zu Eigentumsgrundrecht und Wirtschaftsverfassung 1970–1996, hg. von J. Isensee, Berlin 1996; *Chr. Tomuschat* (Hg.), Eigentum im Umbruch. Restitution, Privatisierung und Nutzungskonflikte im Europa der Gegenwart, Berlin 1996. Für die Anwendung des Begriffes »Eigentum« auf gewerbliche Schutzrechte und Urheberrechte beispielhaft: *W.A. Schluep,* Das Markenrecht als subjektives Recht, Basel 1964; *F. Henning-Bodewig* u. *Annette Kur,* Marke und Verbraucher, 2 Bde., Weinheim 1988, bes. Bd. 1, S. 203f. u. 221f.

nisse positiver wie negativer Art zugesprochen werden. Der Eigentümer kann einerseits die Sache benutzen, kann über sie verfügen; ist in dieser Befugnis unbeschränkt. Andererseits darf er von niemandem behindert werden, er kann bei Besitzentzug, Beeinträchtigung und Beschädigung gegen den Störer vorgehen. Die Zuordnung wird in traditioneller Weise als umfassende Zuordnung begriffen.

Eigentum an Sachen als privatrechtliches Institut gibt damit Auskunft in dreierlei Hinsicht: Es gibt *erstens* Auskunft über die Person: In einem auf Egalität gegründeten Privatrechtssystem kann jeder Eigentümer sein; besondere Qualitäten braucht er nicht aufzubringen, jedes Rechtssubjekt kann als Inhaber von Eigentum vorkommen. Privateigentum gibt *zweitens* Auskunft über die Beziehung zu anderen Subjekten des Privatrechts, indem die Beziehung des Eigentümers zur Sache als ausschließliche definiert wird: Der Eigentümer kann jeden anderen von den ihm selbst zustehenden Nutzungen und Verwendungsmöglichkeiten ausschließen, es sei denn, dieser andere hat ein eigenständiges beschränktes dingliches Recht an der Sache. Privateigentum ist *drittens* umfassend, d.h. der zugeordnete Gegenstand, die Sache, wird in jeder nur denkbaren Hinsicht dem Eigentümer zur Verfügung gestellt.

Nicht eingeschlossen sind in diesem Konzept andere Interessen, weder die Interessen von Konsumenten noch andere allgemeine Interessen bis hin zu den fiskalischen Bedürfnissen des Staates. Diese zu organisieren ist im wesentlichen nicht Aufgabe des Sachenrechts, sondern anderer Teile des Rechts, sei es des Vertragsrechts, soweit die Konsumenten betroffen sind, sei es des öffentlichen Rechts, soweit die Allgemeinheit und der Fiskus in Betracht kommen.

In unserem Zusammenhang interessiert, ob und inwieweit die Vorstellung von Privateigentum auf andere Gegenstände übertragen werden kann. Zunächst ist festzuhalten, daß die Möglichkeit, von »Geistigem Eigentum« zu sprechen, eine Verallgemeinerung der Vorstellung voraussetzt: Eigentum meint dann nur noch allgemein Zuordnung von Gütern (also nicht nur von Sachen) zu Personen, ohne die drei Elemente, von denen eben die Rede war, genauer zu fixieren. Eine nähere Betrachtung zeigt indes, daß damit nur eine ähnliche Konstruktion gewählt wird; die Unterschiede sind nicht zu übersehen: Es geht *erstens* um andere Güter, d.h. um geistige Gegenstände, wie Werke und andere geistige und gewerbliche Leistungen, um Erfindungen, Kennzeichnungen, Modelle und Muster. Alle diese Gegenstände sind ihrem Wesen nach sehr verschieden. Es geht *zweitens* um andere Personen – um Urheber, Erfinder und Autoren, um Leistungsträger im wirtschaftlichen Wettbewerb – und *drittens* um eine andere, dem jeweiligen Gut und seinen Besonderheiten angemessene Zuordnungsweise, d.h. um Verwertungsrechte, Kontroll- und Abwehrrechte und andere Befugnisse. Entscheidend ist letztlich die nähere Ausgestaltung dieser drei Elemente: In ihnen schlagen sich die Grundprinzipien des jeweiligen Ordnungsmodells nieder.

Kehren wir zu der These zurück, in der deutschen Gesetzgebung habe sich der Vorrang des Prinzips der Privatnützigkeit erst durchsetzen müssen. An den drei Elementen der Zuordnungsform »Geistiges Eigentum« läßt sich dies näher belegen, nämlich 1. anhand der Besonderheit der *Schutzgegenstände*, 2. anhand der *Personen*, denen die Güter zugeordnet werden und 3. anhand der *Zuordnungsweise*.

1. Zunächst ist die Besonderheit der Schutzgegenstände näher zu betrachten. In *Frankreich* werden seit den Revolutionsgesetzen geistige und gewerbliche Leistungen grundsätzlich als schutzwürdiges privates Gut betrachtet, wenngleich die nähere Differenzierung nicht immer überzeugend erscheinen mag. Gewisse Probleme bestanden zunächst hinsichtlich der gewerblichen Leistungen, die mit der Inhaberschaft von Marken und Kennzeichen verbunden sind; diese Schwierigkeiten sind aber seit dem Markengesetz von 1857 überwunden. In *Deutschland* kam die rechtliche Anerkennung geistiger Leistungen nur schrittweise voran. Im Bereich des Urheberrechts beschränkte sie sich zunächst auf gedruckte Sprachwerke; dann wurden gedruckte Werke der bildenden Kunst einbezogen. Schließlich hat man auch nicht druckbare Kunstwerke geschützt, also etwa Plastiken gegen Nachbildung. Im Bereich der Musik ging es zunächst um den Schutz von Noten gegen Nachdruck, dann auch um den Schutz gegen unbefugte Aufführung musikalischer Werke.

Größere Schwierigkeiten bereitete den deutschen Gesetzgebern der Schutz gewerblicher Leistungen. Erfindungen wurden relativ bald als generell schützenswerte Güter betrachtet. Patentschutz galt insbesondere dort, wo er mit der Pflicht zur Offenbarung verbunden war, als Instrument der industriellen Entwicklung. Breite Anerkennung als primär privatnützige Gegenstände fanden sie indes erst, nachdem man erkannt hatte, daß diese Sicht mit den Interessen der Allgemeinheit bzw. des Staates vereinbar waren. Dies war erst nach dem Wiener Patentkongreß im Jahre 1873 der Fall, als der Streit um Sinn und Nutzen des Patentschutzes abgeebbt war. Dieser sogenannte Patentstreit, innerhalb dessen »vier Theorien« zur Rechtfertigung des Patentrechts (nach Machlup: Naturrechts- oder Eigentumstheorie / Belohnungstheorie / Ansporungstheorie / Vertrags- oder Offenbarungstheorie) vertreten wurden,[9] hatte in *Deutsch-*

---

9 *F. Machlup* u. *E. Penrose*, The Patent Controversy in the Nineteenth Century, in: The Journal of Economic History 10, 1950, S. 1–29; *F. Machlup*, Die wirtschaftlichen Grundlagen des Patentrechts, in: GRUR Internationaler Teil 1961, S. 373–390 u. 473–537; *ders.*, Patentwesen, in: Handwörterbuch der Sozialwissenschaften Bd. 8, Stuttgart 1964, S. 231–252; *A. Heggen*, Erfindungsschutz und Industrialisierung in Preußen 1793–1877, Göttingen 1975, bes. S. 59f.; *F.-K. Beier* u. *J. Straus*, Das Patentwesen und seine Informationsfunktion – Gestern und heute, in: GRUR 1977, S. 282–289; *F.-K. Beier*, Die Bedeutung des Patentsystems für den technischen, wirtschaftlichen und sozialen Fortschritt, in: GRUR Internationaler Teil 1979, S. 227–235. Zur aktuellen wirtschaftswissenschaftlichen Diskussion um gewerbliche Schutzrechte und Urheberrecht vgl. etwa *C. Ott* u. *H.-B. Schäfer* (Hg.), Ökonomische Analyse der rechtlichen Organisation von Innovationen, Tübingen 1994.

land besonders heftig getobt und auch die Sphäre der Gesetzgebung erfaßt. In *Frankreich* hingegen blieb er auf den theoretischen Disput beschränkt und bildete keinerlei ernste Gefahr für das Patentrecht, wohl aber geriet er zur moralischen Stütze für Gegner des Patentwesens im Ausland, nicht zuletzt in Deutschland.

Sehr viel zurückhaltender waren die *deutschen* Gesetzgeber im Muster- und Markenschutz. Gewerblich verwertbare Muster und Modelle waren vor der Reichsgründung in der Regel überhaupt nicht geschützt. Erst das Reichsgesetz von 1876 führt den Schutz von Geschmacksmustern ein. Auch der Schutz von Marken wurde zunächst rundweg abgelehnt. Ausnahmen wurden nur zugelassen, soweit das öffentliche Interesse ihn zu rechtfertigen schien. So hat etwa Preußen seit 1840 grundsätzlich nur den Schutz der Bezeichnung von Waren mit Firma oder Namen nebst Angabe des Ortes anerkannt; die mit anderen Leistungen von Produzenten oder Kaufleuten verbundenen Kennzeichnungen blieben frei, mithin schutzlos. Erst das Reichsmarkenschutzgesetz von 1874 schuf gewisse Abhilfen und stellte damit die Weichen für ein individualrechtliches Verständnis. Nur ganz allmählich setzte sich der Gedanke durch, daß es beim Schutz von individualisierenden Kennzeichen letztlich um den Schutz der vom Zeichen symbolisierten unternehmerischen Leistung geht. In *Frankreich* war dies hingegen spätestens seit dem Gesetz von 1857 selbstverständlich.

2. Ähnliche Differenzen zwischen französischer und deutscher Gesetzgebung kann man beobachten, wenn man die Personen, denen die neuen Güter zugeordnet werden, betrachtet. In *Frankreich* ist der Autor, der Modelleur, der Erfinder von Anfang an Inhaber des Schutzrechts. Einen gewissen Bruch bildeten die Regeln, die Ausländer benachteiligen. Besonders deutlich wird dies beim Erfindungsschutz. Hier waren zunächst Einführungspatente ohne jede Beschränkung zugelassen. Das Patentgesetz von 1844 hat diese Möglichkeit zwar eingeschränkt, aber nicht grundsätzlich beseitigt: Einführungspatente durften nur noch an den Erfinder selbst oder seinen Rechtsnachfolger ausgegeben werden; überdies war ihre Dauer von der Dauer eines (ausländischen) Patents abhängig. Auch in anderen Bereichen, namentlich im Urheberrecht, gab es Beschränkungen zu Lasten der Ausländer: Die strikte Auslegung eines Dekrets von 1852 machte den Schutz in Frankreich von der Veröffentlichung eines Werkes in Frankreich abhängig – ein Prinzip, das erst in unserem Jahrhundert, genauer im Jahre 1959, endgültig beiseite geschoben worden ist. In der *deutschen* Gesetzgebung sind solche Beschränkungen zu Lasten von Ausländern allgegenwärtig, solange das Privilegiendenken vorherrscht, und zwar im Urheberrecht auch dort, wo man schon früh französische Prinzipien übernommen hatte, so etwa in Baden oder Bayern. Verbessert wurde die Stellung von Ausländern durch die Abrede im Zollverein von 1842; sie wirkte allerdings nicht zugunsten der Angehörigen dritter Staaten.

Mag die Ausgrenzung der Ausländer angesichts der territorialen Begrenztheit des Schutzes verständlich erscheinen, so fallen andere Begrenzungen noch mehr ins Gewicht. Im Urheberrecht kann vor der Reichsgründung dort, wo das Privilegiensystem beibehalten wird, der Schutz dem Verleger zugute kommen, ohne daß immer sichergestellt gewesen wäre, daß der Autor damit einverstanden ist. Der Markenschutz steht nur den Angehörigen bestimmter ausgewählter Produktionszweige offen, nicht aber Fabrikanten und Kaufleuten schlechthin. Selbst die Reichsgesetze der ersten Welle halten an solchen Ausschlüssen fest. Für Architekten gibt es kein Urheberrecht, für Urproduzenten und Kaufleute, die nicht im Handelsregister eingetragen sind, keinen Markenschutz.

3. Ein entsprechendes Bild ergibt sich, wenn man auf das dritte Element des geistigen Eigentums abstellt, auf die Zuordnungsweise, mithin auf den Inhalt der rechtlichen Position. Auch hierbei kommt der Konzeption des Schutzes entscheidendes Gewicht zu. Wie beim Sacheigentum kann man die Privatnützigkeit des Gutes in den Vordergrund stellen, in erster Linie das Rechtsverhältnis zu den Personen bedenken, die um die Rechtsinhaberschaft konkurrieren. Andere Interessen, etwa jene der Konsumenten oder der Öffentlichkeit, können durch Grenzziehung von außen geregelt werden. Insoweit besteht dieselbe Möglichkeit, wie sie beim Sacheigentum vorherrscht. Man kann aber solche Interessen auch in die Konstruktion der Zuordnungsweise selbst einbauen, die Zuordnung gleichsam mit immanenten Schranken versehen. Bei Gütern des geistigen Eigentums, deren Nutzungs- und Verfügungsmöglichkeiten nicht durch einen traditionellen Kanon festgelegt erscheinen, ist dieses Verfahren besonders geeignet, ja sogar unverzichtbar. Es existieren demnach zwei Wege, öffentliche Interessen, von den Interessen der Konsumenten bis zu anderen wirtschaftspolitischen Zielen, etwa der Gewerbeförderung, zur Geltung zu bringen: Beide sind von den Gesetzgebern des 19. Jahrhunderts beschritten worden. In Frankreich dominiert eher der erste Weg, also die Begrenzung von außen; in Deutschland steht der zweite Weg im Vordergrund, mithin die immanente Schrankenziehung.

Die *französische* Gesetzgebung ist – wie schon betont worden ist – von Anfang an von der Vorstellung getragen, daß alle Formen des geistigen Eigentums Privateigentum seien. Dies läßt sich beim Baustein Zuordnungsweise besonders gut belegen, insbesondere bei der Regelung des Rechtserwerbs. Im Frankreich des 19. Jahrhunderts ist für den Erwerb des Schutzrechts der individuelle Akt des Rechtsinhabers entscheidend, die Werkschöpfung des Künstlers etwa oder die Ingebrauchnahme einer Marke bestimmter Qualität. Förmlichkeiten haben – soweit sie erforderlich sind – nur ordnenden Charakter. Im Bereich des Urheberrechts bestehen überhaupt keine Förmlichkeiten. In den Bereichen, in denen sie erforderlich erscheinen, haben sie eine rechtsordnende, jedenfalls keine rechtsbegründende Funktion. Im Erfindungsschutz und im Markenrecht etwa kennen die französischen Gesetze des 19. Jahrhunderts nur das Anmeldesystem; dies bedeutet einerseits, daß grundsätzlich nur bei Registrierung eine Klage wegen »contrefaçon« möglich sein soll; andererseits ist die entscheidende und wichtigere Frage, ob das Recht an der Erfindung der Marke auch tatsächlich besteht, ob also die materiellen Schutzvoraussetzungen gegeben sind, erst im Verletzungsprozeß zu prüfen. Dies bedeutet eine gewisse Autonomie der Entstehungsgründe, eine erhebliche Unabhängigkeit von der staatlichen Mitwirkung. Öffentliche Interessen können natürlich auch in die materiellen Schutzvoraussetzungen einfließen; sie bedingen aber nicht grundsätzlich den Rechtserwerb. Es gibt zwar auch einige Erscheinungen, die auf eine Steuerung etwa des Markenschutzes um wirtschaftspolitischer Zielsetzungen willen hinauslaufen. So gibt es etwa den Markierungszwang in bestimmten Branchen; hier ist vor allem an die Seifenindustrie zu denken. Solche Lösungen begegnen uns indes nur in der ersten Hälfte des 19. Jahrhunderts; sie bleiben eher »exotische« Ausnahmen.

Noch deutlicher tritt die privatrechtliche Akzentuierung des Schutzes in der Rechtsprechung hervor. Die allgemeinen Deliktsnormen (Art. 1382, 1383 Code Civil) bieten die Grundlage für eine wegweisende Entwicklung.[10] Sie läuft darauf hinaus, daß neben den Spezialgesetzen und außerhalb ihrer Reichweite neue Schutzbereiche abgesteckt werden: Nicht registrierte Marken etwa oder Kennzeichen, die nicht den Bedingungen des Markenschutzgesetzes genügen, können auf dieser Basis gegen unlauteres Handeln der Wettbewerber abgesichert werden. In dieser Rechtsprechung begegnet immer wieder – neben anderen Überlegungen – auch die Vorstellung von der »propriété industrielle«. Letztlich läuft dies darauf hinaus, daß spezialgesetzliche Schutzsysteme nicht als abschließende Gesamtordnung betrachtet werden. Schutzbedürfnisse, die sich in der Konkurrenzwirtschaft erst allmählich herausstellen, werden als legitime Positionen anerkannt und von Rechts wegen geschützt, natürlich mit Hilfe allgemeiner Überlegungen, die sich ihrerseits auf die Generalklausel des Zivilrechts stützen.

Ganz anders stellt sich die Situation in der *deutschen* Gesetzgebung desselben Zeitraumes dar, also in der Zeit bis ca. 1860. Gewerbliche Schutzrechte werden grundsätzlich nicht als genuin private Rechtspositionen angesehen, sondern eher als von der Obrigkeit verliehene, nicht zuletzt durch das öffentliche Interesse legitimierte Positionen. Ein Patent erhält nur die Erfindung, die bestimm-

---

10 *P. Roubier,* Distinction entre l'action en contrefaçon et l'action en concurrence déloyale, in: Revue trimestrielle de Droit Civil 50, 1952, S. 161–170; *R. Kraßer,* Die Entwicklung der Ordnung des Wettbewerbsrechts in der französischen und deutschen Rechtsprechung des 19. Jahrhunderts, in: H. Coing u. W. Wilhelm (Hg.), Wissenschaft und Kodifikation des Privatrechts im 19. Jahrhundert, Bd. 4, Frankfurt am Main 1979, S. 145–162; *J. Schmidt-Szalewski,* Der Unterschied zwischen der Klage wegen Verletzung gewerblicher Schutzrechte und der Wettbewerbsklage in der französischen Rechtsprechung, in: GRUR Internationaler Teil 1997, S. 1–10.

te materielle Bedingungen erfüllt. Die Verwendung einer Marke ist entweder überhaupt nicht geschützt oder doch nur dann, wenn der Schutz aus bestimmten öffentlichen Interessen geboten erscheint. Dieser Einstellung entsprach die nähere Ausgestaltung der Förmlichkeiten im Bereich der gewerblichen Schutzrechte. Die deutschen Gesetze zum Erfindungsschutz, sofern sie überhaupt existieren, erhalten durchweg ein Vorprüfungsverfahren (Ausnahmen: Bayern 1825 und Württemberg 1828/1836), das die Existenz des Schutzrechts verbindlich feststellen soll: Die materiellen Voraussetzungen werden vor der Erteilung des Patents, vor der Eintragung einer Marke in die Zeichenrolle eingehend geprüft; jedenfalls gilt dies für solche Voraussetzungen, die im Interesse der Kundschaft oder der Öffentlichkeit schlechthin aufgestellt worden sind.

Hinter diesen Gesetzen steht immer noch der Geist der Privilegienzeit. Zwar gibt es nun generelle Regeln, an die sich die schutzgewährende Obrigkeit, also der Staat, zu halten hat. Den Wirtschaftspolitikern, die namentlich in Preußen streng liberalen Konzepten anhingen, mußte der Rechtsschutz von Positionen, die im Konkurrenzkampf relevant sein konnten, verdächtig erscheinen; die Berufung auf die »propriété industrielle« war für sie wenig plausibel. Mögen die Methoden des Konkurrenzkampfes noch so angreifbar geworden sein, ein Schutz gegen solche Praktiken, die nicht durch Spezialgesetze verboten waren, wurde grundsätzlich abgelehnt. Diese Haltung war so tief verwurzelt, daß sie die deutsche Judikatur bis zum Jahrhundertende bestimmt hat.[11] Das Reichsgericht hat in einer Reihe berühmter Entscheidungen die Übernahme der französischen Rechtsprechung zu Artikel 1382 Code Civil rundweg abgelehnt, und zwar auch in den Gebieten des rheinisch-französischen Rechts.

Diese Sicht der gewerblichen Schutzrechte hat damit zu tun, daß weder die deutschen Staaten vor der Reichsgründung, noch das Deutsche Reich danach eine allgemeine Zivilrechtsordnung kannte, die es erlaubt hätte, dem französischen Beispiel zu folgen. Der Usus Modernus des 18. Jahrhunderts hatte nicht einmal die Kategorie des Geistigen Eigentums integrieren können, die aus dem naturrechtlichen Denken erwachsen war. Die Neubegründung des Zivilrechtsdenkens durch die historische Rechtsschule korrigierte dieses Ergebnis nicht, weil man sich nicht in der Lage sah, den römisch-rechtlich fixierten Eigentumsbegriff analog anzuwenden. Andere Umstände kamen hinzu: Liberale Wirtschaftspolitiker, insbesondere jene Preußens, wollten das gewerbliche Leben vor Eingriffen schützen, die sie nur als Ausdruck traditioneller obrigkeitlich-fürsorglicher Politik deuten konnten. Für die Idee des gewerblichen Eigentums nach französischem Vorbild war hier nur wenig Raum.

11 Näheres bei: *E. Wadle,* Das rheinisch-französische Deliktsrecht und die deutsche Judikatur zum gewerblichen Rechtsschutz, in: R. Schulze (Hg.), Rheinisches Recht und Europäische Rechtsgeschichte, Berlin 1998, S. 79–98.

Es gibt freilich eine gewisse Ausnahme: Im Urheberrecht verlief die Entwicklung anders als im Bereich der gewerblichen Schutzrechte: Das preußische Gesetz von 1837, das für manche andere Gesetze zum Vorbild wurde, hat zwar nicht die Terminologie der »propriété littéraire et artistique«, wohl aber die Sache selbst voll anerkannt. Mitte der 1850er Jahre war der Autorschutz unbestritten. Daß man sich von der Formel »Geistiges Eigentum« trennte und bessere Begriffe suchte, hat nicht zuletzt damit zu tun, daß die deutsche Rechtsentwicklung über die in Frankreich üblichen Vorstellungen hinausgegangen war. Seit dem preußischen Gesetz galt es als ausgemacht, daß der Schutz des Autors nicht nur vermögensrechtliche Befugnisse umfassen sollte, sondern auch solche, die wir heute als Ausdruck des Persönlichkeitsrechts deuten. Für diese Seite des Urheberschutzes kam der Terminus »Geistiges Eigentum« nicht mehr recht in Betracht, denn er war durch die französische Tradition allzu einseitig auf die vermögensrechtliche Kompetenz beschränkt. Die Suche nach einer Ersatzlösung hat die Rechtswissenschaft bekanntlich lange beschäftigt. Der Streit der »Theorien« reicht weit in unser Jahrhundert hinein, die mit den Stichworten »Monopoltheorie«, »duale Theorie« und »gemischte Theorie« hier nur angedeutet werden. Die Entdeckung der persönlichkeitsrechtlichen Seite des Urheberrechts war durch die Verabschiedung des Begriffes »Geistiges Eigentum« sicherlich erleichtert worden.

Der Blick auf die französische Entwicklung bestätigt diesen Befund. Das Festhalten an den Vorstellungen von der »propriété littéraire et artistique« hat den Zugang zu persönlichkeitsrechtlichen Aspekten erschwert. So ist es wohl kein Zufall, wenn das System des »Droit moral« (moralischen Rechts) sich erst spät und dazu noch außerhalb des »droit d' auteur« entwickelt hat. Erst in unserem Jahrhundert hat man diese Seite des Urheberrechts unter den breiten Mantel der »propriété intellectuelle« zurückgeholt.

2. 1900 – 1960: Ausbau und Annäherung

Der Blick auf die Spezialgesetzgebung in beiden Ländern[12] zeigt zunächst, daß die Situation in *Frankreich* bestimmt ist durch eine erstaunliche Kontinuität. Die grundlegenden Gesetze der Revolutionszeit und des 19. Jahrhunderts gelten fort: Im *Urheberrecht* bleiben die Gesetze der Jahre 1791 und 1793 maßgeblich; sie werden erst im Jahre 1957 durch eine allgemeine Neuordnung abgelöst. Von diesem neuen Gesetz, das dem »Droit moral« »une place souveraine«

12 Außer den in den Anm. 1–4 und 8 genannten weiterführenden Arbeiten vgl. etwa noch: *Fernand-Jacq*, Die Reform des französischen Patentgesetzes von 1844, in: GRUR 40, 1935, S. 195–200; *H. Desbois*, Les droits d'auteur: aspects essentiels de la jurisprudence française, in: Le droit privé français au milieu du XXe siècle, Etudes offerts à Georges Ripert, Bd. 2, Paris 1950, S. 60–78.

einräumt, sagt der geistige Vater Henry Desbois, daß es die traditionellen Prinzipien der französischen Konzeption des Urhebers zugleich respektierte und weiterentwickelte.[13] Im Bereich des *Patentrechts* ist auf die Gesetze von 1791 und 1844 zu verweisen; diese werden im Jahre 1935 zwar reformiert, aber nicht mit dem Ziel einer völligen Umgestaltung. Erst 1968 kommt es zu einer Neufassung der Patentgesetzgebung. Im *Markenrecht* gilt das Gesetz von 1857, das erst 1964 ersetzt wird, und zwar durch eine Regelung, die den Modus des Rechtserwerbs grundlegend ändert: Fortan wird eine Eintragung verlangt, der eine Vorprüfung besonderen Zuschnitts voranzugehen hat. Im *Musterschutz* gelten die 1793 niedergelegten Grundsätze bis 1957 fort. Das Gesetz von 1806 wurde 1902 durch die Einführung des Depotssystems ersetzt. Zu diesen grundlegenden Gesetzen gab es manche legislative Ergänzung und Modifikation, aber keine vollständige Neuordnung. Die ergänzenden Gesetze dienten in aller Regel dazu, die Rechtslage an internationale Verträge anzupassen.

Ähnlich ist die Situation in *Deutschland*. Das Kunsturhebergesetz von 1901 und das Literatururhebergesetz von 1907 sind noch als Produkte des 19. Jahrhunderts zu betrachten. Bei ihnen geht es im wesentlichen um eine Korrektur der Versäumnisse der Gesetze von 1870/71 und 1876; insoweit bilden sie das Ende der zweiten Welle der Reichsgesetzgebung, von der vorhin schon die Rede war. Allerdings ist nicht zu verkennen, daß die letzten Reichsgesetze auch dazu dienten, das Urheberrecht an die Forderungen der internationalen Abkommen anzupassen. Insoweit ist die Parallele zu Frankreich unübersehbar. Auch im Bereich der gewerblichen Schutzrechte herrscht in Deutschland Kontinuität vor: Das Patentgesetz von 1891 erfährt bis 1936 nur punktuelle Änderungen und Ergänzungen (1904 Erfindungsschutz bei Ausstellungen; 1911 Lizenzzwang/Zwangslizenz; 1923 Patentdauer), erhielt dann aber eine neue Gestalt, die bis 1967 maßgeblich war. Vor allem wurde 1936 das Anmeldeprinzip durch das Erfinderprinzip abgelöst; damit war die Anerkennung des Rechts des wahren Erfinders endgültig im Gesetz verankert. Das noch ungelöste Problem der Diensterfindung, das damit eng verknüpft ist, wurde nach ersten Ansätzen 1942/43 im Jahre 1957 vom Bundesgesetzgeber bereinigt. Das Reichsgesetz zum Warenbezeichnungsschutz von 1894 wird ebenfalls 1936 reformiert. Ein zentraler Punkt ist die Anerkennung eines materiell begründeten Markenrechts, also die Möglichkeit des Rechtserwerbs ohne Formalitäten. Das Musterschutzgesetz von 1876 schließlich gilt fast unverändert weiter bis 1986. Umfassendere Neuordnungspläne für den gesamten Bereich gewerblicher Schutzrechte hat man im wesentlichen erst nach 1960 in Angriff genommen.

13 »Elle respectait et développait les principes traditionelles de la conception française du droit d'auteur«, *Desbois*, zit nach Colombet, Propriéte, S. 13.

Die Entwicklung der Gesetzgebung wurde in beiden Ländern maßgeblich durch zwei Faktoren geprägt: Einerseits durch die internationalen Abkommen und deren Revisionen, andererseits durch die Beiträge der Rechtsprechung. Auf beide ist hier etwas näher einzugehen.

Den jeweiligen Auftakt für zwei Serien von *internationalen Abkommen* bilden für die gewerblichen Schutzrechte die Pariser Verbandsübereinkunft (PVÜ) von 1883 und für die Urheberrechte die Berner Übereinkunft (BÜ) von 1886.[14] Frankreich war an beiden Vertragswerken von Anfang an beteiligt. Für Deutschland gilt dies nur im Blick auf die Berner Konvention; der Pariser Union über gewerbliche Schutzrechte trat das Reich erst 1903 bei. Beide Konventionen wurden in mehreren Konferenzen fortentwickelt; sie haben die grundlegenden Programme weiter entfaltet. Am Ende der hier behandelten Periode zeichnete sich allerdings eine gewisse Krisenanfälligkeit ab, besonders deutlich auf der Stockholmer Revisionskonferenz im Jahre 1967. Gleichwohl ist nicht zu verkennen, daß beide Konventionssysteme bis zu dieser Zeit in zweierlei Hinsicht wesentliche Akzente setzen konnte: Sie verlangten einerseits das Prinzip der Inländerbehandlung und andererseits einen Mindeststandard von Rechten. Wesentlich weniger anspruchsvoll ist das Programm, das nach dem Zweiten Weltkrieg unter dem Schirm der Vereinten Nationen formuliert worden ist. So stellt etwa das Welturheberabkommen (WUA) von 1952 und 1955 nur eine Art »Diskontversion« (Dillenz) zum revidierten Berner Übereinkommen dar.

Die Auswirkungen der internationalen Verträge auf den Schutz des geistigen Eigentums in Frankreich und Deutschland können hier nur summarisch beschrieben werden: Sie veranlassen die Gesetzgeber zu einzelnen größeren oder kleineren Ergänzungen. Im wesentlichen handelt es sich um Schritte der Angleichung der nationalen Schutzsysteme an das oft höhere internationale Niveau; insoweit nähern sich die Rechtslagen in Deutschland und Frankreich zunehmend aneinander an. Einige ausgewählte Beispiele mögen dies verdeutlichen: Im Bereich des Urheberrechts ging es vor allem um die Verlängerung der Schutzfristen und die Anerkennung des Droit moral, das auf der Revisions-

14 Die ältere Literatur verzeichnet: *Dölemeyer,* Urheber- und Verlagsrecht, S. 4063f.; *dies.,* Patentrecht und Musterschutz, S. 4211f. Zu ergänzen sind etwa: *M. Plaisant,* Traité de droit conventionnel international concernant la propriété industrielle, Paris 1949; *E. Ulmer,* La République Fédérale d'Allemagne et l'Union de Berne, in: Le Droit d'Auteur 99, 1986, S. 74–77; *A. Françon,* Le développement de droit dans la domaine du droit d'auteur resultant de l'interaction entre la Convention de Berne et la législation française, ebd., S. 168–172; *H. Schack,* Hundert Jahre Berner Übereinkunft – Wege zur internationalen Urheberrechtsvereinheitlichung, in: Juristenzeitung 1986, S. 824–832; *P. Buck,* Geistiges Eigentum und Völkerrecht, Beiträge des Völkerrechts zur Fortentwicklung des Schutzes von geistigem Eigentum, Berlin 1994; *W. Dillenz,* Internationales Urheberrecht in Zeiten der Europäischen Union, in: Juristische Blätter 1995, S. 351–364; *F.-K. Beier,* Entwicklung und Grundprinzipien des internationalen Markenschutzes, in: Festskrift till Stig Strömholm, Uppsala 1997, S. 85–108.

konferenz in Rom 1928 in die revidierte Berner Übereinkunft aufgenommen wurde; im Patentrecht wurde das Prinzip der Inländerbehandlung schon früh mit dem Institut der Unionspriorität verknüpft. Unter den Mindestrechten ist das Recht des Erfinders auf Nennung und Patent und die an bestimmte Voraussetzungen gebundene Zwangslizenz und die Möglichkeit des Patentverfalls hervorzuheben. Wichtiger erscheint überdies, daß die Konventionen auch der Rechtsprechung neue Leitlinien gesetzt haben. Damit ist ein Stichwort gefallen, das für die hier betrachtete zweite Periode von besonderer Bedeutung ist.

Sowohl in Frankreich wie in Deutschland nimmt die *Rechtsprechung* dieser Periode entscheidenden Anteil am Ausbau aller Spielarten des Geistigen Eigentums. In Frankreich hat die »Jurisprudence« schon im 19. Jahrhundert wesentliche Akzente gesetzt; in Deutschland gab es jedoch einiges nachzuholen.[15] Im *allgemeinen* ist festzuhalten, daß es der gerichtlichen Spruchpraxis gelungen ist, die Schutzsysteme des Geistigen Eigentums an die ökonomischen und technischen Veränderungen anzupassen; selbsttätige Musikinstrumente und Grammophon, Film und Radio hatten eine industrielle Mechanisierung geistiger Werke in einem zuvor unbekannten Umfang ermöglicht; es entstanden neue Werkarten, vor allem aber neue Verwertungsmöglichkeiten. Alle diese Neuerungen und ihre Konsequenzen für das Urheberrecht konnte die Rechtsprechung bewältigen. Dem Gesetzgeber verblieb zumeist nur noch die Aufgabe, die Judikatur zu systematisieren und hier und da zu vervollständigen. Im übrigen vollbrachte die Judikatur in beiden Ländern ganz *spezifische* Leistungen.

In *Deutschland* gelang die Einbettung der neuen Rechtsgebiete in den allgemeinen privatrechtlichen Kontext. Ermöglicht wurde dies durch die Kodifikation des Bürgerlichen Rechts, durch das 1900 in Kraft getretene Bürgerliche Gesetzbuch (BGB) und durch das Gesetz gegen den unlauteren Wettbewerb (UWG) von 1909. Die allgemeinen Deliktsnormen des BGB und die Generalklausel (§ 1) des UWG dienten der Judikatur dazu, einigen Prinzipien zur Anerkennung zu verhelfen, die der Gesetzgeber nicht oder nicht konsequent genug formuliert hatte. Nun konnte man nachholen, was die französische Rechtsprechung auf der Basis des Artikels 1382 CC schon in der zweiten Hälfte des 19. Jahrhunderts erreicht hatte. Der Hinweis auf ein Beispiel aus dem Markenrecht muß hier genügen. Der Gesetzgeber hatte nur den förmlichen Erwerb des Rechts an einer Marke niedergelegt. Das Reichsgericht arbeitete in einer Serie von Entscheidungen die wesentlichen Elemente des Schutzes einer nicht förmlich erworbenen Marke heraus, den Schutz der sogenannten »Ausstattung«. Der Gesetzgeber hat diese Judikatur dann 1936 in das Gesetz zum Markenschutz eingebaut.

15 Näheres in den einschlägigen Beiträgen der in Anm. 2 genannten GRUR-Festschrift. Immer noch wichtig: *A. Lobe,* Die Entwicklung des Schutzes gegen unlauteren Wettbewerb nach der Rechtsprechung des Reichsgerichts, in: GRUR 1931, S. 1215–1219.

Entsprechende Leistungen haben auch die *französischen* Gerichte in diesem Jahrhundert vollbracht. Dies zeigen zwei Beispiele aus dem Urheberrecht:[16] Die aus dem 19. Jahrhundert stammende richterliche Beschränkung des Schutzes ausländischer Urheber wurde unter dem Druck der internationalen Abkommen abgebaut und in einer grundlegenden Entscheidung des Jahres 1959 schließlich umgekehrt. Noch wichtiger ist – zweitens – die fortschreitende Anerkennung des »Droit moral«. Während die Theorie, nicht zuletzt unter dem Einfluß deutscher Autoren, seit etwa 1880 ein »Droit moral« anerkannte, hielt sich der Gesetzgeber zurück. Dennoch konnte es durch die Rechtsprechung schrittweise in die Praxis eingeführt werden. Beide Entwicklungen fanden schließlich Eingang in die Gesetzgebung. Das Gegenseitigkeitsprinzip wurde 1964 gesetzlich verankert; 1957 wurden die durch die Rechtsprechung erarbeiteten, in ihrer Geltung bereits vorher gesicherten Rechtssätze zum »Droit moral« kodifiziert.

3. Ergebnis und Ausblick

Im Vergleich von deutscher und französischer Rechtsentwicklung während der ersten Periode (1800–1900) wird deutlich, wie befruchtend der Grundgedanke des Geistigen Eigentums war. In Frankreich treibt er die Entfaltung der Schutzrechte kontinuierlich voran; allerdings bleiben persönlichkeitsrechtliche Aspekte eher ausgeblendet. In Deutschland setzt sich die mit dem Schlagwort gemeinte Rechtsidee zuerst nur im Bereich des Urheberrechts durch und sprengt zugleich die enge vermögensrechtliche Sicht. Im Bereich der gewerblichen Schutzrechte bleibt die deutsche Rechtsentwicklung spürbar zurück; erst in der Zeit nach 1870 gelingt es, Anschluß zu finden.

Bemerkenswert ist überdies, daß in beiden Ländern die entscheidenden Initiativen von der Gesetzgebung ausgegangen sind. In Frankreich tritt bereits seit der Mitte des 19. Jahrhunderts die Rechtsprechung als treibende Kraft neben den Gesetzgeber; in Deutschland dominieren bis zur Jahrhundertwende die Akte der Legislative, erst danach gewinnt die Judikatur zunehmend Einfluß auf die Entwicklung.

Die Zeit zwischen 1900 und 1960 ist gekennzeichnet durch einen kontinuierlichen Prozeß des Ausbaus und der Angleichung aller Formen des Geistigen Eigentums. In beiden Ländern wird die Entwicklung insgesamt weniger vom Gesetzgeber als durch Internationale Konventionen und mutige Akte der Rechtsprechung vorangetrieben. In zahllosen einzelnen Schritten haben beide

---

16 *A. Dietz,* Das Droit Moral des Urhebers im neueren französischen und deutschen Urheberrecht, München 1968; *Schmidt-Szalewski,* Grundlagen.

Staaten ihre einschlägigen Regelwerke auf ein hohes Niveau geführt und die inhaltliche Angleichung in Gang gehalten.

Auf die dritte und vorerst letzte Phase der Entwicklung, die etwa 1960 einsetzt und deren Ende noch keineswegs abzusehen ist, kann zum Abschluß nur noch kurz hingewiesen werden; in dieser Phase wird die Rechtsvereinheitlichung zum alles beherrschenden Thema. Mit »Europäisierung« und »Globalisierung« lassen sich die neuen Tendenzen schlagwortartig benennen, die zu einer weiteren Verdichtung der internationalen Regelwerke führen[17] und – jedenfalls auf der europäischen Ebene – die nationalen Unterschiede mehr und mehr aufheben.

17 Zu diesen Stichworten vgl. etwa: *A. Dietz,* Droit d'auteur dans la Communauté Européenne, Bruxelles 1976; *ders.,* Das Urheberrecht in der Europäischen Gemeinschaft, in: GRUR-Festschrift, S. 1445–1484; *G. Ress* (Hg.), Entwicklung des Europäischen Urheberrechts, Baden-Baden 1989; *R. Sack,* Die Verwirklichung des europäischen Binnenmarktes im Bereich des gewerblichen Rechtsschutzes und Urheberrechts, in: E. Dichtl (Hg.), Beck-Wirtschaftsberater. Schriften zum Europäischen Binnenmarkt, München 1990, S. 35–62; *F.-K. Beier,* Die Zukunft des geistigen Eigentums in Europa. Gedanken zur Entwicklung des Patent-, Gebrauchs- und Geschmacksmusterrechts, in: Zeitschrift für vergleichende Rechtswissenschaft 89, 1990, S. 387–406; *ders.,* Gewerblicher Rechtsschutz, Soziale Marktwirtschaft und europäischer Binnenmarkt, in: GRUR 1992, S. 228–238; *ders.,* Entwicklung; *W. Tilmann,* Der gewerbliche Rechtsschutz vor den Konturen eines europäischen Privatrechts, in: GRUR Internationaler Teil 1993, S. 275–279; *K.-H. Fezer,* Europäisierung des Wettbewerbsrechts, in: Juristenzeitung 1994, S. 317–325; *F.F. Weyhg,* Geistiges Eigentum und die Entwicklung der Kommunikationstechnik, in: Leviathan 1993, S. 517–539 und 1994, S. 94–114; *J. Reinbothe,* TRIPS und die Folgen für das Urheberrecht, in: Zeitschrift für Urheber- und Medienrecht 1996, S. 735–741; *S. von Lewinski,* Urheberrecht als Gegenstand des internationalen Wirtschaftsrechts, in: GRUR Internationaler Teil 1996, S. 630–641; *J. Adrian, W. Nordemann* u. *A.-A. Wandtke* (Hg.), Josef Kohler und der Schutz des geistigen Eigentums in Europa, Berlin 1996; *A. Schäfers,* Normsetzung zum geistigen Eigentum in internationalen Organisationen: WIPO und WTO – ein Vergleich, in: GRUR Internationaler Teil 1996, S. 763–778; *Ellins,* Copyright Law; *U. Loewenheim,* Harmonisierung des Urheberrechts in Europa, in: GRUR Internationaler Teil 1997, S. 285–292; *J. Becker* (Hg.), Rechtsprobleme internationaler Datennetze, Baden-Baden 1997.

263

WILLIAM W. FISHER III

Geistiges Eigentum – ein ausufernder Rechtsbereich*

Die Geschichte des Ideenschutzes in den Vereinigten Staaten

Im Jahre 1987 verklagte »Taco Cabana«, eine Kette mexikanischer Restaurants in Houston (Texas), eine Konkurrenzkette namens »Two Pesos«, weil letztere bewußt die Dekoration der »Taco Cabana« Gaststätten kopiert habe. »Taco Cabana« behauptete, jedes ihrer Restaurants besitze – aufgrund einer Kombination dekorativer Besonderheiten (von der Decke hängende, die Terrasse vom Speisesaal trennende Holztore, farbige Beleuchtung zur Schaffung einer »festlichen Atmosphäre«, originelle Dachform usw.) – ein unverwechselbares Image, das »Two Pesos« unrechtmäßig übernommen habe. Fünf Jahre und einige Gerichtsurteile später hatte »Taco Cabana« den Prozeß gewonnen: »Two Pesos« mußte mehrere Millionen Dollar Schadenersatz zahlen und seine Restaurants umgestalten.[1]

1996 traten einige auf die Problematik des Geistigen Eigentums spezialisierte Anwälte in einem Artikel des »National Law Journal« dafür ein, bestimmte athletische Bewegungsabläufe zu patentieren. So könne z.B. eine Methode, »dank derer eine am ›America's Cup‹ teilnehmende Yacht es schafft, 10 Grad näher am Wind zu segeln, oder eine Technik, durch die ein Hochspringer bessere Werte erzielt, bzw. ein Skifahrer beim Abfahrtslauf 10 Prozent schneller ist, im Sinne des Bundespatentrechts der USA als ›nützliches Verfahren‹ eingestuft« werden. Wenn solche Techniken »nicht für jedermann selbstverständliche Praxis« seien und eine bislang ungebräuchliche Neuerung bilden, sollten sie unter Patentschutz gestellt werden können. Wenn ein neues chirurgisches Verfahren patentiert werden könne, warum dann nicht auch der »Fosbury-Flop«?[2] Zwar stünden die Aussichten, daß die Gerichte diese Vorschläge anneh-

---

* Aus dem Amerikanischen von Ingrid I. Racz.

1 Two Pesos, Inc. v. Taco Cabana, Inc., 505 U.S. 763, 1992.

2 *R.M. Kunstadt, F. Scott Kieff u. R.G. Kramer*, Are Sports Moves Next in IP Law?, in: National Law Journal, 20.5.1996, S. l. Kunstadt begründet seinen Vorschlag folgendermaßen: »Sportbegeisterte mag dies schockieren, aber Sport ist heutzutage Big Business, und Big Business macht Rechtsschutz erforderlich. Es gibt ganze Industriezweige, die Waren und Dienstleistungen bei Sportveranstaltungen verkaufen bzw. dort für diese werben oder sie für die Sportler bereitstellen. Die Akteure in diesem riesigen Markt profitieren von dem durch feststehende Eigentumsrechte geregelten Betrieb solcher Veranstaltungssysteme. Ein Schlüsselelement dieses Betriebs bilden die

men, nicht sonderlich gut, doch könnte sich eine flexible Argumentation als durchaus erfolgversprechend erweisen.

Wie erklären sich solche Forderungen? Wie kam es, daß man heute den Dekorationsstil eines Restaurants als Eigentum besitzen kann und Juristen ernsthaft über die Exklusivrechte an athletischen Bewegungsabläufen debattieren? Der vorliegende Beitrag gibt einige Antworten auf diese Fragen.

1. Konzeption und Bereiche des »Geistigen Eigentums«:

Urheberrecht, Patentrecht, Markenrecht und Prominentenschutzrecht

Der Gesetzesbereich, innerhalb dessen Urheberrechts- bzw. Patentierbarkeitsforderungen aufgestellt werden, ist heute unter der Bezeichnung »Geistiges Eigentum« (»intellectual property«) bekannt und umfaßt verschiedene, sich zum Teil überschneidende Rechtsgebiete: Das die originale eigenständige künstlerische Ausdrucksform schützende Urheberrecht (»Copyright«) für Werke wie »Der Zauberberg«, »Star Wars«, »Fiddler on the Roof«; das Patentrecht, durch das Erfindungen wie Surfbretter, chemische Verfahren, genetische Manipulationstechniken und dergleichen geschützt sind; das Warenzeichenrecht, das Güter und Dienstleistungen identifizierende Namen und Symbole wie z.B. »McDonalds« oder die ungewöhnliche Form eines »Ferrari Testarossa« schützt; das Industriegeheimnisschutzgesetz, dem Daten unterliegen, die trotz gegenteiliger Versuche nicht vor der Konkurrenz geheimgehalten werden konnten – wie z.B. Formeln für alkoholfreie Getränke oder vertrauliche Marketingstrategien; sowie das Prominentenschutzgesetz, das die mit ihrem Image und ihrer beruflichen Identität verbundenen Rechtsansprüche berühmter Persönlichkeiten abschirmt. Jede dieser Doktrinen hat ihre spezifische Entwicklungsgeschichte, doch haben sie alle dazu beigetragen, daß sich die Zahl der durch sie geschützten Ansprüche seit dem 18. Jahrhundert beständig und zuletzt dramatisch erweitert hat.

Im Urheberrecht fällt vor allem die stete Verlängerung der Zeitspanne auf, für die der Rechtsschutz gültig bleibt. Das ursprüngliche Copyright-Gesetz aus dem Jahre 1790 war von 14 Jahren ausgegangen. War ein Autor am Ende dieses Zeitraums noch nicht verstorben, konnte er seine Schutzrechte für weitere 14 Jahre verlängern lassen.[3] Im Laufe der nächsten zwei Jahrhunderte

von den Sportlern durchgeführten Bewegungsabläufe; Patente, Urheberrechte sowie Markenzeichen sind bestens geeignet, die Eigentumsrechte auf solche Bewegungsabläufe sicherzustellen.« Aber auch die gegenteilige Position hat ihre Verfechter – wie z.B. *M. Walsh*, Patently Ridiculous, Some Say: People Dunk Basketballs. People Lift Boxes. Should the Patent Office Protect their »Inventions«?, in: Legal Times, 19.8.1996, S. 32.

3 So das Copyright-Gesetz von 1790, Copy Right Act of 1790, Chap. 15, 1, 1, Art. 124 (aufgehoben 1831).

dehnte der Kongreß diese Perioden immer wieder aus.[4] Heute gelten die meisten Copyright-Ansprüche auf Lebenszeit des Autors und 50 Jahre darüber hinaus; der Kongreß erwägt sogar, dieser Zeitspanne noch weitere 20 Jahre hinzuzufügen.

Weniger klar nachzuzeichnen – doch von nicht geringerer Bedeutung – ist die Erweiterung der Urheberschutzgesetzgebung hinsichtlich der Definition dessen, was als »Werk« eines Autors zu gelten habe. Bis Mitte des 19. Jahrhunderts war ein Autor nur gegen die wortwörtliche Kopie seines oder ihres literarischen Schaffens geschützt: Als gesetzlich geschütztes »Werk« galt ausschließlich der Originaltext. So wies z.B. ein Bundesbezirksgericht im Jahre 1853 die Behauptung von Harriett Beecher Stowe, eine deutsche Übersetzung ihres Buches »Onkel Toms Hütte« habe ihre Urheberrechte als Autorin verletzt, mit der Begründung zurück, durch die Veröffentlichung des Buches seien die geistige Schöpfung und die von der Autorin erdachten fiktiven Ereignisse in demselben Maße öffentliches Eigentum geworden, wie die Werke eines Homer oder Cervantes. Alle ihrer Einbildungskraft entsprungenen Geschehnisabläufe und Vorstellungen dürften von Nachahmern, Dramatikern und Dichtern gebraucht und umgestaltet werden. Ausschließlich ihr Buch genieße Urheberschutz – d.h. nur das exklusive Recht, dieses Buch zu drucken, neu aufzulegen und zu verkaufen, sei geschützt. Nur wer fälschlicherweise behaupte, »mit Erlaubnis der Autorin« Exemplare ihres Buches zu drucken, zu veröffentlichen, zu importieren oder zu verkaufen, verletze ihr Copyright bzw. mache sich der Eigentumsverletzung schuldig; eine sich dem Wortlaut nur lose annähernde Übersetzung des Werkes sei als Übertragung oder »abermalige Wiedergabe« der fiktiven Szenen oder Ideen der Autorin, nicht aber als Kopie des Buches im eigentlichen Sinne zu bezeichnen.[5]

Gegen Ende des 19. Jahrhunderts stieß diese enge Auslegung des Autorenrechts zunehmend auf Kritik, bis sie schließlich auf Empfehlung des Kongresses zugunsten des Prinzips aufgegeben wurde, daß das vom Copyright geschützte »Werk« auch die »Substanz« und nicht nur die erstmalige Form dieses Werkes umfasse. Es setzte sich die Meinung durch, Geist und Wert eines aus der Anstrengung und dem Wissen des Autors hervorgegangenen literarischen Werkes könnten in mehr als einer sich von der ursprünglichen Fassung unterscheidenden sprachlichen Form zum Ausdruck kommen. Daher bilde »eine Übersetzung von der Substanz her kein neues Werk; vielmehr [sei] sie als Reproduktion in neuer Form des schon bestehenden Werkes« zu werten.[6] Dieses

---

4 S.E. Sterk, Rhetoric and Reality in Copyright Law, in: Michigan Law Review 94, 1996, S. 1197 u. 1217f.

5 Stowe v. Thomas, 23 F. Cas. 201, 208 (C.C.E.D. Pa. 1853) (No. 13, 514).

6 P. Jaszi, Toward a Theory of Copyright. The Metamorphoses of »Authorship«, in: Duke Law Journal 1991, S. 455 u. 478. Jaszi zitiert hier E.S. Drone, A Treatise on the Law of Property in Intellectual Productions in Great Britain and the United States, Boston 1879, S. 451f.

moderne Verständnis bringt Copyright-Inhaber in den Genuß einer viel weiteren Spanne von Ansprüchen als nur des Rechts, ihr Werk zur Übersetzung freizugeben. Als Copyright-Verletzung gelten heute eine einem Roman oder Theaterstück sehr ähnlich gehaltene Geschichte, ein unerlaubt auf einem Roman basierendes Theaterstück oder die Verwendung von Figuren aus einem Film oder Buch bei der Schaffung einer vom Autor nicht ausdrücklich genehmigten Fortsetzung seiner Geschichte.

Auch die durch das Urheberrecht schutzfähigen *Kategorien von Werken* haben sich vervielfacht. So verfügte im Jahre 1884 der Oberste Gerichtshof der USA, daß auch Fotografien copyrightfähig seien.[7] 1971 beschloß der Kongreß, daß sogar Musikaufzeichnungen (d.h. nicht bloß musikalische Kompositionen, sondern Aufzeichnungen einzelner Interpretationen solcher Kompositionen) dagegen geschützt werden sollten, in Form von Raubkopien in Umlauf zu kommen.[8] Vor zwanzig Jahren wurde auch Computer-Software in die Reihe der der urheberrechtlichen Schutzfähigkeit unterliegenden Werke aufgenommen.[9] Die jüngste wichtige Erweiterung dieser Liste bilden Werke der Baukunst.[10]

Wie das Copyright wurde auch das Patentrecht im Laufe des 19. und 20. Jahrhunderts allmählich auf eine breite Spanne von Erfindungen ausgedehnt – vom industriellen Design über Pflanzen und medizinische Heilverfahren bis zur Computer-Software. »In der Hoffnung, die dekorativen Künste zu fördern«, erweiterte der Kongreß im Jahre 1842 den Patentschutz auf »neues und originelles Design industriell gefertigter Güter«. Der Grad der vom Patentamt und den Gerichten geforderten Originalität, die einen Gegenstand in diesem Sinne patentfähig machte, schwankte im Laufe der Jahre; doch schließlich wurde eine große Zahl dekorativer Formen für Gebrauchsgegenstände – vom

7 Burrow-Giles Lithographic Co. v. Sarony, 111 U.S. 53 (1884).

8 Sound Recordings Act of 1971, Pub. L. No. 92–140, 85 Stat. 392. Vor diesem Datum hatten einige Bundesstaaten entweder im Rahmen des kodierten Gesetzes oder des Gewohnheitsrechts so gut sie konnten einen vergleichbaren Rechtsschutz abgeleitet.

9 17 U.S.C. §101.

10 Vor 1990 waren Werke der Architektur nicht urheberrechtlich geschützt. Die Pläne von Architekten genossen zwar solchen Schutz, aber nur in dem engeren Sinne, daß sie ohne Erlaubnis nicht kopiert werden durften. Gelang es einem Bauherrn, an die Pläne für ein Gebäude heranzukommen (oder er beschloß, das Gebäude zu bauen, ohne die Pläne in Händen zu haben), stand es ihm frei, ein Gebäude zu errichten, das dem auf den Plänen dargestellten entsprach. Ein Gesetz aus dem Jahre 1990 (dessen Verabschiedung durch den Beitritt der USA zur Berner Konvention erleichtert worden war) dehnte den Copyright-Schutz auf »alle Baupläne« aus, »die auf einem körperlichen Träger fixiert« sind, und bestimmte, daß das Gebäude selbst so ein »körperlicher Träger« sei. Für die Praxis bedeutete dies, daß, sofern ein Gebäude nicht nur rein funktionelle architektonische, sondern auch bislang noch nie verwendete bautechnische Komponenten enthielt, die »allgemeine Form« dieses Bauwerks nicht unerlaubt nachgebaut werden durfte. Heute darf ein Gebäude zwar aus der Perspektive einer öffentlich zugänglichen Stelle photographiert, abgezeichnet oder gemalt, nicht aber identisch nachgebaut werden – noch nicht einmal als maßstabgerechtes Modell.

Brillenausstellregal bis hin zu Flüssigkeiten ausschenkenden Behältern – als patentwürdig erklärt, auch wenn die Gegenstände selbst nicht unter gewerberechtlichem Schutz standen.[11]

Pflanzen galten bis Anfang des 20. Jahrhunderts als Produkte der Natur und somit als nicht patentfähig.[12] Dieser Grundsatz wurde 1930 durch das Pflanzenpatent-Gesetz (»Plant Patent Act«) außer Kraft gesetzt, indem eine abgewandelte Form des Patentschutzes für neue Arten von Pflanzen mit ungeschlechtlicher Fortpflanzung geschaffen wurde.[13] Vierzig Jahre später nahm der Kongreß auch Neuzüchtungen von Pflanzen mit distinkt geschlechtlichen Fortpflanzungsrhythmen in diese Liste hinein.[14]

Bis zum Zweiten Weltkrieg galt für das Patentamt der Grundsatz, daß »ärztliche Methoden oder Heilverfahren zur Behandlung bestimmter Krankheiten nicht patentfähig« seien.[15] In den 1950er Jahren wurde diese radikale Position zwar aufgegeben,[16] doch die Trägheit der Gerichte[17] und die Weigerung der Ärzte, potentiell lebensrettende Techniken zu monopolisieren, hielt die Zahl solcher Patente niedrig.[18] Heute aber gewährt das »Amt für Patent- und Markenschutz« (»Patent and Trademark Office«) über ein Dutzend Patente für medizinische Heilverfahren pro Woche.[19] Seit 1996 ist die Schutzkraft solcher Patente durch einen Kongreßbeschluß insofern eingeschränkt, als weder Ärzte noch Einrichtungen des Gesundheitswesens (Pflegeheime, Krankenhäuser oder medizinische Hochschulen) belangt werden können, wenn sie diese Rechte verletzen.[20]

Bis 1980 begründeten Patentamt und Gerichte ihren Widerstand gegen die Patentierung von Softwareprogrammen mit dem Einwand, es handele sich dabei um »mathematische Algorithmen«, also um patentunfähige »Phänomene

11 *D.S. Chisum*, Patents: A Treatise on the Law of Patentability, Validity and Infringement, New York 1992, Bd. 1, S. 180ff.

12 Ex parte Latimer, 1889 Commn. Dec. 123, 1889.

13 35 U.S.C., §§ 161–164.

14 Plant Variety Protection Act, 7 U.S.C. §§ 2321–2582.

15 Ex parte Brinkerhoff, New Decisions, 27 J.Pat. Off. Soc'y 797, 797 (1945).

16 Z.B. Ex parte Scherer, 103 U.S.P.Q. (BNA) 107 (Pat. Off. Bd. App. 1954). Betrifft ein Patent für eine Druckstrahlinjektionsmethode zum Spritzen medikamentöser Lösungen.

17 Martin v. Wyeth, Inc., 96 F. Supp. 689 (D. Md. 1951).

18 *E. Felsenthal*, Medical Patents Trigger Debate Among Doctors, in: Wall Street Journal, 11.8.1994, unter B1, B6.

19 *J. Garris*, The Case for Patenting Medical Procedures, in: American Journal of Law and Medicine 22, 1996, S. 85; *J.I.D. Lewis*, No Protection for Medical Processes. International Posture May Be Hurt by New Law, in: New York Law Journal, 10.3.1997, S. 1. Garris gibt folgende Beispiele für solche Patente: Ein Diagnoseverfahren für Herzrhythmusstörungen, U.S. Patent Nr. 4,960,129; ein Heilverfahren für Arthritis, U.S. Patent Nr. 5,026,538; ein Verfahren zur Verabreichung von Insulin, U.S. Patent Nr. 5,320,094; und ein Heilverfahren für Diabetes, U.S. Patent No. 5,321,009.

20 35 U.S.C. 287(c). Dieser Schutz erstreckt sich nicht auf »Patente für biotechnische Verfahren«.

der Natur«.[21] Im Jahre 1981 entschied sich der Oberste Gerichtshof für eine weniger rigorose Auslegung dieses Beschlusses und patentierte ein als Bestandteil eines Computers fungierendes Softwareprogramm, durch das die Temperatur im Inneren einer Gußform für synthetischen Gummi konstant gehalten werden konnte.[22] Seither haben sich alle Bezirksgerichte für ähnliche Patentierungen zunehmend offen gezeigt, so daß heute in der Regel jedes Softwareprogramm Patentfähigkeit besitzt, sofern es eine »Neuheit« darstellt, »nicht für jedermann selbstverständlich« (»nonobvious«) ist, und wenn der Antragsteller beweisen kann, daß es in jedem herkömmlichen Computer verwendet werden kann.[23] Die Zahl der Patentanträge für Computersoftware ist deshalb erheblich gestiegen.

Die wachsende Anzahl potentiell patentfähiger Erfindungen ging Hand in Hand mit einer größeren Reichweite der mit den Patenten verbundenen Rechte. Diese Tendenz wurde gefördert durch die Doktrin der »Äquivalente«.[24] In der Regel beziehen sich die Rechtsansprüche eines Patentinhabers nicht auf den gesamten möglichen Anwendungsbereich seiner Erfindung, sondern nur auf ausdrücklich benannte Funktionen. Das Produkt eines Konkurrenten bricht in den Schutzbereich des bestehenden Patents nur dann ein, wenn es die Begrenzung einer dieser genau definierten Schutzzonen verletzt. Im 19. Jahrhundert schlug die Konkurrenz nicht selten Profit aus diesem Prinzip, indem nur geringfügig von dem schon bestehenden Patent abweichende Produkte hergestellt und die Strafbarkeit auf diese Weise umgangen wurde. Um solche Ausweichtaktiken zu blockieren, entwickelten die Gerichte gegen Ende des 19. Jahrhunderts die »Äquivalenztheorie«.[25] Seither haben vier zusätzliche Faktoren diese Doktrin zu einer mächtigen Waffe in den Händen der Patentinhaber werden lassen. Erstens wurde seitens der Gerichte der Standpunkt aufgegeben, eine Äquivalenzuntersuchung sei nur dann angezeigt, wenn bewiesen sei, daß der Beklagte die Erfindung des Klägers kopiert oder sich anderer, analoger Delikte schuldig gemacht habe. Heute kann die Äquivalenztheorie *in jedem*

21 Gottshalk v. Benson, 409 U.S. 63 (1972); *P. Samuelson*, Benson Revisited. The Case Against Patent Protection for Algorithmus and Other Computer-Related Inventions, in: Emory Law Journal 39, 1990, S. 1025 u. 1032–1099.

22 Diamond v. Diehr, 450 U.S. 175 (1981).

23 *J.E. Cohen*, Reverse Engineering and the Rise of Electronic Vigilantism. Intellectual Property Implications of Lock-Out Programs, in: Southern California Law Review 68, 1995, S. 1091 u. 1153–1163.

24 Diese Rechtsdoktrin entstand wahrscheinlich analog zur Ausweitung des Copyright-Schutzes gegen wörtliches Kopieren auf die unerlaubte Übernahme des Kerngedankens eines Werkes. Eine weitere doktrinäre Rechtsschutzerweiterung zugunsten des Patentinhabers ist der Satz von der »mitverschuldeten Patentverletzung«, wodurch der Kreis jener, die sich des Patentbruchs schuldig machen können, erheblich weiter gefaßt wurde.

25 *P.K. Schalestock*, Equity for Whom? Defining the Reach of Non-Literal Patent Infringement, in: Puget Sound Law Review 19, 1996, S. 323f.; *M.A. Lemley*, The Economics of Improvement in Intellectual Property Law, in: Texas Law Review 75, 1997, S. 989 u. 1004.

Streitfall herangezogen werden.[26] Zweitens begünstigen die gebräuchlichen Formulierungen bei der Anwendung dieses Konzepts den Patentinhaber, der als Kläger nur zu zeigen braucht, daß sich die Erzeugnisse des Beklagten »von der Substanz her« nicht von dem geschützten Patent unterscheiden. Damit kann er seine Klage durchsetzen.[27] Drittens werden zur Lösung von Streitigkeiten immer öfter Schiedsgerichte einberufen, die zu einer patentinhaberfreundlichen Auslegung der Äquivalenztheorie neigen.[28] Und schließlich lassen die Gerichte den Rückgriff auf Äquivalenzüberlegungen sogar dann zu, wenn das Erzeugnis oder die patentschädigende Tätigkeit des Beklagten zum Zeitpunkt der Patentvergabe noch nicht voraussehbar waren und erst aufgrund einer seit kurzem verfügbaren neuen Technologie möglich wurden.[29]

Wie haben Patentamt und Gerichte die grundsätzlichen Erfordernisse der Patentfähigkeit – d.h. das Erfordernis der »Neuheit«, der »Nichtselbstverständlichkeit« und der »Nützlichkeit« – im Laufe der Zeit interpretiert und in die Praxis umgesetzt? Die wirklich ausschlaggebende Wendung zugunsten des Patentinhabers erfolgte erst in jüngerer Zeit, obwohl – insgesamt gesehen – schon das ganze 19. Jahrhundert durch eine stets großzügigere Auslegung der gesetzlichen Kriterien gekennzeichnet war. Aufgrund der neuesten Entwicklungstendenz aber gewannen Patente für einzelne Unternehmen und Industrien eine immer größere Bedeutung.[30] In der Zwischenkriegszeit ergab sich eine vorübergehende Veränderung dieser Rechtslage: Verärgert durch den wettbewerbshemmenden Gebrauch der Patente seitens der Großunternehmen, zeigten sich Patentamt und Gerichte weniger gewillt, fragwürdige Patente zu gewähren oder aufrechtzuerhalten. In den 1950er Jahren wurde das Patentamt dann wieder entgegenkommender, obwohl die Bundesgerichte diesem Trendwechsel sehr unterschiedlich folgten. Erst die Schaffung eines besonderen Appellationsgerichts gegen Urteilsentscheide der Bezirksgerichte im Jahre 1982 setzte dieser Uneinheitlichkeit ein Ende. Das neue Gericht verfuhr gegenüber den Patentinhabern noch großzügiger, setzte die Anforderungen hinsichtlich des Kriteriums der »Nichtselbstverständlichkeit« (»nonobviousness«) bedeutend niedriger an[31] und befürwortete höhere Schadenersatzzahlungen.[32]

26 *Schalestock*, Equity, S. 324.

27 *Lemley*, Economics.

28 *Schalestock*, Equity, S. 346.

29 *R.P. Merges u. R.R. Nelson*, On the Complex Economics of Patent Scope, in: Columbia Law Review 90, 1990, S. 839 u. 855f.

30 *Th.P. Hughes*, American Genesis. A Century of Invention and Technological Enthusiasm, 1870–1970, New York 1989.

31 *R.P. Merges*, Commercial Success and Patent Standards. Economic Perspectives on Innovation, in: California Law Review 76, 1988, S. 803 u. 820ff.

32 *P.M. Janicke*, Contemporary Issues in Patent Damages, in: American University Law Review 42, 1993, S. 691.

Zu einer explosionsartigen Zunahme »Geistigen Eigentums« kam es im 20. Jahrhundert aufgrund der Entwicklung im Marken- und Warenzeichenrecht. Der Gedanke, daß ein Fabrikant, der seine Erzeugnisse mit einem besonderen Zeichen, der »Marke«, versieht, sich dagegen schützen kann, daß andere dieses Warenzeichen benützen, um ähnliche Produkte zu verkaufen, war im amerikanischen Recht zum ersten Mal im mittleren Drittel des 19. Jahrhunderts aufgetaucht.[33] Lange Zeit hindurch war die Zahl der geschützten Marken jedoch gering. Zunächst bestanden die meisten Gerichte und führenden Rechtskommentatoren darauf, daß eine Warenmarke nur dann schutzfähig sei, wenn sie auch den Namen des Herstellers enthalte. Aufs Geratewohl gewählte oder phantasievolle Warenbezeichnungen wie »Tausend Blüten Balsam«-Seife, entsprächen diesen Anforderungen nicht;[34] ebensowenig geographische Bezeichnungen, die nur über den Herstellungsort der Produkte Auskunft gäben.[35] Mit der Zeit wurden diese und andere Restriktionen jedoch aufgehoben, und gegen Ende des Jahrhunderts zögerten die Gerichte nicht mehr, Phantasiebezeichnungen, Symbole und geographische Namen zu schützen – vorausgesetzt, diese hatten bereits eine »Sekundärbedeutung« erlangt, d.h. der Verbraucher assoziierte diese Namen und Bezeichnungen automatisch mit bestimmten Waren.[36] Auch die Namen von Zeitungen, Hotels und anderen Geschäften, die früher nur gegen betrügerischen Mißbrauch geschützt gewesen waren, wurden vom allgemeinen Trend zum Markenschutz erfaßt.[37]

Das 20. Jahrhundert erlebte, aufgrund der Doktrin vom »Warenkleid« (»trade dress«), einen wahren Boom des Warenzeichens. Die Präzedenzfälle hierzu liegen in einigen gegen Ende des 19. Jahrhunderts gefällten richterlichen Entscheidungen, durch die – sozusagen als Anhängsel des eigentlichen Warenzeichens – auch »die Verpackung, die Schachtel oder der Behälter, in welchen die Ware zum Verkauf angeboten wird«, markenrechtlich geschützt wurden, »so-

---

33 *A.M. Gauthier*, The Evolution of the Concept of Property in American Trademark Law (unv. Manuskript, 1990). Wie Gauthier zu Recht hervorhebt, wurde dieses Konzept in den USA erstmals in dem Streitfall Thomson gegen Winchester thematisiert, doch ohne den Gebrauch des Begriffs »Markenschutzverletzung«; noch blieb man bei dem allgemeinen »Betrugsdelikt«: 36 Mass. (19 Pick.) 214 (Sup. Ct. 1837). Erst in den 1840er Jahren entschieden sich US-amerikanische Richter (unter teilweiser Berufung auf frühere englische Streitfälle) für separate gerichtliche Verfahren wegen »Markenschutzverletzung«. Hierzu z.B. Taylor v. Carpenter, 11 Paige Ch. 292 (N.Y. Ch. 1844).

34 Fetride. v. Wells, 4. Abb. Pr. 144 (N.Y. Super. Ct. 1857); *F. Upton*, A Treatise on the Law of Trademarks, New York 1860, S. 101.

35 Wolf v. Goulard, 18 How. Pr. 64.

36 Burnett v. Phalon, 9 Bosw. [N.Y.] 192 (»Cocaine« für ein Haartonikum); Messerole v. Tynberg, Am. Trade-Mark Cas. 479 (»Bismark« für Qualitätskrägen); Colman v. Crumps, 70 N.Y. 573 (einen Stierkopf für eine bestimmte Senfsorte); Newman v. Alvord, 51 N.Y. 189; Lea v. Wolf, 46 How. Pr. 157, 158.

37 *Gauthier*, Evolution, S. 31f.

fern diese Verpackung eine eigene Besonderheit und Originalität« aufwies.[38] Im späten 20. Jahrhundert ging man dazu über, sogar die Uniform der Cheerleaders der »Dallas Cowboys«-Fußballmannschaft und den graphischen Stil von Grußkarten markenrechtlich gegen Nachahmungen abzuschirmen.[39]

Die rechtlichen Ansprüche, die ein Hersteller aufgrund seines »Eigentums« an einem Markenzeichen besitzt, erfuhren ebenfalls eine erhebliche Ausweitung. Anfangs war nur der durch einen Konkurrenten betriebene Gebrauch ein und desselben Markenszeichens (oder eines Teils davon) einklagbar gewesen. Später wurde die Konkurrenz auch daran gehindert, Symbole zu benutzen, die wegen ihrer Ähnlichkeit mit dem Markenzeichen beim Konsumenten Verwirrung verursachen konnten. In solchen Fällen entschieden die Gerichte immer großzügiger zugunsten des Markeninhabers. In jüngster Zeit konnte der Eigentümer eines Markenzeichens sogar den Gebrauch identischer oder ähnlicher Symbole seitens eines Fabrikanten, der *kein* Konkurrent war, mit dem Einwand blockieren, dies würde die Marke »beflecken«, »verwischen« oder »verwässern«.[40]

Auch die geographische Reichweite einer Marke ist größer geworden. Zunächst war der Rechtsschutz eines Markeninhabers auf diejenigen Gebiete beschränkt gewesen, innerhalb derer auch tatsächlich Werbung und Absatz für das gewerberechtlich geschützte Erzeugnis stattfanden.[41] Mit dem »Lanham Gesetz« von 1946 ergab sich dann aber die Möglichkeit, Waren ab dem Tag, an dem der Antrag für die Registrierung als Markenprodukt gestellt wurde, unter ihrem Markenzeichen aus dem Gesichtspunkt des »konstruktiven Nutzens« heraus im gesamten Gebiet der USA zu vertreiben.[42] Dieses Gesetz und seine späteren Änderungen erweiterten die Rechte des Markeninhabers auch in anderer Hinsicht. So wurden unter anderem Verletzungen des Markenschutzes von nun an schwerer geahndet als zuvor – z.B. durch Schadenersatzzahlungen in dreifacher Höhe und die Übernahme der Anwaltskosten des Klägers durch den Beklagten.

Parallel hierzu gab es auch Markenschutzurteile im Rahmen des Gewohnheitsrechts, wo zusätzliche, das Markenrecht unterstützende Rechtstheorien

38 Cook v. Starkweather, 13 Abb. [N.S.] 392; *Gauthier*, Evolution, S. 32f.

39 Dallas Cowboys Cheerleaders, Inc. v. Pussycat Cinema, Ltd., 604 F.2d 200 (1979); Hartford House, Ltd. v. Hallmark Cards, Inc., 846 F.2d 1268 (CA10 1988). Die meisten neuzeitlichen Urteile finden sich in Abschnitt 43 (a) des »Lanham Gesetzes«, auf das noch einzugehen sein wird.

40 Mead Data Central v. Toyota Motor Sales, Inc., 875 F.2d 1026 (2d Cir. 1989); 15 U.S.C. sec. 1125(c).

41 Zwei Ausnahmen milderten die Strenge dieser Einschränkung: Ein Konkurrent war nicht berechtigt, ein identisches oder ähnliches Markensiegel in einem Gebiet zu benützen, in dem der eigentliche Inhaber des Warenzeichens schon einen fest etablierten Ruf besaß (z.B. durch Werbung in den Medien); er konnte auch nicht gezielt auf Vorteile hinarbeiten, die vom guten Willen des Inhabers abhingen.

42 U.S.C. § 1057(c).

entwickelt wurden. Das bedeutendste unter diesen Urteilen war der im Streitfall »International News Service« gegen »Associated Press« gefällte und eine ganze Serie ähnlicher Beschlüsse einleitende Rechtsspruch des Obersten Gerichtshofs aus dem Jahre 1918, wonach die beklagte Presseagentur erst dann den Veröffentlichungen der Klägerpartei entnommene Informationen drucken durfte, wenn diese »ihren kommerziellen Wert verloren« hatten. In den folgenden Jahren bewerteten die Gerichte diese Doktrin der »unzulässigen Aneignung« von Informationsmaterial sehr unterschiedlich. Manche – wie vor allem der einflußreiche Appellationshof des »Zweiten Bezirks« – haben sich bemüht, dieses Urteil zu umgehen oder seine Reichweite einzugrenzen.[43] Andere Gerichte dagegen griffen bei zahlreichen weiteren, unter dem kontroversen Begriff der »Informationspiraterie« zusammengefaßten Fällen ausdrücklich darauf zurück. So vertrat der Oberste Gerichtshof von Illinois im Dow Jones-Fall den Standpunkt, daß die Handelskammer von Chicago nicht berechtigt sei, eine auf dem »Dow Jones Industrial Average« basierende Liste der an der Börse registrierten Unternehmen herauszugeben, ohne zuvor die Erlaubnis der Firma einzuholen, die diesen berühmten Index ursprünglich entwickelt hatte.[44]

Der letzte Entwicklungssektor des Geistigen Eigentums ist vielleicht von geringerer wirtschaftlicher Bedeutung als der des Urheber-, Patent- und Markenrechts, doch spielt er eine wichtige kulturelle Rolle. Im Jahre 1954 setzte sich der führende Copyright-Experte Melville B. Nimmer für das Recht auf Image-Schutz prominenter Persönlichkeiten (»right of publicity«) ein – ein Recht, das Nimmer als das Recht eines jeden Menschen definierte, »über alle Werte, die er durch Werbung für seine Person geschaffen bzw. erworben hat, auch zu bestimmen und zu verfügen«.[45] Seither ist der größte Teil der in den USA gefällten Urteile diesem Vorschlag entweder im Rahmen des kodierten Gesetzesrechts oder des Gewohnheitsrechts in der einen oder anderen Weise gefolgt.[46] Die moderne Version dieser Theorie erlaubt es prominenten Persönlichkeiten, andere durch richterliche Maßnahmen daran zu hindern, den kommerziellen Wert ihres »Image« oder »Identitätsbildes« werbetechnisch auszuschlachten. Einige Beispiele mögen den Zweck und die Macht dieses Prinzips verdeutlichen: Im Jahre 1983 berief sich Johnny Carson, der seine über viele

43 Cheney Bros. v. Doris Silk Corp., 35 F.2d 279 (2d Cir. 1929); 2 RCA Mfg. Co. v. Whiteman, 114 F.2d 86 (2d Cir.), cert. denied, 311 U.S. 712 (1940); National Basketball Association v. Motorola, Inc., 1997 U.S. App. Lexis 1527 (1997).

44 Board of Trade of City of Chicago v. Dow Jones & Co., 92 III. 2d 109 (1983). Andere Fälle »unzulässiger Aneignung« analysiert D. Baird, Common Law Intellectual Property and the Legacy of International News Service v. Associated Press, in: University of Chicago Law Review 50, 1983, S. 411.

45 M.B. Nimmer, The Right of Publicity, in: Law and Contemporary Problems 19, 1954, S. 203 u. 206.

46 M. Madow, Private Ownership of Public Image. Popular Culture and Publicity Rights, in: California Law Review 81, 1993, S. 127.

Jahre hinweg ausgestrahlte Talkshow stets mit dem Satz zu beginnen pflegte »Hier ist Johnny«, mit Erfolg auf dieses Rechtsprinzip, um den Verkauf einer Toilettenschüssel mit dem Namen »Hier-ist-Johnnys-tragbares-Klo« zu verbieten.[47] Fünf Jahre später mußte der Automobilhersteller »Ford« der Popsängerin Bette Middler $ 400.000.– Schadenersatz zahlen, nachdem diese das Unternehmen dahingehend verklagt hatte, daß die Firma in einem Werbespot eine Sängerin benützt hatte, deren Stimme mit der Bette Middlers Ähnlichkeit besaß.[48] Und im Jahre 1992 erging ein Urteil, wonach die »Samsung Electronics Company« den Image-Schutz dadurch übertreten hatte, daß auf einem ihrer Werbephotos »ein Roboter mit Perrücke, in langem Kleid und mit Schmuck behängt« zu sehen war, dessen Körperstellung an die berühmte Moderatorin einer bekannten amerikanischen Quizshow, Vanna White, erinnerte.[49] In jüngerer Zeit ist verschiedentlich versucht worden, den Wirkungsbereich dieser Rechtspraxis enger zu stecken,[50] doch zum Leidwesen erfahrener Juristen ist dies noch nicht gelungen.[51]

2. Die Bedeutungszunahme des Geistigen Eigentums –
Faktoren und Synergieffekte

Die dramatische Ausweitung des Geistigen Eigentums ist sicherlich nicht monokausal zu erklären, vielmehr wirkten ideologische, politische, wirtschaftliche, kulturelle und rechtliche Faktoren zusammen. Von grundsätzlicher Bedeutung war dabei der schrittweise Wandel der amerikanischen Wirtschaft. Bis ins späte 18. Jahrhundert waren die britischen Kolonien in Nordamerika – die späteren USA – für ihr Überleben vor allem auf die Landwirtschaft angewiesen; nur zehn Prozent der arbeitsfähigen Bevölkerung verdienten ihren Lebensunterhalt mit der Herstellung handwerklicher oder industrieller Güter.[52]

47 Carson v. Here's Johnny Portable Toiletts, Inc., 698 F.2d 831 (6th Cir. 1983). Hier handelt es sich im englischen Original vorliegenden Artikels um ein Wortspiel, das besser erklärt werden sollte: Der englisch/amerikanische Sprachraum kennt die Verwendung des Wortes »John« für Toilette im Sinne von »Klo«. Die geschmacklose Anspielung auf Johnny Carson in dieser Toilettenbezeichnung macht dessen Klage besonders verständlich (Anm. d. Übersetzerin).

48 Midler v. Ford Motor Co., 849 F.2d 460 (9th Cir. 1988); Midler v. Young & Rubicam, Inc., Nos. 90–55027, 90–55028, 191 U.S. App. LEXIS 22641 (9th Cir. Sept. 20, 1991) (mem.), cert. denied, 112 S. Ct. 1513 (1992).

49 White v. Samsung Elecs. Am., Inc., 971 F.2d 1395 (9th Cir. 1992).

50 Cardtoons, L.C. v. Major League Baseball Association, 95 F.3d 959 (CA10 1996).

51 R.J. *Coombe*, Author/izing the Celebrity. Publicity Rights, Postmodern Politics, and Unauthorized Genders, in: Cardozo Arts & Entertainment Law Journal 10, 1992, S. 365; *Madow*, Ownership.

52 E.C. *Walterscheid*, To Promote The Progress of Science and Useful Arts. The Background and Origin of the Intellectual Property Clause of the United States Constitution, in: Journal of Intellectual Property Law 2, 1994, S. 1 u. 16.

Das änderte sich im Laufe des 19. Jahrhunderts, als die Wirtschaft zunehmend von der Industrie abhängig wurde.[53] Für das 20. Jahrhundert war dann bezeichnend, daß informationsverarbeitende Dienstleistungsbranchen den Industriesektor als hauptsächlichen Anbieter von Arbeitsstellen ablösten. Aus diesem grundlegenden Wandel ergab sich ein wachsender Bedarf an gesetzlich verankertem Schutz geistigen Eigentums. In der Kolonialzeit hatte es nur wenige Personen gegeben, für die Urheber- oder Patentschutz von Nutzen gewesen wären; daher mußten die damit einhergehenden Rechte nur selten gewährt werden.[54] Seither ist der Bedarf an solchem Rechtsschutz jedoch unaufhörlich gestiegen.

Eine weitere langfristige Veränderung ergab sich aus dem Umstand, daß die USA von einem Nettoverbraucher Geistigen Eigentums zu einem Nettoerzeuger wurden. Bis ungefähr zur Mitte des 19. Jahrhunderts war geistige Piraterie an der Tagesordnung; viele Amerikaner hielten es für vorteilhafter, sich von Nichtamerikanern erzeugte, unter Copyright oder Patentschutz stehende Waren anzueignen, als ihr eigenes Copyright oder patentiertes Eigentum gegenüber Nichtamerikanern zu schützen. Erwartungsgemäß zog die Umkehrung dieser Bilanz ein ganz neues Auftreten der USA auf internationaler Ebene nach sich. Noch Anfang des 19. Jahrhunderts hatte Charles Dickens zu seinem Erstaunen feststellen müssen, daß sich die US-amerikanische Regierung gegenüber den Beschwerden seitens nichtamerikanischer Autoren taub stellte, daß amerikanische Herausgeber ihre Werke druckten, ohne sich um bestehende ausländische Copyright-Bestimmungen zu kümmern.[55] Im späten 20. Jahrhundert hatten die USA dann aber selbst die Position des mächtigsten Standorts einer starken und nuancierten Gesetzgebung zum Schutz Geistigen Eigentums errungen.[56] Daher konnten sie auch während der TRIPS-Verhandlungen als unerbittliche Hardliner auftreten und verlangen, daß die anderen Staaten in die von den USA angestrebte Ausgestaltung des internationalen Patent- und Urheberrechts einwilligten.[57] Die Softwarepiraterie Chinas zog z.B. eine viel strengere Reaktion seitens der USA nach sich als die häufigen Menschenrechtsverletzungen durch die Pekinger Regierung.[58]

53 W.E. Brownlee, Dynamics of Ascent. A History of the American Economy, New York 1979; E.D. Kirkland, Industry Comes of Age, 1860–1897. Business, Labor and Policy, New York 1961.

54 Walterscheid, Progress, S. 16; P.J. Federico, State Patents, in: Journal of the Patent Office Society 13, 1931, S. 166.

55 S.P. Moss, Charles Dickens' Quarrel with America, New York 1984; B. Kaplan, An Unhurried View of Copyright, New York 1967.

56 J. Boyle, Shamans, Software, and Spleens. Law and the Construction of the Information Society, Cambridge 1996, S. 3.

57 J.H. Reichman, Intellectual Property in International Trade and the GATT, in: Exporting our Technology. International Protection and Transfers of Industrial Innovations, 1995, S. 3.

58 K. Aoki, (Intellectual) Property and Sovereignty. Notes Toward a Cultural Geography of Authorship, in: Stanford Law Review 48, 1996, S. 1293 u. 1297f.

Ein dritter wirtschaftlicher Faktor begünstigte vor allem das Markenrecht. Die in der frühen Phase des 20. Jahrhunderts einsetzende Eskalation des Anzeigewesens und der Werbung hatte starke Auswirkungen auf den Markenschutz. Die entscheidenden Jahre waren hier die Zwanziger. Natürlich hatten sich Fabrikanten und Einzelhändler schon in der Zeit davor der Werbung bedient, doch in den 1920er Jahren ergab sich eine dynamische Konstellation von Umständen, die die Ausgaben für Werbung sprunghaft in die Höhe schnellen ließ: Die im gesamten Territorium der USA stetig steigende Zahl geschützter Markenzeichen, eine zum Zwecke der Nachfragestabilisierung, neue, zum Teil experimentelle, sich ausweitende und fachmännisch geleitete Werbepraxis und die sich aus einem Werbefeldzug ergebenden niedrigeren Investitionsrisiken, sowie häufiger und rascher wechselnde Warenmodelle, durch die die Kauflust der Verbraucher immer wieder aufs neue stimuliert werden sollte. »So war z.B. bis zum Jahre 1928 das ›Ford‹ Modell ›T‹, das anfänglich nur in Standardschwarz das Werk verließ, als Modell ›A‹ in vier Farben und 17 verschiedenen Karrosserieformen auf dem Markt, und ›Ford‹ hatte, um diese Stilvarianten durchzusetzen, in einer außerordentlich teuren Werbewoche über 2 Millionen US-Dollars ausgegeben.«[59] Gegen Ende des Jahrzehnts investierte man schon ca. 3 Prozent des Bruttosozialprodukts (3,4 Milliarden US-Dollars) in die Werbung.[60] Ein großer Teil dieses Geldes diente ausschließlich dazu, den guten Ruf von Warenmarken und Produktnamen zu etablieren und zu festigen. Die Hersteller waren in der Hauptsache darauf bedacht, andere daran zu hindern, schmarotzerisch von ihren Investitionen in die Produktion des Markenartikels zu profitieren und bemühten sich daher auch um verstärkten Rechtsschutz ihrer Werbemethoden.

Die Ausweitung des Rechtsschutzes für Geistiges Eigentum läßt sich, wie aus der bisherigen Darstellung hervorgeht, funktional erklären, d.h. als Anpassung des Rechts an die Bedürfnisse der Wirtschaft. Recht und Gesetze erscheinen in dieser Perspektive als Phänomene des »Überbaus«; sie werden aufgrund von Veränderungen in der Güterproduktion und mit dieser verwandten Aktivitäten zur Weiterentwicklung gezwungen.[61] Damit ist die Geschichte allerdings noch nicht vollständig beschrieben und erklärt! Letztlich sind für ein umfassendes Verständnis der Herausbildung des Geistigen Eigentums auch gewisse kulturelle und weltanschauliche Faktoren zu beachten.

Am wichtigsten ist in dieser Hinsicht wohl die tief eingewurzelte und weit verbreitete Maxime, man besitze ein Anrecht nur auf das, was man selbst erarbeitet hat. Diese gewöhnlich John Locke zugeschriebene Theorie ist in den USA seit jeher einflußreich gewesen,[62] im 19. Jahrhundert zweifellos noch stär-

59 *Brownlee*, Dynamics, S. 270.
60 Ebd.
61 *K. Marx*, A Contribution to the Critique of Political Economy, 1859.
62 Der Originaltext dieser Überlegungen findet sich bei *J. Locke*, The Second Treatise of Go-

ker als in der heutigen Zeit. Aufgrund sozialpsychologischer Untersuchungen wissen wir, daß selbst heute noch die meisten Amerikaner (wie auch der größte Teil der Westeuropäer) an die Idee glauben, daß jeder, der einen Beitrag zu einem kollektiven Unterfangen leistet, billigerweise eine diesem Anteil entsprechende Belohnung verdient.[63]

Seit dem späten 18. Jahrhundert hat diese Einstellung die Gesetzgeber und Gerichte dazu bewogen, den Schutz des Geistigen Eigentums nicht nur konstitutionell zu verankern, sondern auch auszudehnen. Daher konnte z.B. der Ausschuß, der den Kontinentalkongreß davon überzeugte, daß die einzelnen Bundesstaaten zur Annahme von Copyright-Gesetzen angehalten werden müßten, dies u.a. mit der Begründung tun, daß »nichts wahrhaftiger eines Menschen Eigentum ist, als die Frucht seines Wissens und Lernens«.[64] In der Geschichte der amerikanischen Gesetzgebung finden sich zahlreiche ähnliche Aussagen. So argumentierte Henry Clay im Jahre 1837: Es »liegt auf der Hand«, daß »Autoren und Erfinder – wie sich dies bei zivilisierten Völkern ziemt – ihre geistigen Erzeugnisse als Eigentum besitzen«. Und der Standpunkt, daß solches Eigentum ebenso wirksam geschützt werden müsse, wie jedes andere, sei »eine logische Weiterführung des Eigentumsrechts«.[65] Es ist nicht lange her, da rechtfertigte die Richterin O'Connor ihre enge Auslegung der Rechtstheorie vom »fairen Gebrauch« (»fair use«) mit den Worten, daß der »durch das Copyright

vernment, in: Two Treatises of Government, hg.v. P. Laslett, Cambridge 1970, S. 303–320. Zur Anwendung dieses Gedankengangs auf die Problematik des Geistigen Eigentums siehe *J. Hughes*, The Philosophy of Intellectual Property, in: Georgetown Law Journal 77, 1988, S. 287 u. 296–314.

63 Joel Feinberg liefert eine positive Darstellung dieser Theorie: *J. Feinberg*, Social Philosophy, Englewood Cliffs 1973, S. 114f. Wie beliebt diese Theorie bei US-Amerikanern und Westeuropäern ist, zeigen *J.S. Adams u. S. Freedman*, Equity Theory Revisited. Comments and Annotated Bibliography, in: L. Berkowitz u. E. Walster (Hg.), 9 Advances in Experimental Social Psychology, New York 1976, S. 43 u. 47–49. *M. Deutsch*, Distributive Justice. A Social-Psychological Perspective, New Haven 1985, S. 163–179 u. 202f.

64 *B.W. Bugbee*, Genesis of American Patent and Copyright Law, Washington 1967, S. 113. Dieselbe Einstellung leitete dann auch die Bundesstaaten bei ihrem Entschluß, dieser Richtlinie zu folgen. So wurde z.B. dem ersten Copyright-Gesetz von Massachusetts folgende gewundene Rechtfertigung zugrunde gelegt: »Da die Verbesserung des Wissensstandes, der Fortschritt der Zivilisation, das öffentliche Wohl der menschlichen Gemeinschaft sowie die Förderung menschlichen Glücks weitgehend von den Anstrengungen erfahrener und phantasiebegabter Personen in den verschiedenen Bereichen der Kunst und Wissenschaft abhängen, und da der wichtigste Anreiz für solche Personen, sich auf das beflissenste solch nützlichen Tätigkeiten zu widmen, im gesetzlich garantierten Schutz der Früchte ihrer Studien und ihres Fleißes liegt, und die [durch solchen Rechtsschutz gewährte] Sicherheit eines der naturgegebenen Rechte aller Menschen ist, gibt es kein Eigentum, das in stärkerem Maße als des Menschen ganz eigener Besitz gelten muß, als das, welches er durch die Arbeit seines Geistes geschaffen hat«. Ebd., S. 114.

65 Begleitdokument zur 223. Sitzung des 24. Kongresses der Vereinigten Staaten, 2. Sitzungsperiode 148 (1837), von Henry Clay vorgelegter Bericht, in: *B.W. Tyerman*, The Economic Rationale for Copyright Protection for Published Books. A Reply to Professor Breyer, in: University of California Los Angeles Law Review 18, 1971, S. 1100.

gewährleistete Schutz dazu bestimmt [sei], Autoren, die einen Beitrag zur Wissensfülle der Menschheit leisten, eine gerechte Vergütung für ihre Arbeit sicherzustellen«.[66] »Fair use« besagt in erster Linie, daß bestimmte unzulässige Nutzungsformen von Copyright-geschützten Texten einer besonders strengen Überwachung unterliegen.

Eine zweite, damit verwandte ideologische Strömung ist der heute in den USA weitverbreitete Argwohn gegenüber staatlicher Einmischung bei der Bestimmung dessen, was schlechte und was gute Kunst ist, sowie darüber, wie neue Kunst zu vergüten sei. Dasselbe gilt für die Auswahl von der Allgemeinheit nützlichen Erfindungen. Diese Einstellung kristallisierte sich historisch später heraus als das Dogma von der gerechten Belohnung für geleistete Arbeit. Bis Mitte des 19. Jahrhunderts war man in den USA noch sehr empfänglich für den Gedanken gewesen, daß die Regierung Angelegenheiten öffentlichen Interesses vorantreiben solle und alle für die Allgemeinheit nutzbringenden Unternehmungen zu fördern habe. Diese Auffassung zeigte sich in der frühen Rechts- und Wirtschaftsgeschichte des Landes, indem beispielsweise handverlesenen Unternehmen der Status einer spezifisch verfaßten Kapitalgesellschaft gewährt wurde, da diese eine für das öffentliche Wohl besonders wichtige Tätigkeit ausübten. Vor diesem Hintergrund ist auch das »Mühlengesetz« zu verstehen, das Landeigentümern, die an einem durch ihr Grundstück laufenden Fluß eine Mühle bauen wollten, das Recht zusprach, gegen eine entsprechende Schadenersatzzahlung einen Damm zu errichten, obwohl dadurch das Grundstück des Nachbarn überflutet wurde.[67] Auch die durch die Regierung bewilligte Vergabe staatlichen Landes für den Bau privater Eisenbahnlinien gehört hierher.

Dieselbe merkantilistische Mentalität motivierte eine Reihe von Vorschlägen, wonach ein Erfinder nicht durch ein Patent, sondern mit einer Geldsumme aus öffentlichen Mitteln belohnt werden sollte. So schlug Tench Coxe im Jahre 1787 der »Gesellschaft zur Förderung von Industrie und Handwerk in Pennsylvanien« vor, »Prämien für nützliche ausländische oder amerikanische Erfindungen oder Verbesserungen sowie für die besten Experimente auf jedem beliebigen, noch unerforschten Wissensgebiet und für die Erwirtschaftung der größtmöglichen Menge jedes beliebigen nützlichen Rohstoffs« bereitzustellen, da dies eine »ausgezeichnete Wirkung« haben dürfte. »Bestrebungen der Industrie würden auf diese Weise unterstützt und ein edler Anreiz für ehrenvolle Bemühung um Verdienst und geistig wertvolles Schaffen geboten. Es

---

66 Harper & Row v. Nation Enterprises, 471 U.S. 539, 546 (1985). Siehe auch Twentieth Century Music Corp. v. Aiken, 422 U.S. 151, 156 (1975). Es herrscht der Grundsatz, daß das Copyright-Schutzgesetz zwei Zielsetzungen verfolgt, nämlich »eine gerechte Belohnung für das schöpferische Werk des Autors sicherzustellen« und »künstlerische Kreativität zum Wohle der Allgemeinheit anzuspornen«.

67 *W. Fisher*, The Law of the Land, Diss. Harvard 1991.

wäre dem Staat doch ein Leichtes, eine zu diesem Zweck ins Leben gerufene Gesellschaft aufgeklärter Persönlichkeiten damit zu beauftragen, für viele Dinge dieser Art eine großzügige Belohnung in Form von Land auszusetzen«, denn »unsere [diesbezüglichen] Ressourcen sind doch beträchtlich und beinahe ungenutzt«.[68] Noch in der ersten Fassung des auf Geistiges Eigentum bezogenen Artikels der amerikanischen Verfassung wird ein ganzes System staatlicher Prämien und Unterstützungsmaßnahmen erwähnt.[69] Edward Walterscheid hat überzeugend gezeigt, daß dieser Entwurf damals nicht deshalb abgelehnt wurde, weil eine staatliche Einmischung in den Auswahlprozeß nützlich einzuschätzender Erfindungen unerwünscht gewesen wäre, sondern weil das Projekt als zu kostspielig galt.[70]

Im späten 19. Jahrhundert war diese positive Einschätzung direkter staatlicher Aufsicht über die Aktivitäten von Erfindern durch eine Reihe dem klassischen Liberalismus zuzurechnender Positionen verdrängt worden – in der Hauptsache durch die Vorstellung, daß die öffentliche und die private Sphäre (d.h. »Staat« und »Gesellschaft«) zweierlei Dinge sind und getrennt bleiben sollten. Diese Auffassung verband sich mit dem Mißtrauen gegen staatliche Eingriffe in die Abläufe des Marktes. In diesem veränderten ideologischen Klima erschienen Gesetze zum Schutz Geistigen Eigentums dem Bürger als Anreiz zu kreativer Aktivität erstrebenswerter als staatliche Prämien. Der moderne Jurist weiß natürlich, daß in beiden Fällen marktregulative Ausgleichsmaßnahmen von seiten der Regierung erfolgen und vom Ideal des »Laisserfaire« abgewichen wird. Doch ist der staatliche Eingriff weniger augenfällig, wenn es sich um die Gewährung von Eigentumsrechten an bestimmte *Kategorien* von Schriftstellern und Erfindern handelt, als wenn Einzelpersonen ausgewählt und unterstützt werden.

Der klassische Liberalismus hat in vielfältiger Weise zur Ausdehnung der geistigen Eigentumsrechte beigetragen. Ganz entscheidend war dabei, daß sich Gesetzgeber und Gerichte am Prinzip des ästhetischen Relativismus orientierten. Heute dagegen will niemand zwischen guter und schlechter Kunst (oder Werbung) unterscheiden, und so wird der schützende Schirm des Urheberrechts über alles und jedes gehalten – über glänzende und wirklich kreative Werke ebenso wie über solche, die zumindest theoretisch »nur winzige« Abweichungen schon existierender Werke darstellen und lediglich dadurch zu-

68 *Walterscheid*, Progress, S. 39f.
69 Wäre diese erste Fassung des Textes beibehalten worden, hätte der Kongreß die Vollmacht besessen, »Autoren literarischer Werke das Copyright auf begrenzte Zeit zu garantieren und – anhand entsprechender Prämien und der Bereitstellung der erforderlichen Mittel – die Aneignung nützlichen Wissens und [das Betreiben nützlicher] Erfindungen zu fördern«. Es wäre auch möglich gewesen, den Autoren Exklusivrechte auf gewisse Zeit zuzuerkennen und öffentliche Einrichtungen, Preise und Immunitäten zur Förderung der Landwirtschaft, des Handels und Gewerbes zu gewähren«. *Walterscheid*, Progress, S. 44f.
70 Ebd.

stande kamen, daß »ein Nachahmer schlechte Augen oder eine kranke Motorik hatte, oder aber nach einem Blitzschlag unter Schock stand«.[71] Es sei daran erinnert, daß Überreste des klassischen Liberalismus auch heute noch zahlreiche andere, unserem Thema nicht fernstehende Aspekte der amerikanischen Politik und Gesetzgebung mitgestalten. Man denke nur an die (im Gegensatz zu zahlreichen westeuropäischen Ländern) bedauerlich niedrig gehaltenen staatlichen Mittel zur Förderung der schönen Künste, oder an den erst kürzlich unternommenen und von Erfolg gekrönten Einsatz einer Reihe republikanischer Kongreßabgeordneter gegen den »National Endowment for the Arts«.

Als dritte ideologisch-kulturelle Strömung, die die US-amerikanische Gesetzgebung zum Geistigen Eigentum immer wieder beeinflußt hat, ist das *romantische Bild vom Schriftsteller* zu nennen. Die neuere Forschung ist reich an Untersuchungen zu diesem Thema.[72] Bis ins 18. Jahrhundert achtete weder die europäische noch die nordamerikanische Elite den Schriftsteller oder Künstler als individuell Schaffenden besonders hoch. Tradition, handwerkliches Können und die Verbindung zur Vergangenheit waren wichtiger als Originalität.[73] Erst durch das Zusammenwirken verschiedener Kräfte (die Romantik, die politische Theorie des possessiven Individualismus, das Eigeninteresse englischer Verlage und eine veränderte Geisteshaltung in den Kreisen der französischen Monarchisten) bewirkte einen tiefgreifenden Wandel in der Einstellung zur Kunst, so daß im Gegensatz zu früheren Zeiten nun das künstlerische Genie des einzelnen gefeiert wurde. In den Augen Wordsworth war »Genialität ... die Einführung einer neuen Komponente in die Welt des Geistes, bzw. – sofern dies nicht stattfinden kann – die Anwendung von Kräften auf Objekte, auf die solche Einwirkung früher nicht stattgefunden hatte, oder aber sie [lag] im Gebrauch dieser Kräfte dergestalt, daß bislang unbekannte Wirkungen hervorgebracht« wurden.[74] Die Urheberrechtsgesetze Europas und der USA sind aus

71 Zitiert aus Jerome Franks berühmter Stellungnahme in: Alfred Bell & Co. v. Catalda Fine Arts, Inc., 191 F.2d 99 (2d Cir. 1951). Der erste richtungweisende richterliche Entscheid zu diesem Problem erging im Streitfall Bleistein v. Donaldson Lithographing Co., 188 U.S. 239 (1903).

72 *M. Woodmansee*, The Genius and the Copyright. Economic and Legal Conditions of the Emergence of the »Author«, in: Eighteen-Century Studies 17, 1984, S. 425; *dies.*, On the Author Effect. Recovering Collectivity, in: Cardozo Arts & Entertainment Law Journal 10, 1992, S. 227; *P. Jaszi*, On the Author Effect. Contemporary Copyright and Collective Creativity, in: Cardozo Arts & Entertainment Law Journal 10, 1992, S. 279; *Boyle*, Shamans, Kap. 6; *B. Edelman*, Ownership of the Image, London 1979; *J.M. Gaines*, Contested Culture. The Image, the Voice and the Law, Chapel Hill 1991; *M. Rose*, Authors and Owners. The Invention of Copyright, Cambridge 1993; *S. Stewart*, Crimes of Writing. Problems in the Containment of Representation, New York 1991.

73 Ähnliche Ideen haben sich in China viel länger gehalten: *W.P. Alford*, Don't Stop Thinking about ... Yesterday. Why there was no Indigenous Counterpart to Intellectual Property Law in Imperial China, in: Journal of Chinese Law 7, 1993, S. 3.

74 *W. Wordworth*, Essay, Supplementary to the Preface, zit. nach *Woodmansee*, Author Effect, S. 280.

dieser romantischen Einstellung erwachsen und begründen auch deren allgemeine Akzeptanz. Aus dem engen Zusammenwirken dieser Doktrin mit der Theorie, daß jede Anstrengung zum Wohle der Gemeinschaft einer entsprechenden Belohnung würdig sei, erwuchs die Überzeugung, ein Künstler habe ein Besitzrecht auf seine Schöpfungen. Peter Jaszi hat gezeigt, daß aufgrund dieser Idee zahlreiche besondere Lehren über das Urheberrecht entwickelt wurden, wovon die meisten sich für die Erweiterung der Rechte der Copyright-Inhaber einsetzen ließen.[75]

Erstaunlicherweise üben derartige Gedankengänge bis heute eine erhebliche Faszination aus, obwohl das Bild vom einsam schreibenden Genie in seiner/ihrer Dachkammer kaum noch zeitgemäß ist. Heutzutage schreibt man im Team – ja, der größte Teil kreativen Tuns wird kollektiv erbracht. Ebenso wichtig ist die immer deutlicher werdende Tatsache, daß jeder kreativ tätige Mensch weitgehend vom Schaffen seiner Vorgänger abhängt und dieses Schaffen in seinem eigenen Werk verarbeitet. Nichtsdestoweniger halten die amerikanischen Gesetzesmacher an der romantischen Vorstellung vom Künstler fest.[76] Wenig deutet darauf hin, daß diese Vorstellung ihren Einfluß auf die Gesetzgebung verliert. Vielmehr hat man den Eindruck, daß die in jüngster Zeit erfolgte Übernahme gewisser Aspekte des kontinentaleuropäischen »moralischen Rechts« (»Urheberpersönlichkeitsrechts«) in das US-amerikanische Copyright die Kraft des romantischen Arguments eher verstärkt als vermindert.[77]

Weniger eingehend erforscht als die romantische Idee vom Autor – doch in den USA für die Gestaltung der Gesetzgebung zum Schutze Geistigen Eigentums ebenso bedeutsam – ist das gleichermaßen heroische Bild vom Erfinder. Laut Keith Aoki kann dieses Ideal auf einen noch älteren Stammbaum zurückblicken als das Konzept vom Autor als Schöpfer eigenständiger Werke. Mit ihren Wurzeln in der »Begeisterung der Renaissance für den unabhängig kreativen Menschen als erfinderischem Geist, wie er sich in Leonardo da Vincis Werk offenbart hatte« – einer Begeisterung, die in der Verehrung wissenschaftlicher Genies der Aufklärung wie Descartes, Leibniz und Newton aufs stärkste nachwirkte –, gehörte die strahlende Gestalt des Erfinders schon zum festen Bestandteil der westlichen Kultur, als die Patentgesetze in den USA Form anzunehmen begannen.[78] In Amerika wurde dieses Bild des Erfinders durch wenigstens drei weitere traditionsbestimmende Strömungen noch zusätzlich ver-

---

75 *Jaszi*, Theory, S. 472.

76 *Jaszi*, Author Effect, S. 300f. u. 306–311. Jaszi zeigt hier den Einfluß dieses Ideals auf die Meinung der Juristen anhand des Streitfalls »Feist & Rogers gegen Koon«.

77 *Jaszi*, Theory, S. 496–500.

78 *K. Aoki*, Authors, Inventors and Trademark Owners. Private Intellectual Property and the Public Domain, in: Columbia VLA Journal of the Law and Arts 18, 1994, S. 191 u. 215f. Das bekannte Ideal vom Buchautoren, wie wir es hier beschreiben, entwickelte sich als Reaktion auf dieses rationalistische Ideal der Aufklärungszeit. Ebd.

stärkt: durch das *Siedlerethos* (»frontier ethic«), das den Menschen als Gegenspieler der Natur sieht, als einen Helden, der diese durch seine Erfindungsgabe und Kraft bezwingt;[79] durch das mit diesem Ethos zusammenzudenkende *pastorale Ideal*, das die Verwandlung der Wildnis in einen Garten feiert;[80] und durch den Grundsatz von der *Belohnung des sozial mobilen Individuums* – ein Grundsatz, aus dessen Perspektive Einfallsreichtum ein wichtiges Arbeitsinstrument des begabten, nach Reichtum und Ruhm strebenden jungen Mannes darstellt.[81] All dies erklärt die Bewunderung, mit der Amerikaner ihren großen Erfindern stets begegneten und immer noch begegnen – Männern wie Thomas Edison, Alexander Graham Bell, die Brüder Wright und Bill Gates.

Die Wirkung dieser Denktraditionen und Mentalitäten auf die Patentgesetze war enorm, auch wenn es Zeiten gab, wo die Bereitwilligkeit, Patente zu gewähren, abflaute. So ließ sich die Einführung – und nicht selten rigorose Anwendung – der Forderung nach der »Nichtoffensichtlichkeit« einer Erfindung für Personen, die auf dem Gebiet einer bestimmten Erfindung nur normale Kenntnisse haben, direkt aus dem heroischen Bild vom Erfinder ableiten.[82] Zuweilen trat aber der Gedanke in den Vordergrund, daß nicht handwerkliches Können, sondern der »Funke schöpferischen Genies« zu belohnen sei.[83] Diese Einstellung bewirkte dann, daß der vom Patentschutz abgedeckte Bereich eher verkleinert als ausgedehnt wurde.[84] Doch im großen und ganzen verursachte das hohe Ansehen der Erfinder eine Verfestigung und Erweiterung des Patentsystems.

Wie das romantische Ideal vom Buchautor, bewies auch das Image vom Erfinder erstaunliche Langlebigkeit. Keith Aoki hat gezeigt, daß die Debatte über die Patentierung von DNA-Bestandteilen durch das »Human Genome Project« durchsetzt war von solch heroischen Symbolen und Bildern. Man sprach von einer Analogie zwischen den beteiligten Forschern und Louis & Clark, und das gesamte Projekt wurde gar mit der Suche nach dem Heiligen Gral verglichen. Die Erfinder-Metaphorik bleibt jedenfalls weiterhin aktuell und be-

79 *W. Cronon u.a.* (Hg.), Under an Open Sky. Rethinking America's Western Past, New York 1992.

80 *L. Marx*, The Machine in the Garden. Technology and the Pastoral Ideal in America, New York 1964.

81 Siehe Abraham Lincolns Rede, gehalten auf der Staatsausstellung von Wisconsin (1859), in: *R. Current* (Hg.), The Political Thought of Abraham Lincoln, Indianapolis 1967, S. 125–128.

82 Zur Geschichte dieses Erfordernisses siehe die durch Anm. 31 belegten Ausführungen.

83 Dieser Satz bildete zu einem bestimmten Zeitpunkt sogar den Prüfstein des Erfordernisses der Nichtoffensichtlichkeit. Hierzu Cuno Corp. v. Automatic Devices Corp., 314 U.S. 84 (1941). Doch wurde diese Maxime später durch das im Streitfall Graham v. John Deere Co., 383 U.S. 1 (1966) entwickelte Konzept ersetzt.

84 *M. Price u. M. Pollock*, The Author in Copyright. Notes for the Literary Critic, in: Cardozo Arts & Entertainment Law Journal 10, 1992, S. 703 u. 708.

stimmt immer noch die Patentpolitik der USA, obwohl das Bild vom einsamen Genie, wie gesagt, kaum noch der Realität entspricht.[85]

Diese Kräfte – ökonomischer Zwang und ideologischer Druck – wurden durch eine sich wiederholende politische Dynamik noch intensiviert. Die Verfechter ausgedehnter gesetzlicher Bestimmungen zum Schutze Geistigen Eigentums gehörten zum größten Teil zu den Kreisen der kreativ Schaffenden, der Verleger und Filmstudios sowie Unternehmen, die daran interessiert waren, ihre Marken, Patentbeschreibungen oder Industriegeheimnisse zu schützen. Hierzu kamen Prominente, die aus ihrem eigenen Ruhm Geld schlagen wollten. Die meisten dieser Leute waren (und sind) aus finanziellen Gründen sehr an einer Gesetzgebung und Rechtsprechung interessiert, die ihnen den größtmöglichen Schutz gegen den unerlaubten Gebrauch ihres »Eigentums« gewährleisten kann. Demgegenüber waren die Interessen jener, die von einem weniger ausgebauten Schutz Geistigen Eigentums profitiert hätten, viel verschwommener. Die größte und wichtigste Gruppe solcher Personen sind die Verbraucher. Da diese in der Regel in vielfältige Fraktionen gespalten waren, die sich nur für Bruchstücke einer jeweiligen Gesetzgebung interessierten, spielten sie eine untergeordnete Rolle und verfügten nie über nennenswertes Lobbying. Daher konnten die Interessenvertreter des Geistigen Eigentums immer wieder die Gesetzesreformen in ihrem Sinne betreiben und die entsprechenden Eigentumsrechte ausweiten. Skeptiker schwiegen meist ohnehin zu diesen Vorgängen – was die bestehende Sachlage auch nicht änderte.

Die US-amerikanische Rechtsgeschichte ist reich an Beispielen für dieses Kräftespiel. Ein etwas undurchsichtiges, aber sicher nicht unwichtiges Ereignis in diesem Zusammenhang waren die Bemühungen John Fitchs (einer unter vielen, die Anspruch darauf erhoben, das Dampfschiff erfunden zu haben), Patentschutz für seine Erfindung zu bekommen. Fitch hatte in der am 20.8.1787 beginnenden Woche einige Abgeordnete des Verfassungsausschusses[86] zu einer Vorführung seines Schiffes (und vielleicht zu einer kleinen Reise mit demselben[87]) eingeladen. Wir werden nie wissen, was damals besprochen wurde, doch ist stark anzunehmen, daß Fitch den Abgeordneten die Schaffung strengerer, das ganze Territorium der USA abdeckender Patentgesetze nahelegte. Vielleicht hatte er seinen Zeitpunkt geschickt gewählt, vielleicht war alles nur Zufall, immerhin war erst am 18. August – also zwei Tage vor dem Treffen – der erste Entwurf des späteren Gesetzes über Geistiges Eigentum diesem

85 Das gilt in ganz besonderer Weise für Programme wie das erwähnte »Human Genome Project«, das seit 1990 *in internationaler Teamarbeit* zur vollständigen Erforschung und kompletten Erstellung des DNA-Musters des Menschen weltweit tätig ist. *Aoki*, Authors, S. 213f.

86 In seinem Tagebuch läßt Fitch durchblicken, daß *alle* Abgeordneten der Vorführung beiwohnten.

87 Die Berichte über die Zahl der Delegierten, die auf dem Schiff mitfuhren, variieren.

Ausschuß vorgelegt worden,[88] und am 5. September einigte sich dieser dann auf denjenigen Wortlaut, mit dem das Gesetz in die Verfassung einging.[89]

Die Geschichte der allgemeinen Reform der Copyright-Gesetzgebung von 1976 weist zahlreiche Beispiele ähnlicher Manipulation auf. Wie Jessica Litman zeigen konnte, weigerten sich die mit der Überwachung der Reform beauftragten Verfassungsausschüsse und Unterkomitees in der für solche Gremien typischen Weise, die notwendigen Gesetzestexte selbst abzufassen. Vielmehr veranlaßten sie die Vertreter organisierter Interessengruppen, Kompromißlösungen auszuhandeln. Viele der maßgeblichen Bestimmungen enthalten Wort für Wort die Ergebnisse solcher Verhandlungen. So ist z.B. »der Wortlaut der Bestimmung über den ›fair use‹, sowie der Text der diese Bestimmung begleitenden Berichte des Ausschusses aus langwierigen, bis ins Kleinste gehenden und in Kompromissen endenden Diskussionen hervorgegangen, an welchen Vertreter der Autorenschaft, Komponisten, Verleger, Musikverlage und Einrichtungen des Bildungswesens teilgenommen hatten«.[90] Auf ähnlichen Kompromissen beruhen laut Litman auch die Schutzgesetze für Kabelfernsehen, in Bibliotheken angefertigte Fotokopien, Tonaufzeichnungen, den Betrieb von Musikboxen und die Herstellung von Geräten zur Aufnahme von Werken auf Bild- und Tonträgern.[91] Die an den Verhandlungen beteiligten Parteien waren sich natürlich nicht immer einig. Im Gegenteil, die ins Spiel kommenden Interessen widersprachen sich oft, und ein Großteil der Kompromisse konnte nur nach ausgedehnten Debatten und beschwichtigenden Worten seitens der zuständigen Kongreßausschüsse zustandekommen.[92] Alles in allem endeten solche Verhandlungen aber stets zugunsten starker und energisch auftretender Interessengruppen – d.h. Interessengruppen, die sich eine Delegation leisten konnten! Nur selten war auch »die Öffentlichkeit«, d.h. die Konsumenten geistiger Erzeugnisse, durch eigene Wortführer vertreten, und der Kongreß, von dem man doch erwartet hätte, im Sinne der Rechte des Verbrauchers zu entscheiden, kümmerte sich nicht darum. Zahlreiche weitere Beispiele könnten das belegen.[93] Die allgemeine These ist ohnehin klar: Die Interessen der Pro-

88 Zum Text dieser ersten Vorlage siehe Anm. 69, oben.

89 Der ganze Vorfall und seine Auswirkungen sind von *Walterscheid*, Progress, S. 41–43, sorgfältig analysiert worden.

90 *J.D. Litman*, Copyright, Compromise, and Legislative History, in: Cornell Law Review 72, 1987, S. 857 u. 869.

91 Ebd.

92 Ebd., S. 871.

93 Auch Walterscheid äußert die Vermutung, daß Lobbying seitens der Autorenschaft (zu der auch der junge Noah Webster gehörte) eine nicht unerhebliche Rolle bei den Empfehlungen des Kongresses spielte und darauf abzielte, daß die einzelnen Bundesstaaten Copyright-Gesetze erließen. *Walterscheid*, Progress, S. 21. Zahlreiche, der von Litman im Zusammenhang mit dem Copyright-Gesetz von 1976 aufgelisteten ähnliche Beispiele könnten auch für die Gestaltung des »Weißen Dokuments« angeführt werden. Siehe hierzu Anm. 114, unten.

duzenten und Eigentümer liegen näher beieinander und sind besser organisiert. Aufgrund der bedeutenden Rolle organisierter Interessengruppen in der amerikanischen Politik können die Verfechter erweiterter geistiger Eigentumsrechte stets die Oberhand behalten.

Viertens und letztens verdankt diese Gesetzgebung ihre Entwicklung einem langsamen Wandel der juristischen Fachterminologie und Begriffe. Seit längerem neigen Juristen dazu, die Probleme dieses Rechtsbereichs in Eigentumskategorien zu begreifen; es ließe sich hier von einer »propertization« des Denkens sprechen. Im 18. Jahrhundert hatten Juristen und Politiker im Hinblick auf den Patent- und Urheberschutz noch weniger den Begriff »Eigentum« als vielmehr den Begriff des »Monopols« benutzt. Dieser Ausdruck erklärt sich aus den historischen Ursprüngen der Patentgesetzgebung in England: »Patente« im modernen Sinne fanden zum ersten Mal Erwähnung in Kapitel 6 des Monopolgesetzes von 1623 – ein Text, der Patente als besondere »Monopole« beschreibt, die von dem allgemeinen Verbot der königlichen Monopolvergabe auszunehmen seien.[94] Der allgemeine Gebrauch des Begriffs »Patent« rührte zum Teil von einer spezifischen inneren Einstellung der Juristen her: Wie andere »Monopole«, waren Patente und Copyright in ihren Augen gefährliche Instrumente, die ausschließlich zur Förderung klar definierter öffentlicher Anliegen zum Einsatz kommen sollten. Insbesondere Thomas Jefferson vertrat diesen Standpunkt, doch es gab auch andere.[95]

Im Laufe der Zeit wurde dieser Diskurs jedoch zugunsten des Gedankens aufgegeben, daß auch die Kontrolle und der Vertrieb von *Informationen* eine Form von »Eigentum« darstellen. Dieser Trendwechsel zeigte sich vor allem im Markenrecht. Bis Mitte des 19. Jahrhunderts war der rechtliche Schutz von Warenmarken mit der Notwendigkeit gerechtfertigt worden, nichtsahnende Käufer müßten vor »betrügerischen Nachahmungen« geschützt werden.[96] Die entsprechenden Gesetze galten noch als Zweig der gegen Delikte anzuwendenden Rechtssätze (»tort law«),[97] nicht aber des Eigentumsrechts. Mit dem im Jahre 1849 aufgerollten Streitfall »Amoskeag Manufacturing Company gegen Spear« änderte sich das jedoch, als das Gericht entschied, daß »der Rechtssatz vom exklusiven Eigentumsanspruch auf Warenmarken seit der Zeit der ›Rechtsannalen‹ richtungsweisend«[98] gewesen sei. Dieser neue Ansatz war nicht sogleich auf der ganzen Linie erfolgreich; viele Jahre hindurch existierten Delikt-(»tort«) und Eigentumsrecht in zahlreichen Unterabteilungen des Mar-

94 *Walterscheid*, Progress, S. 12.
95 *Walterscheid*, Patents and The Jeffersonian Mythology, in: John Marshall Law Review 29, 1995, S. 269; *ders.*, Progress, S. 54.
96 *Gauthier*, Evolution, S. 9–15.
97 Zur schrittweisen Erarbeitung anfangs des 19. Jahrhunderts der allgemeinen Kategorie der Gesetze über Vermögensdelikte siehe *G.E. White*, Tort Law in America, New York 1980, Kap. 1.
98 4 N.Y. (2 Sandf.) 599, 604 (Super Ct. 1849).

kenrechts und Bestimmungen über unfairen Wettbewerb ohne gegenseitige Abstimmung nebeneinander, bevor alles in den Eigentumsdiskurs hineingenommen wurde.[99]

Im frühen 20. Jahrhundert trat eine einflußreiche Gruppe von Rechtskommentatoren ganz offiziell zugunsten dieser Entwicklung ein. Unter der Führung von Frank Schechter erklärten sie, daß die eigentliche Grundlage allen Markenschutzes der Eigentumsanspruch auf die Marke (bzw. auf den »guten Willen«, für den die Marke bürge) sei, und daß Rechtsansprüche dieser Art in stärkerem Maße anzuerkennen und zu unterstützen seien als bisher.[100] Oliver Wendell Holmes und einige andere teilten diese Meinung nicht, doch blieben sie in der Minderheit.[101]

Auch in anderen Rechtssparten wurde es immer üblicher, urheberrechtliche Diskussionen als eigentumsrechtliche Fragestellungen zu stilisieren. So entschied z.B. das New Yorker Berufungsgericht in dem Fall »Fisher gegen Star« (1921), daß die beiden Comicfiguren *Mutt* und *Jeff* von der beklagten Zeitung nicht ohne die Einwilligung des Schöpfers dieser Figuren benutzt werden dürfen,[102] und begründete sein Urteil damit, daß »jedes, als solches nicht rechtswidrige oder dem öffentlichen Wohl zuwiderlaufende zivilrechtliche Objekt von finanziellem Wert dem Eigentumsrecht unterliegt und daher Anspruch auf gesetzlichen Schutz« hat.[103] In diesem Sinne entschied auch ein Bundesbezirksgericht in New York erst kürzlich, daß die digitale Adaptation eines nur kurzen Ausschnitts aus dem bekannten Lied »Alone Again, Naturally« durch einen Rap-Musiker eine Verletzung des Copyrights darstelle. Die Urteilsbegründung lautete dementsprechend: »Das Gebot ›Du sollst nicht stehlen‹ ist ein seit den Anfängen der Zivilisation gültiger Rechtssatz.«[104]

Die zunehmende Suggestivkraft des Ausdrucks »Geistiges Eigentum« tat ihr übriges. Vor dem Zweiten Weltkrieg wurde der Begriff als Kürzel für Urheberrecht, Patentrecht, Markenrecht und verwandte Ansprüche nur selten benützt.

99 *Gauthier*, Evolution.

100 *F.I. Schechter*, The Historical Foundations of the Law Relating to Trademarks, New York 1925; *H. Nims*, The Law of Unfair Competition and Trademarks, New York 1909; *E.S. Rogers*, Good Will, Trade-Marks and Unfair Trading, Chicago 1914; *W.S. Derenberg*, Trade-Mark Protection and Unfair Trading, Albany 1936; *Handler u. Pickett*, Trade-Marks and Trade Names. An Analysis and Synthesis, in: Columbia Law Review 30, 1930, S. 168.

101 Siehe 151 Mass. 190, 194, 23 N.E. 1068 (1890); Cohen v. Nagle, 190 Mass. 4, 9, 76 N.E.2d 276 (1906); DuPont de Nemours Powder Co. v. Masland, 244 U.S. 100, 102 (1917). Wie Gauthier erkannt hat, tendiert die Argumentation von Holmes etwas in die Richtung des Eigentumsdiskurses, wie wir ihm in dem Streitfall Beech-Nut Packing Co. v. Lorilland, 273 U.S. 629 (1927) begegnen, da Holmes offensichtlich durch Schlechters Dissertation beeinflußt war.

102 Fisher v. Star, 231 N.Y. 414 (Ct. App. 1921). Zum damaligen Zeitpunkt war das Copyright noch nicht auf fiktive Charaktere ausgedehnt worden, so daß sich das Gericht bei seiner Urteilsfindung an den Gesetzen zur unrechtmäßigen Aneignung von Eigentum orientieren mußte.

103 Ebd., S. 428.

104 Grand Upright Music Ltd. v. Warner Brothers, 780 F. Supp. 182 (S.D.N.Y. 1991).

Mit der Zeit jedoch wurde er gebräuchlicher,[105] und heute verwenden ihn Juristen und Professoren der Rechtswissenschaften immer dann, wenn sie auf diese Rechtsbereiche Bezug nehmen. Der verbreitete Gebrauch der Formel »Geistiges Eigentum« ist so bedeutsam, weil (wie die Vertreter der »Legal-Realism«-Schule schon lange vermuten) Rechtsdiskurse Institutionen der Macht sind. Insbesondere der Gebrauch des Begriffs »Eigentum« zur Definition von Copyright-, Patent- und Markenschutz zeigt, daß es sich hierbei um Rechte handelt, die Anspruch auf die reiche Auswahl an Rechtsmitteln haben, wie sie für Grundeigentum und dingliches persönliches Eigentum zur Verfügung stehen. Felix Cohen, hat diesen Sachverhalt besonders schön auf den Punkt gebracht, als er schrieb: »Es gab einmal eine Theorie, die besagte, Rechtsschutz für Marken- und Handelsnamen sei ein Versuch, den Verbraucher davor zu bewahren, daß ihm mit Hilfe irreführender Etiketten Waren geringerer Qualität ›untergejubelt‹ würden. Die Gerichte sind jedoch zunehmend von dieser Theorie abgekommen und betrachten diesen Rechtszweig heute als ein Instrument, durch das Eigentumsrechte in einer Reihe wirtschaftlich einträglicher Vermarktungsmethoden geschützt werden können. In der Praxis wird richterlich bereitgestellte Rechtshilfe heutzutage sogar auf Gebiete ausgedehnt, wo keine Verwechslungsgefahr für den Verbraucher besteht; diese Erweiterung der Schutzfähigkeit ist von führenden Rechtstheoretikern dieser Sparte energisch unterstützt und vorangetrieben worden. Man könnte diese Erweiterung dadurch rechtfertigen, daß privat kontrollierte Vermarktungsstrategien als psychologische Basis für Handelsmonopole dienen und daß solche Monopole in der modernen Zivilisation allgemeinnützigen Charakter besitzen. Diese Sichtweise ist allerdings niemals von solchen Gerichten oder Rechtsexperten vertreten worden, die sich für verstärkten Rechtsschutz der eigentlichen Markennamen ausgesprochen haben ... . Das Ergebnis dieser Entwicklung ist, daß Gerichte und Rechtsexperten zu einem Teufelskreis Zuflucht genommen haben, zu dem nichts von außerhalb des Rechtssystems Kommendes Zugang findet. Es wird nämlich heute auf juristischer Seite argumentiert, daß jeder, der aufgrund der Originalität seiner Werbung oder der Qualität seiner Erzeugnisse die Verbraucher für einen bestimmten Markennamen, ein Symbol, eine Form der Verpackung usw. ... sensibilisieren konnte, etwas von Wert geschaffen hat –

---

105 Der juristische Online Nachschlagedienst »Lexis« verweist darauf, daß der Ausdruck »Geistiges Eigentum« in den Berichten der Bundesgerichte vor 1900 nur einmal auftaucht und in der Zeit zwischen 1900 und 1930 überhaupt nicht erscheint. Dann aber findet er sich immer häufiger: In den 1930er Jahren in zwei richterlichen Gutachten, in den 1940er Jahren in sechs; in den 1950ern in zehn; in den 1960ern in 41; in den 1980ern in 287 und in den 1990er Jahren (bis zum Zeitpunkt vorliegenden Artikels) in 829. Zweifellos ist diese außergewöhnliche Zunahme den verschiedensten Umständen zuzuschreiben – insbesondere wohl der wachsenden Anzahl von Streitfällen und dem Wortschwall der modernen Gerichtsschreiber. Ganz allgemein erklärt sich die Häufung des Begriffs aber sicherlich aus seiner größeren generellen Gebräuchlichkeit im Rechtsdiskurs.

und eine Sache, die Wert habe, sei Eigentum. Wer Eigentum schaffe, habe Anspruch darauf, gegen Dritte, die ihm dieses Eigentum wegnehmen wollen, geschützt zu werden ... . Der Circulus vitiosus dieser Denkweise ist klar: Sie gibt vor, wirtschaftliche Werte unter Rechtsschutz zu stellen, obwohl der wirtschaftliche Wert einer Verkaufsstrategie nur davon abhängt, wie weit diese, als solche, rechtlich abgeschirmt ist. Diese sich im Kreise drehende, den ganzen Bereich des unlauteren Wettbewerbs durchdringende juristische Argumentation unterliegt der verschleierten ›Verdinglichung‹ des Eigentumskonzepts.«[106] Bedauerlicherweise sind die Warnungen Felix Cohens (und anderer Gleichdenkender), daß die Richter das ganze Konzept vom »Eigentum« über Bord gehen lassen und auf diese Weise große Probleme für die rechtspolitische Kontrolle des öffentlichen Interesses heraufbeschwören, weitgehend auf taube Ohren gestoßen. Die »propertization« des ganzen Urheberrechtsbereichs geht weiter – wenn sie nicht gar schon vollzogen ist.

3. Schluß und Ausblick

Die verschiedenen Umstände und Kräfte, die zum Ausufern »geistiger Eigentumsrechte« führen, haben sich zu einem synergetischen Ganzen verwoben. Dieses dynamische Zusammenwirken sei an einigen Beispielen kurz verdeutlicht: Die Entstehung der US-amerikanischen Filmindustrie im frühen 20. Jahrhundert führte zur Gründung einer geschäftstüchtigen, rührigen und über große finanzielle Mittel verfügenden Handelsorganisation – der »Motion Picture Association of America« (MPAA).[107] Mit inoffiziellen Stellungnahmen in wichtigen Streitfällen, einer eigenen Lobby im Kongreß und zahlreichen öffentlichen Erklärungen ist die MPAA immer wieder zugunsten starker Schutzgesetze für Geistiges Eigentum eingetreten.[108] Bei der Formulierung ihrer Interessen hat es die Organisation stets verstanden, sich die Empfänglichkeit der Gesetzesmacher für die Belohnungstheorie sowie die Tatsache, daß die USA der weltweit größte Hersteller von Filmen ist, zunutze zu machen,[109] denn die von der MPAA vertretene Position konnte sich bemerkenswert oft durchsetzen.[110] Da Macht stets noch mehr Macht verleiht, hat die aufgrund der Taktik

106 *F. Cohen*, Transcendental Nonsense and the Functional Approach, in: Columbia Law Review 35, 1935, S. 809 u. 814–817.

107 *J.W. Cones*, Film, Finance and Distribution, Los Angeles 1992, S. 311.

108 *J. Lardner*, Annals of the Law. The Betamax Case, Teil 2, in: The New Yorker, 13.4.1987, Bd. 83, S. 60; *R. Sukow*, MPAA Proposes Interim Copyright Fees, in: Broadcasting, 18.11.1991, Bd. 121, Nr. 21, S. 4.

109 *I. Austen*, Arguments With Muscle, in: Maclean's, 28.3.1988, Bd. 101, Nr. 14, S. 24.

110 *D. Wharton*, MPAA's Rebel With Cause Fights for Copyright Coin, in: Variety, 3.8.1992, Bd. 348, Nr. 2, S. 18.

der MPAA herbeigeführte Entwicklung der Rechtsdoktrin auch ihrerseits die Autorität der MPAA verstärkt.

Das kürzlich verabschiedete Anti-Markenaufweichungs-Gesetz gegen die »Befleckung«, »Verunglimpfung« und »Verzerrung« bekannter Markenzeichen war ebenfalls das Resultat eines solchen Zusammenwirkens von Kräften: Die Hersteller bekannter Markenerzeugnisse legten beim Kongreß eine Beschwerde vor, wonach der ihnen gewährte Rechtsschutz gegen die »Aufweichung« von Warenzeichen ungenügend sei. Zu oft, so behaupteten sie, war es Fabrikanten von Waren aus Wirtschaftszweigen, die nichts mit ihren Erzeugnissen gemein hatten, möglich, den Ruf etablierter Markenartikel für sich auszunutzen, indem sie sehr ähnliche, den Käufer verwirrende Etiketten benützten.[111] Es müsse eine Rechtssituation geschaffen werden, in der es ungesetzlich wäre, »DU-PONT« Schuhe, »BUICK« Aspirin oder »KODAK« Klaviere[112] auf den Markt zu bringen.

Weshalb war es so wichtig, eine Irreführung der Verbraucher über den Ursprung einer Ware zu unterbinden? Die beschwerdeführenden Hersteller nannten zwei Gründe: Erstens hatten sie Zeit und Arbeit in ihre Markenartikel investiert und verdienten daher gesetzlichen Schutz. Zweitens besaßen andere Länder schon solche Verbote und sei es wichtig, daß die USA auf diesem Gebiet nicht zurückblieben. Da es keinen organisierten Verbraucherwiderstand gab, setzten sich die Markeninhaber mit diesen Begründungen durch.[113] Unter Berufung auf die Belohnungstheorie und die Rechtmäßigkeit der eigentumsrechtlichen Ansprüche kam es daher zu einer erneuten Ausweitung des Geistigen Eigentums.

Diese generelle Verzahnung der Einflüsse zeigt, daß es schwierig sein dürfte, eine dem allgemeinen Trend entgegenwirkende Strategie zu entwickeln, doch ganz unmöglich ist dies nicht. Das beweist schon der Fall des »Weißen Dokuments« (»White Papers«), eines im Jahre 1995 von der von Präsident Clinton ins Leben gerufenen »Arbeitsgruppe für Infrastruktur zur Informationsnutzung«

---

111 Z.B. die von James K. Baughman, dem Rechtsberater der Firma Campbell Soup Co., vor dem Unterausschuß für die Erarbeitung dieses Gesetzes abgegebene Erklärung. Madrid Protocol Implementation Act and Federal Trademark Dilution Act of 1995: Hearings on H.R. 1270 and H.R. 1295 Before the Subcomm. on Courts and Intellectual Property of the House Comm. on the Judiciary, 104th Cong. 124 (1995), S. 89.

112 Diese Beispiele entstammen dem »House Report«, Nr. 104-137 (1995) des Kongresses. Ein »House Report« ist Teil der Gesetzgebung auf Bundesebene; er dokumentiert den Verlauf der Debatten der mit der Vorlage zu einem bestimmten Gesetz betrauten Sonderausschüsse sowohl des Repräsentantenhauses als auch des Senats. Das Ergebnis dieser Debatten geht dann als Empfehlung an das Repräsentantenhaus.

113 Daher gibt dieser »House Report« für diese Gesetze folgende Begründung: »Der Begriff der ›Aufweichung‹ einer Marke zeigt an, daß der Markeninhaber viel in die Marke, deren Handelswert und ›Fluidum‹ investiert hat, und daß er Rechtsschutz genießen muß gegenüber all jenen [Dritten], die die Marke gewinnbringend zu ihren eigenen Zwecken zu nutzen trachten.« Ebd.

veröffentlichten Berichts, der eine Reihe unterschiedlichster Änderungen der Copyright-Gesetze empfiehlt – Empfehlungen, die alle dazu gedacht sind, für Copyright-Inhaber die Benutzung ihrer Werke über das Internet kontrollierbar zu machen.[114] Diese Empfehlungen waren ohne größeren Aufschub in entsprechende Gesetzesvorlagen inkorporiert worden. Obwohl es anfangs noch den Anschein hatte, als stünde angesichts des Fehlens einer organisierten Opposition der endgültigen Annahme dieser Gesetze nichts im Wege, kamen – für viele überraschend – die Texte dann doch nicht durch. Und weshalb? Weil sich eine von Wissenschaftlern, Professoren und Aktivisten inzwischen ins Leben gerufene Interessengruppe über eine rege Lobby und verschiedene Werbekampagnien dagegen gestellt hatte.[115] Aufgrund dieser Opposition beschloß der Rechtsausschuß des Kongresses (zumal Präsidentschaftswahlen anstanden), die Vorlage nicht zu bearbeiten. Vielleicht war dieser Sieg aber nur ein kurzlebiger Triumph für die Lobby, denn der wichtigste Baumeister und Befürworter des »Weißen Dokuments«, Bruce Lehman, wird wahrscheinlich die meisten – wenn nicht alle – seiner Reformvorschläge im Rahmen der Berner Übereinkunft durchsetzen können. Doch vorläufig weht wieder einmal ein widriger Wind ...

Diese Episode lehrt uns, daß die Gegner einer Ausweitung der Rechtssparte »Geistiges Eigentum« nicht allzu optimistisch sein dürfen, denn das Zusammenwirken sich gegenseitig verstärkender wirtschaftlicher, ideologischer, politischer und diskursiver Elemente macht die fortlaufende Expansion dieses Bereichs jetzt noch wahrscheinlicher als früher.

114 Information Infrastructure Task Force, The Report of the Working Group on Intellectual Property Rights. Intellectual Property and the National Information Infrastructure, Washington 1995. Die Entstehungsgeschichte dieses Berichts findet sich in »About The President's Information Infrastructure Task Force«, http://www.iitf.nist.gov/about.html: Die Empfehlungen des »Weißen Dokuments« werden hier den in anderen Staaten geltenden Prinzipien gegenübergestellt. R. Reiling, Intellectual Property Regimes for the Information Age. Policies of the United States, the European Union and the World Intellectual Property Organization, in: Boston University Journal of Science and Technology Law 3, 1997, S. 9.
115 Z.B. P. Samuelson, The Copyright Grab, in: Wired 1995; Ebd. »Legally Speaking: The NII Intellectual Property Report«; J.P. Barlow, Property and Speech. Who Owns What You Say in Cyberspace?, in: Communications of the ACM, Dez. 1995, Bd. 38, Nr. 12, S. 19; Industry Warns of Flaws in NII Bill, in: Information & Interactive Services Report, Dez. 1995, Nr. 24, Bd. 16; Excerpts of Letter to Congress by Digital Future Coalition, Representing Librarians, Computer Firms, and Public Interest Groups, in: Information Law Alert, 1.12.1995, Nr. 19, Bd. 3; J.D. Loundy, Bill to Amend Copyright Act Needs Work, in: Chicago Daily Law Bulletin, 12.10.1995, S. 6; J. Band, Liability. The Web's Big Worry, in: San Francisco Examiner, 8.10.1995, S. B–5; Prepared Statement of Professor Peter Jaszi, Washington College of Law, American University, Before the Senate Judiciary Committee Re: S. 483, The Copyright Term Extension Act of 1995, in: Federal News Service, 20.9.1995; J. Boyle, Sold out, in: New York Times, 31.3.1996; ders., Intellectual Property Policy Online. A Young Person's Guide, in: Harvard Journal of Law & Technology 10, 1996, S. 47.

Autoren

Bauerkämper, Arnd, geb. 1958, Dr., Wissenschaftlicher Mitarbeiter am Zentrum für Zeithistorische Forschung Potsdam e.V. 1997 ist erschienen: Gesellschaft ohne Eliten? Führungsgruppen in der DDR (zusammen mit J. Danyel, P. Hübner und S. Roß).

Fisher III, William W., geb. 1953, Professor für Rechtswissenschaft an der Harvard Law School, Cambridge/Massachusetts, USA. 1997 ist erschienen: Texts and Contexts. The Application to Legal History of the Methodologies of Intellectual History.

Friedman, Lawrence M., geb. 1930, Professor für Rechtswissenschaft an der Stanford University, Kalifornien, USA. 1993 ist erschienen: Crime and Punishment in American History.

Führer, Karl Christian, geb. 1954, Priv.-Doz. Dr., Schriftleiter des Archivs für Sozialgeschichte, Institut für Sozialgeschichte, Bonn. 1995 ist erschienen: Mieter, Hausbesitzer, Staat und Wohnungsmarkt.

Gordon, Robert W., geb. 1941, Professor für Geschichte und Rechtswissenschaft an der Yale University, USA. 1994 ist erschienen: The Legacy of Oliver Wendell Holmes.

Gosewinkel, Dieter, geb. 1956, Dr., DFG-Habilitationsstipendiat, Fachbereich Geschichtswissenschaften, Freie Universität Berlin. 1997 ist erschienen: Staatsangehörigkeit und Einbürgerung in Deutschland während des 19. und 20. Jahrhunderts. Ein historischer Abriß, in: Barbara Danckwortt u. Claudia Lepp (Hg.), Von Grenzen und Ausgrenzung.

Hann, Chris, geb. 1953, Professor für Sozialanthropologie an der Universität Kent in Canterbury. 1998 ist erschienen: Property Relations. Renewing the Anthropological Tradition (Hg.).

Horwitz, Morton J., geb. 1938, Professor für Rechtswissenschaft an der Harvard Law School, Cambridge/Massachusetts, USA. 1997 ist erschienen: Transformation of American Law (1820–1960). The Crisis of Legal Orthodoxy.

Merl, Stephan, geb. 1947, Professor für Allgemeine Geschichte mit besonderer Berücksichtigung der osteuropäischen Geschichte, Universität Bielefeld. 1990 ist erschienen: Bauern unter Stalin. Die Formierung des sowjetischen Kolchossystems (1930–1941).

Siegrist, Hannes, geb. 1947, Professor für Vergleichende Kulturgeschichte/Europäische Moderne an der Universität Leipzig. 1996 ist erschienen: Advokat, Bürger und Staat. Sozialgeschichte der Rechtsanwälte in Deutschland, Italien und der Schweiz (18.–20. Jahrhundert).

Speitkamp, Winfried, geb. 1958, Priv.-Doz. Dr., Oberassistent am Historischen Institut, Justus-Liebig-Universität, Gießen. 1996 ist erschienen: Jugend in der Neuzeit. Deutschland vom 16. bis zum 20. Jahrhundert.

Sugarman, David, geb. 1948, Professor für Rechtswissenschaft, Lancaster University. 1996 ist erschienen: Law in History. Histories of Law and Society (Hg.).

Vogel, Jakob, geb. 1963, Dr., Wissenschaftlicher Mitarbeiter, Zentrum für Vergleichende Geschichte Europas, Freie Universität Berlin. 1997 ist erschienen: Nationen im Gleichschritt. Der Kult der »Nation in Waffen« in Deutschland und Frankreich (1871–1914).

Wadle, Elmar, geb. 1938, Professor für Rechtswissenschaft, Universität des Saarlandes, Saarbrücken. 1996 ist erschienen: Geistiges Eigentum. Bausteine zur Rechtsgeschichte.

Kritische Studien zur Geschichtswissenschaft

V&R
Vandenhoeck
& Ruprecht

Kritische Studien zur Geschichtswissenschaft

V&R
Vandenhoeck
& Ruprecht